품격 있는 글쓰기

품격 있는 글쓰기

초판 1쇄 발행 2017년 3월 14일
초판 2쇄 발행 2018년 3월 16일

지은이   김세중

펴낸이   김선기
펴낸곳   (주)푸른길
출판등록 1996년 4월 12일 제16-1292호
주소   (08377) 서울시 구로구 디지털로 33길 48 대륭포스트타워 7차 1008호
전화   02-523-2907, 6942-9570~2
팩스   02-523-2951
이메일   purungilbook@naver.com
홈페이지 www.purungil.co.kr

ISBN   978-89-6291-381-1 03710

어떻게 바로잡아야 더 반듯한 문장이 되는지
생생한 예문을 통해 하나하나 짚어 본다

품격 있는 글쓰기

김세중

푸른길

머리말

남들이 안 하는 것을 해 보겠다는 생각에서 대학에서 언어학을 전공했고 직장도 국어 관련 기관에 몸담아 일해 왔다. 대학 입학부터 치면 40년이 가까워 온다. 그러니 보통 사람보다는 국어에 관해 더 많이 생각하고 고민했다고 할 만하다. 국어에 무엇이 문제고 사람들의 언어생활에 어떤 점이 아쉬운지 이제 조금 눈을 뜨는 것 같다.

'국어=맞춤법'이란 등식은 사람들의 의식 속에 뿌리박혀 있고 서점에 진열된 국어에 관한 책 중 상당수가 맞춤법 관련 책이라는 현실이 답답했다. 마치 맞춤법만 잘 지키면 훌륭한 글이 되는 양 말이다. 맞춤법은 국어 생활에서 지켜야 할 기본일 뿐이고 다른 더 많은 중요한 것이 있는데도 여전히 국어에 관한 관심이 맞춤법에서 벗어나지 못하는 것 같아 안타까웠다.

이런 의식이 바로잡히지 않는 데에는 맞춤법 자체의 잘못도 큰 몫을 차지했다. 맞춤법이 상식에 맞지 않고 뜻밖의 것을 강제하는 게 많다 보니 공부해야 할 게 많았다. 맞춤법에 관한 책이 따로 필요할 정도로 말이다. 맞춤법을 위해 책이 필요할 정도라면 이는 잘못된 것이다. 상식에 맞지 않는 부분은 어서 고쳐져야 할 것이고 그렇게 되면 맞춤법만 다룬 책이 필요 없게 될 것이다. 그래야 맞다.

중요한 것은 맞춤법만 맞게 쓰면 글을 잘 썼다고 생각하는 사람들이 의외로 많다는 것이다. 글쓰기에서 맞춤법이 차지하는 비중은 극히 미미한데도 맞춤법이 전부인 양 생각하는 사람들이 적지 않다. 그런 가운데 언제부터인가 교과서 문장에 문제가 많다든지 각종 계약서나 상품 설명서의 문장, 문화재 안내판의 문구에 오류가 많다는 지적이 나오기 시작했다. 문법에 맞지 않다든지

품격 있는 글쓰기

뜻이 모호하다든지 하는 내용인데 진작에 나왔어야 할 지적이다.

다수의 독자를 대상으로 전문가들이 쓴 교과서, 계약서, 상품 설명서가 그 정도이니 일반 국민의 작문 실력은 더 말할 것도 없다. 우선 대부분의 국민은 글을 별로 쓰지 않고 지내며, 글을 자주 쓰는 이라 할지라도 문장을 뜻이 또렷이 드러나고 문법적으로 어긋나지 않도록 정연하고 깔끔하게 쓰는 사람이 흔치 않다. 맞춤법은 한눈에 맞고 틀리고가 드러나기 때문에 틀리지 않으려고 조심하지만 의미가 명료한가, 문법적으로 반듯한가, 문장과 문장의 연결은 매끄러운가 등은 쉽게 눈에 띄지 않기에 틀리고도 잘 모르고 넘어가는 일이 흔하다. 대충 뜻만 통하면 더는 문제 삼지 않는 풍조가 자리 잡기도 했다.

한민족은 주변 강국들 틈에서 민족의 고유한 언어를 지켜 왔다. 그 역사가 얼마나 됐을지 알 수 없을 정도로 길다. 더구나 놀라운 것은 약 600년 전인 15세기에 우리말을 적기 위한 고유문자를 창제했다는 사실이다. 말과 글에 관해 이런 자랑스러운 역사를 가지고 있기는 하지만 사실 우리 국민이 우리말을 '글로' 적고 읽어 온 기간이 그리 오래되지 않았다. 한글이 15세기에 창제되었지만 편지나 고전소설 등에서 주로 쓰였을 뿐 관청이나 서당에서는 온통 한문만 쓰지 않았던가. 최초의 한글 신문인 독립신문이 나온 것은 120년밖에 되지 않고 잡지, 교과서, 일반 출판물이 한문이 아닌 우리글로 쓰인 지가 역시 그 정도밖에 되지 않는다. 더구나 광복 전만 해도 문맹 인구가 한글을 깨친 사람보다 더 많았다. 1945년 광복 후부터 본격적으로 우리글은 국민의 언어생활에 널리 자리 잡기 시작했다. 이제 겨우 70년 남짓 된다.

그러다 보니 맞춤법을 정비하고 지키는 데 급급했고 문장을 명료하고 명확하게 쓰는 습관이나 전통은 제대로 쌓이고 자리 잡지 못했다. 교과서든 신문이든 문법적으로 불완전하고 뜻을 잘 알 수 없는 문장이 수두룩한 것도 우리말로 글을 써 온 역사가 짧기 때문이다. 광복 이후 엄청난 양의 출판물이 봇물 터지듯 쏟아져 나왔지만 양적으로 대단했을 뿐 질적으로는 부족함이 많았다. 지금도 마찬가지다. 이제 신문 기사든 책이든 개인의 글이든 한국어 문장이 좀 더 다듬어지고 명료해지지 않으면 안 된다. 이런 문제의식에서 이 책을 쓰게 되었다.

이 책은 대부분 최근의 신문 기사에서 발견되는 국어 오류를 지적하고 바로잡아 보인 것이다. 신문 기사는 기자들이 쓰는데 기자라 하면 글쓰기가 직업인 이들이다. 이런 분들의 글에서도 발견되는 오류라면 일반인들도 글을 쓸 때 자주 범하게 될 것임을 충분히 짐작할 수 있다.

최근에 맞춤법에 관한 것 말고도 글쓰기에 관한 책이 적지 않게 나오기 시작했다. 책의 저자들도 국어학이 아닌 다양한 전공을 한 이들이 많다. 글쓰기에 관한 관심이 단순히 맞춤법에 머무르지 않게 되었다는 점에서는 환영할 만한 일이지만, 생생한 예문을 풍부하게 다룬 책보다는 어떻게 하면 글을 잘 쓸 것인지를 총론적으로 다룬 책이 많다. 총론적인 책도 물론 필요하다. 그러나 글쓰기는 습관이기 때문에 나쁜 습관을 바로잡아 주는 책이 필요하다고 보았다. 그래서 이 책은 좀 과하다 싶을 정도로 실제 쓰인 생생한 예문을 놓고 어떻게 바로잡아야 더 반듯하고 뜻이 또렷이 드러나는 문장이 되는지를 보여 주었다.

이 책을 쓰기 위한 자료를 모아 가면서 느낀 점이 있다. 찬찬히 신문 기사를 읽기 전에는 글쓰기가 직업인 신문기자가 썼으므로 신문의 글은 완벽에 가까울 거라는 믿음이 있었다. 그러나 신문에는 뜻밖에도 여러 가지 오류가 많이 들어 있었다. 도저히 있어서는 안 되는 사실관계의 오류가 있는가 하면 문장과 문장의 연결이 자연스럽지 않고 도무지 논지를 파악할 수 없는 사례도 있었다. 이런 예들은 변명의 여지가 별로 없어 보이지만, 한 글자라도 줄이기 위해 과도한 생략을 한 것을 지적한 데 대해서는 지나친 지적이라는 반론이 나올 수도 있다. 그러나 신문이 안고 있는 지면의 제약을 이해한다 하더라도 글은 결국 독자를 위한 것이라는 점에서 문제점을 지적하지 않을 수 없었다.

이 책에서 일관되게 염두에 둔 것은 글은 독자를 위한 것이라는 점이다. 독자가 읽고 쉽게 뜻을 파악하지 못한다면 바로잡아야 한다고 보았다. 이 세상의 글 중에서 독자를 염두에 두지 않아도 되는 글은 일기밖에 없을 것이다. 글은 쓰는 사람 개인이 쓰지만 써 놓는 순간 독자를 위한 것이 된다. 글쓰기를 잘한다는 것은 내가 뜻하는 바를 글을 통해 독자에게 온전하게 잘 드러내 보이는 것이다. 누가 읽더라도 어려움 없이 뜻을 파악할 수 있어야 한다.

이 책은 뭘 어떻게 해야 오류 없는 글쓰기를 할 수 있는지 궁금해하는 이들에게 도움을 주기 위해 썼다. 글을 써 놓고도 과연 잘 썼는지 점검해 보고자 하는 이들에게도 유용하게 쓰이기 바란다. 아무쪼록 이 책이 한국어의 문장 품질을 끌어올리는 데 작은 기여라도 할 수 있다면 더 바랄 나위가 없겠다. 한국어로 쓰인 글이라면 어떤 글이든 누구나 쉽게 이해할 수 있는, 반듯하고 뜻이 명료한 글이 된다면 사회 구성원들 사이의 의사소통은 더욱 원활해질 것이고 언어생활은 한결 더 품격 있고 윤택해질 것이다. 더불어 우리 문화 수준이 더 높아질 수 있다. 그런 기대가 있다.

마지막으로 이 재미없는 책의 출판을 흔쾌히 결정해 주신 푸른길출판사의 김선기 사장님께 심심한 감사를 드린다. 필자의 집필에 기대를 표해 주신 이교혜 편집장이 아니었다면 이 책은 세상에 나오지 못했을 것이다. 더불어 편집하느라 애써 주신 분들께도 감사를 표한다.

2017년 2월

김세중

차 례

머리말 ... 4

1부 단어 편

맞춤법은 글쓰기의 기본 ... 12

띄어쓰기 바르게 해야 ... 23

피동 제대로 쓰기 ... 38

'-시키다' 남용 말아야 ... 44

품위 없는 말 피하기 ... 51

없는 말 만들어 쓰지 않기 ... 64

외국어는 소통에 방해 ... 88

정확한 단어 쓰기 ... 99

단어들은 서로 의미가 호응해야 ... 150

2부 문장 편

주어 없는 문장 ... 202

서술어 없는 문장 ... 233

목적어, 부사어 없는 문장 ... 245

그 밖의 비문 ... 251

접속 오류 ... 351

뜻을 알기 어려운 문장 ... 388

과장, 논리 비약 ... 448

3부 담화 편

문장, 문단의 연결이 자연스러워야 ... 456

지시어 오·남용하지 말아야 ... 477

문맥에 맞는 문체 사용 ... 485

사실관계 틀리지 않아야 ... 488

일러두기

1. 이 책에 나오는 예문은 대부분 2016년 상반기에 발행된 신문의 기사에서 가져왔다. 예문 끝에 기사가 실린 날짜와 매체를 보였다. 날짜는 월과 일 순서로 보였는데 예 컨대 3월 12일의 경우 '0312'로 표시하였고, 매체는 'ㅈ일보'처럼 간략하게 표시하 여 매체명을 특정하지는 않았다.

2. 예문은 띄어쓰기를 비롯하여 실제 보도된 대로 제시하였다. 그러나 수정한 예에서는 띄어쓰기를 규범에 맞게 고친 것도 있다.

3. 이 책에서 띄어쓰기는 표준국어대사전에 따르는 것을 원칙으로 하였으나, '띄어쓰 다', '붙여쓰다'처럼 국어사전에는 올라 있지 않지만 한 단어로 보아 붙여쓴 사례도 있다.

1부

단어 편

맞춤법은 글쓰기의 기본

　맞춤법은 글쓰기의 기본이다. 맞춤법이 틀리면 글에 대한 신뢰감이 떨어진다. 글쓴이의 국어 지식에 의심이 들고 나아가 글 자체에 대한 믿음이 흔들린다. 때로는 틀린 맞춤법 때문에 글의 의미를 파악하는 데 어려움을 겪기도 한다. 이런 이유들 때문에 글쓰기에서 맞춤법은 틀려서는 안 되는 기본적인 요건이다.

　한글 맞춤법이 까다롭다고 생각하는 사람들도 있다. 그러나 영어에 비하면 한글 맞춤법은 매우 쉬운 편이다. 영어는 단어의 철자를 하나하나 기억해야 하지만 한글 맞춤법은 매우 규칙적이어서 단어마다 따로 외울 필요가 없다. 다만 한글은 받침을 적을 때 어원을 밝혀서 적는 경우와 소리 나는 대로 적는 경우를 잘 구별해야 한다. 그 정도 수고를 어렵고 까다롭다고 불평할 일은 아니다.

　한글 맞춤법은 받침을 어떻게 적느냐가 거의 전부라 해도 지나치지 않다. 한글 맞춤법을 틀렸다 하면 받침을 제대로 적지 않은 경우가 대부분을 차지한다. '늦깎이'라 해야 할 것을 '늦깍이'라 적거나 '장산곶'이라 적어야 할 것을 '장

품격 있는 글쓰기

산곳'이라 적은 것은 다 받침을 제대로 적지 못한 경우다.

　그런데 '늦깎이'를 '늦각이'라 적은 것은 이 말의 발음이 [늗까끼]인 이상 도저히 '늦각이'라 적어서는 안 되는데도 단순히 실수로 잘못 적은 것이지만 '깍두기'인지 '깎두기'인지는 헷갈릴 만하다. 어떻게 적든 발음이 같기 때문이다. '깍두기'가 바른 표기인데 만일 의심스럽다면 즉시 사전을 찾아서 바른 표기를 확인하고 써야 한다. '멋적다'인지 '멋쩍다'인지도 마찬가지이다. 어떻게 적든 발음은 똑같은데 무엇이 맞는지 자신이 없다면 사전을 찾아봐야 한다. '멋쩍다'가 맞춤법에 맞다.

　맞춤법을 틀리는 경우는 어떻게 적더라도 발음이 같을 때가 많다. '에'가 맞는지 '애'가 맞는지 혼동하는 일이 많은데 국어에서 '에'와 '애'의 발음이 잘 구별이 되지 않게 되어 생긴 일이다. '대북 제재'라고 써야 할 것을 '대북 제제'라고 잘못 쓰는 것이 바로 그런 경우다. 발음은 잘 구별되지 않더라도 표기만큼은 정확히 해야 글을 이해하는 데 어려움이 생기지 않는다.

　'-습니다'라고 써야 할 것을 '-읍니다'라고 쓰는 것은 나이 든 세대의 글에서 흔히 발견되는데 맞춤법도 일종의 사회적 약속이므로 약속을 알고 따라야 한다. 몰랐다고 하는 것이 변명이 될 수는 없다. '있음'이라고 적어야 할 것을 '있슴'이라고 적는 이들도 있는데 '있습니다'를 엉뚱하게 확대 적용하여 그런 오류를 범한다. '있습니다'에는 '-습니다'라는 종결어미가 사용되었고 '있음', '없음'할 때에는 '-음'이라는 명사형 어미가 쓰였으니 혼동할 일이 아니다.

　한글 맞춤법은 기본적으로 매우 규칙적이어서 쉽다. 다만 주의해야 할 것이 있을 뿐이다. 받침을 잘못 쓰지 않도록 주의해야 하는데 의심스러우면 사전을 찾아서 확인하는 습관을 들일 필요가 있다. 한글 맞춤법을 잘 지키는 것은 사회적 약속을 지키는 것으로서 글쓰기의 기본이다.

....

　"오늘은 설마 운항이 되겠지?" **"어떻게?** 눈바람이 너무 거세, 항공기 운항이 안

된데…." 제주에 7년 만에 몰아친 한파는 매서웠다. 한 치의 물러섬이나 동정심도 없이 제주공항을 가둬놨다.   (0124, y통신)

뉴스 기사다. 제주에 폭설이 내려 공항이 마비됐을 때 여행객들 사이에 오간 대화를 전하고 있다. 맥락상 '어떻게?'라고 말한 게 아니고 '어떻게 해?'를 줄여서 '어떡해?'라고 말했을 상황이다. '어떻게 해'가 줄면 '어떡해'가 되지 '어떻게'가 되지 않는다. '어떻게 해?'와 '어떻게?'는 의미가 전혀 다르다. 항공편 운항이 안 되니 이 일을 어떻게 하면 좋으냐고 난처해하면서 말한 것인데 기사는 '어떻게?'라고 적음으로써 의미를 바르게 드러내지 못했다.

이어 나오는 '항공기 운항이 안 된데'도 틀렸다. '안 된대'라고 써야 할 것을 '안 된데'라고 잘못 썼다. 항공기 운항이 안 된다는 것을 누군가에게서 듣고 상대방에게 전하는 말이므로 '항공기 운항이 안 된다고 해'가 줄어든 '항공기 운항이 안 된대'라고 말했는데 '항공기 운항이 안 된데'라고 잘못 적은 것이다. '안 된대'와 '안 된데'의 발음이 비슷하다 보니 그만 '안 된데'라고 틀리게 적었다. 만일 남의 말을 전하는 것이 아니고 나 자신의 판단을 말하는 것이라면 '항공기 운항이 안 되는데'여야지 '안 된데'일 수 없다. '안 된데'라는 말은 없다.

> >> "오늘은 설마 운항이 되겠지?" **"어떡해?** 눈바람이 너무 거세. 항공기 운항이 안 **된대…."**

특히 무소속 출신으로 민주당의 철저한 아웃사이더였던 샌더스로서는 클린턴이 오래전부터 다져놓은 '바닥표심'을 완전히 **뒤업는데에는** 분명한 한계가 있었던 것으로 보인다.   (0221, y통신)

'뒤엎다'라는 말이 있다. '뒤집어엎다'와 같은 뜻으로, 접두사 '뒤-'에 동사

'엎다'가 결합해 생긴 파생어다. '뒤엎다'를 '뒤업다'로 쓰는 것은 잘못이다. '업다'와 '엎다'는 다른 말이다. '업다'는 '아이를 등에 업는다'든지 '여론을 업는다' 등으로 쓰인다. '엎다'는 물건을 뒤집어서 위가 아래로 향하게 하는 것을 가리킨다. '엎치락뒤치락'이나 '엎친 데 덮친 격', '엎어지면 코 닿을 데' 같은 말에서 '엎다'가 사용된다. '뒤업다'라는 말은 없으며 '뒤엎다'라고 써야 한다.

>>> 특히 무소속 출신으로 민주당의 철저한 아웃사이더였던 샌더스로서는 클린턴이 오래전부터 다져놓은 '바닥표심'을 완전히 **뒤엎는 데에는** 분명한 한계가 있었던 것으로 보인다.

그러나 따지고 보면 친박 핵심부와 청와대를 등에 **엎고** 안하무인 격으로 칼날을 휘두른 이한구 공관위에 보다 큰 책임이 있다고 할 수밖에 없다.

(0325, ㅎ일보)

'업고'와 '엎고'는 다른 말이다. '업고'는 물건을 등에 얹거나 아니면 추상적으로 어떤 세력을 배경으로 삼음을 가리킨다. '엎고'는 물건을 거꾸로 뒤집는 것을 말한다. 위 문맥은 '엎고'가 쓰일 자리가 아니다. '업고'를 잘못 썼다.

>>> 그러나 따지고 보면 친박 핵심부와 청와대를 등에 **업고** 안하무인 격으로 칼날을 휘두른 이한구 공관위에 보다 큰 책임이 있다고 할 수밖에 없다.

대학 졸업반 학생부터 40대 **늦깍이** 공무원 준비생까지 다양한 수강생들이 옹기종기 모여 있었다.

(0112, ㅈ일보)

'늦깍이'는 '늦깎이'의 잘못이다. '늦게 깎는 사람'이라는 뜻에서 나온 말인데 '깍이'라고 쓸 이유가 없다. 마찬가지로 '손톱깎이', '연필깎이' 같은 말에서도 '깎이'이지 '깍이'가 아니다.

>>> 대학 졸업반 학생부터 40대 **늦깎이** 공무원 준비생까지 다양한 수강생들이
옹기종기 모여 있었다.

....

1단 추진체는 황해도 **장산곶** 인근 해상에서 분리와 동시에 폭발해 270여개 파
편으로 낙하했다.   (0212, ㅎ신문)

'곶'은 바다 쪽으로 뾰족하게 뻗어 나온 육지를 가리키는 말이다. 곶의 예로 '장산곶, 갑곶, 장기곶, 호미곶' 등이 있다. '곶'을 '곳'으로 적는 것은 잘못이다. '곶'에서 나온 말로 '곶이'라는 말이 있는데 '바다 가운데로 내민 땅'을 뜻한다. 서울 지하철 6호선에 '돌곶이'역이 있는데 같은 어원을 갖고 있다.

>>> 1단 추진체는 황해도 **장산곶** 인근 해상에서 분리와 동시에 폭발해 270여
개 파편으로 낙하했다.

....

물론 법을 가르치는 교수들이 **짬짬이**로 신입생을 선발했다고 믿고 싶지 않다.
                                                                    (0331, ㅈ일보)

'짬짬이'는 '짬이 나는 대로 그때그때'라는 뜻이고 '짬짜미'는 '남모르게 자기들끼리만 짜고 하는 약속이나 수작'이란 뜻이다. 그렇다면 위 문맥에서 어떤 말이 적합한지는 절로 드러난다. '짬짬이'가 아니라 '짬짜미'가 맞다. '짬짜미

로' 대신 '부정하게'나 '정당하지 않게' 또는 '정직하지 않게' 등으로 쓸 수도 있을 것이다.

>>> 물론 법을 가르치는 교수들이 **짬짜미**로 신입생을 선발했다고 믿고 싶지 않다.

화 대변인은 "현재 유엔 안보리에서 논의 중인 강력한 대북 **제제안**에 대한 중국의 입장에 변화가 있느냐"는 중앙일보의 서면 질의에 ……   (0208, ㅈ일보)

'법이나 규정을 어겼을 때 국가가 처벌이나 금지 따위를 행함. 또는 그런 일'을 뜻하는 말은 '제재'로서 한자로 '制裁'라 쓴다. '제제'라는 단어도 있지만 '提題'나 '製劑' 어느 것도 '대북 제제안'으로 쓰일 말이 아니다. 따라서 '대북 제제안'은 '대북 제재안'이라고 써야 할 것을 단순히 잘못 쓴 것일 뿐이다. '제'와 '재'가 발음이 비슷하기는 하지만 '제'냐 '재'냐에 따라 의미가 전혀 달라진다. '제'를 쓸 때와 '재'를 쓸 때를 가려서 써야 함은 물론이다. '대북 제제'가 아니라 '대북 제재'다.

>>> 화 대변인은 "현재 유엔 안보리에서 논의 중인 강력한 대북 **제재안**에 대한 중국의 입장에 변화가 있느냐"는 중앙일보의 서면 질의에 ……

당국자는 "중간평가 결과"라며 "1단부터 3단까지 추진체와 **탑재채** 분리여부인데 발사후 약 410㎞ 지점에 북측이 예고한 일대에 1단이 270여개 파편으로 분산돼 낙하했다"고 말했다. "740㎞ 지점으로 분석됐는데 페어링이 분리돼 낙하했고, 1단과 페어링은 북측이 예상했던 지점에 탄착했다"며 "**탑재체**를 추적하지 못했기 때문에 북미우주항공방위사령부의 공개 자료를 볼때 **탑재체**가 궤도 진입 사실을 확인했다"고도 했다. (0209, ㅈ일보)

아리랑 3A호는 본격적인 관측임무에 나서기 전 앞으로 3~6개월간 본체운영 및 **탑재채** 시험과정 등을 거치게 된다. (150326, ㅇ신문)

첫 기사에서는 '탑재채'와 '탑재체'가 뒤섞여 쓰이고 있고 두 번째 기사에서는 '탑재채'라고 되어 있다. '탑재'란 '배, 비행기, 차 따위에 물건을 실음'이란 뜻이고 '탑재체'는 탑재하는 물체를 가리킨다. 따라서 '탑재체'이지 '탑재채'가 아니다. '체'와 '채'의 발음이 잘 구분되지 않다 보니 빚어지는 일로 보이는데 '체(體)'를 '채'로 적어서는 안 된다.

>>>   … 1단부터 3단까지 추진체와 **탑재체** 분리 여부인데 …

      … 본체 운영 및 **탑재체** 시험 과정 등을 …

평소 **교재**를 반대하며 감정이 좋지 않던 중 아들의 여자친구와 말다툼을 벌이다 흉기로 살해한 60대 여성에게 법원이 중형을 선고했다. (중략) 당시 박씨는 평소 아들과의 **교재**를 반대하고 감정이 좋지 않았던 A씨와 말다툼을 벌이다 홧김에 범행을 저질렀다. (0108, ㄴ통신)

'교제'라고 써야 할 것을 '교재'로 잘못 쓴 기사다. '교제'와 '교재'는 의미가 전혀 다르다. 교제(交際)는 '서로 사귀어 가까이 지냄'을 뜻한다.

반면에 '교재'는 '教材'와 '喬才'가 있으나 어느 것이든 '사귀는' 것과는 아주 거리가 먼 말이다. 'ㅔ'와 'ㅐ'가 발음이 별로 구별이 되지 않다 보니 '교제(交際)'를 '교재'로 적는 일이 벌어진다. 'ㅔ'와 'ㅐ'가 발음이 비슷하다고 해서 '교

품격 있는 글쓰기

제'와 '교재'를 혼용해도 좋은 것은 물론 아니다.

>>> 평소 **교제**를 반대하며 감정이 좋지 않던 중 아들의 여자친구와 말다툼을 벌이다 흉기로 살해한 60대 여성에게 법원이 중형을 선고했다. (중략) 당시 박씨는 평소 아들과의 **교제**를 반대하고 감정이 좋지 않았던 A씨와 말다툼을 벌이다 홧김에 범행을 저질렀다.

....

특히 이마트는 납품업체에 별도의 물류비 **분담율**을 5% 이상 적용하고 있다.

(0216, ㅎ일보)

'률(率)'은 많은 명사에 붙어서 새로운 말을 만들어 낸다. '경쟁률', '명중률', '성공률', '수익률', '진학률', '출석률', '취업률' 같은 말은 국어사전에도 올라 있거니와 비록 사전에 올라 있지 않아도 '률'을 붙여서 쓰는 말이 적지 않다. '분담'에 '률'을 붙인 말도 이에 해당한다. 국어사전에 올라 있지 않지만 흔히 쓰는 말이다. 이런 '률(率)' 붙는 말은 본음인 '률'로 적는 게 맞다. 따라서 '분담율'이 아니라 '분담률'로 적어야 한다. '률(率)' 붙는 말인데 '율'로 적는 경우는 두가지다. 앞말이 받침 없는 말일 때, 즉 모음으로 끝난 말일 때와 앞말의 받침이 'ㄴ'일 때이다. '실패율'은 앞말인 '실패'가 받침이 없는 경우이고 '백분율'이나 '출산율'은 앞말이 받침 'ㄴ'으로 끝났을 때다. 이외의 모든 경우에 '률(率)'이 붙은 말은 '률'로 적어야 한다.

>>> 특히 이마트는 납품업체에 별도의 물류비 **분담률**을 5% 이상 적용하고 있다.

최악의 대기오염에 시달리는 중국 베이징(北京) 일대가 한반도 면적의 3배에
달하는 스모그에 **뒤덮혔다.** (1221, ㅈ일보)

'뒤덮혔다'가 아니라 '뒤덮였다'이다. '덮다'의 피동형은 '덮이다'이지 '덮히다'
가 아니다.

>>> 최악의 대기오염에 시달리는 중국 베이징(北京) 일대가 한반도 면적의 3배
에 달하는 스모그에 **뒤덮였다.**

반면 트럼프를 지목한 대런 데이비스 노터데임대 교수는 "트럼프와 클린턴의
싸움이 되지만 결국 투표율이 아주 **높지 않는** 한 트럼프가 될 것"이라고 예상했
다. (0213, ㅈ일보)

동사와 형용사는 서술어로 쓰이지만 구별된다. 동사는 주로 동작을 나타내
고 형용사는 주로 상태를 가리킨다. 이렇게 의미가 다르다 보니 결합되는 어
미도 다르다. 동사에는 관형형 어미로 '-는'이 결합되지만 형용사에는 어미 '-
은'이 결합된다. '높다'는 형용사이기 때문에 관형형 어미는 '-은'이 결합된다.
'높은'이지 '높는'이 아니다. 부정을 할 때에도 '높지 않은'이지 '높지 않는'이 아
니다.

간혹 형용사이기도 하면서 동사이기도 한 말도 있다. '크다', '늙다' 같은 말
이 그렇다. '그 사람은 키가 참 크다'라고 할 때에는 형용사이지만 '이 나무는
키가 쑥쑥 큰다'라고 할 때에는 동사이다. '늙다'도 마찬가지다. '그는 매우 늙
은 사람이다'에서 '늙은'은 형용사지만 '쓸데없는 걱정을 자꾸 하면 사람이 빨
리 늙는다'에서의 '늙는다'는 동사이다. '높다'는 '크다', '늙다' 등과 달리 형용사

용법만 있다. 따라서 '높는'이나 '높지 않는'은 잘못된 말이다. 물론 '높다'에서 파생된 동사인 '높아지다'를 쓴다면 '높아지는'이나 '높아지지 않는'과 같이 쓸 수 있다. 예외적으로, '없다'는 형용사이지만 '없는'으로 쓰인다. '없다' 하나만 예외다.

>>> 반면 트럼프를 지목한 대런 데이비스 노터데임대 교수는 "트럼프와 클린턴의 싸움이 되지만 결국 투표율이 아주 **높지 않은** 한 트럼프가 될 것"이라고 예상했다.
반면 트럼프를 지목한 대런 데이비스 노터데임대 교수는 "트럼프와 클린턴의 싸움이 되지만 결국 투표율이 아주 **높아지지 않는** 한 트럼프가 될 것"이라고 예상했다.

국무회의가 대통령의 말씀을 받아 적기만 하는 곳은 **아니지 않는가**.

(0206, ㄷ일보)

'아니다'는 형용사로서 어떤 사실을 부정하는 뜻을 나타내는 말이다. 동사는 부정을 할 때에 '가는가, 가지 않는가?'와 같이 '않는가'를 쓰지만 형용사는 '예쁜가, 예쁘지 않은가?'와 같이 '않은가'를 쓴다. 그렇기 때문에 형용사인 '아니다'는 '아니지 않은가'라고 해야 한다.

>>> 국무회의가 대통령의 말씀을 받아 적기만 하는 곳은 **아니지 않은가**.

물론 '대나무당'이나 '인동초당'이 더 **낫지 않느냐**는 반박(?)도 나왔습니다.

(1229, ㅎ신문)

위 문장에서 '낫다'는 형용사이다. 형용사에는 의문형 어미로 '-으냐'가 결합하지 '-느냐'가 결합하지 않는다. '나으냐 낫지 않으냐'이지 '낫느냐 낫지 않느냐'가 아니다. 한편 병으로부터 회복된다는 뜻의 '낫다'는 동사기 때문에 '낫느냐 낫지 않느냐'가 맞다.

>>> 물론 '대나무당'이나 '인동초당'이 더 **낫지 않으냐**는 반박(?)도 나왔습니다.

3당체제를 만들어 낸 4·13 총선 결과에 대해 "(일하지 않은) 양당체제에서 3당체제를 민의가 만들어준 것이라고 본다"고 한 대목도 **어패**가 있다.

(0427, ㅎ일보)

위 예에서 '어패'는 '어폐'의 잘못이다. '어패'는 물고기와 조개를 아울러 이르는 말로 위 문맥에서 전혀 맞지 않는다. 글을 쓴 다음에는 틀린 글자가 없는지 세심히 살펴야 한다. 오자가 나오면 글 전체에 대한 신뢰가 흔들린다.

>>> 3당체제를 만들어 낸 4·13 총선 결과에 대해 "(일하지 않은) 양당체제에서 3당체제를 민의가 만들어준 것이라고 본다"고 한 대목도 **어폐**가 있다.

품격 있는 글쓰기

띄어쓰기 바르게 해야

띄어쓰기를 바르게 하는 것도 글쓰기에서 매우 중요하다. 띄어쓰기를 바르게 하지 않으면 뜻을 파악하는 데 혼선을 빚게 된다. 따라서 띄어쓰기를 바르게 해서 독자가 글을 읽을 때 불편을 느끼지 않도록 해야 한다. 띄어쓰기를 정확하게 한 글은 독자에게 신뢰감을 주지만 틀린 띄어쓰기가 눈에 띄면 글에 대한 신뢰감이 떨어진다.

15세기에 세종대왕이 한글을 창제하고 바로 띄어쓰기를 했던 것은 아니다. 19세기까지 무려 500년 가까이 띄어쓰기를 하지 않았다. 띄어쓰기를 처음 하기 시작한 것은 1896년에 창간된 독립신문이다. 띄어쓰기를 하지 않으니 글을 읽고 이해하는 데 어려움이 따를 수밖에 없었고 이에 영어를 비롯한 서양의 다른 언어들처럼 띄어쓰기를 하기 시작하였다.

띄어쓰기의 대원칙은 단어와 단어는 띈다는 것이다. 한 단어이면 붙여써야 하므로 한 단어를 나누어 적어서도 안 된다. 띄어쓰기가 간혹 어렵게 느껴지는 것은 의존명사나 관형사 같은 것을 어떻게 띄어쓰기해야 할지 자신이 없기 때문이다. 의존명사, 관형사, 조사, 어미 같은 것들을 파악하기 위해서는 기본적인 문법 지식이 필요하고, 따라서 띄어쓰기를 바르게 하려면 최소한 몇 가지 문법 지식을 갖추어야 한다.

첫째, 의존명사는 띄어써야 한다. 의존명사도 하나의 단어이기 때문이다. 의존명사에는 여러 가지가 있는데 '것, 바, 줄, 만큼, 따름, 뿐, 데' 따위는 의존명사이다. 이런 의존명사는 그 자체가 한 단어이므로 앞에 오는 말과 띄어써야 한다. 즉, 의존명사는 일반적인 명사와 달리 다른 말에 의존해서 쓰이기는 하지만 그 말과 띄어서 쓴다는 점을 분명히 기억해야 한다.

둘째, 조사는 붙여써야 한다. 조사는 명사나 의존명사 뒤에 붙어 쓰인다. 조사는 단어기는 하지만 예외적으로 앞에 오는 명사나 의존명사에 붙여쓴다. '이, 가, 은, 는, 을, 를, 에, 에게, 로부터, 까지, 조차' 같은 조사는 물론이고 '만큼, 밖에, 같이' 따위가 조사로 쓰일 때에 앞에 오는 말과 붙여써야 한다. 예컨대 '만큼'은 '일찍 일어나는 만큼 많이 일한다'와 같은 경우에는 의존명사이므로 앞에 오는 말과 띄어써야 하고, '나도 너만큼 키가 크다'와 같은 경우에는 조사이므로 앞에 오는 말과 붙여써야 한다.

셋째, 단어인지 구인지 잘 구별해서 단어이면 붙여쓰고, 구라면 단어와 단어 사이를 띄어써야 한다. 예컨대 '큰집에서 제사를 지낸다' 같은 경우에 '큰집'은 단어이므로 붙여서 쓴다. '대궐처럼 큰 집에서 살아보는 것이 꿈이다' 같은 경우에 '큰 집'은 구이므로 '큰'과 '집'을 띄어서 쓴다. '큰집', '큰 집' 같은 경우는 구별하기 쉽지만 때로 애매한 경우가 있을 수 있다. 그럴 때에는 국어사전을 찾아보는 것이 쉬운 방법이다. 국어사전에 구는 실려 있지 않고 단어가 실려 있기 때문에 국어사전에 없으면 띄어서 쓰고 국어사전에 올라 있으면 당연히 붙여써야 한다. '볼거리'와 '먹거리'는 사전에 있기 때문에 붙여써야 하지만 '놀거리'나 '말할거리' 같은 말은 사전에 없으므로 따라서 '놀 거리', '말할 거리'처럼 띄어써야 한다. '구직활동', '정서함양' 같은 말도 두 단어이므로 '구직 활동', '정서 함양'처럼 띄어써야 한다.

넷째, 의존명사와 어미를 구별해야 한다. '그 일을 하는 데 필요하다', '무엇을 하는 데 중요하다'라고 할 때의 '데'는 의존명사이므로 앞에 오는 '하는' 과 띄어써야 한다. 그런데 '지금은 비가 오는데 내일도 비가 올지는 두고 봐야 한다'에서 '오는데'의 '데'는 의존명사가 아니다. '–는데' 전체가 어미다. 어미 는 앞에 오는 어간과 붙여써야 함은 물론이고 어미 자체를 갈라서 적으면 안 된다.

때로는 어미인지 의존명사인지 잘 분간이 안 갈 때도 있을 것이다. 자신이 없을 때에는 국어사전을 참조해야 한다. '이에 본인은 사의를 표하는 바이다' 와 같은 예문에서 '바'는 의존명사이다. 따라서 '표하는바이다'가 아니라 '표하 는 바이다'로 쓰는 것이 맞다. '본인이 주장하는 바에 따라…'에서도 '바'는 의 존명사여서 '주장하는바에'가 아니라 '주장하는 바에'로 쓰는 것이 맞다. 그런 데 '그 사람은 늘 자기 주장만 옳다고 고집하는바, 그 사람의 주장을 받아들일 수 없다'와 같은 문장에서는 '–는바'가 어미이므로 '고집하는 바'가 아니라 '고 집하는바'처럼 붙여쓰는 것이 맞다.

이상에서 띄어쓰기를 할 때 알고 있어야 할 몇 가지 문법 지식에 대해 설명 했거니와 띄어쓰기를 잘하기 위해서는 문법에 대해 관심을 기울일 필요가 있 다. 자신이 없을 때에는 사전을 참조함을 잊지 말아야겠다.

신문 기사에서도 의존명사의 띄어쓰기를 잘못한 경우가 자주 발견된다. 특 히 의존명사 '데'를 제대로 띄어쓰지 못한 사례가 잦다. 연결어미인 '–는데'와 의존명사 '데'를 구별하지 못하는 데서 오류가 나타난다. 어미인 '–는데'는 붙 여 적어야 하지만 '하는 데 따라서'나 '하는 데 있다' 등과 같은 예에서는 '데'가 의존명사이므로 앞에 오는 말과 갈라 적어야 옳다.

어미인 '–ㄹ지'를 '–ㄹ 지'처럼 띄어쓰는 오류도 곧잘 발견된다. '–ㄹ지'나 '–는지', '–ㄴ지'는 그 자체가 어미이기 때문에 갈라서 적어서는 안 된다. '지' 가 의존명사인 경우가 있는데 이때에는 앞에 있는 말과 띄어서 적어야 한다. '집에 온 지 한 시간이 지났다'와 같이 경과한 시간을 가리키는 경우이다.

이후 안양소년원 분류보호과장, 광주소년분류심사원장, 안산·안양소년원장 등을 역임하며 소년원생의 재범 방지와 사회 정착을 **돕는데** 매진했다. (중략) 원내 취업교육과 출원 후 1년간의 생활지도를 뼈대로 하는 이 프로그램은 다른 소년원으로 확대 시행돼 소년원생의 재범률을 **낮추는데** 크게 기여했다는 평가를 받는다. (0214, y통신)

'매진하다'나 '기여하다'는 '무엇에 매진하다', '무엇에 기여하다'와 같이 쓰인다. 위 예문을 '재범 방지와 사회 정착을 돕는 일에 매진했다', '소년원생의 재범률을 낮추는 일에 크게 기여했다'라고 바꾸어도 뜻이 같다는 점에 주목해 보자. 그렇다면 '돕는 데에', '낮추는 데에'에서 조사 '에'가 생략되었다는 것을 알 수 있다. 그리고 '데'는 '일'과 마찬가지로 명사 구실을 하고 있음을 알 수 있다. '데'와 '일'의 차이가 있다면 '데'는 의존명사이고 '일'은 명사라는 점뿐이다. 의존명사든 명사든 명사 구실을 하는 점은 같다. 결국 위 예문에서 '돕는데', '낮추는데'라고 붙여쓸 것이 아니라 '돕는 데', '낮추는 데'처럼 띄어써야 한다. '데'가 의존명사일 때에는 앞에 오는 말과 띄어써야 하고 단순히 어미 '-는데'의 일부일 때에는 붙여써야 한다. "비가 오는데 왜 우산을 안 쓰니?"와 같은 예문의 '오는데'에서는 어미 '-는데'가 쓰였다. 의존명사인 '데'가 쓰였느냐 어미 '-는데'가 쓰였느냐에 따라 문장의 의미가 뚜렷이 구별된다. 그래서 띄어쓰기를 정확하게 해야 한다. 위 예문은 다음과 같이 띄어쓰기해야 한다.

>>> 이후 안양소년원 분류보호과장, 광주소년분류심사원장, 안산·안양소년원장 등을 역임하며 소년원생의 재범 방지와 사회 정착을 **돕는 데** 매진했다. (중략) 원내 취업교육과 출원 후 1년간의 생활지도를 뼈대로 하는 이 프로그램은 다른 소년원으로 확대 시행돼 소년원생의 재범률을 **낮추는 데** 크게 기여했다는 평가를 받는다.

품격 있는 글쓰기

더구나 이 바이러스는 뚜렷한 증세도 치료백신도 없어 대처하기 **어렵다는데** 사태의 심각성이 있다. (0204, ㄱ신문)

이 예에서도 '어렵다는 데에 사태의 심각성이 있다'는 뜻이므로 '데'는 의존명사이고 따라서 앞에 오는 말과 띄어써야 한다.

>>> 더구나 이 바이러스는 뚜렷한 증세도 치료백신도 없어 대처하기 **어렵다는 데** 사태의 심각성이 있다.

북한이 흡연가 세상이 **되버린데는** 김정은 국방위 제1위원장의 영향이 큽니다. (1229, ㅈ일보)

이 예에서도 '데'에 '는'이 붙은 데서 알 수 있듯이 '데'는 의존명사이고 의존명사는 그 앞 말과 띄어써야 하기 때문에 '돼버린데는'이 아니라 '돼버린 데는'처럼 띄어써야 한다. '되버린'은 '돼버린'이 맞다.

>>> 북한이 흡연가 세상이 **돼버린 데는** 김정은 국방위 제1위원장의 영향이 큽니다.

이번 컷오프 결과는 유권자의 관심을 **끄는데** 성공했지만 변화에 대한 기대를 완전 충족시키기에는 미흡했다. (0225, y통신)

'관심을 끄는데 성공했지만'은 '관심을 끄는 데에 성공했지만'이 준 것이니 만큼 '끄는 데'로 띄어써야 옳다.

>>> 이번 컷오프 결과는 유권자의 관심을 **끄는 데** 성공했지만 변화에 대한 기대를 완전히 충족시키기에는 미흡했다.

버락 오바마 미국 대통령이 올 **한해동안** 국내는 물론 세계 각국을 돌아다니면서 임기 마지막 해에 외교 정책을 **마무리하는데** 박차를 가할 것으로 예상된다고 뉴욕타임스(NYT)가 2일(현지시간) 보도했다.

오바마는 올 한해동안 아시아와 유럽 지역을 각각 2차례 방문할 **예정인데다가** 중남미 지역도 최소 2차례 찾을 예정이다. (중략)

브루킹스연구소의 대통령학 전문가인 엘레인 C 케이마크 선임연구원은 NYT와의 인터뷰에 "미국 현대사의 거의 모든 대통령들은 임기 마지막 해에 이전 해보다 여행을 많이 했다"며 "국내 문제보다는 외교 문제에 있어 성과를 **달성하는 데** 매우 주력"하는 성향이 있다고 분석했다. (중략)

벤 로즈 백악관 국가안보 부보좌관은 NYT와의 인터뷰에서 "오바마 대통령은 이란 협상 이행, 환태평양경제동반자협정(TPP)비준, 파리 기후변화 협약 후속조치, 쿠바 관계 정상화 등 외교 정책 아젠다를 확실하게 **마무리짓는데** 집중할 것"이라고 설명했다. (중략)

오바마는 오는 5월 26일 일본 이세시마(伊勢志摩)에서 열리는 주요 7개국(G7)정상회의에 **참석하는데** 이어, 9월 4일 중국 항저우에서 열리는 주요 20개국(G20)정상회의에 참석한다. **그런가하면** 9월 아세안 정상회의 참석을 위해 미국 역대 대통령으로는 사상 처음으로 라오스 비엔티안을 방문한다. 5월 베트남 방문 일정도 현재 조정 중이다.   (0104, 뉴시스)

'마무리하는데', '예정인데다가', '달성하는데', '마무리짓는데', '참석하는데'

품격 있는 글쓰기

는 모두 '데'가 의존명사이기 때문에 그 앞말과 띄어써야 한다. '한해동안'은 '한 해 동안'으로 써야 맞고 '그런가하면'은 '그런가 하면'으로 띄어써야 한다.

이상은 의존명사인 '데'를 앞말과 띄어서 쓰지 않은 예들이다. 그런데 의존명사 '데'가 아니라 단순히 어미 '-는데'인데 이를 갈라서 '는'과 '데'를 띄어쓴 사례도 있다. 어미 '-는데'는 붙여써야 한다.

....

더구나 사드 배치가 한반도와 동북아시아 지역의 전략적 균형을 깨뜨려 냉전식 대결과 군비 경쟁을 **초래했다는 데** 이런 사태의 원인 제공자가 북이라는 사실을 모르고 하는 소리인가. (0225, ㅅ신문)

예문에서 '초래했다는'과 '데'로 갈라 적었다. 그러나 위 문맥에서는 '초래했다고 하는데'가 줄어서 '초래했다는데'가 되었으니 '초래했다는 데'로 띄어써야 할 이유가 없다.

>>> 더구나 사드 배치가 한반도와 동북아시아 지역의 전략적 균형을 깨뜨려 냉전식 대결과 군비 경쟁을 **초래했다는데** 이런 사태의 원인 제공자가 북이라는 사실을 모르고 하는 소리인가.

....

이조차 여의치 않을 땐 택시를 타야 **하는 데** 반드시 뒷좌석에 앉아야 한다. 직장 여성은 출퇴근 택시 요금이 월급의 30%를 차지한다는 불만이 나오기도 한다. 여성이 운전하다 경찰에 단속되거나 사고가 났을 때 '외간 남자'와 어쩔 수 없이 접촉해야 **하는 데** 이런 불미스러운 일을 원천봉쇄하려고 아예 여성이 운전하지 못하도록 한다는 것이다. (1214, y통신)

위 예에서도 '-는데'는 단순히 어미일 뿐인데 '는'과 '데'를 갈라서 적었다. 잘못이다.

>>> 이조차 여의치 않을 땐 택시를 타야 **하는데** 반드시 뒷좌석에 앉아야 한다. 직장 여성은 출퇴근 택시 요금이 월급의 30%를 차지한다는 불만이 나오기도 한다.
여성이 운전하다 경찰에 단속되거나 사고가 났을 때 '외간 남자'와 어쩔 수 없이 접촉해야 **하는데** 이런 불미스러운 일을 원천봉쇄하려고 아예 여성이 운전하지 못하도록 한다는 것이다.

유럽은 국내 업체 계약서를 들고 구글의 반독점을 **따지는 데** 공정위는 구글이 EU 제재에 대항할 자료를 **제공하는 데** 이용당한 꼴이다.　　(0423, ㅈ일보)

역시 어미 '-는데'와 어미와 의존명사의 연결인 '-는 데'를 구별하지 못한 사례이다. '유럽은 국내 업체 계약서를 들고 구글의 반독점을 따지는 데'에서 '-는데'는 연결어미일 뿐이므로 붙여서 '따지는데'라고 해야 한다. '따지는 데'처럼 띄어서 쓸 이유가 없다. 그다음에 나오는 '자료를 제공하는 데 이용당한 꼴'에서는 '데'가 의존명사이므로 잘 띄어서 썼다.

'데'가 의존명사인지 '-는데'의 일부인지는 뒤에 조사 '에'를 붙여 보면 안다. '에'를 붙여서 말이 되면 의존명사이고 말이 안 되면 연결어미 '-는데'이다. 조사는 의존명사에 붙을 수 있지만 연결어미에 조사가 붙는 일은 없기 때문이다. '구글의 반독점을 따지는데에'는 말이 안 되지만 '자료를 제공하는 데에 이용당한 꼴'은 말이 된다. 의존명사 '데'는 그다음의 '이용당한' 때문에 필요하다.

>>> 유럽은 국내 업체 계약서를 들고 구글의 반독점을 **따지는데** 공정위는 구글
이 EU 제재에 대항할 자료를 **제공하는 데** 이용당한 꼴이다.

....

사드는 사거리 300~700㎞의 스커드와 1,200~1,300㎞의 노동미사일을 하
강단계(고도 40㎞ 이상)에서 **요격하는 데 동원되는 데** 비용대비 효과 면에서 효
용성이 떨어지는 게 아니냐는 지적이다. 물론 북한의 미사일 위협에 맞서 우리
국민의 생명과 안전을 보호하기 위한 것인 만큼 단순하게 비용만을 따져서는
안된다는 반론도 있다.   (0215, y통신)

띄어쓰기를 하는 이유는 뜻을 쉽게 파악할 수 있게 하기 위해서다. 띄어쓰
기를 잘못하면 독해를 가로막는다. 그래서 띄어쓰기를 바로 해야 한다. '요격
하는 데 동원되는 데'로 띄어쓰기를 했는데 하나는 맞았고 하나는 틀렸다. '요
격하는 데'는 바로 했고 '동원되는 데'는 틀렸다. '요격하는 데'는 '요격하는 데
에'에서 조사 '에'가 생략된 것으로 이때의 '데'는 의존명사이다. 따라서 '요격
하는'과 '데'를 띄어쓰는 것은 옳다. 그런데 '동원되는 데'는 붙여써야 옳다. '동
원되-'라는 어간에 어미 '-는데'가 결합되었기 때문이다. 어미 '-는데'를 갈라
적어서는 안 된다.
　'비용대비 효과'도 '비용 대비 효과'로 띄어쓰기해야 한다. '비용대비'라는 단
어가 있다면 물론 붙여써야겠지만 그런 단어는 없다. 따라서 '비용 대비'라고
해야 맞다.
　'안된다는'도 '안 된다는'으로 띄어쓰기해야 한다. '안'이 부사고 '된다는'이
동사이기 때문이다. '그 사람 사정이 참 안됐다'처럼 '안되다'가 '딱하다'의 뜻
일 때는 물론 한 단어이므로 붙인다. 그러나 '된다', '안 된다'라고 할 때에 '안
된다'는 두 단어이지 한 단어가 아니므로 띄어써야 한다.

>>> 사드는 사거리 300~700㎞의 스커드와 1,200~1,300㎞의 노동미사일을 하강단계(고도 40㎞ 이상)에서 요격하는 데 **동원되는데 비용 대비** 효과 면에서 효용성이 떨어지는 게 아니냐는 지적이다. 물론 북한의 미사일 위협에 맞서 우리 국민의 생명과 안전을 보호하기 위한 것인 만큼 단순하게 비용만을 따져서는 **안 된다는** 반론도 있다.

....

정당의 정체성(正體性)은 유권자가 어느 정당을 **지지할 지** 판단하는 기준이 된다. 그만큼 분명해야 한다.

해외 여행 장소까지 정부가 간섭하는 것이 **타당한 지** 의문이 제기될 수도 있다.

(0217, ㅁ일보)

'갈까 말까'를 '갈 까 말 까'로 띄어쓰는 사람은 없을 것이다. '갈 까'로 쓰지 않는 것은 어간 '가–'에 어미 '–ㄹ까'가 붙었고 어미 '–ㄹ까'를 다시 '–ㄹ 까'로 나누어 적을 이유가 없기 때문이다. '갈지 말지'도 마찬가지다. '갈 지 말 지'로 나누어 적어야 할 이유가 없고 '갈지 말지'로 적어야 한다. 그런데 위 예문에서 '어느 정당을 지지할지'를 '어느 정당을 지지할 지'로 나누어 적은 것은 왜인가? '지지할 지'로 띄어써야 할 이유가 전혀 없다. '지지할지'가 맞다.

'집에 온 지 두 시간이 지났다'나 '건국한 지 70년이 흘렀다'와 같은 문장에서의 '지'는 위 예문의 '어느 정당을 지지할지'와 전혀 다르다. '집에 온 지 두 시간이 지났다'의 '지'는 어미의 일부가 아니라 '지' 자체가 의존명사이다. 어떤 일이 있었던 때로부터 지금까지 있었던 동안을 가리키는 말이다. 그런 의존명사는 앞에 오는 말과 띄어쓰는 것이 당연하다. 의존명사 '지'와 어미 '–ㄹ지'를 구별해야 한다. 어미 '–ㄹ지'는 나누어 적어서는 안 된다. '–ㄴ지', '–는지'도 마찬가지다.

>>> 정당의 정체성(正體性)은 유권자가 어느 정당을 **지지할지** 판단하는 기준이
된다. 그만큼 분명해야 한다.
해외 여행 장소까지 정부가 간섭하는 것이 **타당한지** 의문이 제기될 수도 있
다.

'지'를 그 앞말과 띄어써야 하는 경우는 다음과 같은 경우다.

고향을 떠난 지 10년이 지났다.
공부를 시작한 지 두 시간이 지났다.

이때의 '지'는 어미가 아니다. '지'가 의존명사이다. 의존명사는 그 앞말과 띄
어쓰게 되어 있다. 앞에서 '지지할 지'처럼 띄어쓴 것은 '지'를 의존명사로 알
았기 때문일 것이다. 의존명사 '지'와 어미 '-ㄹ지'의 '지'를 혼동하면서 빚어진
일이다.
다른 예를 보자.

....

박 대통령이 향후 국정 추진 동력 확보를 위해 새누리당의 안정적 과반 획득을
목표로 **삼을지**, 아니면 이후 정권 재창출 과정의 헤게모니 다툼까지 염두에 두
고 이번 총선을 여권 내부의 리더십을 재편하는 기회로 **볼 지가** 가장 큰 변수라
는 뜻이다.   (1227, ㅈ일보)

같은 어미 '-을지/ㄹ지'가 붙었을 뿐인데 '삼을지', '볼 지가'로 서로 달리 적
었다. '삼을지'에는 '삼-'에 '-을지'를 붙여썼는데 '볼 지가'에서는 나누어 적었
다. 같은 구조인데 달리 본 것이다. '볼 지가'는 잘못이고 '볼지가'로 써야 한다.

>>> 박 대통령이 향후 국정 추진 동력 확보를 위해 새누리당의 안정적 과반 획

득을 목표로 **삼을지**, 아니면 이후 정권 재창출 과정의 헤게모니 다툼까지 염두에 두고 이번 총선을 여권 내부의 리더십을 재편하는 기회로 **볼지가** 가장 큰 변수라는 뜻이다.

....

미국은 선거 때마다 기존 정치의 틀을 깨겠다는 공약을 앞세운 인물들이 등장해 유권자들의 눈길을 끈다. 갑질에다 기득권에 안주하는 세력은 **설자리가** 좁아진다. (0203, ㅅ일보)

띄어쓰기는 단어별로 한다. 한 단어이면 붙여쓰고 두 단어이면 띄어쓴다. '설자리'가 한 단어라면 붙여쓰는 것이 맞다. 그러나 '설자리'가 한 단어가 아니고 두 단어라면 당연히 띄어써야 한다. '설자리'는 한 단어인가? 두 단어인가? 글쓴이는 아마도 '설자리'가 한 단어라고 생각해서 붙여썼는지 모르겠다. 그러나 '설자리'는 한 단어라고 볼 수가 없다. '설 자리'는 '쉴 곳', '갈 곳', '할 일'처럼 두 단어이다. 물론 같은 구조처럼 보이지만 단어로 굳어 버린 것이 있다. '볼일', '탈것' 같은 예다. '설자리'는 '볼일', '탈것' 같은 예에 속하지 않고 '쉴 곳', '갈 곳', '할 일'과 같은 예에 속한다. 따라서 띄어써야 한다.

>>> 갑질에다 기득권에 안주하는 세력은 **설 자리**가 좁아진다.

....

문 대표와 더민주가 **살길은** 하나다. (0128, ㅈ일보)

주어는 '문 대표와 더민주가'이다. 동사는 무엇인가? '살'이지 '살길은 하나다'일 수는 없다. 그렇다면 '살길은'처럼 붙여써서는 안 된다. 명사로서 '살길'이라는 말이 있기는 하지만 위 문장에서는 명사 '살길'이 쓰인 것이 아니다. 띄어쓰기 하나도 가볍게 생각할 게 아니다. 띄어쓰기를 잘못하면 문장 해석이 막힌다. 다음과 같이 써야 한다.

>>> 문 대표와 더민주가 **살 길은** 하나다.

당규에도 없는 잣대를 **내 걸고** 박근혜 대통령 눈 밖에 벗어났는지의 여부로 현역의원들의 정치 생사를 갈랐다. (중략) 친이계 좌장인 5선의 이재오(서울 은평을)의원과, 보건복지부 장관 재임 시 청와대의 국민·기초 연금 연계 결정에 항의해 자진사퇴한 진영(서울 용산·3선) 의원의 공천 배제는 대통령에게 **쓴 소리**를 하거나 다른 목소리를 내는 것을 결코 용납하지 않겠다는 의미로 읽힌다.

(0317, ㅎ일보)

'내 걸고'와 '쓴 소리'를 띄어서 썼다. '내걸다', '쓴소리'가 한 단어인 이상 붙여써야지 띄어써서는 안 된다. '내걸다', '쓴소리'는 '내+걸다', '쓴+소리'가 결합된 말인데 결국 한 단어가 됐기 때문에 띄어쓰면 안 된다.

>>> 당규에도 없는 잣대를 **내걸고** 박근혜 대통령 눈 밖에 벗어났는지의 여부로 현역의원들의 정치 생사를 갈랐다. (중략) 대통령에게 **쓴소리**를 하거나 다른 목소리를 내는 것을 결코 용납하지 않겠다는 의미로 읽힌다.

더불어민주당은 어제 **유능한 경제정당위원회**를 통해 4등급 이하 중·저신용자들에게 1인당 2000만원 한도 내에서 '10%대 우체국 신용대출' 서비스를 신설하겠다고 공약했다.

(0229, ㅈ일보)

신문 사설에서 '유능한 경제정당위원회'라는 말이 사용되었다. '유능한'은 형용사로서 능력 있다는 뜻이다. '유능한 사람', '유능한 인재' 등처럼 보통 사람을 가리킬 때 주로 쓰지만 '유능한 조직', '유능한 단체'라고 쓰는 것도 불가능한 일은 아니다. 문제는 '유능한 경제정당위원회'라고 띄어썼다는 점이다. 이는 더불어민주당에 '경제정당위원회'라는 조직이 있는데 사설 쓴 사람이 그 조직이 유능하다고 보았음을 가리킨다. 신문에서 어떤 정당의 조직을 유능하다든지 무능하다든지 하는 평가를 내리는 것은 뜻밖의 일로서 읽는 독자로 하여금 의아한 느낌을 갖게 하기에 충분하다. 사실은 더불어민주당이 '유능한경제정당위원회'라는 조직을 만들었고 그 조직에서 정책 공약을 냈던 것이다. 정당이 자체 조직의 하나로 '유능한경제정당위원회'라는 것을 만드는 것은 탓할 수가 없다. 비록 별로 자연스러운 작명이 아니긴 하지만 말이다. 어떻든 하나의 고유명사로서 정당의 하부 조직 이름을 지었다면 그 명칭은 띄어서 쓸 일이 아니다. 띄어쓰게 되면 '유능한 경제정당위원회'가 더불어민주당의 특정 하부 조직임을 알 수 없다. 당연히 '유능한'은 사설 쓴 측에서 내린 평가로 받아들이게 될 것이다. 사실은 그게 아닌데도 말이다. 따라서 '유능한 경제정당위원회'는 띄어서 쓸 게 아니라 붙여쓰는 것이 맞다. 그것은 '더불어민주당'을 띄어서 '더불어 민주당'이라 쓰지 않고 '더불어민주당'이라고 붙여쓰는 것과 마찬가지다.

>>> 더불어민주당은 어제 **유능한경제정당위원회**를 통해 4등급 이하 중·저신용자들에게 1인당 2000만 원 한도 내에서 '10%대 우체국 신용대출' 서비스를 신설하겠다고 공약했다.

....

획정안 처리가 2월을 넘기면 재외국민 **명부작성** 같은 **핵심업무**가 **마감시한**을 넘기게 돼 총선이 연기될 우려가 커진다.　　　　　　　　　(0229, ㅈ일보)

　　　　　　　　　　　　　　　　　　　　　　　　品格 있는 글쓰기

명사 둘이 연이어 나타날 경우 붙여써야 하나, 띄어써야 하나? 위 예에서는 '명부작성', '핵심업무', '마감시한' 등을 모두 붙여썼다. 어떤 말을 붙여쓴다는 것은 그 말이 하나의 단어임을 뜻한다. 그런데 '명부작성', '핵심업무', '마감시한'이 한 단어인가? '명부작성'은 명부를 작성한다는 뜻이고 '핵심업무'는 핵심적인 업무라는 뜻이며 '마감시한'은 마감하는 시한을 뜻한다. 보통 두 명사가 결합해서 한 단어가 되는 경우는 두 명사가 결합된 채로 자주 쓰일 때다. 그리고 자주 쓰일 뿐만 아니라 두 명사가 결합이 되면서 결합된 말에 고유한 독자적인 뜻이 생기는 게 보통이다. '명부작성', '핵심업무', '마감시한'이 자주 쓰이면서 고유한 독자적인 뜻을 지니게 되었을까? 사람에 따라 느낌이 다를 수 있겠지만 이런 말들이 국어사전에 올라 있지 않음을 보면 하나의 단어가 되지 않았다고 보아야 할 것이다. 그렇다면 이들 말은 띄어쓰는 것이 타당하다. 한 단어가 아니라 두 단어라는 것이다. 두 단어라는 것은 구(句)라는 의미이다.

>>> 획정안 처리가 2월을 넘기면 재외국민 **명부 작성** 같은 **핵심 업무**가 **마감 시한**을 넘기게 돼 총선이 연기될 우려가 커진다.

피동 제대로 쓰기

　글을 쓰다 보면 피동을 나타내야 할 때가 있다. 피동은 능동에 반대되는 개념으로 남의 힘에 의해 움직임을 나타낸다. 피동을 표현하는 방법은 여러 가지다. 피동은 능동을 나타내는 동사에 접미사 '-이-', '-히-', '-리-', '-기-'가 붙어서 표현되기도 하고 '지다'가 붙어서 표현되기도 하며 '되다', '당하다', '받다'가 결합되어 피동을 나타낼 때도 있다.

　접미사 '-이-', '-히-', '-리-', '-기-'가 어간에 붙어서 만들어진 동사는 피동의 의미를 지닌다. '쓰다', '업다', '밀다', '감다'의 어간에 각각 '-이-', '-히-', '-리-', '-기-'가 붙으면 '쓰이다', '업히다', '밀리다', '감기다'가 되어 피동의 의미를 지닌다. 그런데 모든 타동사에 '-이-', '-히-', '-리-', '-기-' 중의 어느 것이 붙을 수 있는 것은 아니다. '주다' 같은 말은 '주이다', '주히다', '주리다', '주기다' 어느 것도 말이 안 된다. '던지다'나 '때리다'도 접미사가 붙어서 피동사가 만들어지지 않는다.

　'지다'가 붙어서 피동이 될 때에는 이때의 '지다'가 보조동사이기 때문에 '지다' 앞에 '어'나 '아'가 필요하다. '지우다'는 '-어지다'가 붙어서 '지워지다'가 되

　　　　　　　　　　　　　　　　　　　　　품격 있는 글쓰기

고 '쏟다'는 '-아지다'가 붙어서 '쏟아지다'가 된다. '-어(아)지다' 역시 일부 동사에만 붙을 수 있다. '되다', '당하다', '받다'는 '생각되다', '살해당하다', '강요받다'처럼 일부 명사 다음에 붙어서 피동사를 만든다.

이렇게 피동은 여러 가지 방법으로 표현되는데 글을 쓸 때에 피동을 중복하는 경우가 빈번히 나타난다. 즉, 피동을 나타내는 접미사 '-이-'에 추가로 '-어지다'를 더 넣는 사례가 흔히 발견된다. '보이다'라고 하면 될 것을 '보여지다'라고 하는 것이 그런 사례다. '비치다'는 이미 그 자체로 피동의 뜻이 있는데 여기에 다시 '-어지다'를 덧붙여 '비쳐지다'라고 하는 것도 피동이 중복된 것이다. 중복을 함으로써 뜻을 더욱 분명하게 드러내려는 의도겠지만 굳이 중복하지 않는 것이 좋다. '비치다'라고 해도 될 것을 '비춰지다'라고 하는 것도 피동을 잘못 사용한 예다. 정확하고 간명하게 표현하는 것이 바람직하다.

한 가지 생각해 볼 거리로 언급하고 싶은 것은 '잊혀지다'라는 말이다. '잊다'에 접미사 '-히-'가 붙고 거기에 다시 '어지다'가 붙었으니 이중 피동이다. 그래서 '잊혀지다'는 써서는 안 되며 '잊히다'라고 해야 한다는 주장을 흔히 접할수 있다. 그러나 '잊혀지다'를 옹호하는 주장도 있다. 무엇보다도, '잊히다'보다 '잊혀지다'가 더 널리 쓰이고 있음을 부인하기 어렵다. 이에 대한 필자의 견해는 '잊혀지다'는 비록 이중 피동이기는 하지만 굳어진 표현으로서 용인 가능하다는 것이다. 언어에는 곳곳에 예외가 숨어 있다. 언어에는 규칙적인 면과 아울러 동시에 불규칙적인 예외가 존재하는 게 사실이다. '잊혀지다'를 굳이 못쓰게 막을 필요가 없다고 본다. 다만 예외는 그야말로 소수로 한정되어야 하고 예외를 마구 허용할 것은 아니다.

....

그만큼 정부가 이번 북의 핵 도발을 엄중한 사안으로 받아들이고 있다는 뜻으로 **비쳐진다.**

(0111, ㅅ일보)

국어사전에 '비쳐지다'는 없고 '비치다'가 있다. '비치다'는 다음과 같이 뜻풀이되어 있고 용례가 나와 있다. 그런데 위 문장에서 '비쳐진다'가 사용되고 있다. 어떻게 보아야 할까?

비치다 【…에/에게 …으로】
무엇으로 보이거나 인식되다.
¶내 눈에는 그의 행동이 상사에 대한 아부로 비쳤다./내가 다른 사람들에게 그를 무시하는 것으로 비칠까 봐 말과 행동을 조심스럽게 했다./글씨를 그렇게 흘려서 쓰면 성의 없는 사람으로 비치기 쉽다.

'비쳐진다'가 아니라 '비친다'라고 하는 것이 간명하다. '비쳐진다'라고 쓰는 심리는 '비친다'로는 뜻이 충분히 드러나지 않는다고 보이기 때문일 것이다. 그러나 국어사전에서 보듯이 '비치다'나 '비쳐지다'는 뜻이 같다. 그렇다면 굳이 '비쳐진다'라고 할 이유가 없다. '비치다' 자체가 이미 남에게 보인다는 뜻이다. 같은 뜻을 중복해서 보이는 것은 낭비고 군더더기다.

>>> 그만큼 정부가 이번 북의 핵 도발을 엄중한 사안으로 받아들이고 있다는 뜻으로 **비친다**.

....

일반 국민에겐 자기들만 선이고 그 외는 모두 악이라는 넌더리 나는 독선주의, 친노 패권주의 폐습으로 **비쳐진다**.　　　　　　　　　　(0524, ㅈ일보)

'비쳐진다'는 '비치어진다'가 준 말로서 '비친다'라고만 해도 충분한 것을 '-어지-'를 더 넣었다. 피동이 중복된 셈이다. 따라서 '-어지-'는 군더더기다.

>>> 일반 국민에겐 자기들만 선이고 그 외는 모두 악이라는 넌더리 나는 독선주의, 친노 패권주의 폐습으로 **비친다**.

한편, '비춰지다'라고 쓰는 예도 있다. 이 역시 권장할 만하지 않다. 그냥 '비치다'라고만 하는 것이 맞다.

중국은 이제라도 외부에 '북한 감싸기'로 **비춰지는** 태도에서 벗어나 국제사회의 대북제재에 적극적으로 동참해야 한다.　　　　　　(0211, ㅈ일보)

'비춰지는'이라는 표현이 쓰였다. '비춰지는'은 '비추어지는'의 준말이고 '비추어지는'은 '비추다'의 어간 '비추-'에 피동의 뜻을 지닌 '-어지는'이 붙은 말이다. '비추다'는 '밝게 하다', '빛을 받게 하다', '어떤 모습이 나타나게 하다', '견주어 보다' 등의 뜻으로 '비추어지다'는 '밝아지다', '빛을 받다', '나타나다' 등의 뜻이 된다. 위 문맥에는 잘 맞지 않는다. 이에 반해 '비치다'는 '무엇으로 보이거나 인식되다'라는 뜻이 있어서 위 문맥에 잘 맞는다. 따라서 '비춰지는'이 아니라 '비치는'이라 해야 문맥에 잘 맞는다. 그리고 '비치는'도 좋지만 평이하게 '보이는'이라고 해도 뜻을 전달하는 데 문제가 없다.

>>> 중국은 이제라도 외부에 '북한 감싸기'로 **비치는** 태도에서 벗어나 국제사회의 대북제재에 적극적으로 동참해야 한다.
중국은 이제라도 외부에 '북한 감싸기'로 **보이는** 태도에서 벗어나 국제사회의 대북제재에 적극적으로 동참해야 한다.

중국의 달라진 모습이 곧 나올 유엔 결의의 철저한 집행에서부터 **보여지길** 기

대한다.   (0119, ㅈ일보)

'보여지길'은 '보여지다'의 활용형이다. 그런데 '보여지다'는 '보+이+어지+다'로서 이때의 '-이-'와 '-어지-'는 의미가 같다. 피동이 중복된 것이다. 따라서 '보이길'로만 해도 충분하다. 딴 말을 써서 '나타나길'로 해도 좋을 것이다.

>>>　중국의 달라진 모습이 곧 나올 유엔 결의의 철저한 집행에서부터 **보이길** 기대한다.
　　중국의 달라진 모습이 곧 나올 유엔 결의의 철저한 집행에서부터 **나타나길** 기대한다.

하지만 이미 이 사건으로 인해 한·일 간 감정의 골이 **패일대로 패인** 상황이어서 양국 관계 개선의 전기가 마련되기는 어려워 보인다.　　　(1218, ㄱ신문)

'패일대로 패인'이라는 표현이 쓰였는데 '패이다'라는 동사가 있는가? 국어사전에는 '패다'의 잘못이라 나와 있다. '팰 대로 팬'이라고 하든지 '파일 대로 파인'이라고 써야 옳다. '패다'는 '파이다'의 준말이어서 '패다'를 쓰든 '파이다'를 쓰든 상관없지만 '패이다'는 '파이이다'가 준 꼴이어서 이중 피동이다.

>>>　하지만 이미 이 사건으로 인해 한·일 간 감정의 골이 **팰 대로 팬** 상황이어서 양국 관계 개선의 전기가 마련되기는 어려워 보인다.

모든 수용 동에 난방시설이 **갖춰 있는** 등 공주 치료감호소나 천안 외국인교도

소처럼 수용환경이 쾌적하다.   (0227, ㅅ일보)

'난방시설이 갖춰 있다'는 문법에 어긋난다. '난방시설이 갖춰져 있다'고 하든지 '난방시설을 갖추고 있다'고 해야 한다. '갖추다'는 목적어를 필요로 하는 타동사이기 때문에 '난방시설이'에는 '갖추다'가 아닌 '갖추어지다'가 와야 한다. '갖추다'를 쓰려면 '난방시설을 갖추다'라고 해야 한다.

>>> 모든 수용 동에 난방시설**이 갖춰져 있는** 등 공주 치료감호소나 천안 외국인 교도소처럼 수용환경이 쾌적하다.
모든 수용 동에 난방시설**을 갖추고 있는** 등 공주 치료감호소나 천안 외국인 교도소처럼 수용환경이 쾌적하다.

'−시키다' 남용 말아야

  '−시키다'는 일부 명사 뒤에 붙어 사동의 뜻을 갖는 동사를 만드는 접미사
다. '결혼시키다', '만족시키다', '복직시키다', '굴복시키다', '화해시키다' 같은
말에서 '−시키다'는 접미사이다. '결혼하다', '만족하다', '복직하다', '굴복하다',
'화해하다'와 비교해 보면 '결혼시키다', '만족시키다', '복직시키다', '굴복시키
다', '화해시키다'는 자기 아닌 누군가가 결혼, 만족, 복직, 굴복, 화해하게 하는
것을 가리킴을 알 수 있다. 따라서 접미사 '−하다'가 붙는 말과 접미사 '−시키
다'가 붙는 말은 문장 구조가 전혀 다르다. '−하다'가 붙는 말은 주어만 있으면
되지만 '−시키다'가 붙는 말은 목적어가 반드시 필요하다. 문장 구조가 다른
만큼 뜻이 다름은 말할 필요도 없다.

  그런데 '−시키다'를 불필요한 경우에까지 붙이는 사례가 적지 않게 나타나
고 있다. 예컨대 '억제시키다'와 '억제하다'는 뜻이 다르지 않다. 이런 경우에는
'억제하다'라고 하면 되고 '억제시키다'라는 말을 쓸 필요가 없다. '−시키다'를
남용한 사례다.

  '−시키다'를 남용한 사례는 신문 논설을 비롯해 많은 글에서 흔히 볼 수 있

다. 의미를 좀 더 분명하게 드러내 보이고 싶은 마음에서 그렇게 하겠지만 바람직하지 않다. 입말에서 '거짓말하지 마'라고 할 것을 '거짓말시키지 마'라고 하는 경향도 있는데 이는 명백한 '-시키다' 남용이다.

'-시키다'가 꼭 필요한 경우와 '-시키다'를 잘못 쓴 사례가 혼재하다 보면 자칫 언어의식이 흐려질 우려가 있다.

중국은 북한을 **만류시키기** 위해 급거 우다웨이를 보냈으나 북한은 로켓 발사를 공지해 버렸다.　　　　　　　　　　　　　　　　　　　　　(0218, ㅈ일보)

'-시키다'가 붙는 말에는 '-하다'도 당연히 붙을 수 있다. '결혼하다-결혼시키다', '굴복하다-굴복시키다', '입원하다-입원시키다', '좌절하다-좌절시키다', '집합하다-집합시키다', '화해하다-화해시키다'의 짝을 보면 '-하다'가 붙은 말과 '-시키다'가 붙은 말은 의미가 아주 다름을 알 수 있다. '-하다'가 붙은 동사는 스스로 어떤 행동을 함을 가리키고 '-시키다'가 붙은 동사는 남에게 어떤 행동을 하게 함을 가리킨다.

'만류하다'와 '만류시키다'의 관계는 어떠한가? '만류하다'는 남이 어떤 일을 하지 못하게 말리는 것을 가리킨다. 위 예문에서 '중국은 북한을 만류하기 위해'라고 하면 그뿐인 것을 '중국은 북한을 만류시키기 위해'라고 하였다. '만류하다'와 '만류시키다'의 의미 차이가 없는 것이다. 이런 경우에 '만류시키다'는 '만류하다'라고 하면 될 것을 잘못 사용한 것이다. '만류시키다'라는 말을 사용할 수 있는 상황이 전혀 없는 것은 아니겠으나 그런 경우는 드물다. 위 예에서는 '만류하다'라고 해야 할 것을 '만류시키다'라고 잘못 썼다.

>>> 　중국은 북한을 **만류하기** 위해 급거 우다웨이를 보냈으나 북한은 로켓 발사를 공지해 버렸다.

경고그림 부착은 흡연의도를 **억제시켜** 국민 건강을 지키고 흡연 가능성이 있는 청소년들의 흡연 시작을 막기 위한 목적이 크다.   (0509, ㅎ일보)

'흡연의도를 억제시켜'에서 '억제시켜'는 '억제해'라고 해도 충분하다. '억제하다'가 '감정이나 욕망, 충동적 행동 따위를 내리눌러서 그치게 하다'라는 뜻이기 때문이다. '-시키다'를 남용하는 것은 바람직하지 않다. 불필요하기 때문이다.

>>> 경고그림 부착은 흡연 의도를 **억제해** 국민 건강을 지키고 흡연 가능성이 있는 청소년들의 흡연 시작을 막기 위한 목적이 크다.

가습기 살균제로 인한 비극적 피해를 **야기시킨** 가장 큰 책임은 유독성 살균제를 대량으로 판매해온 기업들에 있는 것은 분명하다.   (0426, ㅈ일보)

'야기하다'는 국어사전에 '일이나 사건 따위를 끌어 일으키다'라 뜻풀이되어 있다. 따라서 위 문맥에서 '야기한'이라고 쓰면 된다. '야기시키다'는 국어사전에 올라 있지도 않은 말이다. '야기시키다' 대신 '야기하다'를 쓰면 된다. '야기한'도 좋지만 '불러일으킨' 또는 '낳은'이라고 해도 좋을 것이다.

>>> 가습기 살균제로 인한 비극적 피해를 **야기한** 가장 큰 책임은 유독성 살균제를 대량으로 판매해온 기업들에 있는 것은 분명하다.

비대위는 최우선으로 친박·비박 집단을 **해체시키고** 이를 이용하는 정치인은

퇴출시켜야 한다. (0510, ㅈ일보)

'해체하다'는 '~를 해체하다'로 쓰인다. 그런데 굳이 또 '해체시키다'라고 할 필요가 없다. '퇴출하다'는 이에 반해 스스로 어디에서 물러난다는 뜻이어서 남을 물러나게 한다는 뜻으로는 '퇴출시키다'가 맞다. '-시키다'를 남용하지 않도록 조심할 필요가 있다.

>>> 비대위는 최우선으로 친박·비박 집단을 **해체하고** 이를 이용하는 정치인은 **퇴출시켜야** 한다.

....

그러나 롯데홈쇼핑은 지난해 2월 재승인을 받기 위해 사업계획서를 미래부에 제출하면서 신 전 대표 등 임원 2명의 범죄 사실을 **누락시켰다**. 만약 이 사실이 심사에 반영됐다면 롯데홈쇼핑은 유효기간 3년의 사업 재승인을 받지 못했을 것이라고 감사원은 밝혔다. 롯데 측은 고의가 아니라고 해명했지만 사업 승인의 중요한 기준 중 하나인 임직원 범죄 사실을 '실수'로 **누락시켰다는** 말은 설득력이 없다. (0227, ㅈ일보)

'누락시키다'는 어떤가? 남에게 누락하도록 만드는 것인가? 그렇지 않아 보인다. 위 예에서 '누락시켰다'를 '누락했다'로 바꾸어도 의미가 전혀 다르지 않다. 누락하도록 남에게 시킨 것이 아니다. 자기 스스로 누락한 것이다. 그럼에도 '누락시켰다'고 했다. 이런 경우의 '-시키다'는 불필요하게 사용된 것이다. '누락했다'라고만 해도 충분하다. '누락하다'라고만 하니 뜻이 분명하지 않은 것처럼 느껴져서 사동의 뜻을 지닌 '-시키다'를 넣은 듯한데 말은 아끼고 절제해서 쓸 필요가 있다.

>>> 그러나 롯데홈쇼핑은 지난해 2월 재승인을 받기 위해 사업계획서를 미래부에 제출하면서 신 전 대표 등 임원 2명의 범죄 사실을 **누락했다.** 만약 이 사실이 심사에 반영됐다면 롯데홈쇼핑은 유효기간 3년의 사업 재승인을 받지 못했을 것이라고 감사원은 밝혔다. 롯데 측은 고의가 아니라고 해명했지만 사업 승인의 중요한 기준 중 하나인 임직원 범죄 사실을 '실수'로 **누락했다는** 말은 설득력이 없다.

"최근 번지고 있는 소비자들의 불매운동을 피하기 위한 꼼수"라는 일각의 곱지 않은 시선을 **불식시키기** 위해서도 보상 금액을 더욱 늘려야 한다.

(0503, ㅈ일보)

교육부가 발표 내용을 고의 축소할 것이라는 의구심을 **불식시키기** 위해서라도 조사 결과를 전면 공개해야 한다는 요구가 많았지만 적발된 이들의 실명을 전혀 공개하지 않은 것도 석연찮다.

(0503, ㅎ일보)

'불식시키다'는 국어사전에 올라 있지 않다. '불식하다'가 올라 있을 뿐이다. '불식하다'는 '의심이나 부조리한 점 따위를 말끔히 떨어 없애다'라는 뜻이다. 위 예들에서 '불식하기'라고 써도 뜻을 나타내는 데 아무 문제가 없다. 따라서 '불식시키기'가 아니라 '불식하기'라고 써야 한다.

>>> "최근 번지고 있는 소비자들의 불매운동을 피하기 위한 꼼수"라는 일각의 곱지 않은 시선을 **불식하기** 위해서도 보상 금액을 더욱 늘려야 한다.
교육부가 발표 내용을 고의 축소할 것이라는 의구심을 **불식하기** 위해서라도 조사 결과를 전면 공개해야 한다는 요구가 많았지만 적발된 이들의 실명을 전혀 공개하지 않은 것도 석연찮다.

이런 상황에서 온갖 의혹과 추측으로 사회적 혼란을 **유발시키는** 것은 누구를 위해서도 바람직하지 않다. (0126, ㅈ일보)

'유발시키다'도 '유발하다'라고 하면 될 것을 '–시키다'를 남용한 사례다. '유발시키는'이 아니라 '유발하는'이라고 하면 된다.

>>> 이런 상황에서 온갖 의혹과 추측으로 사회적 혼란을 **유발하는** 것은 누구를 위해서도 바람직하지 않다.

이상에서 굳이 쓸 필요가 없는 '–시키다'를 쓴 예를 보았다. 거꾸로 '–시키다'를 꼭 써야 할 자리에 '–시키다'를 쓰지 않고 '–하다'를 쓴 예도 있다.

우리나라의 안보 주권을 무시한 중국 대사의 오만한 발언은 사드에 대한 우리 국민의 불안을 키워 국론을 **분열하려는** 책동으로 읽히기도 한다. (0224, y통신)

'분열(分裂)하다'는 목적어 없이 쓰이는 자동사이다. 그런데 위 예문에서 '국론을 분열하려는 책동'으로 썼다. '국론이 분열하다'이지 '국론을 분열하다'가 아니다. 무언가를 분열하도록 한다는 뜻을 나타낼 때에는 '분열시키다'를 써야 한다. 따라서 위 예에서 '국론을 분열하려는 책동'이 아니라 '국론을 분열시키려는 책동'이라고 써야 옳다. '–시키다'를 쓰지 말아야 할 데에 '–시키다'를 붙여서 쓰는 것도 바르지 않지만 '–시키다'를 붙이지 않으면 안 될 데에 '–시키다'가 아닌 '–하다'를 쓰는 것도 역시 옳지 않다. '국론을 분열하려는 책동'은 '국론을 분열시키려는 책동'이라야 맞다. '분열하다'는 자동사이고 '분열시키다'가 타동사이다.

>>> 우리나라의 안보 주권을 무시한 중국 대사의 오만한 발언은 사드에 대한 우리 국민의 불안을 키워 국론을 **분열시키려는** 책동으로 읽히기도 한다.

　　　　　　　　　　　　　　　　　　　　　　품격 있는 글쓰기

품위 없는 말 피하기

　논설문은 주장을 펴기 위해서 쓴다. 주장을 선명하고 강하게 나타내기 위해 때로 격한 표현을 쓸 수도 있다. 그러나 그 정도가 지나쳐서 듣기 거북한 상스러운 표현까지 쓴다면 역효과를 낳을 수도 있다. 독자로서는 주장을 수긍하기보다 표현의 상스러움에 먼저 눈살을 찌푸릴 수 있다. 자극적인 표현, 속된 표현이 반드시 독자의 관심을 끄는 것은 아니다. 비록 표현은 절제되고 온건하다 할지라도 주장이 타당하고 힘 있다면 그것이 오히려 더 독자에게 호소력 있게 다가갈 수 있다.

　글은 인격의 거울이라고 했다. 거친 표현은 글을 쓴 사람의 인격을 고스란히 드러내 보인다. 자기 자신의 인격을 스스로 떨어뜨릴 필요가 없다. 또 글에 사용되는 거칠고 속된 표현은 글을 읽는 사람을 내 편으로 만들기는커녕 오히려 내 글에 대해 거부감을 느끼게 할 가능성이 있다. 거칠고 속된 표현을 써서 독자의 마음을 불편하게 할 필요가 없다.

　속된 표현은 개인과 개인의 사적 교류에서는 얼마든지 용인될 수 있지만 누구나 읽을 수 있는 공개된 글에서는 삼가야 마땅하다. 그것이 공동체에 대한 예의이다. 말과 글은 공기나 물처럼 우리 주위를 둘러싸고 있는 환경의 일부이다. 누구나 맑고 깨끗한 환경 속에서 살기를 원하지 혼탁한 환경 속에서 살기를 원치 않는다. 거칠고 속된 표현은 우리의 심성을 거칠게 만들 염려가 있다. 글을 쓸 때에 품위 없는 표현을 피해야 하는 이유가 여기에 있다. 같은 값이면 다홍치마라는 말도 있다. 이왕이면 격조 있고 품위 있는 말을 쓰는 것이 좋음은 물론이다.

[사설] 새정치연합, 代案 없이 경제 법안 **걷어차기만** 할 건가
그러면서 사회보장법과 기초연금법을 고쳐 자신들의 요구가 반영되면 정부가 제출한 경제 법안도 논의할 수 있다는 식으로 '법안 **바꿔먹기**' 조건을 내걸었다.

(1224, ㅈ일보)

야당이 경제 법안에 대해 거부하는 것을 '걷어차기만' 한다고 했다. '걷어차기' 대신에 '거부'로 표현해서 안 될 게 있을까. '바꿔먹기'라는 표현도 마찬가지다. 법안을 바꿔먹는다는 것이 상식적인 표현인가. '주고받기' 같은 중립적인 표현을 쓴다고 의미가 제대로 전달이 안 되는가.

자극적인 표현이 신선하고 의미 전달에 효과적일 수는 있을지 모른다. 그러나 자극적인 표현에 익숙해지다 보면 더 자극적인 표현을 찾게 되고 웬만한 표현은 성에 차지 않아서 속된 표현이 판을 치게 될 것이다. 우리의 언어 환경이 삭막해지게 됨은 물론이다. 정치인들이 쏟아내는 말이 험하고 저속하다는 걱정이 오래전부터 있었는데 정치를 보도하는 언론의 언어마저 험악해지는 것은 바람직한 현상이 아니다.

>>> 새정치연합, 代案 없이 경제 법안 **거부만** 할 건가
그러면서 사회보장법과 기초연금법을 고쳐 자신들의 요구가 반영되면 정부

가 제출한 경제 법안도 논의할 수 있다는 식으로 '법안 **주고받기**' 조건을 내걸었다.

··

조 회장이 포탈한 1358억원은 권고 형량 중 가장 무거운 **형량을 때릴** 수 있는 액수다. (0116, ㅈ일보)

'때리다'에 여러 뜻이 있다. 국어사전에는 '때리다'의 여러 뜻이 제시되어 있다. 판사가 피고에게 선고로써 형량을 내리는 것을 '때린다'고 했지만 국어사전의 '때리다'에는 그런 용법이나 용례가 없다. 물론 입말에서는 흔히 그렇게 쓴다. 따라서 사설에서 '형량을 때린다'라고 해도 전혀 근거없는 것은 아니다. 그러나 사설이란 불특정 다수를 향해 하는 말이다. 사설에 기대되는 품격이 있다. '형량을 때린다'는 그런 품격에 어울리지 않는다. '형량을 내린다'고 해도 좋을 것이요 '형량을 매긴다'고 해도 좋을 것이다.

>>> 조 회장이 포탈한 1358억 원은 권고 형량 중 가장 무거운 **형량을 내릴** 수 있는 액수다.

··

문제는 앞으로다. 지금 이 나라와 이 시대는 기존 야당식 투쟁 정치에 **신물이 났**다. (0113, ㅈ일보)

'신물'은 '지긋지긋하고 진절머리 나는 생각이나 느낌. 또는 그런 반응'이라 국어사전에 뜻풀이되어 있다. '신물이 나다'라고 하면 당연히 그 주어는 생각을 할 수 있고 느낌을 느낄 수 있는 무엇이라야 한다. '나라'와 '시대'가 생각을 하고 느낌을 느끼기는 어렵다. 언어 사용은 자구에 얽매이지 않고 의미를 확장해서 쓸 수 있기는 하다. 그러나 신문 사설은 시나 소설이 아니며 지나친 확장은 바람직하지 않다. '이 나라는 ~에 신물이 나다'도 어색한데 '이 시대는 ~에 신물이 나다'는 논설문에서 쓰기에는 지나치다. 표현이 신선하지 않고 진부해 보일지 몰라도 다음과 같이 쓰면 문제가 없다.

>>> 지금 이 나라와 이 시대는 기존 야당식 투쟁 정치를 이제는 더 필요로 하지 않는다.

'U턴 경제특구'를 설치해 매년 50만개의 일자리를 만들겠다거나, 서울 서부 광역철도 신설 등 새누리당의 다른 공약들도 이미 효과가 없는 것으로 드러났거나, 추진 중인 재탕, 삼탕공약으로 **욕 먹어도 싸다.**   (0401, ㅎ일보)

개인들끼리 사적으로 만나서 대화를 할 때의 말과 신문에서 불특정 다수를 상대로 논설을 쓸 때의 말은 어디가 달라도 다르다. 다른 게 맞다. 개인들끼리의 사적인 대화에서는 속어나 상스러운 말을 쓰더라도 문제가 되지 않는다. 그러나 신문 사설처럼 대중을 향해 쓴 글에서 속어나 상스러운 말을 사용한다면 독자로서는 당혹하지 않을 수 없다. 표현을 선택할 때 절제해야 하고 품위를 잃지 않도록 해야 한다. '욕 먹어도 싸다'는 논설문에서 사용할 말이 아니다. '비판 받아 마땅하다'나 '비판 받아도 할 말이 없을 것이다' 정도로 쓰는 것이 바람직하다.

>>> 'U턴 경제특구'를 설치해 매년 50만 개의 일자리를 만들겠다거나 서울 서부 광역철도를 신설하겠다는 등 새누리당의 다른 공약들도 이미 효과가 없는 것으로 드러났거나 추진 중인 재탕, 삼탕공약으로 **비판 받아 마땅하다.**

골치 아픈 문제는 일단 미루고 보자는 **심보**에서 이를 기피해 왔다. 심지어 선거구 획정까지도 쟁점 법안들과 연계시키며 처리를 지연시켰다.

정부의 수출대책은 PC 시대인 2000년대 초반 수준이다. 기업 규제를 **단두대에 올리고**, 전통적 제품 생산에 쏠린 인력을 줄이는 대신 글로벌 시장과 소통하는 인력을 늘리는 구조조정이 필요하다. (0223, ㄷ일보)

'심보'라는 말은 보통 마음 씀씀이가 좋지 않음을 가리킬 때 쓰는 말로서 그리 점잖은 말이 아니다. '심보가 고약하다', '놀부 심보' 등과 같이 쓰인다. 단어 선택은 말을 할 때의 상황이나 맥락에 맞게 하는 것이 중요하다. 신문의 논설은 개인이 개인에게 하는 말이 아니고 신문사가 불특정 다수의 사람에게 하는 말로서 품위를 지켜야 한다. 그런 점에서 '심보'라는, 감정이 개입된 말은 적절한 단어 선택이라고 하기 어렵다. 이왕이면 비슷한 뜻을 지녔으면서 감정이 절제된, 품위를 지키며 덜 자극적인 말을 쓰는 것이 바람직해 보인다. 그런 말로 '생각', '얕은 생각'을 쓸 수 있을 것이다.

>>> 골치 아픈 문제는 일단 미루고 보자는 **얕은 생각**에서 이를 기피해 왔다.

'기업 규제를 단두대에 올리고'의 '단두대'도 역시 지나치게 생경한 단어 선택이다. 언어는 늘 비유적으로 사용될 수 있기는 하지만 지나쳤다고 생각된다. '단두대'는 사람의 목을 잘랐던 그 옛날의 형벌 도구다. 지금은 없지만 있다 해도 사람을 처형할 때 쓰는 도구이다. 규제 제거를 군이 단두대에 올렸다고 할 필요가 있겠는가. '과감히 철폐하고'라고 해도 충분하다고 생각된다.

>>> 정부의 수출대책은 PC 시대인 2000년대 초반 수준이다. 기업 규제를 **과감히 철폐하고**, 전통적 제품 생산에 쏠린 인력을 줄이는 대신 글로벌 시장과

소통하는 인력을 늘리는 구조조정이 필요하다.

국회의원 선거구 획정은 물론, 경제활성화법·노동5법·북한인권법·테러방지법 등 쟁점 법안을 처리하지 못한 채 쳇바퀴를 도는 **불임(不妊)국회**를 지켜보는 국민은 참담하다. (중략)

만악의 화근은 '국회선진화법'이다. 2012년 5월 2일 제18대 국회 마지막 본회의에서 '**동물국회**' 방지를 위해 국회의장 직권상정 요건을 극도로 제한하고 쟁점 법안 의결정족수를 재적 5분의 3으로 가중해 결국 '소수 거부권, 야당의 결재'를 일상화했다.   (0108, ㅁ일보)

'불임국회', '동물국회'를 신문 사설에서 접하는 마음은 그리 편안하지 않다. 국어사전에 없음은 물론이거니와 정치학 용어 사전에는 있을지 의문이다. 무슨 뜻인지는 짐작이 간다. 불임국회란 아이를 낳지 못하는 국회라는 뜻이니 법안 하나 만들어 내지 못한다는 뜻일 것이다. 동물국회는 사람의 국회가 아니라 짐승의 국회라는 뜻이니 폭언과 우격다짐이 행해지는 국회라는 뜻으로 보인다.

문제는 그런 용어 사용이 꼭 필요하냐는 것이다. 점잖은 표현이 아님은 물론 정치에 익숙하지 않은 독자들 중에는 그것이 무슨 의미인지 이해하지 못하는 이들마저 있을 것이기 때문이다. 자극적이고 자조적인 표현은 국민 정서에 좋은 영향을 끼치지 못한다. 그 반대의 결과를 낳는다. 품위 있는 단어 사용은 언어 환경을 밝게 하고 냉소적이고 자극적인 단어 사용은 언어 환경을 어둡게 한다. 아래처럼 '불임', "동물국회' 방지를 위해'를 뺐다고 해서 의미가 전달되지 않는 것이 있는가?

>>> 국회의원 선거구 획정은 물론, 경제활성화법·노동5법·북한인권법·테러방

지법 등 쟁점 법안을 처리하지 못한 채 쳇바퀴를 도는 **국회**를 지켜보는 국민은 참담하다. (중략)

만악의 화근은 '국회선진화법'이다. 2012년 5월 2일 제18대 국회 마지막 본회의에서 국회의장 직권상정 요건을 극도로 제한하고 쟁점 법안 의결정족수를 재적 5분의 3으로 가중해 결국 '소수 거부권, 야당의 결재'를 일상화했다.

검사 신분에 4억원이라는 거액을 한 주식에 **몰방한** 것도 이해하기 어려운 대목이다. 확실한 정보가 없었다면 쉽지 않은 일이다.   (0407, ㅅ신문)

국어사전에 '몰방(沒放)'은 있지만 '몰빵'은 없다. '몰방'은 '총포나 기타 폭발물 따위를 한곳을 향하여 한꺼번에 쏘거나 터뜨리다'라는 뜻이고 주식 같은 것을 한군데에 몰아서 투자한다는 뜻은 없다. 그런 뜻으로는 '몰빵'이라고 하지 '몰방'이라고는 하지 않는다. 그런데 '몰빵'은 국어사전에도 오르지 않은, 전형적인 속어이다. 속어를 썼다는 말을 듣지 않기 위해서 '몰방'이라고 했다면 정정당당하지 않다. '몰빵'이란 속어가 '몰방(沒放)'에서 왔는지 그렇지 않은지도 분명치 않다. 논설문은 논설문답게 품위 있게 써야 한다. '몰방한' 대신 '몰아서 투자한' 정도로 하면 좋을 것이다.

>>> 검사 신분에 4억 원이라는 거액을 한 주식에 **몰아서 투자한** 것도 이해하기 어려운 대목이다.

일부 공무원들이 이 기간 중 불법 전매로 시세차익을 챙기고 전매금지가 풀리면 다운계약서를 작성해 세금을 **빼먹었다면** 이 정부와 관련 공무원의 도덕성이

얼마나 땅에 떨어졌는지 짐작이 간다. (0516, ㄷ일보)

'세금을 빼먹었다면'에서 '빼먹다'가 적절하게 사용되었는가? '빼먹다'는 '잊어버리고 빠뜨리다'나 '안 하다'라는 뜻이 있다. 또한 '곶감을 빼먹다'에서처럼 몰래 빼내서 가진다는 뜻도 있다. 그런데 '다운계약서를 작성해 세금을 빼먹었다면'에서의 '빼먹다'는 후자의 뜻은 물론 아니거니와 전자의 뜻으로 보기도 개운하지 않다. 무엇보다 '빼먹었다'는 말이 어감이 그리 좋지 않다. 그렇다면 뜻이 분명하게 드러나도록 다른 단어를 선택하는 것이 나았다. '탈루하다'가 대안이 될 수 있다.

>>>   일부 공무원들이 이 기간 중 불법 전매로 시세차익을 챙기고 전매금지가 풀리면 다운계약서를 작성해 세금을 **탈루했다면** 이 정부와 관련 공무원의 도덕성이 얼마나 땅에 떨어졌는지 짐작이 간다.

유승민 의원이 박근혜 대통령에 의해 **뽑혀 나간** 게 반년 전이다. (0128, ㅈ일보)

'유승민 의원이 박근혜 대통령에 의해 뽑혀 나갔다'고 했다. 정치에 대해 관심 있는 사람이라면 무슨 뜻인지 모르지 않을 것이다. 원내 대표이던 유승민 의원이 원내 대표 자리에서 물러난 일을 가리킨다. 그런 사정을 잘 모르는 사람에게는 어디 있다가 어떻게 됐다는 것인지 당혹스러울 것이다. 원내 대표 자리에서 물러났을 뿐이지 의원직은 유지했는데 '뽑혀 나갔다'고 했으니 말이다. '뽑히다'라는 말 자체가 매우 자극적이다. '국가 대표 선수로 뽑혔다'고 할 때의 긍정적인 뜻과는 전혀 다르다. 강제로 끌어내려졌다는 뜻이기 때문이다. '자리에서 물러난' 정도가 온건한 표현인데 너무 무미건조하다고 보아 '뽑혀 나간'이라는 자극적인 표현을 선택했을 것이다. '물러난'이 약해 보인다면 '떨

품격 있는 글쓰기

려난'을 쓸 수 있을 것이고 그마저 충분치 않다면 '쫓겨난'도 '뽑혀 나간'보다는 나아 보인다.

>>> 유승민 의원이 박근혜 대통령에 의해 **자리에서 물러난** 게 반년 전이다.

북이 핵무장을 끝내면 우리는 북에 함부로 **대들** 수도 없고 잘못 **대들었다가는** 수소폭탄 단 한 발에 서울 전체가 잿더미로 변할 것이다. (0107, ㅈ일보)

'대들다'는 '요구하거나 반항하느라고 맞서서 달려들다'라고 국어사전에 뜻풀이되어 있다. 반항은 아니라도 요구하기 위해 남한이 북한에 대들 수 있다고 볼지 모르겠다. 적어도 국어사전의 뜻풀이만 놓고 보면 위 문장에 대해 뭐라 문제 삼기 어려울 수 있겠다. 그러나 그리 적절한 단어 선택이었는지에 대해서는 의문이 든다. 보통 대든다고 하면 약한 사람이 강한 사람과 맞서 싸울 때 쓴다. 어린 사람이 어른에게 반항할 때도 쓴다. 그럴 때에 쓰는 '대들다'를 남한이 북한에 대해 취하는 태도에 갖다 붙이는 건 어쩐지 어울리지 않아 보인다. 좀 더 중립적인 표현을 썼다면 좋았으리라고 생각된다. '맞서다' 정도가 '대들다'보다는 훨씬 품위 있고 적확한 표현이 아니었을까 싶다.

>>> 북이 핵무장을 끝내면 우리는 북에 함부로 **맞설** 수도 없고 잘못 **맞섰다가는** 수소폭탄 단 한 발에 서울 전체가 잿더미로 변할 것이다.

이에 따라 치열한 3파전 양상을 벌여온 대우증권 **인수전**에서 미래에셋증권이 일단 가장 유리한 위치를 점하게 됐다. 미래에셋은 지난 9월 대우증권 **인수전**에 참여하기 위해 유상증자를 단행했다. (1221, ㅈ일보)

기업이 다른 기업을 인수하기 위해 입찰에 참여한 것을 두고 '인수전'이라고 했다. 굳이 쓰지 않아도 될 말을 쓴 것이다. '인수 경쟁'이라고 해도 충분하지 않은가.

>>> 이에 따라 치열한 3파전 양상을 벌여온 대우증권 **인수 경쟁**에서 미래에셋증 권이 일단 가장 유리한 위치를 점하게 됐다. 미래에셋은 지난 9월 대우증권 **인수 경쟁**에 참여하기 위해 유상증자를 단행했다.

미래에셋증권도 인수에 적극적이다. 1조원 가량의 유상증자를 진행해 이미 **실 탄** 마련까지 완료된 상태다. (1221, ㄷ일보)

'실탄'이라는 표현을 사용하고 있다. 비유적으로 쓴 표현이기는 하지만 지나 치다는 느낌을 지울 수 없다. '실탄' 대신 '재원' 정도로 표현해도 좋을 것이다.

>>> 미래에셋증권도 인수에 적극적이다. 1조 원가량의 유상증자를 진행해 이미 **재원** 마련까지 완료된 상태다.

19대 국회는 막말과 **갑질**, 여야 간 극한 대립으로 역대 최악의 국회라는 비판 을 받았다.
선거를 앞두고 여기저기서 불러모은 인사들로 이뤄진 **잡탕 정당**이라는 점 때문 에 앞으로 내부 노선·계파 갈등이 불거질 가능성이 작지 않다. (0414, ㅈ일보)

'갑질'이라는 말을 썼다. 국회가 갑질을 했다는 것이다. 갑질의 갑(甲)은 을 (乙)을 전제로 한다. 누구에 대한 갑질이기 마련인데 19대 국회가 누구를 상대로 갑질을 했다는 것인지 의아하다. 국민을 상대로? 여당이 야당을 상대로? '갑질'이란 말을 사용하기로 했다면 그런 의문이 들지 않게 해 주어야 할 것이다. 아무런 설명 없이 '갑질'이라고만 하면 그런 의문이 풀리지 않는다. 위 문맥에서 '갑질'은 없어도 문제가 없다.

'잡탕 정당'이란 말은 글의 품위를 스스로 떨어뜨린다. '잡탕'은 원래 음식의 한 종류를 가리키는 말인데 정당에 대해 썼다. 해당 정당 지지자들이 그 표현을 대하고 좋아할까. '잡탕 정당' 같은 거친 말 대신 '혼합 정당' 같은 표현만으로도 충분히 뜻이 전달되었을 거라고 본다.

>>> 19대 국회는 막말과 여야 간 극한 대립으로 역대 최악의 국회라는 비판을 받았다.
선거를 앞두고 여기저기서 불러모은 인사들로 이뤄진 **혼합 정당**이라는 점 때문에 앞으로 내부 노선·계파 갈등이 불거질 가능성이 작지 않다.

....

[사설] 정치 **'극혐'** 부추기는 새누리당 공천 분란　　　　　　　　　(0119, ㅈ일보)

국어사전에 '극혐'이란 말은 없다. 아마 '극도의 혐오'라는 뜻으로 새말을 만들어 쓴 것으로 보인다. 그냥 '혐오'만으로는 뜻이 충분히 전달되지 않는다고 보아 그렇게 했을 것이다. 그냥 극혐이라 하지 않고 작은따옴표를 써서 '극혐'이라고 한 것은 극혐이 생소한 말임을 드러내 보이기 위한 것이라고 생각된다. 문제는 '극혐'이라는 말이 굳이 필요한가이다. '정치 혐오 부추기는 새누리당 공천 분란'이라고 하면 안 되는가?

신문이 자극적 표현 남발에 앞장서고 있다. 굳이 새말까지 만들어 가면서 그럴 필요가 있을지 모르겠다. 웬만한 말로는 부족하게 느껴져서라고 할지 모르겠지만 그런 식이라면 무슨 말이 마구 만들어질지 알 수 없다. 있는 말로 표현해도 부족하지 않다.

>>>　　정치 **혐오** 부추기는 새누리당 공천 분란

....

　　마침 원유철 새누리당 원내대표는 "무소속으로 당선된 분들이 복당해서 새누
리당에 온다는 것은 안 된다"고 말했다. 어쨌든 요동치는 정국의 한복판에서 정
의장이 의미심장한 화두 하나를 **날린** 것만은 분명해 보인다.　　　　(0329, ㅎ신문)

　　'화두'는 중요하게 생각하거나 이야기할 만한 화제를 가리킨다. '화두'는 보
통 던지거나 꺼낸다고 하지 날린다고는 잘 말하지 않는다. 굳이 '날린다고' 해
야 할 이유가 무엇인지 뚜렷하지 않다. '던진다고' 하는 것만으로 부족하고 좀
더 강렬한 인상을 남기고 싶었는지 모르겠다. 그러나 뭐든지 지나치면 모자라
는 것만 못하다. '날리다'는 '주먹을 날리다', '웃음을 날리다' 정도는 무난하지
만 '화두를 날리다'는 조금 과해 보인다.

>>>　　어쨌든 요동치는 정국의 한복판에서 정 의장이 의미심장한 화두 하나를 **던
　　진** 것만은 분명해 보인다.

....

　　무시 전략일 수도 있고, '전략적 인내' 정책의 실패를 인정하지 않으려는 **꼼수**일
수도 있지만 미국 정부가 적극적으로 북핵 문제 해결에 나설 생각이 없는 것만
은 분명해 보인다.　　　　　　　　　　　　　　　　　　　　　(0114, ㅈ일보)

　　미국의 버락 오바마 대통령이 신년 연설에서 북한에 대해 언급하지 않은 것
에 대해 '꼼수'라는 표현을 썼다. 이 역시 못 쓸 게 뭐냐고 할 사람이 있을지 모

른다. 그러나 품위 있는 표현이 아님은 분명하다. '꼼수'란 '쩨쩨한 수단이나 방법'으로서 사전의 뜻풀이만 보면 사용할 수도 있는 단어다. 그러나 이왕이면 신문 사설답게 '술수', '속내'나 '의도' 같은 중립적인 단어를 사용하는 것이 적절해 보인다.

>>> 무시 전략일 수도 있고, '전략적 인내' 정책의 실패를 인정하지 않으려는 **술수**일 수도 있지만 미국 정부가 적극적으로 북핵 문제 해결에 나설 생각이 없는 것만은 분명해 보인다.

그랬던 정부가 이제 와서 **완전** 딴소리니 기가 찰 노릇이다.   (0216, ㅈ일보)

이 글은 신문 논설의 일부다. 논설문에는 논설문에 맞는 문체가 요구된다. 요즘 입말에서 '완전'이라는 부사가 꽤 널리 퍼져 있다. 물론 아직 국어사전에는 부사로서의 '완전'은 등재되어 있지 않다. 아직 우리말에 확고히 자리 잡았다고 보기 어렵기 때문이다. 비록 입말에서는 꽤나 널리 쓰이고 있지만 말이다. 그런 '완전'을 논설문에 사용하는 것은 적절하다고 보기 어렵다. 역시 논설문에서는 논설문답게 품격 있는 단어를 사용해야 옳다. 논설문 속에 입말에서 주로 쓰이는 단어를 포함시키는 것은 낯설 뿐 아니라 글의 품격을 떨어뜨린다. '완전'이 아니라 '완전히'나 '전혀' 같은 말을 사용해야 마땅하다.

>>> 그랬던 정부가 이제 와서 **완전히** 딴소리니 기가 찰 노릇이다.

없는 말 만들어 쓰지 않기

　말은 끊임없이 변하는 특징이 있다. 있던 말이 쓰이지 않으면서 사어가 되고 없던 말이 새로 생긴다. 말은 고정불변이 아니다. 물론 오랜 세월 변치 않고 그대로 남아 있는 말도 있지만 한편으로는 새말이 끊임없이 만들어지고 있다. 따라서 새말 자체에 대해 거부감을 가질 필요는 없다. 새말은 지금 이 순간에도 만들어지고 있기 때문이다. 필요에 따라 얼마든지 새말은 만들어질 수 있고 널리 통용될 수 있다.

　새말이란 없던 말이었는데 어느 때부터 갑자기 많은 사람들이 필요성을 인정하여 사회에서 널리 쓰는 말을 가리킨다. 이렇게 갑자기 널리 퍼져서 통용되는 말은 머지않아 국어사전에 오르게 된다. 사전 편찬자들이 사전을 새로 펴내면서 그 사이에 새로 생긴 말을 사전에 올리지 않을 수 없다.

　문제는 별로 필요하지도 않고 사람들로부터 인정받지도 못하는 말을 만들어서 쓰는 일이다. 말이란 사회적 약속이기 때문에 사람들이 두루 쓰지 않는 말을 쓰는 것은 온당하지 않다. '부도덕적, 문제적, 반도덕적, 추세적, 경영적, 불공평성, 용선비' 같은 말은 2016년에 신문 사설에서 사용된 말이지만 국

　　　　　　　　　　　　　　　품격 있는 글쓰기

어사전에는 없는 말이다. '헤어나오다, 시름하다' 같은 말도 마찬가지다. '-적(的)'이 붙은 말이 국어사전에 다 올라 있는 것은 아니다. 국어사전에 올라 있지 않더라도 사용할 수 있는 말이 있다. 어차피 사용되는 모든 말을 국어사전에 다 올리기는 어렵기 때문이다. 그렇다고 해서 아무 말에나 '-적(的)'을 붙여도 좋은 것은 아니다. 굳이 '-적'을 붙이지 않아도 될 말에 '-적'을 붙이는 경우가 적지 않다. '부도덕한'이라고 하면 될 것을 '부도덕적'이라고 하는 것이 그런 사례다.

국어사전이 완벽하지 않은 만큼 필요한 말은 새로 만들어 쓸 수는 있다. 문제는 새로 만들어 쓰는 말이 과연 필요한 말이냐는 것이다. 그렇지 않으면서 만들어 쓰는 말이 종종 있다. 그런 말은 독자에게 낯설게 느껴진다. 무슨 뜻인지 이해되지 않아 소통을 가로막는 경우마저 있다. 가능한 한 국어사전에 있는, 그래서 누구나 이해할 수 있는 말을 쓰는 것이 바람직하다. 물론 국어사전이 절대적인 기준이 되는 것은 아니다. 국어사전에 안 올라 있더라도 소통에 필요하고 읽는 이에게 공감이 가는 말이라면 쓸 수 있다. 단어 선택은 신중하게 할 필요가 있다. 사람들이 잘 쓰지 않는 말을 일부러 쓸 필요가 없다.

때로는 널리 퍼진 말이라 할지라도 조심해야 할 말이 있다. '역대급'은 그런 예다. '역대급'은 최근에 생겨나 급속도로 퍼진 말이다. 신문에서도 자주 쓰이고 있다. 대중매체에서 자주 쓰이다 보니 대중이 따라서 쓰게 되고 대중이 따라서 쓰니 신문에서 또 쓰는 악순환이 벌어지고 있다. 그러나 '역대급'은 매우 이상한 말이다. '역대'는 '대대로 이어 내려온 여러 대. 또는 그동안'이란 뜻으로서 '역대'에 '급'이 붙었다고 해서 '역대 최고의'라는 뜻이 나올 수 없다. 그런데도 '역대급'이라는 말을 '역대 최고의'라는 뜻으로 쓰고 있으니 이상한 조어다. 비록 신문에 자주 등장하는 말이기는 하지만 아직 굳어졌다고 볼 수는 없는 말이어서 사용하지 않는 것이 좋겠다고 생각한다.

박근혜 정부 출범 초기 중산층 70% 복원 공약이 무색한 상황이다. 중산층 비중 감소가 **추세적이라는** 것은 새삼스럽지 않다. (0302, ㄱ신문)

명사에 '-적(的)'을 붙이는 것은 흔한 일이다. 국어사전에 '-적'이 붙은 말들이 꽤 많이 올라 있다. 명사에 '-적'이 붙어 생긴 말은 명사로 쓰이거나 관형사로 쓰인다. '세계적', '관념적', '치명적' 같은 말이 그런 예로서 '-적'이 붙은 말은 수없이 많다. 그렇지만 아무 명사나 다 '-적'이 붙을 수 있는 것은 아니다. 일례로 '성공적'이란 말은 있어도 '실패적'이란 말은 없는 데서도 이를 알 수 있다. '-적'을 아무 명사에나 붙일 일이 아니다. 위 예에서 '추세적'이란 말도 생소하기 그지없다. 굳이 쓸 필요가 없는 말이다. 달리 표현하는 것이 가능하다. 아래도 그 대안이다.

>>> 중산층 비중 감소가 **추세라는** 것은 새삼스럽지 않다.
지금 중산층 비중 감소 **추세에 있다는** 것은 새삼스럽지 않다.

성찰적 추모열기의 한쪽에서 일고 있는 반발은 **문제적**이다. (0520, ㄱ신문)

'성찰'에 '-적(的)'이 붙은 '성찰적'은 '지나간 일을 되돌아보며 반성하고 살피는'이라는 뜻의 단어다. 그러나 '문제'에 '-적'을 붙인 '문제적'은 국어사전에 올라 있지 않다. 국어사전에 오르지 않았더라도 쓸 필요가 있는 말은 쓸 수 있다. 그러나 위 예의 '한쪽에서 일고 있는 반발은 문제적이다'에서 '문제적'은 매우 생경하다. '문제 있다'라고 하는 것이 훨씬 알기 쉽다. '-적'을 아무 말에나 붙이는 것은 바람직하지 않다. 필요할 때에만 사용해야 한다.

>>> 성찰적 추모 열기의 한쪽에서 일고 있는 반발은 **문제 있다.**

검찰은 유해한 제품을 만들고 판 법적 책임을 규명하는 것과 함께, 은폐·조작
으로 책임을 모면하려 한 **반도덕적** 만행도 낱낱이 밝혀내야 한다.

(0419, ㅎ신문)

'반도덕적'이란 말은 국어사전에 없다. '비도덕적'이라는 말은 국어사전에
있다. 국어사전에 없다는 것보다 실은 '은폐·조작으로 책임을 모면하려 한' 일
이 어떻게 '반도덕적' 만행이냐는 것이 더 큰 문제다. '은폐·조작으로 책임을
모면하려 한' 일은 도덕에 어긋난 정도를 넘어서 법률적 책임을 져야 할 일이
아닌가 한다. 따라서 최소한 '반사회적'이거나 '불법적' 같은 말이 어울린다고
여겨진다.

>>> 검찰은 유해한 제품을 만들고 판 법적 책임을 규명하는 것과 함께, 은폐·조
작으로 책임을 모면하려 한 **반사회적** 만행도 낱낱이 밝혀내야 한다.
검찰은 유해한 제품을 만들고 판 법적 책임을 규명하는 것과 함께, 은폐·조
작으로 책임을 모면하려 한 **불법적** 만행도 낱낱이 밝혀내야 한다.

여성 피부가 드러나는 의상 또는 **부도덕적인** 행동만 피한다면 '신정국가' 란
에서도 한류 문화가 얼마든지 더 파고들 여지가 있음을 확인할 수 있다.

(0503, ㅈ일보)

'부도덕적인 행동'이라는 표현을 썼는데 '부도덕적'이라는 말은 없다. '비도
덕적인 행동'이라고 하든지 '부도덕한 행동'이라고 해야 옳다.

>>> 여성 피부가 드러나는 의상 또는 **비도덕적인** 행동만 피한다면 '신정국가' 이란에서도 한류 문화가 얼마든지 더 파고들 여지가 있음을 확인할 수 있다.

구조 조정은 해당 기업이 **경영적** 판단에 따라 하는 것이지 정치로 결정할 문제가 아니다. (0412, ㅈ일보)

명사에 접미사 '-적(的)'을 붙여서 관형사나 명사를 만드는 것은 흔히 있는 일이다. 그렇기 때문에 '경영'에 '적'을 붙여 '경영적'이란 말을 쓰는 것을 크게 탓할 일은 아니다. 그러나 모든 명사에 '-적'을 붙일 수 있는 것도 물론 아니다. '-적'이 붙으면 어색하거나 아예 붙을 수 없는 명사도 많다. '경영적'도 그리 자연스럽지 않다. 국어사전에도 물론 올라 있지 않다. '경영'에는 '-상(上)'을 붙이든지 아니면 아예 아무 접미사도 없이 그냥 '경영'이라고만 하는 것이 좋다.

>>> 구조 조정은 해당 기업이 **경영상** 판단에 따라 하는 것이지 정치로 결정할 문제가 아니다.
구조 조정은 해당 기업이 **경영** 판단에 따라 하는 것이지 정치로 결정할 문제가 아니다.

아이를 학교에 보내지 않는 **교육적 방임**은 그 자체로 심각한 아동학대다. (중략) **교육적 방임**은 더 끔찍한 학대의 전조일 수 있는 만큼 철저히 뿌리뽑겠다는 의지를 갖고 더 강력하고 체계적인 대책을 만들어나갈 필요가 있다.
(0223, ㅎ신문)

'적(的)'에는 '그 성격을 띠는', '그에 관계된', '그 상태로 된'이라는 뜻이 있다. 따라서 '교육적 방임'도 '교육에 관계된 방임'이란 뜻으로 해석될 수 있으니 그렇게 써도 괜찮다고 생각할지 모르겠다. 그러나 '적(的)'이 여러 뜻을 가지고 있고 '교육적'은 '교육의 성격을 띤'이란 뜻으로 해석될 여지도 있는 만큼 '교육적 방임'은 자칫 오해를 불러일으킬 소지가 있다. 이에 반해 '교육 방임'이나 '교육 방기'는 오해될 여지 없이 뜻이 분명하고 명확하다. 이왕이면 뜻이 분명한 말을 선택하는 것이 낫다. '−적'을 남용하는 것은 바람직하지 않다. 뜻이 모호해질 수 있기 때문이다. '교육적 방임'보다는 '교육 방임'이나 '교육 방기'가 더 낫다고 판단된다.

>>> 아이를 학교에 보내지 않는 **교육 방임**은 그 자체로 심각한 아동학대다. **교육 방임**은 더 끔찍한 학대의 전조일 수 있는 만큼 철저히 뿌리뽑겠다는 의지를 갖고 더 강력하고 체계적인 대책을 만들어나갈 필요가 있다.

용선료 협상 결과에 따라 법정관리로 가든 안 가든, 경영권은 이미 채권단에 넘어간 상태서 결국 양대 해운사의 운명은 국책 산업은행 등 채권단에 달렸다. 현대상선과 한진해운 구조조정 방안으로 두 개 회사를 하나로 합치는 인수·합병(M&A)이 유력하게 거론되고 있다. **용선비** 경쟁력 저하, 노선 중첩 등 경영난의 원인을 감안하면 자연스런 구상이다. (0425, ㅎ일보)

위에서 '용선료'와 '용선비'라는 말이 사용되었다. '용선료'는 '배를 빌리고 배 주인에게 지불하는 돈'이라는 뜻으로 국어사전에 뜻풀이되어 있다. 그러나 '용선비'는 국어사전에 없다. 무슨 뜻인지 이해하기도 어렵다. 문맥상 화물 운송을 해 주고 화주(貨主)로부터 받는 돈이라는 뜻으로 썼으리라 여겨진다. '화물 운송을 해 주고 받는 돈'을 '용선비'라고 표현할 수 있느냐가 문제 된다. 그런 뜻으로는 '운송비'나 '운송료'가 있다. 군이 '용선비'라는 말을 쓸 필요가 있는지 의문이다. 있는 말을 쓰는 것이 온당할 것이다.

>>> **운송비** 경쟁력 저하, 노선 중첩 등 경영난의 원인을 감안하면 자연스런 구상이다.
운송료 경쟁력 저하, 노선 중첩 등 경영난의 원인을 감안하면 자연스런 구상이다.

....

〈한겨레〉가 지난달 17일부터 4차례에 걸쳐 연재한 '불평등 입시 보고서'에서도 드러났듯이 '금수저 흙수저 입시' 논란까지 불러올 정도로 **불공평성**에 대한 비판이 심각한 상태다. (0422, ㅎ신문)

'불공평성'이란 말은 국어사전에도 없거니와 잘 쓰지 않는 말이어서 생소한 느낌을 준다. 생소한 말을 새로 만들어 써야 할 정도로 '불공평성'이 꼭 필요한 말일까. 군이 '성(性)'을 넣어야 할 필요가 없다. '불공평에 대한 비판'이라고 해도 문제가 없고 '불공평함에 대한 비판'이라고 해도 좋다고 본다.

>>> 〈한겨레〉가 지난달 17일부터 4차례에 걸쳐 연재한 '불평등 입시 보고서'에서도 드러났듯이 '금수저 흙수저 입시' 논란까지 불러올 정도로 **불공평**에 대한 비판이 심각한 상태다.

....

하지만 과거를 성찰하고 **미래를 다잡아보는** 시점에서 이런 자화자찬은 듣기 거북하다. (0225, ㅎ신문)

품격 있는 글쓰기

'과거를 성찰하고 미래를 다잡아보는 시점에서'에서 '미래를 다잡아보는'은 자연스러운 연결일까. 과거를 성찰한다 함은 과거를 되돌아보고 반성한다는 뜻이다. 문제가 없다. '미래를 다잡아보는'은 무슨 뜻일까? 국어사전에 '다잡아보다'는 올라 있지 않고 '다잡다'는 올라 있다. '다잡다'는 몇 가지 뜻이 있는데 '괭이를 다잡다'처럼 단단히 잡는다는 뜻, '마음을 다잡았다'처럼 마음을 가라앉혀 바로잡는다는 뜻, '소풍을 가면 아이들을 어지간히 다잡지 않고서는 안 될 것 같습니다'처럼 단단히 다스린다는 뜻 등이 있다. 아직 오지 않은 미래에 대해서는 '다잡다'가 잘 어울려 보이지 않는다. 따라서 논란의 여지가 있는 '미래를 다잡아보는' 같은 표현보다는 '미래에 대한 준비를 가다듬는' 정도가 더 알기 쉽고 뜻이 분명해 보인다.

>>> 하지만 과거를 성찰하고 **미래에 대한 준비를 가다듬는** 시점에서 이런 자화자찬은 듣기 거북하다.

우선추천제가 필요하면 당헌·당규에 따라 공천 신청자들의 경쟁력이 현저히 낮은 지역이나 **여성 장애인** 등 **정치적 소수자 배려자**에게만 하면 될 일이다.

(0218, ㄷ일보)

'정치적 소수자 배려자'라는 말을 쓰고 있다. '소수자'라는 말은 흔히 쓰지만 '배려자'라는 말은 좀체 들어 보지 못하는 말이다. '배려자'라는 말은 '배려하는 사람'이라는 뜻이니 의도하는 바일 '배려 받는 사람'과 뜻이 정반대기도 하다. 생소한 말도 필요하면 쓸 수 있다. 새말이란 필요에 따라 생겨나기 때문이다. 그러나 불필요한 말을 억지로 만들어 쓸 필요는 없다. '배려자'는 그런 경우에 해당한다.

'여성 장애인'도 '여성(女性)인 장애인'이라는 뜻이라면 몰라도 여성과 장애인이라는 뜻이라면 여성과 장애인 사이에 쉼표(,)를 해야 한다. 구두점도 문장의 뜻을 분명히 드러내 주는 데 중요한 기여를 함을 잊지 말아야 한다.

>>> 우선추천제가 필요하면 당헌·당규에 따라 공천 신청자들의 경쟁력이 현저히 낮은 지역이나 **여성, 장애인** 등 **정치적 소수자**에게만 하면 될 일이다.

박 대통령이 언급했듯 남북 간 정세는 어느 때보다 불안하고 경제는 활력을 잃고 있다. 시민은 기울어가는 대한민국호 안에 갇혀 **시름하고** 있다.

(0413, ㄱ신문)

'시름'은 걱정과 근심을 말한다. '시름에 잠기다', '시름을 덜다' 등과 같이 쓰인다. 그런데 '시름하다'라는 말은 없다. '신음하다'라는 말이 있는데 '신음하고 있다'라고 쓰든지 '신음하고'가 너무 강하다면 '시름에 빠져'나 '시름에 젖어'나 '시름에 잠겨'라고 써야 한다.

>>> 시민은 기울어가는 대한민국호 안에 갇혀 **시름에 빠져** 있다.

아직도 그릇된 자신감과 판단 착오에 빠져 오만과 고집을 계속 부리려 할 경우 더욱 **헤어나오기** 힘든 늪에 빠질 것임을 깨닫기 바란다.　　(0414, ㅎ신문)

국어사전에 '헤어나다'는 있으나 '헤어나오다'는 없다. 국어사전이 '헤어나오다'를 누락한 것인가, 아니면 없는 말을 잘못 쓴 것인가. 없던 말도 새로 생길 수 있는 만큼 판단하기가 간단치 않을 수 있지만 '헤어나오다'가 널리 쓰이는, 자연스러운 말은 아니어 보인다. 안전하게 '헤어나기'로 쓰는 것이 좋겠다.

>>> 아직도 그릇된 자신감과 판단 착오에 빠져 오만과 고집을 계속 부리려 할 경우 더욱 **헤어나기** 힘든 늪에 빠질 것임을 깨닫기 바란다.

....

원통하게 희생된 자녀들의 흔적이 남아 있는 교실을 남겨두고 싶은 희생 학생 부모들의 심정을 이해하지 못할 이는 없을 것이다. 하지만 **우울감**과 불안감 등으로 정상적인 교육을 받기 힘들다는 재학생 학부모들의 하소연에도 고개를 끄덕이지 않을 수 없다. (0302, ㅈ일보)

'우울감과 불안감'에서 '불안감'은 흔히 쓰는 말이므로 문제가 없으나 '우울 감'은 낯선 말이며 국어사전에도 없다. '불안감'에 맞추어 '우울감'이라는 말을 만들었을 것으로 보이나 '우울감'이 워낙 생소한 말이라 거부감을 일으키기 쉽 다. 그냥 '우울'이라고 하거나 '우울함'이나 '우울증'을 쓰는 것이 더 나을 것이 다. 말은 사회적 약속이어서 아무나 함부로 새말을 만들 수는 없다. 필요한 말 이라면 새말을 만들 수 있겠으나 '우울감'은 그렇지 않아 보인다.

>>> 하지만 **우울**과 불안감 등으로 정상적인 교육을 받기 힘들다는 재학생 학부 모들의 하소연에도 고개를 끄덕이지 않을 수 없다.

....

우리 정치권의 정치력 부재와 무능, 비효율과 **불모성**이 다시 한번 적나라하게 드러난 과정이었기 때문이다. (0303, ㅎ일보)

'불모성'이라는 말은 국어사전에 올라 있지 않은 말이다. 국어사전에는 '불 모', '불모지', '불모화'는 있지만 '불모성'은 없다. 물론 필요한 경우에 새로 말 을 만들어 쓸 수 있다. 그러나 '불모성'이 가리키는 바가 무엇인지 알기가 어렵

다. 아마도 '불모성'은 결실을 맺지 못함을 뜻하는 것으로 보이는데 '정치력 부
재', '무능', '비효율'에 이미 그런 뜻이 들어 있으니 굳이 '불모성'을 덧붙일 필
요가 없다고 생각된다.

>>> 우리 정치권의 정치력 부재와 무능, 비효율이 다시 한번 적나라하게 드러난
    과정이었기 때문이다.

이명박 정부 이래 방송 전반의 공공성 악화가 심해지는 중에도 지난 8년 동안
명맥을 유지하며 나름의 **비판성**과 공정성을 지키려고 노력했다. (0420, ㅎ신문)

'-성(性)'은 명사 뒤에 붙어서 '어떤 성질을 가진'이라는 뜻을 덧붙이는 접미
사다. 그래서 많은 명사 뒤에 접미사 '-성'이 붙는다. 그러나 아무 명사나 다 '-
성'을 붙일 수 있는 것은 아니다. '비판성'도 별로 사용되지 않는 말이다. 생소
한 '비판성'을 쓸 게 아니라 '비판 정신'이나 '비판 의식'과 같은 말을 쓰는 것이
독자가 이해하기 쉽다.

>>> 이명박 정부 이래 방송 전반의 공공성 악화가 심해지는 중에도 지난 8년 동
    안 명맥을 유지하며 나름의 **비판 정신**과 공정성을 지키려고 노력했다.

국내에서 쓰는 수퍼컴퓨터는 모두 **수입산**이고, 경제·금융·군사·치안 등에서
빅데이터를 상용화한 선진국과 달리 우리는 빅데이터를 그냥 지켜보고만 있는
실정이다.   (0310, ㅈ일보)
사실 국내 스마트폰 시장은 삼성전자와 LG전자 같은 제조업체와 SK텔레
콤·KT·LG유플러스 같은 유통업체가 과점하고 있다. 모두 손꼽히는 대기업이

다. 이런 탓에 **수입산**에 대한 보이지 않는 장벽이 높고 정부 규제가 이를 뒷받침한다는 지적을 받아왔다. (0107, ㅈ일보)

'수입산'이란 말이 언제부턴가 사람들 입에 오르내리기 시작하고 신문에도 등장하기 시작했다. 그러나 '수입산'이란 말은 국어사전에 없는 말이다. '외국산', '필리핀산', '브라질산', '국내산' 등의 말에서 유추하여 '수입'에 '–산(産)'을 붙인 것이겠으나 자연스럽지 않다. 다른 '–산' 붙은 말은 다 지역을 가리키면서 '그 지역에서 만들어진'이란 뜻을 가지나 '수입'은 지역이 아니다. '수입산 쇠고기'가 아니라 '수입 쇠고기'가 맞다. '외국산 쇠고기'라고 해도 좋을 것이다. '수입산'이란 말이 더 입에 배기 전에 쓰지 않는 것이 좋다고 생각된다.

>>> 국내에서 쓰는 수퍼컴퓨터는 모두 **수입 제품**이고, 경제·금융·군사·치안 등에서 빅데이터를 상용화한 선진국과 달리 우리는 빅데이터를 그냥 지켜보고만 있는 실정이다.
국내에서 쓰는 수퍼컴퓨터는 모두 **외국산**이고, 경제·금융·군사·치안 등에서 빅데이터를 상용화한 선진국과 달리 우리는 빅데이터를 그냥 지켜보고만 있는 실정이다.

의혹의 진상은 추후 더 밝혀야겠으나, 세계가 주목한 '**역대급**' 조세회피 폭로 자료에 그의 이름이 들었다는 사실부터 국민들 속을 뒤집는다. (0406, ㅅ신문)

'역대급'이라는 말은 국어사전에 없는 말이다. 언제부터인가 갑자기 이 말이 등장하더니 너도 나도 쓴다. 특히 언론에서 이 말을 즐겨 사용한다. 물론 언론에서야 세간에서 쓰니 쓴다고 말하겠지만 잘못인 줄 알면 안 쓰는 게 언론의 도리다. '역대급'은 국어사전에 없기 때문에 쓰지 말아야 할 말은 아니다. 국어사전에 없다 해도 필요한 말이면 얼마든지 새로 만들어 쓸 수 있다. 새말이 널리 퍼지면 국어사전에 올리면 된다. 그러나 '역대급'이 필요한 말인가? 필요한 말이기 전에 말이 되는 말인가? 결론부터 말하면, 말이 안 되는 말이다. 그 이유를 살펴보자.

'-급(級)'은 '그에 준하는'이라는 뜻의 접미사다. '국보급', '정상급'이란 말에서 보듯이 '국보에 준하는', '정상에 준하는' 등의 뜻이다. 그렇다면 '역대급'은 '역대에 준하는'의 뜻일 텐데 '역대'의 뜻이 뭔가? '역대(歷代)'는 '대대로 이어 내려온 여러 대. 또는 그동안'이란 뜻이다. 따라서 '역대급'은 '여러 대에 준하는'이란 뜻일 뿐인데 '여러 대에 준하는'이 도대체 무슨 뜻인가? 뜻을 짐작하기 어렵다. 문제는 정작 '역대급'이 '여러 대에 준하는'이 아니라 '사상 최고의', '역대 최고의'란 뜻으로 쓰이고 있다는 점이다. 그러므로 '역대급'이란 말이 잘못 만들어진 말임을 알 수 있다. '사상 최고의', '역대 최고의' 등과 같이 써야 옳다. '사상 최고의', '역대 최고의'라고 하자니 이들이 단어가 아닌 구(句)이기에 간단하게 단어를 쓰고 싶은 마음에서 '역대급'이라고 하는 것이겠지만 마땅한 단어가 없으면 구를 쓰는 게 옳지 말이 안 되는 말을 만들어 써서야 되겠는가. 단어를 쓰고 싶으면 말이 되는 단어를 찾아야 한다. 그게 찾아지지 않는다면 그냥 구를 쓰는 것이 옳다. 위 글에서 '역대급'이 잘못된 말이 아니라면 굳이 따옴표를 써서 '역대급'이라고 할 이유가 없다. 그렇게 해서까지 '역대급'이라는 고약한 말을 써야 할까? '역대급'은 말이 안 되는 말이다.

>>> 의혹의 진상은 추후 더 밝혀야겠으나, 세계가 주목한 **사상 최고의** 조세회피 폭로 자료에 그의 이름이 들었다는 사실부터 국민들 속을 뒤집는다.

정부는 살균제의 **위해성**이 인정된 2011년 이후에도 미온 대처로 일관했다.

(0429, ㅎ신문)

'위해성'이라는 말은 없다. '유해성'이라고 하면 된다.

>>> 정부는 살균제의 **유해성**이 인정된 2011년 이후에도 미온 대처로 일관했다.

12·28 합의는 일본 총리의 애매모호한 사과와 함께 일본 쪽이 10억 엔을 내 재단을 설립하는 것을 핵심 내용으로 한다. 일본의 **역사 범죄**에 대한 법적 책임을 **모호화한** 것이다.   (0429, ㅎ신문)

'일본의 역사 범죄에 대한 법적 책임을 모호화한 것이다'에서 '역사 범죄'라는 말이 생소하게 느껴지거니와 '모호화한'이라는 말이 낯설다. '역사 범죄'는 '역사적 범죄'가 더 이해하기 쉽다. '모호화하다'는 국어사전에 없는 말이기도 하지만 실제로 거의 쓰이지 않는 말이다. 낯선 말을 굳이 써야 할 이유가 없다. '모호하게 한'이라고 해도 말하고자 하는 바를 드러내는 데 문제가 없을 것이다.

>>> 일본의 **역사적 범죄**에 대한 법적 책임을 **모호하게 한** 것이다.

이런 상황을 타개하고 국민에게 희망을 주는 '새 정치'를 하겠다며 나선 사람이 안 의원이다. 하지만 무소속 의원에서 새정치연합 대표를 거쳐 국민의당을 창당하기까지 3년 동안 그는 새 정치의 실체가 뭔지 보여 주지 못했다. '안철수 현상'은 존재하지만 안철수가 그 현상의 **담지자**는 아닌 것 같다는 얘기가 세간에 퍼진 이유다.   (0121, ㅈ일보)

'담지자'는 국어사전에 수록돼 있지 않다. '담지(膽智)'가 올라 있을 뿐인데

'담지'는 '담력과 지혜를 아울러 이르는 말'이라 풀이돼 있다. 비록 국어사전에 없더라도 '담지'가 있으므로 담지가 있는 사람이라는 뜻으로 '담지자'를 만들어 쓰는 것은 문제가 없다. 그런데 '그 현상의 담지자'는 이해하기 어렵다. 담지자는 담력과 지혜를 아울러 이르는 사람이므로 '안철수는 담지자이다'라고 할 수는 있어도 '안철수는 그 현상의 담지자'는 어색하다. 사전에도 없는 말을 이렇게 어색한 맥락에서 사용해야 하는지 의문이 들지 않을 수 없다. 차라리 '당사자'라고 하는 것이 알기 쉬웠을 것이다.

>>> '안철수 현상'은 존재하지만 안철수가 그 현상의 **당사자**는 아닌 것 같다는 얘기가 세간에 퍼진 이유다.

하지만 누가 봐도 부족한 사람인데 '진박'이라는 이유로 **공천장**을 거머쥐고, 이유도 댈 수 없는 정무적 판단으로 핵심 '친노'에게 **낙천장**을 내민 여야의 이번 공천은 후유증이 만만치 않을 것 같다.　　　　　　　　　　　(0317, ㅅ신문)

'낙천장'이란 말은 낯선 말이기도 하지만 사전에도 물론 없는 말이다. '공천장'이란 말을 이미 썼기에 이에 맞춰 썼을 터이지만 전혀 있지 않은 말을 만들어 내서까지 쓸 필요는 없다. '합격증'은 있어도 '불합격증'은 없듯이 '낙천장'이란 말은 굳이 쓸 이유가 없다. '~에게 낙천장을 내민'이 아니라 '~를 낙천시킨'으로 표현하는 것이 옳다 하겠다. '공천에서 떨어뜨린'이라 해도 물론 좋다.

>>> 하지만 누가 봐도 부족한 사람인데 '진박'이라는 이유로 공천장을 거머쥐고, 이유도 댈 수 없는 정무적 판단으로 핵심 '친노'를 **낙천시킨** 여야의 이번 공천은 후유증이 만만치 않을 것 같다.

하지만 국제제재 강화로 해외 돈줄은 끊기고 경제 상황도 점점 나빠지고 있다. 제재가 지속되면 지배 엘리트층의 이탈은 더 **가속될** 것이다.　　(0412, ㅈ일보)

'가속되다'라는 말은 국어사전에 없다. 잘 쓰지도 않는다. 사전에는 '가속화하다'가 있다. 글자 한 자 줄이려고 '가속화하다'를 쓰지 않고 '가속되다'를 써야 할까. '가속될'이 아니라 '가속화할'이라고 하든지 아니면 알기 쉽게 '빨리 늘어날'이라고 하는 것이 좋다.

>>> 　제재가 지속되면 지배 엘리트층의 이탈은 더 **가속화할** 것이다.
　　　제재가 지속되면 지배 엘리트층의 이탈은 더 **빨리 늘어날** 것이다.

이처럼 **무시받던** 그가 유력 주자**에서** 승리까지 넘보는 대세 후보로 자리 잡을 거라고 예상한 전문가는 거의 없었다.　　(0504, ㅈ일보)

'무시받던'은 흔히 쓰는 표현이 아니므로 '무시당하던'을 쓰는 것이 낫다. 또 '유력 주자에서 승리까지 넘보는 대세 후보로 자리 잡을'에서 '유력 주자에서'가 걸릴 말이 마땅하지 않다. 따라서 '유력 주자를 넘어 승리까지 넘보는 대세 후보로 자리 잡을'이라고 하든지 '유력 주자에 그치지 않고 승리까지 넘보는 대세 후보로 자리 잡을'이라고 해야 완전해진다.

>>> 　이처럼 **무시당하던** 그가 유력 주자**를 넘어** 승리까지 넘보는 대세 후보로 자리 잡을 거라고 예상한 전문가는 거의 없었다.
　　　이처럼 **무시당하던** 그가 유력 주자**에 그치지 않고** 승리까지 넘보는 대세 후보로 자리 잡을 거라고 예상한 전문가는 거의 없었다.

자산운용사 대표를 지내 전문성이 있다는 말도 설득력이 떨어진다. 그가 대표로 있던 시절 해당 자산운용사 수익률은 국내 회사 중에서도 중하위권이었다. 정부가 국민연금을 경쟁력 없는 **낙하산 인사**에게 맡겼다는 비판을 피하기 어려울 것이다.

국민연금공단에선 불과 넉 달 전 전임 이사장과 기금운용본부장이 자기들끼리 밥그릇 다툼을 벌이다 동반 퇴진했다. 두 사람 모두 정권 실세들의 **낙하산 인사**라는 말을 들었다. 이들 다툼에 국민연금 투자 결정은 수개월간 표류했다. 국민들 눈앞에서 그런 추태를 부리고도 정부는 반성은커녕 또 **낙하산 인사**를 불러들였다.

(0217, ㅈ일보)

'인사'란 말은 아침, 저녁에 표하는 예절이란 뜻 말고도 여러 뜻이 있다. '인사(人事)'는 '인사 이동', '인사 발령' 등에서와 같이 사람을 뽑아서 앉히고 이동시키는 등의 일을 가리킨다. '인사(人士)'는 어느 정도 사회적 지위가 있는 사람을 가리킨다. 그런데 언제부턴가 '낙하산 인사'라는 말이 널리 쓰이기 시작했다. 내부 사람이 아니라 뜻밖의 외부 인물이 임명되는 것을 가리킨다. 그런데 '낙하산 인사'의 '인사'는 일을 가리키는가, 사람을 가리키는가? 시사용어사전을 보아도 일을 가리키지 그 일로 임명된 사람을 가리킨다는 뜻풀이는 보이지 않는다. 그런데 위 예문에서는 '낙하산 인사'가 세 번 사용되었는데 모두 사람을 가리키고 있다. 특히 첫 번째 사례는 '낙하산 인사에게 맡겼다'고 했기에 명백히 사람을 가리킨다. 그렇다면 이때의 '낙하산 인사'의 '인사'는 '人事'인가, '人士'인가? 어느 쪽이라 해도 설명하기가 마땅치 않다. '人事'라면 원래 '人事'는 '인사 이동', '인사 정책' 등과 같이 '일'을 가리키지 그 일로 임명된 '사람'을 가리키는 뜻은 없기 때문이다. 낙하산 인사(人士)라고 해도 설명하기는 여전히 쉽지 않다. 결국 위 예문들에서 '낙하산 인사'는 낙하산 인사로 임명된 사람'을 줄여서 말했다고 볼 수밖에 없고 '낙하산 인사로 임명된 사람'을 '낙하산 인사'라고 하는 것은 억지스럽다. 따라서 첫 사례는 다음과 같이 바꾸어야 할 것이다. '낙하산 인사'는 '일'이나 '현상'이지 그 결과로 임명된 '사람'을 가리키는 용법은 없다 할 것이다.

> >>> 정부가 국민연금을 경쟁력 없는, **낙하산 인사로 앉힌 사람에게** 맡겼다는 비판을 피하기 어려울 것이다.

구멍가게 수준 업체가 **유해성이 불확실한** 화학물질을 원료로 코로 흡입하는 상품을 만들어 팔아도 당국의 점검·단속이 없었다는 사실이 우리의 화학물질 관리 수준을 말해 준다.　　　　　　　　　　　　　　　　　　(0502, ㅈ일보)

'유해성이 불확실한'은 자칫 오해를 불러일으킬 수 있다. 유해성이 확실한 화학물질을 만들어 팔면 괜찮은데 유해성이 불확실한 화학물질은 만들어 팔아서 문제라는 뜻을 풍길 여지가 있기 때문이다. 그런 오해를 낳을 필요가 없다. '안전성이 불확실한'이라고 하면 되기 때문이다. 또는 '안전성이 검증되지 않은'이라고 해도 좋겠다.

> >>> 구멍가게 수준 업체가 **안전성이 불확실한** 화학물질을 원료로 코로 흡입하는 상품을 만들어 팔아도 당국의 점검·단속이 없었다는 사실이 우리의 화학물질 관리 수준을 말해 준다.
> 　　　구멍가게 수준 업체가 **안전성이 검증되지 않은** 화학물질을 원료로 코로 흡입하는 상품을 만들어 팔아도 당국의 점검·단속이 없었다는 사실이 우리의 화학물질 관리 수준을 말해 준다.

지금도 증상이 없거나 **여행력**이 제대로 확인되지 않은 감염 환자가 숨어 있을 가능성을 배제할 수 없다.   (0323, ㅈ일보)

'여행력' 역시 국어사전에 없는 말로서 낯선 말이 아닐 수 없다. 풀어서 써 줄 필요가 있다. '여행 이력'이라고 하면 된다.

>>> 지금도 증상이 없거나 **여행 이력**이 제대로 확인되지 않은 감염 환자가 숨어 있을 가능성을 배제할 수 없다.

잔인하고 **냉혈하기** 짝이 없는 보스, 그의 지시라면 물불을 가리지 않는 행동대 원들이 득실대는 '조폭 집단'이야말로 지금의 새누리당 정체성을 가장 잘 설명해 주는 단어인지도 모른다.   (0316, ㅎ신문)

'냉혈하기 짝이 없는 보스'에서 '냉혈하기'는 국어사전에 없는 단어이다. 문맥으로 보아 '냉혹하다'를 써야 할 것이다.

>>> 잔인하고 **냉혹하기** 짝이 없는 보스, 그의 지시라면 물불을 가리지 않는 행동대원들이 득실대는 '조폭 집단'이야말로 지금의 새누리당 정체성을 가장 잘 설명해 주는 단어인지도 모른다.

이러다가 주민들 마음에 갈등과 실망의 골만 파는 '**부상(負傷)복지**'로 전락하지나 않을지 우려된다.   (0109, ㅅ신문)

무상복지가 아니라 부상복지가 되는 거 아니냐고 지적을 했다. '무상'의 'ㅁ' 대신 'ㅂ'을 바꿔 넣었으니 말을 이용해 나름 재치 있게 비판을 했다고 생각할지 모르겠다. 그러나 무상복지는 무슨 뜻인지 선명하게 이해되지만 부상복지는 무슨 뜻인지 금세 이해가 될까?

부상이라 함은 '몸에 상처를 입음'이라는 뜻이다. '몸에 상처를 입는 복지'라는 게 말이 되는지 의아하기만 하다. 보통 부상이라 하면 물리적인 상처를 말하지 마음의 상처를 입었을 때 부상당했다고 하지 않는다. 무상복지가 제대로 실행이 안 될 경우 주민들이 마음에 상처를 입을 수 있으니 부상복지라 한 것인데 마음의 상처를 부상이라 하니 쉽게 와 닿지 않는다.

'식물국회', '동물국회' 등의 표현도 냉소적이고 자극적이지만 '부상복지'라는 표현도 '무상복지'를 비틀어 보았을 뿐 억지스러운 느낌을 피할 수 없다. 이런 표현이 독자들에게 공감을 불러일으킬 것 같지는 않다. 설득력도 물론 없어 보인다. "부상복지'로 전락하지나'를 들어내도 문제가 없어 보인다.

>>> 이러다가 주민들 마음에 갈등과 실망의 골만 파지나 않을지 우려된다.

....

20대 총선의 시대정신은 역대 최악으로 비난받는 19대 국회 같은 입법부가 탄생하지 않도록 하는 것이다. 그렇다면 여야 정당은 **예비경선** 단계부터 공천 부적격자를 보다 엄격하게 걸러야 한다는 점을 잊지 말아야 한다. (0304, ㅈ일보)

국회의원 선거는 각 정당이 해당 지역구에 후보로 내세울 사람을 뽑는 경선을 실시하여 경선에서 뽑힌 사람을 후보자로 내세운다. 경선에 나갈 사람들은 예비후보자이다. 그런데 '예비경선'은 무엇인가? 본경선이 있어야 예비경선이 있다. 본경선과 구별되는 예비경선이 있는가? 그런 것이 없다면 예비경선이란 말을 쓸 일이 아니다. 그냥 경선이라 하면 될 것이다.

>>> 그렇다면 여야 정당은 **경선** 단계부터 공천 부적격자를 보다 엄격하게 걸러야 한다는 점을 잊지 말아야 한다.

변호사법은 선임서 미제출 변호, 즉 '몰래 변론'을 금지하고(제29조의2), 공직 퇴임 변호사의 1년 수임 제한(제31조)을 규정하고 있다. 그런데 이런 조항 위반이 **현행으론** 징계 사유에 그쳐 실효적이지 못하다고 판단하고, 형사 문책 범위에 포함시키는 변호사법 개정 의견을 17일 법무부에 제출했다고 한다.

(0318, ㅁ일보)

'현행으론'은 '현행으로는'의 준말이다. '현행으로는'이 자연스러운 표현인가? 비록 '현행'이 명사기 때문에 조사 '으로'가 붙었으니 형식적으로는 문제가 없지만 더 자연스러운 표현이 있다. '현행법으로는'이라고 하든지 '현행 변호사법으로는'이라고 하는 것이 자연스럽다.

>>> 그런데 이런 조항 위반이 **현행법으로는** 징계 사유에 그쳐 실효적이지 못하다고 판단하고, 형사 문책 범위에 포함시키는 변호사법 개정 의견을 17일 법무부에 제출했다고 한다.

법원은 이 지역 공천에서 탈락한 주호영 의원이 낸 공천 결정 효력정지 가처분 신청을 일부 인용했다. 공천관리위가 주 의원을 배제하고 여성우선추천지역으로 선정한 과정에 문제가 있다고 판단한 것이다. **정치의 사법화**는 원칙적으로 바람직하지 않다.

(0325, ㄱ신문)

정당의 공천에 관한 갈등이 법정 다툼으로 가 법원의 판단을 받게 된 것을

'정치의 사법화'라고 표현했다. '정치의 사법화'는 정치가 사법이 되는 것을 말하는데 공천 갈등이 법정 다툼으로 간 게 정치가 사법이 된 것은 아니다. 따라서 '정치의 사법화'라는 표현은 매우 어색하다. '정치 문제가 법정으로 가는 것'이 좀 길어지더라도 알기 쉽고 정확하다.

>>> **정치 문제가 법정으로 가는 것**은 원칙적으로 바람직하지 않다.

....

새누리당 혁신의 핵심은 **친박 계파주의**를 청산할 수 있느냐 이 한 가지에 달렸다.　　　　　　　　　　　　　　　　　　　　　　　　(0513, ㅈ일보)

말은 필요하면 새로 만들어 쓸 수 있다. 그러나 새말은 필요해야 하고 사람들의 공감을 얻어야 한다. '친박 계파주의'가 과연 필요한 말인지, 공감을 얻을 수 있는 말인지 의문이다. '주의'는 아무 말에나 붙을 수 있는 게 아니다. '계파주의'는 무슨 뜻인지 모호하기만 하다. '친박 계파주의'도 마찬가지다. 그냥 '계파를 청산할 수 있느냐'라고 해도 뜻이 충분히 드러난다. 오히려 그렇게 해야 뜻이 더 분명하다.

>>> 새누리당 혁신의 핵심은 **계파**를 청산할 수 있느냐 이 한 가지에 달렸다.

....

옥시는 **입장문**에서 '피해자들이 원하는 부분을 잘 이해하고 경청하여 함께 해결하고자 노력해왔다'고 했다.　　　　　　　　　　　(0423, ㅈ일보)

'입장문'이라는 말은 생소하다. '입장을 밝힌 글'이라는 뜻인데 잘 쓰지 않는 말이다. 말은 필요에 따라 만들어서 쓸 수 있기는 하나 비슷한 뜻의 말이 이미 있다면 있는 말을 쓰는 것이 바람직하다. '발표문'이라고 해도 뜻을 나타내는 데 아무 문제가 없어 보인다.

>>> 옥시는 **발표문**에서 '피해자들이 원하는 부분을 잘 이해하고 경청하여 함께 해결하고자 노력해왔다'고 했다.

이를 둘러싸고 20일부터 벌어지고 있는 분란은 22일 김 대표와 친노(親盧)·운동권 세력의 **줄달리기** 양상을 띠고 있으나, 당의 저류(底流)는 사실상 그대로임을 확인시켜 주고 있다. (0322, ㅁ일보)

'줄달리기'라는 말은 없다. '줄다리기'의 잘못으로 보인다.

>>> 이를 둘러싸고 20일부터 벌어지고 있는 분란은 22일 김 대표와 친노(親盧)·운동권 세력의 **줄다리기** 양상을 띠고 있으나, 당의 저류(底流)는 사실상 그대로임을 확인시켜 주고 있다.

전체 선거구의 절반이 박빙인 **깜깜이** 총선이다. (0413, ㅈ일보)

'깜깜이 총선'에서 '깜깜이'는 국어사전에 없다. 옛날부터 있던 말인데 국어사전이 누락하고 있는 것인지 아니면 원래 없던 말이 최근에 와서 쓰이기 시작한 것인지 확실치 않다. 그렇더라도 '깜깜이 총선'은 생소하게 느껴진다. 굳이 생소한 표현을 쓸 필요가 있나 하는 의문이 든다. 깜깜하다는 것이 워낙 박빙의 차이라 선거 결과를 예측하기 어렵다는 것인지 아니면 다른 무엇을 알기 어렵다는 것인지도 분명치 않다. 만일 경쟁이 아주 팽팽해서 선거 결과를 예측하기 어려움을 말하는 것이라면 굳이 '깜깜이'가 없어도 된다. '박빙인'이 이미 그것을 말해 주고 있기 때문이다. '깜깜이'가 들어갈 자리에 '이번'을 넣는 것도 한 대안이 될 것이다.

>>> 전체 선거구의 절반이 박빙인 **이번** 총선이다.

외국어는 소통에 방해

　외래어는 외국에서 들어온 말이다. 외국에서 들어왔지만 지금은 국어가 된 말이다. 외래어가 없는 언어는 없을 것이다. 어떤 언어든 외래어가 있게 마련이다. 국어에도 많은 외래어가 있다. 들어온 지 오래된 외래어냐, 얼마 되지 않은 외래어냐의 차이가 있다. 어떤 외래어도 처음 들어왔을 때에는 외국어 느낌이 강하다. 그러나 점차 시간이 흐르면서 외국어 느낌이 없어지고 국어가 된다.

　외래어는 긍정적인 면과 부정적인 면이 아울러 있다. 긍정적인 면은 외래어가 국어의 어휘를 풍부하게 해 준다는 것이다. 외래어가 없다면 표현할 수 없는 개념이 얼마나 많을까. 외래어 덕분에 국어의 폭이 넓어져 우리의 언어생활이 풍부해진다. 덮어놓고 외래어를 쓰지 말자는 것은 우리의 언어생활을 스스로 좁히고 제한하자는 것이나 마찬가지다. 가능하지도 않고 바람직하지도 않다.

　그렇다고 외래어가 긍정적인 면만 있는 것은 아니다. 부정적인 면도 분명히 있다. 외래어를 지나치게 선호하면 멀쩡히 있던 우리말을 죽이는 결과를 낳는다. '차림판'이 '메뉴'에 밀려나 거의 사라졌다. '엄마'라는 말을 놔두고 '맘'을 쓰는 일이 부쩍 늘어났다. '직장엄마'라고 하는 사람은 거의 없고 '직장맘'이라고 한다. '서울시직장맘지원센터'라는 기구까지 생겨날 정도가 됐다. 우리말이 어디까지 밀려날지 장담하기 어려운 정도가 됐다.

외래어는 정의상 이미 국어가 된 말이므로 외래어 사용에 대해 이러쿵저러쿵 말할 필요는 없다. 문제는 외국어다. 외국어 중에서도 어떤 것은 결국 외래어가 되어 가지만 어떤 것은 그렇게 되지도 못할 거면서 언어생활을 혼탁하게 한다. '킹'이니 '포지셔닝하다', '커넥션' 같은 말은 굳이 그런 말을 쓰지 않아도 대신 쓸 말이 얼마든지 있는 말이다.

외국어를 쓰지 말아야 할 가장 큰 이유는 독해를 방해할 수 있기 때문이다. 글이란 소통을 목적으로 쓰는 것인데 낯설고 어려운 외국어를 씀으로써 소통에 방해가 된다면 글을 쓰는 보람이 없게 된다. 물론 그 외국어를 이해하는 독자도 있을 것이니 그런 독자에게는 아무 문제가 없다. 그러나 그 외국어를 모르는 독자는 글을 이해하는 데 어려움을 겪게 되고 답답함과 함께 소외감을 느낄 수 있다. 생소한 외국어 사용은 외국어 실력을 과시하는 효과는 있을지 몰라도 소통을 가로막으므로 될 수 있는 한 피해야 한다.

한편 외래어를 쓸 때에 외국문자를 써서는 안 됨을 잊지 말아야 한다. '이메일'과 '전자우편' 중에서 어느 것을 쓸 것인지는 개인의 자유에 속한다. 그러나 '이메일'로 쓸 것이냐 'e메일'이나 'e-mail'로 쓸 것이냐는 다른 문제다. 외래어도 국어인 만큼 국어의 문자인 한글로 적어야 마땅하다. 'e-mail'이나 'e메일'로 적어야 할 이유가 없다. '이메일'로 적어야 옳다. 그것은 마치 커피를 'coffee'로, 버스를 'bus'로 적으면 안 되는 것과 마찬가지다. 외래어는 한글로 적는 것이 원칙이다. '킬로미터'를 'km'으로, '그램'을 'g'로 적는 것은 좀 다른 문제다. km, g 같은 것은 단어가 아니라 단위를 나타내는 기호로 쓰인 예로서 문제 삼을 일이 아니다.

20대 국회를 구성할 4·13총선을 앞두고 그제 여야가 공식 선거운동에 돌입했다. 후보들이나 소속 당은 공동체의 미래를 걸고 **페어플레이**를 펼쳐야 한다. 그러나 선거전 초반 양상이 매우 걱정스럽다. 어제 새누리당 강봉균 공동 선대위원장은 자신의 양적완화 주장을 비판한 더불어민주당 김종인 대표를 겨냥, "세계 경제가 어떻게 돌아가는지 모르는 양반"이라고 비난했다. 반면 더민주 이용섭 총선기획단장은 김 대표의 경제민주화를 **포퓰리즘**이라고 지적한 강 위원장에게 "(과거 우리 당에서 공천 못 받아) 가슴속에 한이 많을 것"이라고 비꼬았다. 경제 형편이 어렵다는 지금 국민들은 전국의 유세장에서 확성기 소음에 시달리고 있다. 여야 간 경제를 **이슈**로 한 논쟁이 인신공격으로 흐른다면 유권자들에 대한 도리가 아니다.

민주주의 사회에서 의견의 차이는 있을 수밖에 없다. 그리고 선거 국면에서 상대 당이나 후보의 정책과 노선에 대해 건설적인 지적은 꼭 필요한 일이다. 그러나 어디까지나 **팩트**에 기반한, 대안 제시형 비판이라야 한다. 그런 측면에서 본다면 강 위원장과 김 대표가 벌이는 경제 논쟁은 얼간 실망스럽다. 각자의 지론인 한국적 양적완화론(강 위원장)이나 경제민주화론(김 대표)의 적실성을 설명하기보다는 상대 주장을 깎아내리며 말꼬리 잡기에 급급한 형국이라는 점에서다. 여야 총선 지도부가 이러니 선거 **캠프**에서 툭하면 설화가 불거지는 게 아닌가. 주진형 더민주 국민경제상황실 부실장이 강 위원장을 향해 '집에 앉은 노인', '완전 허수아비'라는 등 막말을 쏟아 냈다가 당 차원에서 대신 사과한 사실이 대표적 사례다.

물론 여야가 선거전 주도권을 장악하거나 불리한 판세를 일거에 뒤엎기 위해 **네거티브 메시지**의 유혹을 뿌리치기는 쉽지 않을 수도 있다. 그럼에도 네거티브 선거전으로 유권자의 판단을 흐리게 함으로써 대의민주주의 근간을 흔들어서는 안 될 것이다. 공적인 이슈를 놓고 일방적 매도가 아니라 합리적 소통과 대화로 합의에 도달하는 과정이 '숙의 민주주의'다. 대의민주주의의 가장 차원 높

품격 있는 글쓰기

은 이 단계에 도달하는 데 가장 큰 걸림돌이 바로 막말과 허위 사실을 담은 인신공격이다. 이로 인해 정치적 경쟁자 간 의견의 평행선이 감정의 평행선으로 치닫는다면 공동체 구성원 간 갈등이나 정치적 냉소주의를 부추기는 꼴이다. 19대 총선 때 김용민 민주통합당 후보가 온갖 엽기적 막말로 주목을 끌려다 자신은 물론 소속 당의 득표에도 악영향을 끼친 전례를 참고할 필요가 있다.

본격적인 선거전이 시작된 지금 여야가 상호 비방전을 자제해야 할 이유는 차고 넘친다. 무엇보다 상대를 향한 네거티브 공세가 결국 자신을 해치는 **부메랑**으로 돌아올 수도 있음을 유념할 때다. 특히 저질적인 막말로 유권자의 수준을 얕잡아 봐서는 안 될 것이다. 개별 후보들은 상대 후보를 비방할 시간이 있으면 자신의 강점을 유권자들에게 제대로 알리는 **포지티브 캠페인**에 주력해야 한다. 여야 각 당도 가급적 국민의 마음을 사로잡을 정책 **콘텐츠**와 국가와 지역사회의 미래 청사진을 내놓고 정정당당하게 경쟁하기를 간곡히 당부한다.

(0402, ㅅ신문)

우리가 사용하는 외래어에는 필요하고 도움이 되는 외래어가 있는 반면, 불필요하고 의사소통에 방해가 되는 외래어가 뒤섞여 있다. 후자는 엄밀하게 말해 외래어라기보다 외국어다. 위 글이 그 좋은 사례다. '이슈, 캠프, 부메랑, 콘텐츠' 같은 말 정도는 쓰지 말자고 배격할 필요가 없어 보인다. 외래어에 대해 어느 정도 열린 자세가 필요하다. 그러나 '팩트'니 '페어플레이' 쯤으로 가면 문제가 달라진다. 엄연히 '사실'이나 '정정당당한 승부'로 표현해도 그만인 것을 이렇다 할 의미 차이도 없으면서 외국어 쓰기를 좋아하는 것은 찬성하기 어렵다. '포퓰리즘'도 '인기영합주의'라고 할 만하고 '네거티브 메시지'도 찾아보면 좋은 말이 나올 수 있을 것이다. 문제는 '찾고자 하는' 태도다. 찾다가 안 되면 몰라도 생각 없이 'fact, fair play, populism, negative message' 같은 외국어를 가져다 단순히 한글로 적는 것은 언어 사대주의일 뿐이다. 그것은 소통을 가로막을 위험성을 안고 있다.

여당의 독주를 견제하되 나라에 필요한 법안은 협조하면서 더욱 건설적인 **어젠다**를 제시해 정치의 판을 키우는 중도개혁 야당으로 **포지셔닝해야** 한다.

(0121, ㅈ일보)

'포지셔닝해야'라는 말도 낯설고 생소하기는 마찬가지다. '자리 잡아야'라고 해도 충분히 뜻이 전달되고 그래야만 훨씬 더 많은 사람들이 이해할 수 있다. 국어사전에는 운동용어로 '포지션'이 있을 뿐 '포지셔닝'이나 '포지셔닝하다'가 없음은 물론이다. '어젠다'도 지식인들 사이에서는 많이 쓰인다고 하나 일반인에게는 좀 어려울 수 있다. '의제'도 쉬운 단어는 아니나 '어젠다'보다는 나아 보인다.

>>> 여당의 독주를 견제하되 나라에 필요한 법안은 협조하면서 더욱 건설적인 **의제**를 제시해 정치의 판을 키우는 중도개혁 야당으로 **자리 잡아야** 한다.

오바마 대통령은 이번 방문에서 쿠바 정권 전복은 더 이상 미국의 **옵션**이 아님을 분명히 했다.

(0323, ㅎ일보)

'옵션'이 국어사전에 올라 있기는 해도 위 예에서처럼 추상적인 의미는 뜻풀이에 들어 있지 않다. 상품에서 소비자가 별도로 선택할 수 있는 부품이나 장치를 가리키는 것으로만 뜻풀이되어 있다. 위 예에서 '옵션'은 '선택'이라고 표현해도 아무 문제가 없다. 그것을 굳이 '옵션'이라고 함으로써 독자로 하여금 낯선 말에 당황하게 만들 필요가 없다. '옵션'이 눈에 익은 사람도 있지만 그렇지 않다는 사람도 적지 않음을 유의해야 하겠다.

품격 있는 글쓰기

>>> 오바마 대통령은 이번 방문에서 쿠바 정권 전복은 더 이상 미국의 **선택**이 아님을 분명히 했다.

....

환자는 아무런 증상 없이 귀국해 공항에서 전혀 **스크리닝되지 않았다.**

(0323, ㅈ일보)

'스크리닝되지'는 국어사전에 없는 말일 뿐 아니라 뜻을 이해하지 못할 독자들이 적지 않으리라 보인다. 그렇다면 좀 더 쉬운 말로 쓸 필요가 있다.

>>> 환자는 아무런 증상 없이 귀국해 공항에서 전혀 **발견하지 못하였다.**

....

감사원 감사 결과에 따르면 군이 수십억원을 들여 개발한 철갑탄 방탄복 조달 계획을 육군 소장 출신 국방부 1급 관리가 백지화하고, 대신 군과 **커넥션**이 있는 방산업체로부터 성능이 떨어지는 일반 방탄복 3만5000벌을 납품받아 일선 부대에 지급했다.

(0325, ㅈ일보)

'커넥션'은 영어다. 국어사전에 올라 있지 않은 말이다. 일상생활에서도 잘 쓰지 않는 말이다. 따라서 '커넥션'이 무슨 뜻인지 모르는 사람도 적지 않을 것이다. 글은 사람들에게 이해를 구하고 설득하기 위해 쓰는 것인데 무슨 뜻인지 모를 말을 써서야 되겠는가. 글쓴이에게는 익숙한 말일지 몰라도 독자에게는 낯설고 어려운 말이라 생각된다. 그런 말은 될 수 있는 대로 피해야 한다. '커넥션이' 대신에 '유착 관계를 맺고' 혹은 '긴밀한 관계를 맺고'라고 하면 뜻이 더욱 명확해질 것이다.

>>> 감사원 감사 결과에 따르면 군이 수십 억 원을 들여 개발한 철갑탄 방탄복 조달 계획을 육군 소장 출신 국방부 1급 관리가 백지화하고, 대신 군과 **유착 관계를 맺고** 있는 방산업체로부터 성능이 떨어지는 일반 방탄복 3만 5000벌을 납품 받아 일선 부대에 지급했다.

이에 맞춰 정부는 정보 공개를 포함한 생활화학물질 안전 전반의 **업그레이드**를 위한 종합대책을 마련하고 국민이 '오케이' 할 때까지 추진해야 한다.

(0511, ㅈ일보)

'생활화학물질 안전 전반의 업그레이드'는 '생활화학물질 안전 전반의 수준 향상'이라고 할 만하다. '오케이' 또한 '됐다'라고 하면 그만이다. 달리 표현할 방도가 없는 전문용어라면 몰라도 기초 어휘 수준의 말까지 영어를 쓰는 것은 지양해야 할 것이다.

>>> 이에 맞춰 정부는 정보 공개를 포함한 생활화학물질 안전 전반의 **수준 향상**을 위한 종합대책을 마련하고 국민이 **'됐다'** 할 때까지 추진해야 한다.

이런 때일수록 모든 수단과 가능성을 열어 둬야 구조조정이 빨라진다. 국가 경제의 경쟁력과 효율성을 기준으로 원점에서 득실을 따져야 한다. 회사를 통째로 합치는 빅딜, 사업 부문을 떼고 합치는 스몰딜도 당연히 고려해야 할 **옵션**이다.

(0427, ㅈ일보)

'빅딜', '스몰딜'까지는 경제 용어니까 어쩔 수 없다 치더라도 '옵션'은 경제 용어라고 할 수도 없고 쓰지 않으면 안 될 말이라고 하기도 어렵다. '회사를 통

째로 합치는 빅딜, 사업 부문을 떼고 합치는 스몰딜도 당연히 고려해야 한다'
라고 해서 부족함이 있는가. 외래어는 국어 어휘를 보충해 주고 풍부하게 해
주지만 쓰지 않아도 될 외국어를 쓸 경우에는 소통을 가로막는다. '고려해야
한다'고 하면 누구나 이해하기 쉬울 텐데 '고려해야 할 **옵션이다**'라고 하는 것
도 그런 예에 속한다.

>>> 회사를 통째로 합치는 빅딜, 사업 부문을 떼고 합치는 스몰딜도 당연히 고려
해야 **한다.**

박 대통령이 그런 민의를 읽고도 침묵하는 것이라면 남은 임기도 **'마이웨이'**를
하겠다는 뜻으로 읽혀 섬뜩하다.   (0415, ㄷ일보)

'마이웨이'는 국어사전에 없는 외국어. 무슨 뜻인지 아는 사람도 있겠지만
모르는 사람도 있을 것이다. 모르는 사람은 몰라도 그만이라고 생각하고 썼다
면 문제다. 될 수 있으면 많은 사람이 이해할 수 있도록 쓰는 것이 옳다. '내 갈
길을 가겠다는', '내 식대로 하겠다는' 등 얼마든지 달리 표현할 수도 있다.

>>> 박 대통령이 그런 민의를 읽고도 침묵하는 것이라면 남은 임기도 **내 식대로**
하겠다는 뜻으로 읽혀 섬뜩하다.

과거 인터뷰에서 호남 연고(緣故)를 부인했던 김 대표가 평소 안 하던 이야기
를 갑자기 꺼낸 것인데 '호남 구애'가 급해도 정도가 지나치다. DJ처럼 호남을
발판으로 **'킹'을 해보려는** 것일까 하고 고개를 갸우뚱하는 사람들도 있다.

(0329, ㄷ일보)

'킹'은 국어사전에 없는 말이다. 국어 단어가 아니기 때문이다. 국어에는 '왕'이란 말이 있다. 신문 사설에서 '킹'을 왜 썼는지 이해하기 어렵다. '킹'이든 '왕'이든 지금은 전제군주가 있는 시대가 아니고 민주주의 시대가 아닌가. 국민주권의 시대에 사전에도 없는 '킹'이란 말을 써야 할 이유가 없다. 그리고 DJ가 킹을 했다는 것도 사실과 부합하지 않는다. 대통령을 지냈을 뿐이다. 킹이 아니고 따옴표를 써서 '킹'이라고 했다고 해서 면피가 되지는 않는다. '대권을 잡겠다는 것일까'나 '대통령이 되려는 것일까'라고 하면 된다.

>>> DJ처럼 호남을 발판으로 **대권을 잡겠다는** 것일까 하고 고개를 갸우뚱하는 사람들도 있다.

....

여론조사로는 승산이 없으니 아예 경쟁력 있는 비박 인사를 **컷아웃 시켜버린** 것이다.

(0317, ㅎ신문)

공천 과정에서 경쟁에 붙이지도 않고 원천 배제하는 것을 '컷오프'라고 언론에서 사용하고 있다. 그 컷오프도 생소한데 '컷아웃'이란 말까지 쓰고 있다. 물론 국어사전에 있을 리 없는 말이다. '컷아웃' 같은 말은 외래어가 아니다. 외래어는 한국어에 수용된 말인데 '컷아웃'이 한국어에서 쓰인 예를 찾아보기 어렵다. 이런 낯선 말을 논설문에서 사용하는 것은 물론 바람직하지 않다. 삼가야 한다.

>>> 여론조사로는 승산이 없으니 아예 경쟁력 있는 비박 인사를 **공천 배제한** 것이다.

공무원의 보안의식을 높이고 근무 기강을 재확립하는 방안도 마련해야 한다. 책임자 문책도 당연히 필요하다. 자체적으로 보안을 **업그레이드하기** 힘들다면 국내외 전문 보안업체에 외주를 주는 방안도 적극 고려해야 한다.

(0407, ㅈ일보)

위 예에서 '업그레이드하기'를 '보안을 강화하기'라고 하거나 '보안 수준을 높이기'라고 해서 안 될 이유가 있을까. 불필요한 외래어를 남용하는 것은 자칫 습관이 되기 쉽다. 외래어를 무조건 배척하는 것도 찬성할 수 없지만 외래어를 쓰지 않고는 못 배기는 외래어 집착도 바람직하지 않다. 불필요한 외래어 사용을 삼가야 한다.

>>> 자체적으로 보안을 **강화하기** 힘들다면 국내외 전문 보안업체에 외주를 주는 방안도 적극 고려해야 한다.

그런데도 지난 21일 홍보대행사를 통해 "50억원을 추가 출연하겠다"는 **e메일** 하나 보낸 게 고작이다.

(0430, ㅈ일보)

외래어는 외국말에서 들어와 우리말이 된 것이다. 외래어는 원래 외국말이었지만 이제는 우리말이다. 국어사전에 올라 있는 것을 보아도 그것을 알 수 있다. 외래어는 우리말이기 때문에 한글로 적는 것이 당연하다. 예를 들어 '커피'가 국어사전에 '커피'로 올라 있지 'coffee'로 올라 있지 않다. '이메일'도 국어사전에 '이메일'로 올라 있지 'e메일'로 올라 있지 않다. '이메일'을 구태여 'e메일'로 적어야 할 이유가 없다. 'e메일'이 아니라 '이메일'로 적어야 마땅하다. 이메일을 쓰든 전자우편을 쓰든 그것은 선택 사항이지만 이메일이냐 e메일이냐는 선택 사항이 아니다. e메일이 아닌 이메일을 써야 맞다.

>>> 　그런데도 지난 21일 홍보대행사를 통해 "50억 원을 추가 출연하겠다"는 **이메일** 하나 보낸 게 고작이다.

사전에 정확한 대북 정보를 손에 넣지 않는 한 우리가 북한의 도발에 대처할 수 있는 **레버리지**가 별로 없다. 무너진 대북 정보력의 복원이 무엇보다 시급하다.

(0110, ㅈ일보)

'레버리지'는 신문 사설에서 사용하기에는 너무 어려운 말이다. 국어사전에도 등재되어 있지 않다. 굳이 극소수의 사람만 이해할 수 있는 외국어를 써야 하는가. 어려울 뿐 아니라 문맥에 맞는지도 의문이다. 문맥에 맞기로는 '레버리지' 대신에 '방안'이나 '대책'이 더 알기 쉽고 적절하다.

>>> 　사전에 정확한 대북 정보를 손에 넣지 않는 한 우리가 북한의 도발에 대처할 수 있는 **방안**이 별로 없다.

정확한 단어 쓰기

문장은 단어들의 연결이다. 뜻을 잘 나타내기 위해 가장 알맞은 단어들을 선택해서 문장을 구성한다. 그런데 선택된 단어들 중에서 하나라도 잘못 선택된 단어가 있으면 나타내고자 하는 의미가 제대로 드러나지 않는다. 따라서 문장을 구성할 때 단어들을 잘 선택하는 것이 가장 중요하다.

그런데 신문 기사 문장 같은 데서 문맥에 맞지 않는 단어가 사용되는 경우를 간혹 본다. 단어의 뜻을 정확하게 알지 못하고 사용한 때문이다. 또는 대충 표현해도 뜻이 통할 거라는 안일한 생각으로 정확하지 않은 단어를 쓰는 경우도 있을 것이다. 어떤 경우든 정확하지 않은 단어를 사용하면 원래 의도했던 대로 문장의 뜻이 드러나지 않고 모호한 문장이 된다. 그렇기 때문에 문장을 쓸 때에는 적확한 단어가 사용되었는지 늘 살펴야 한다.

문맥에 딱 들어맞는 단어를 쓰지 않았을 경우 독자는 의아함을 느끼기 마련이다. 문맥에 딱 들어맞는 말을 썼을 때는 느끼지 않을 의아함, 당혹감, 어색함을 느끼게 된다. 그런 경우에 독자가 문맥에 맞는 말로 대체해서 이해하는 것이 보통이니 큰 문제가 되지는 않을 것이다. 그러나 독자로 하여금 그런 수고를 하게 해서는 안 된다는 점에서 정확한 단어 사용은 꼭 필요하다. 문맥에 가장 잘 맞는 단어가 무엇인지 세심한 주의를 기울일 필요가 있다.

문맥에 딱 들어맞지는 않지만 대충은 맞는 말일 때는 그리 큰 문제가 아닐지 모르나 아예 엉뚱한 말을 썼을 때는 문제가 심각해진다. 말하자면 단어 선택을 아주 잘못했을 경우이다. 이때에는 독자가 심각한 당혹감을 느낄 수 있다. 글쓴이가 무슨 말을 하는지 알 수 없을 정도로 독해를 어렵게 하므로 이런 일은 반드시 피해야 한다. 대충은 뜻이 통하지만 정확하지 않은 단어 사용을 사진에 비유하자면 핀트가 잘 안 맞아 흐릿하게 보이는 사진이라 할 수 있고, 아예 엉뚱한 단어를 사용한 것은 핀트가 안 맞는 정도가 아니라 무슨 장면인지 전혀 알아볼 수 없을 정도라 할 수 있다.

모든 단어에는 고유한 뜻이 있다. 단어의 뜻을 정확히 알고 문맥에 가장 맞는 단어를 사용해야 한다. 그렇게 해야만 문장의 뜻이 명료하게 드러난다. 독자가 혼동이나 오해 없이 글을 수월하게 읽어 나갈 수 있다.

재벌 2세, 3세들의 안하무인 행동이 연이어 터져나오고 있다. 일일이 다 거론할 필요도 없이 정말 눈 뜨고 볼 수 없을 지경이다. 재벌 2세, 3세들은 태어나면서 **선친**들이 쌓아올린 것을 물려받은 사람들이다.　　　　　　(0409, ㅈ일보)

'선친'은 '돌아가신 아버지'를 가리키는 말이다. 위 글에서 '선친'은 적절하게 사용되지 않았다. 왜냐하면 재벌 2세, 3세들이 태어날 때 아버지가 살아 있는 경우가 대부분일 텐데 그런 경우에 '태어나면서 선친들이'라고 말할 수 없기 때문이다. 그리고 위 글에서 '선친'은 단순히 아버지만을 뜻하는 게 아니라 할아버지나 증조부, 고조부를 가리키도 하는 것으로 보이는데 '선친'에는 그런 뜻이 없다. '선친'은 돌아가신 아버지만을 뜻할 뿐이다. 따라서 '선친'이 아니라 '선대'라고 하거나 '아버지나 조부, 증조부' 등으로 풀어 써야 옳다.

>>> 재벌 2세, 3세들은 태어나면서 **선대**들이 쌓아올린 것을 물려받은 사람들이 다.

....

이번 법안은 대량살상무기와 미사일 개발 등 북한의 불법 **거래**에 연루된 개인·단체를 직접 제재토록 하고 있다.   (0213, ㅈ일보)

'대량살상무기와 미사일 개발 등 북한의 불법 거래'에서 '대량살상무기와 미사일 개발'과 '불법 거래'는 서로 맞지 않는다. 거래라는 것은 '주고받음. 또는 사고팖'이란 뜻으로 상대방을 전제로 한다. 그런데 '대량살상무기와 미사일 개발'은 단독으로 하는 것이지 상대방과 하는 것이 아니다. 따라서 '불법 거래'가 아니라 '불법 행위', '불법 행동', '불법 활동' 등이어야 맞다.

>>> 이번 법안은 대량살상무기와 미사일 개발 등 북한의 불법 **행위**에 연루된 개인·단체를 직접 제재토록 하고 있다.

....

내년 대선까지 남은 1년 8개월은 이 나라에 매우 중요한 시기다. 북한발 안보 위기가 이미 닥쳐왔고 세계경제 침체 속에서 우리 경제도 헤어나기 힘든 저성장의 수렁으로 빨려들어 가고 있다. 정치권 모두가 힘을 합친다 해도 감당하기 어려운 **도전**이 도사리고 있다.   (0415, ㅈ일보)

'도전'이란 내가 그 무엇에 싸움을 걸거나 맞서는 것을 말한다. 나의 의지와 무관하게 거기 있는 게 아니다. 한편 '도사리고 있다'는 나의 의지와 무관하게 그곳에 있는 것이다. 그래서 '도전이 도사리고 있다'는 어색하다. 따라서 위 맥락에서 '도전'은 맞지 않는다. 앞에 있는 '감당하기 어려운'과도 잘 어울리지 않고 뒤에 있는 '도사리고 있다'와는 더욱 맞지 않는다. '도전' 대신에 '과제'나 '난제' 같은 말이 훨씬 더 어울린다.

>>> 정치권 모두가 힘을 합친다 해도 감당하기 어려운 **난제**가 도사리고 있다.

중국이 공고한 대북 수입금지 품목은 석탄과 철광석·금·희토류 등이며 수출금지 **명단**엔 항공연료 등이 포함됐다. (0407, ㅈ일보)

'명단'은 '어떤 일에 관련된 사람들의 이름을 적은 표'로서 수출금지 물품에 대해서는 '명단'이라는 말이 어울리지 않는다. '목록' 또는 '품목'이라고 하는 것이 옳다.

>>> 중국이 공고한 대북 수입금지 품목은 석탄과 철광석·금·희토류 등이며 수출금지 **목록**엔 항공연료 등이 포함됐다.

박 대통령은 윤 의원의 2010년 결혼식에 참석했다. 윤 의원의 장인 신준호 회장은 신격호 롯데그룹 총괄회장의 막냇동생이다. 부인 신 씨는 푸르밀 이사 등을 **역임하고** 있다. (0311, ㅁ일보)

'역임하다'라는 말은 여러 직책을 차례로 맡았다는 뜻이다. 한 직책만을 가지고 역임했다고 할 수 없다. 그런데 위 예문에서는 '푸르밀 이사 등을 역임하고 있다'라고 했다. '역임하다'는 과거의 일을 가리키므로 '역임한다'나 '역임하고 있다'라고 쓸 일이 없다. '역임했다'라고 쓰는 것이 보통인 말이다. 그런데 '역임하고 있다'라고 해서 어색하거니와 현재 여러 직책을 맡고 있다는 뜻인지 과거에 여러 직책을 거쳤다는 뜻인지도 알 수 없다. '역임하고 있다'의 '-고 있다'를 쓴 것을 보면 현재 여러 직책을 맡고 있다는 뜻일 것으로 보이는데 그런 뜻을 나타낼 때에는 '맡고 있다'라고 하면 된다.

>>> 부인 신 씨는 푸르밀 이사 등을 **맡고** 있다.

....

법 개정을 주도한 의원들은 여야가 싸움질을 일삼은 동물국회의 폐단을 없앨 것이라고 했지만 결과는 사상 최악의 무능 무책임 국회였다. 괴물 같은 **선진화 법**을 하루속히 **폐기하는 것만이** 19대 국회가 **속죄하는 길**이다.　(0412, ㄷ일보)

좀 더 강하고 센 표현을 쓰고 싶은 마음을 이해는 하면서도 지나친 경우에는 눈살을 찌푸리게 된다. '19대 국회가 속죄하는 길'이라고 했다. '속죄'는 보통 사람이 하는 것이다. 사람들로 구성된 단체나 국가가 속죄한다고 하기도 한다. 그러니 의원들로 구성된 국회도 속죄를 못 할 것은 없겠다. 그러나 지나 쳤다는 느낌을 지우기 어렵다. 국회가 '잘못'을 할 수야 있지만 '죄'를 지었다고 표현하는 것 자체가 너무 강한 느낌을 준다. 국회가 지은 죄는 무슨 죄인가? 센 표현을 자꾸 쓰게 되면 평범한 표현은 싱거워서 못 쓰게 되고 자꾸만 더 센 표현을 찾게 된다. 살벌한 표현이 판을 친다면 우리의 언어 환경은 따라서 살 벌해진다. 다음과 같이 표현하더라도 얼마든지 말하고자 하는 바를 나타낼 수 있을 것이다.

>>> 괴물 같은 **국회법**을 하루속히 **개정하는 것이** 19대 국회가 **마지막으로 해야 할 일**이다.

성인 97.5%가 정부의 **저출산 정책**을 못 미더워한다는 조사결과가 나왔다.

(0212, ㅅ신문)

'저출산 정책'이라고 해도 무엇을 뜻하는지 못 알아들을 사람은 별로 없을 것이다. 워낙 저출산이 심각한 사회문제이니 이를 해결하기 위한 정책이라는 뜻으로 이해는 할 것이다. 그러나 '저출산 정책'은 마치 저출산을 장려하기 위한 정책으로 오해될 소지가 있으므로 좋은 표현이라고는 할 수 없다. '출산 장려 정책'이거나 '저출산 해소 정책' 또는 '저출산 문제 대책' 따위와 같이 쓰는 것이 정확한 표현이다.

>>> 성인 97.5%가 정부의 **출산 장려 정책**을 못 미더워한다는 조사결과가 나왔다.
성인 97.5%가 정부의 **저출산 해소 정책**을 못 미더워한다는 조사결과가 나왔다.
성인 97.5%가 정부의 **저출산 문제 대책**을 못 미더워한다는 조사결과가 나왔다.

성공의 눈으로 보면 실패와 좌절도 아름다운 법이다. 셀트리온의 성공 스토리도 그렇다. 서정진 회장의 **도전과 뚝심**이 있었기에 가능했다. (0408, ㅈ일보)

'서정진 회장의 도전과 뚝심이 있었기에 가능했다'에는 주어가 없는데 생략된 주어는 그 앞 문장의 '셀트리온의 성공 스토리도'이다. 문제는 '도전과 뚝심이'가 의미상 자연스러운 나열인가이다. 전혀 말이 안 되는 것은 아니지만 '도전'과 '뚝심'은 의미상 대등하지 않다. '뚝심'에는 좌절하지 않는 강인한 의지가 담겨 있지만 '도전'은 매우 밋밋하다. 균형을 맞추기 위해서는 '도전' 대신에 '도전 정신' 또는 '불굴의 도전 정신' 같은 말이 좋겠다.

>>> 서정진 회장의 **불굴의 도전 정신과 뚝심이** 있었기에 가능했다.

전경련이 민간 시민 단체들을 지원하는 것은 충분히 있을 수 있는 일이다. 진보 좌파 단체들이 반(反)기업 정서를 자극하는 집회를 빈번히 여는 상황에서 우호적 시민 단체를 통해 기업의 목소리를 대변토록 할 수도 있다. 하지만 민감한 이념적 현안과 관련된 시위를 주도해온 단체에 억대 지원을 한 것은 오해를 사기에 충분하다. 청와대나 국정원 등 국가기관의 **지시**에 따라 지원했다면 더 심각한 문제다.   (0422, ㅈ일보)

위 맥락에서 '지시'가 과연 적절한 표현이었는지 의문이다. 청와대와 국정원 등 국가기관과 전경련의 관계가 지시를 하고 지시를 받는 관계인지 의문이 들기 때문이다. 국가기관과 전경련이 지시를 내리고 받는 관계가 아니라고 본다면 '지시' 대신에 '압력'이나 '요구', '요청' 같은 말을 쓰는 것이 합당하다고 생각된다.

>>> 청와대나 국정원 등 국가기관의 **압력**에 따라 지원했다면 더 심각한 문제다.

총선이 이틀 앞으로 다가왔다. 청와대와 새누리당은 이미 최악의 공천으로 **시민**들에게 깊은 모욕감을 안겨줬다.   (0411, ㄱ신문)

'시민'이라 하면 보통 시에 속하는 사람으로 이해된다. '시민혁명'처럼 넓은 의미로 쓰는 경우도 있지만 도시에 사는 사람들을 뜻하는 것이 일반적이다. 군(郡) 지역에 사는 사람들은 자기들이 시민에 포함되지 않는다고 생각할 수 있다. 따라서 중의적인 표현보다는 중의적이지 않은 표현을 쓰는 것이 바람직하다. '시민'보다는 '국민'이 낫다.

>>> 청와대와 새누리당은 이미 최악의 공천으로 **국민**들에게 깊은 모욕감을 안겨줬다.

이번 총선에서 엉터리 여론조사가 판을 쳤다. (중략) 이런 엉터리 조사들이 거꾸로 국민의 뜻을 왜곡하고 경선과 선거 결과를 **조작하며** 사실상 정치를 조종하는 지경에 이르렀다. (0415, ㅈ일보)

엉터리 조사가 국민의 뜻을 왜곡하는 것은 문제가 없다. 국민의 뜻과 달리 조사 결과가 나왔기 때문이다. 그런데 엉터리 조사가 경선과 선거 결과를 조작했다는 것은 그리 적절한 표현이 아니어 보인다. '조작하다'는 '장부를 조작하다'처럼 쓰일 때는 진짜를 본떠서 가짜를 만든다는 뜻이어서 위 예문과는 거리가 멀다. '사건을 조작하다', '여론을 유리하게 조작하다'처럼 쓰일 때도 '어떤 일을 사실인 듯이 꾸며 만들다'라는 뜻으로서 사실이 아닌 것을 사실이게 보이게 한다는 뜻이다. '경선과 선거 결과'를 사실이 아닌데 사실인 듯이 꾸민다고 할 수 있나? 그렇다고 주장할 수도 있겠지만 지나친 주장으로 보인다. '조작하며'보다는 '좌우하며'라고 하는 것이 훨씬 적절해 보인다.

>>> 이런 엉터리 조사들이 거꾸로 국민의 뜻을 왜곡하고 경선과 선거 결과를 **좌우하며** 사실상 정치를 조종하는 지경에 이르렀다.

품격 있는 글쓰기

소수자 차별과 약자 혐오는 박애와 관용을 가르치는 기독교 정신과 정면으로 배치된다. (중략) 특히 차별금지법을 하루빨리 제정해 반인권적 **혐오세력**이 발붙일 수 없는 사회를 만들어야 한다. (0425, ㅎ신문)

'혐오'는 '누가' '누구에 대해' 하는 것이다. '소수자 차별과 약자 혐오'에서는 '약자를 혐오'한다는 뜻이다. 그런데 '반인권적 혐오세력'에서 '혐오'는 누가 누구를 혐오하는 것인가? 그것이 잘 드러나지 않는데 '혐오세력'이라는 말을 쓸 수 있나? '혐오식품'은 사람들이 혐오하는 식품, '혐오동물'은 사람들이 혐오하는 동물일진대 '혐오세력'은 사람들이 혐오하는 세력인가? 위 문맥에서는 그게 아니고 '약자를 혐오하는 세력'으로 쓴 것으로 보인다. 그러나 독자들이 그렇게 이해해 줄지는 의문이다. 이렇게 모호한 표현을 쓰기보다는 차라리 '혐오'를 빼는 것이 나아 보인다.

>>> 특히 차별금지법을 하루빨리 제정해 반인권적 **세력**이 발붙일 수 없는 사회를 만들어야 한다.

국민과 멀어진 기성 정당의 행태에 실망한 유권자라면, 몸집 큰 정당에 비해 유연하고 감수성이 풍부한 작은 진보정당에 관심을 갖고 이들의 얘기를 한번 들어보라고 권하고 싶다. 총선에 **도전하는** 진보정당은, 5석의 정의당을 비롯해 녹색당, 노동당, 민중연합당, 복지국가당 등이 있다. (0404, ㅎ신문)

'총선에 도전하는 진보정당'은 '도전하는'이 적절한 표현이라고 하기 어렵다. 정당이 총선에 참여하는 것은 지극히 당연한 일이다. '도전'이란 보통 어려운 일에 나서는 것을 말한다. 진보정당이건 다른 어떤 정당이건 총선에는 당연히 참여하는 것이다.

<blockquote>
>>> 총선에 **참여하는** 진보정당은, 5석의 정의당을 비롯해 녹색당, 노동당, 민중
연합당, 복지국가당 등이 있다.
</blockquote>

....

시간당 1만원 실현 여부는 당장 총선 결과의 영향을 받겠지만 그와 무관하게
곧 시작될 내년도 최저임금 논의에 **반영할 만하다.**　　　　　(0402, ㅎ일보)

'총선 결과의 영향을 받겠지만'도 좋지만 '총선 결과로부터 영향을 받겠지
만'이라고 한다면 더욱 뜻이 분명할 것이다. 다만 총선 결과와 시간당 1만 원
실현 여부가 어떤 관계에 있는지는 설명해 주는 것이 알기 쉬웠다.

문제는 '내년도 최저임금 논의에 반영할 만하다'이다. '반영하다'는 목적어
가 필요한 동사인데 '반영할 만하다'의 목적어가 무엇인지 분명하지 않다. 그
에 앞서 '시간당 1만 원' 문제를 논의에 반영한다는 것 자체가 별로 자연스러
운 연결이 아니다. 최저임금을 시간당 1만 원으로 하는 문제는 논의에 포함시
키거나 논의에 부친다고 하는 것이 자연스럽지 논의에 반영한다고 하는 것은
뜻이 선명하게 들어오지 않는다. '반영'은 결론이나 합의안에 반영한다고 할
때 잘 어울리기 때문이다.

<blockquote>
>>> 시간당 1만 원 실현 여부는 당장 총선 결과의 영향을 받겠지만 그와 무관하
게 곧 시작될 내년도 최저임금 논의에 **부칠 만하다.**
</blockquote>

....

여소야대 구도상 어쩔 수 없이 소통하고 대화하겠다는 자세로는 **임기 1년 10개
월의 국정**을 원만히 이끌어 갈 수 없다.　　　　　(0427, ㅎ일보)

'임기 1년 10개월의 국정'이라는 표현은 정확한 표현이 아니다. 대통령의 임기는 5년이다. '임기 1년 10개월'이 아니라 '남은 임기 1년 10개월'이다. '남은 임기 1년 10개월의 국정'도 '남은 임기 1년 10개월 동안 국정'이라고 하는 것이 더 자연스럽다.

>>> 여소야대 구도상 어쩔 수 없이 소통하고 대화하겠다는 자세로는 **남은 임기 1년 10개월 동안 국정**을 원만히 이끌어 갈 수 없다.

무엇에 쫓기는 것처럼 마지막 당 지도부를 무력화시킨 친박들의 움직임엔 **5·18 행진곡**에 대한 박근혜 정부의 선택에 유감 표명과 재고를 요청한 정진석 원내대표를 가만둘 수 없다, 길들여야 한다는 강박관념도 작용했을 것이다. 새누리당은 한 달 전 총선에서 친박 세력의 **오만과 맹종**으로 제2당으로 추락했다.

(0518, ㅈ일보)

문장 속에서 단어는 가장 정확한 것을 선택해야 함은 물론이다. '5·18행진곡'은 정확한 표현이 아니다. 무슨 말인지도 분명치 않다. 문제가 되고 있는 노래의 이름은 '임을 위한 행진곡'일 뿐이다. '5·18기념곡'이라고 하는 것이 더 가깝다.

또 '친박 세력의 오만과 맹종으로'에서 '맹종'은 아무 수식 없이 그냥 쓰일 수는 없는 말이다. '맹종'은 누구에 대한 맹종이지 덮어놓고 맹종일 수 없다. 따라서 '친박 세력의 오만과 맹종으로'라고 할 게 아니라 '친박 세력의 오만으로'라고만 해야 한다. '맹종'을 굳이 살린다면 '친박 세력의 오만과 대통령에 대한 맹종으로'라고 해야 할 것이다.

>>> 무엇에 쫓기는 것처럼 마지막 당 지도부를 무력화시킨 친박들의 움직임엔

5·18기념곡에 대한 박근혜 정부의 선택에 유감 표명과 재고를 요청한 정진석 원내대표를 가만둘 수 없다, 길들여야 한다는 강박관념도 작용했을 것이다. 새누리당은 한 달 전 총선에서 친박 세력의 **오만**으로 제2당으로 추락했다.

정부는 독성물질들이 다른 장기에도 악영향을 끼친다는 보고서들을 도외시하고 **폐섬유 관련 질환**만 피해로 인정했다.　　　　　　　　　　(0429, ㅎ신문)

'폐섬유 관련 질환'이라고 했다. '폐섬유 관련 질환'이 의학 용어라면 사용할 수 있겠지만 의학 전문가들만 읽는 글이 아니고 일반 대중이 읽는 일간신문 사설에서는 낯선 표현이다. 더구나 '다른 장기에도 악영향을 끼친다는 보고서들을 도외시하고'가 앞에 나온 이상 '폐'에 초점을 맞춘 말이 나올 것이 기대되는데 '폐'가 아닌 '폐섬유'가 나왔다. 지나치게 자세한 정보는 오히려 부담을 준다. '폐섬유'가 무엇인지 알 사람이 얼마나 되겠는가. '폐 관련 질환' 또는 '폐 질환'이라고 하는 것이 적절하다.

>>>　정부는 독성물질들이 다른 장기에도 악영향을 끼친다는 보고서들을 도외시하고 **폐 관련 질환**만 피해로 인정했다.

너무 늦은 검찰 **가습기 수사**, 이제라도 철저히 밝히길
가습기 살균제 사망 사건을 수사 중인 검찰이 어제부터 업체 관계자를 소환하는 등 수사를 본격화했다.　　　　　　　　　　(0420, ㅎ일보)

'가습기 살균제 사망 사건'은 '가습기 살균제로 인한 사망 사건'을 줄여서 그

렇게 표현한 것이겠지만 이왕 생략을 할 것이라면 '가습기 살균제 사건'이라고 하는 것이 더 나았다. 보통 '○○○ 사망 사건'이라고 하면 '○○○'이 사망한 경우를 가리키기 때문이다. 어차피 사망하는 것은 살균제가 아니고 사람일 수밖에 없는데 '사망'까지도 생략하는 것이 나았다는 얘기다. '가습기 살균제 사건'이라고 해도 '가습기 살균제'로 비롯된 어떤 사건임을 누구나 알 수 있을 것이다.

그런데 정작 제목에서는 '너무 늦은 검찰 가습기 수사, 이제라도 철저히 밝히길'이라고 해서 생략해서는 안 될 것을 생략하고야 말았다. 문제가 되고 있는 것은 '가습기'가 아니라 '가습기 살균제'인데 '가습기'라고만 해서 가습기 자체가 문제인 것처럼 되었다. 생략할 것과 생략해서는 안 될 것을 잘 가리는 것은 글의 정확도를 높이느냐 떨어뜨리느냐와 직결된다.

>>> 너무 늦은 검찰 **가습기 살균제 수사**, 이제라도 철저히 밝히길
가습기 살균제 사건을 수사 중인 검찰이 어제부터 업체 관계자를 소환하는 등 수사를 본격화했다.

북한이 미국 등을 겨냥해 핵 위협 수준을 부쩍 높이고 있다. **북쪽**으로선 여러 목적이 있겠지만 결국 국제사회의 대북 경계심을 더 강화시킬 뿐이다. **북쪽**은 이제라도 비핵화의 길을 선택해 국제사회와의 공존을 추구하길 바란다.

(0316, ㅎ신문)

'북한'으로 시작해서 '북쪽'으로 바꾸어 표현했다. '북쪽'이 '북한'을 대신하기는 어렵다. '북측'까지는 가능하지만 '북쪽'이 국가나 정부를 가리킬 수는 없다. '북쪽'이 아니라 '북한'이라 해야 한다.

>>> **북한**으로선 여러 목적이 있겠지만 결국 국제사회의 대북 경계심을 더 강화시킬 뿐이다. **북한**은 이제라도 비핵화의 길을 선택해 국제사회와의 공존을 추구하길 바란다.

....

개성공단 전면 중단 조치를 보면서 우선 남북관계가 이 지경에 이르기까지 정부가 남북관계 개선을 위해 과연 무엇을 했는가 하는 한탄과 **자책**을 금할 수 없다. (0211, ㅎ일보)

'한탄과 자책을 금할 수 없다'라는 문구에서 '자책'에 의문이 든다. 자책은 자신을 책망한다는 뜻이다. 이 글은 신문의 사설이므로 사설을 쓴 사람이 자신을 책망한다는 것인데 자신의 어떤 잘못을 책망한다는 것인지 알 수가 없다. 바로 앞에서 '정부가 과연 무엇을 했는가 하는'이라고 해서 정부를 원망하고 탓하는 내용이 있어서 더욱 '자책'과는 맞지 않는다. 따라서 이 부분은 그냥 '한탄을 금할 수 없다'라고만 하는 것이 맞다. '자책'이 쓰이려면 자신이 무엇을 잘못했는지에 대한 언급이 있어야 한다.

>>> 개성공단 전면 중단 조치를 보면서 우선 남북관계가 이 지경에 이르기까지 정부가 남북관계 개선을 위해 과연 무엇을 했는가 하는 **한탄**을 금할 수 없다.

....

조사의 전 과정을 주도할 책임 주체와 권한부터 명확하지 않다. 학교별로 설치하는 '의무교육학생관리위원회'가 전문성과 실효성을 **담보할 수 있을지**도 의문이다. (0223, ㅎ신문)

'담보하다'라는 말이 남용되고 있다. '담보하다'는 보증한다는 뜻이다. 채무나 빚을 보증한다는 뜻으로 주로 쓰인다. 위 예문에서는 '의무교육학생관리위원회'가 전문성과 실효성을 담보할 수 있을지 의문이라고 했다. '의무교육학생관리위원회'가 전문성과 실효성이 있을지 의문이라는 뜻으로 썼을 것이다. 쉬운 뜻을 말하면서 어려운 단어인 '담보하다'를 썼다. 단순히 어려울 뿐 아니라 문맥에 맞는지 의문스럽다. 따라서 '담보하다'보다 알기 쉬운 말인 '확실히 갖출 수 있을지도'나 '확실히 갖출지도'를 쓰는 것이 좋겠다. '확실히'는 빼도 좋겠고 아니면 '확실히' 대신에 '충분히'라고 해도 좋을 것이다.

>>> 학교별로 설치하는 '의무교육학생관리위원회'가 전문성과 실효성을 **확실히 갖출 수 있을지도** 의문이다.
학교별로 설치하는 '의무교육학생관리위원회'가 전문성과 실효성을 **갖출지도** 의문이다.

이 돈이 대한민국 생존과 우리 국민의 생명을 위협하는 대량 살상 무기로 되돌아와 우리의 **목 끝**을 겨누고 있다는 기막힌 **결과**가 우선 우리를 경악하게 만든다. (0215, ㅈ일보)

문장은 보통 문법적이냐 비문법적이냐로 나뉜다. 비문법적인 문장을 비문(非文)이라 한다. 그런데 문장이 비문과 비문 아닌 문장만으로 나뉘는 것은 아니다. 아주 훌륭한 문장, 그저 그런 문장, 조금 이상한 문장, 아주 많이 이상한 문장, 전혀 말이 안 되는 문장 등 여러 단계가 있을 수 있다. 위 예문은 비문이 아니다. 문법적인 문장이다. 그러나 문법적인 문장이라고 해서 반드시 훌륭하고 완벽한 문장인 것은 아니다. 문법적인 문장이되 조금 더 다듬을 여지가 있는 부분이 있다. '이 돈이 대량 살상 무기로 되돌아와 우리의 목 끝을 겨누고 있다'에서 '목 끝'이란 어디를 가리키는가? '머리끝', '발끝', '손끝'은 단어로 존재해서 국어사전에 올라 있고 그 뜻이 명확하다. 그러나 '목 끝'은 목의 어느 부위를 가리키는가? 분명하지 않다. 그냥 '목을 겨누고 있다'고만 해도 충분한데 불필요하게 '목 끝'이라고 했다. '기막힌 결과'도 무슨 뜻인지 알 수 있는 말이지만 '기막힌 사실'이 더 무난한 표현이다. '결과'를 쓰려면 '우리의 목을 겨누고 있는 기막힌 결과'라고 해야 자연스럽다.

>>> 이 돈이 대한민국 생존과 우리 국민의 생명을 위협하는 대량 살상 무기로 되돌아와 우리의 **목을** 겨누고 있다는 기막힌 **사실**이 우선 우리를 경악하게 만든다.

세월호 참사 2주기를 맞이하는 시점이지만 국가는 국민의 생명과 안전에 대한 어떤 **안도감**도 주지 못하고 있다.   (0413, ㅎ신문)

'국민의 생명과 안전에 대한 어떤 안도감도 주지 못하고 있다'에서 '안도감'은 그 앞의 '국민의 생명과 안전에 대한'과도 아주 자연스럽게 어울린다고 보기 어렵고 그 뒤의 '주지'와도 잘 어울린다고 보기 어렵다. '안도감'은 구체적으로 어떤 일이 있은 다음에 느끼는 게 보통이거니와 아무 맥락 없이 그냥 안도감이라고 하는 것은 어딘가 어색하다. '안도감' 대신에 '믿음'을 쓴다면 앞뒤와 더 자연스럽게 어울린다. 미세한 차이지만 더 나은 표현을 골라 쓸 필요가 있다.

>>> 세월호 참사 2주기를 맞이하는 시점이지만 국가는 국민의 생명과 안전에 대한 어떤 **믿음**도 주지 못하고 있다.

대법 판례에 따르면 성과연봉제 도입은 취업규칙 불이익 변경에 해당하므로 반드시 **과반수 노조의** 동의를 얻어야 한다. (0430, ㄱ신문)

'과반수 노조의 동의를 얻어야 한다'고 해도 무슨 뜻인지야 이해된다. 그러나 '과반수 노조'가 정상적 표현인가? '과반수 노조의' 대신 '노조의 과반수'나 '노조 과반수의'라고 하는 것이 온전한 표현이다. 이왕이면 가장 적절한 표현을 찾아서 쓸 필요가 있다.

>>> 대법 판례에 따르면 성과연봉제 도입은 취업규칙 불이익 변경에 해당하므로 반드시 **노조의 과반수** 동의를 얻어야 한다.
대법 판례에 따르면 성과연봉제 도입은 취업규칙 불이익 변경에 해당하므로 반드시 **노조 과반수의** 동의를 얻어야 한다.

역외탈세는 공평과세를 비웃는 악덕행위일 뿐 아니라 단순한 조세회피를 넘어 국부가 해외로 유출되는 **효과까지 있다.** (0405, ㅈ일보)

'역외탈세'에 대해 말하면서 악덕행위라고 했다가 '국부가 해외로 유출되는 효과까지 있다'고 했다. '효과'는 '어떤 목적을 지닌 행위에 의하여 드러나는 보람이나 좋은 결과'라는 국어사전의 뜻풀이에서도 보듯이 좋은 결과를 나타낼 때 쓰는 것이 보통이다. 따라서 악덕행위와 효과는 너무 다른 느낌을 주므로 '효과'를 다른 말로 바꾸는 것이 좋다. 여러 가지 대안이 있을 수 있다. '결과까지 낳는다' 혹은 '결과로까지 이어진다' 등과 같은 말이 대안이 될 것이다.

>>> 역외탈세는 공평과세를 비웃는 악덕행위일 뿐 아니라 단순한 조세회피를

넘어 국부가 해외로 유출되는 **결과까지 낳는다.**

공약을 실천하려면 새누리당은 56조원, 더불어민주당은 100조원 넘게 필요하다니 정치인 눈엔 **국민 세금이 쌈짓돈으로 보이는 모양이다.**　　　(0406, ㅈ일보)

'쌈짓돈'은 쌈지에 넣어 둔 돈이라는 뜻으로 쌈짓돈은 보통 액수가 얼마 안 된다. 또 개인의 주머니에 든 돈이어서 그 개인이 쓰고 싶을 때 마음대로 쓴다는 뜻도 들어 있다. 위 글에서는 공약을 실천하려면 어마어마한 돈이 들어가는데 정치인은 국민에게 세금 걷는 것을 아무렇지도 않게 생각하는 것 같다고 말하면서 '국민 세금이 쌈짓돈으로 보이는 모양이다'라고 했다. 그러나 한참을 생각해야만 글쓴이의 의도를 알 수 있지 처음엔 무슨 말인지 이해하기 쉽지 않다. '쌈짓돈'이란 말이 독해를 방해하기 때문이다. 위 글에서 '쌈짓돈'은 적절하게 사용되었다고 볼 수 없다. '국민의 세금 부담을 아무렇지도 않게 생각하는 모양이다' 또는 '국민을 세금 내는 기계로 아는 모양이다' 정도로 표현했더라면 훨씬 알기 쉬웠을 것이다.

>>> 공약을 실천하려면 새누리당은 56조 원, 더불어민주당은 100조 원 넘게 필요하다니 정치인 눈엔 **국민의 세금 부담을 아무렇지도 않게 생각하는 모양이다.**

무모한 핵 도발에 대해 북한이 뼈아픈 대가를 치르도록 하는 것도 중요하지만 더 중요한 것은 근본적 해법이다. 하지만 박 대통령의 메시지는 늘 보아온 대로 **처벌**과 제재에 머물렀을 뿐 주도적 해결 의지나 전략은 보여 주지 못했다.

(0114, ㅈ일보)

'처벌'은 남한이 북한에 대해서 쓸 수 있는 단어일까. 왜 못 쓰느냐고 반문할 사람도 있겠지만 딱 들어맞는 표현은 아니라고 본다. '처벌'은 '형벌에 처함. 또는 그 벌'이라고 국어사전에 뜻풀이되어 있다. 보통은 국가가 개인이나 단체에 대해 처벌한다고 표현한다. 국가가 다른 국가를 처벌한다는 것은 어딘가 맞지 않는다. '응징'은 가능해도 '처벌'은 적확한 단어가 아니다.

>>> 하지만 박 대통령의 메시지는 늘 보아온 대로 **응징**과 제재에 머물렀을 뿐 주도적 해결 의지나 전략은 보여 주지 못했다.

환경 당국은 가습기 살균제 원료로 쓰이는 PHMG·PGH에 대해 2003년 '유독 물질에 해당하지 않는다'고 분류했다가 가습기 살균제 사태가 터진 후에야 **가습기 원료**로 쓰는 걸 금지했다. (0505, ㅈ일보)

'가습기 살균제 원료로 쓰이는 PHMG·PGH에 대해 가습기 원료로 쓰는 걸' 금지했다고 했다. 앞에서는 '가습기 살균제 원료로 쓰이는'이라고 했다가 뒤에서는 '가습기 원료로 쓰는'이라고 했다. 가습기 살균제 원료도 됐다가 가습기 원료도 될 수 있는가? 아닐 것이다. 가습기와 가습기 살균제는 전혀 다른 대상이다. 따라서 말은 분명하게 해야 한다. '가습기 살균제 원료로'라고 바로 써 주어야 한다.

>>> 환경 당국은 가습기 살균제 원료로 쓰이는 PHMG·PGH에 대해 2003년 '유독 물질에 해당하지 않는다'고 분류했다가 가습기 살균제 사태가 터진 후에야 **가습기 살균제 원료**로 쓰는 걸 금지했다.

역설적으로 이날의 회견은 당면한 국정운영 '위기의 본질'이 무엇인지를 다시
한번 **확인해줬다**. (0114, ㅎ신문)

마지막 문장에서 주어는 '이날의 회견은'이다. 동사는 '확인해줬다'이다. 그
런데 '확인하다'는 '틀림없이 그러한가를 알아보거나 인정하다'라는 뜻의 말이
다. 알아보거나 인정하는 것은 '사람'이지 '회견'일 수는 없다. 따라서 다음과
같이 고쳐야 한다.

>>> 역설적으로 이날의 회견은 당면한 국정운영 '위기의 본질'이 무엇인지를 다
시 한번 **확인시켜 줬다.**

역설적으로 이날의 회견은 당면한 국정운영 '위기의 본질'이 무엇인지를 다
시 한번 **확인하게 해 주었다.**

역설적으로 이날의 회견은 당면한 국정운영 '위기의 본질'이 무엇인지를 다
시 한번 **일깨워 주었다.**

빈곤율은 시장소득(근로+사업+재산+사적이전 소득) 기준으로 중위소득(소득
순으로 나열했을 때 중간에 위치한 값)의 50%를 밑도는 비율을 말한다. 이 비
율이 높을수록 중위소득의 50%도 안 되는 수입에 의존해 살아가는 사람이 그
만큼 많다는 뜻이다. (0101, y통신)

'빈곤율'이라는 말부터가 생소하기도 하지만 '빈곤율'을 '시장소득 기준으로
중위소득의 50%를 밑도는 비율'이라고 말해도 되는 걸까. '중위소득의 50%를
밑도는 비율'이 아니라 '중위소득의 50%를 밑도는 사람들의 비율'이라 해야
할 것이다. 이때 '사람들' 대신에 '계층'으로 대체해도 좋을 것이다. '중위소득

품격 있는 글쓰기

의 50%를 밑도는 비율'을 그대로 살리더라도 그 앞에 '소득이'를 보충해서 '소득이 중위소득의 50%를 밑도는 비율'이라고 한다면 조금 더 나을 것이다. 그래서 '빈곤율은 시장소득 기준으로 소득이 중위소득의 50%를 밑도는 사람들의 비율'이라고 했다면 가장 깔끔했다.

>>> **빈곤율**은 시장소득(근로+사업+재산+사적이전 소득) 기준으로 소득이 중위소득(소득 순으로 나열했을 때 중간에 위치한 값)의 50%를 밑도는 사람들의 비율을 말한다.

실제로 인천공항은 투자 시기를 놓쳐 발목이 잡혀 있다. 인천공항 여객처리능력은 4400만 명. 그러나 이미 2014년에 여객수가 4500만 명을 넘었다. 원래 계획대로라면 6200만 명 처리 규모의 제2터미널은 지난해 완공됐어야 한다. 그러나 이게 2017년 말로 늦춰지면서 **과포화**를 해소할 수 없게 됐다.

(0113, ㅈ일보)

국어사전에 '포화'도 있고 '과포화'도 있다.

포화

「1」더 이상의 양을 수용할 수 없이 가득 참.

¶그 창고는 수용 능력이 포화 상태에 이르렀다./주말에는 도로마다 차량의 포화로 교통 전쟁이 벌어진다.

「2」『물리』일정한 조건하에 있는 어떤 상태 함수의 변화에 따라서 다른 양의 증가가 나타날 경우에, 앞의 것을 아무리 크게 변화시켜도 뒤의 것이 일정 한도에서 머무르는 일.

과포화

『물리』

어떤 용액이 용해도 이상의 용질을 함유하고 있는 상태. 또는 증기 압력이 포화 증기압보다 큰 압력을 갖는 상태. 용액이나 증기의 과냉각으로 일어난다.

¶과포화 상태에 이르다.

'포화'는 보통의 용법과 물리학 용어의 두 가지 뜻이 있고 '과포화'는 물리학 용어의 뜻만 있다. 위 문맥은 물리학 이야기가 아니다. '포화'의 1번 뜻을 쓰고 있는 것이다. 그렇다면 '포화'를 쓰는 게 맞지 군이 물리학 용어인 '과포화'를 쓸 필요가 없다.

신문이 강화된 표현, 자극적 표현을 쓰려는 경향이 강하다. '포화' 또는 '포화 상태'면 충분할 것을 군이 '과포화'라 했다. 표현도 절제가 필요하다.

>>> 그러나 이게 2017년 말로 늦춰지면서 **포화 상태**를 해소할 수 없게 됐다.

야권 지지층은 총선을 정권의 오만과 독주에 제동을 걸 기회로 여기며 투표**를 독려했다.** 반면 여당의 핵심 지지층은 최악의 공천 파동에 실망해 상당수가 투표장에 나오지 않은 것으로 보인다.   (0414, ㄱ신문)

총선 투표율이 높아진 것에 대해 분석하면서 야권 지지층은 '투표를 독려했다'라 했고 여당의 핵심 지지층은 '상당수가 투표장에 나오지 않은'이라고 했다. '독려'라는 것은 남에게 권하고 시키는 것을 말한다. 야권 지지층이 누구에게 투표를 독려했다는 것인가. 그것은 보이지 않는다. 총선 투표율이 높아진 것을 야권 지지층이 스스로 투표에 적극적으로 참여했기 때문으로 본다면 '투표를 독려했다'가 아니라 '투표에 적극 참여했다'나 '투표에 적극 나섰다'라고 해야 맞다. 더구나 바로 뒤에서 여당의 핵심 지지층은 상당수가 '투표장에 나오지 않은'이라고 한 만큼 '투표에 독려했다'가 아니라 '투표에 적극 참여했다'라고 해야 앞뒤의 대조가 자연스럽다. '독려했다'를 굳이 쓰고자 한다면 '서로 독려했다'처럼 '서로'를 넣어야 한다.

>>> 야권 지지층은 총선을 정권의 오만과 독주에 제동을 걸 기회로 여기며 투표**에 적극 참여했다.**

....

참사 초기 교신 기록과 세월호의 위치와 속도 등 기본 정보가 잘못됐다면 정부 발표 내용의 **신뢰성**도 낮아지게 된다.   (0330, ㅎ일보)

'정부 발표 내용의 신뢰성'보다는 '정부 발표 내용의 신뢰도'가 더 낫다. '낮아지게'라는 말이 나오기 때문에 '신뢰성'보다는 '신뢰도'가 낫다는 것이다. 아예 '정부 발표 내용에 대한 신뢰'라고 하는 것도 한 방법이다. 그때는 '신뢰성'이나 '신뢰도'보다 그냥 '신뢰'라고 하면 된다.

>>> 참사 초기 교신 기록과 세월호의 위치와 속도 등 기본 정보가 잘못됐다면 정부 발표 내용의 **신뢰도**도 낮아지게 된다.
참사 초기 교신 기록과 세월호의 위치와 속도 등 기본 정보가 잘못됐다면 정부 발표 내용**에 대한 신뢰**도 낮아지게 된다.

....

이에 대해 한국은행은 통화정책의 **신뢰도**가 훼손된다며 반대 입장이고 정부도 소극적이다.   (0331, ㅈ일보)

'통화정책의 신뢰도가 훼손된다'보다는 '통화정책의 신뢰성이 훼손된다'나 '통화정책에 대한 신뢰가 훼손된다'가 더 자연스럽다. '신뢰도'는 신뢰하는 정도인데 정도가 훼손된다는 것은 어딘가 어색하다. '신뢰도'는 높아지거나 떨어지지 훼손되는 것은 아니다.

>>> 이에 대해 한국은행은 통화정책의 **신뢰성**이 훼손된다며 반대 입장이고 정부도 소극적이다.
이에 대해 한국은행은 통화정책**에 대한 신뢰가** 훼손된다며 반대 입장이고 정부도 소극적이다.

이 자리를 **빌어** 제 거취에 대한 분명한 입장을 밝혀두고자 합니다.

(0119, ㅁ 기자회견문)

'이 자리를 빌어'는 '이 자리를 빌려'라고 해야 한다. '빌다'는 '소원을 빌다'처럼 기원의 뜻인 데 반해 '빌리다'는 '이용하다', '임차하다' 등의 뜻이기 때문이다.

>>> 이 자리를 **빌려** 제 거취에 대한 분명한 입장을 밝혀두고자 합니다.

생화학무기까지 사용해 자국민을 학살한 아사드와 이를 돕는 김정은은 명백한 **학살방조범**으로 국제형사법정에 세워 단죄해야 한다. (0324, ㄷ일보)

위 예에서 '아사드와 김정은은 명백한 학살방조범으로 단죄해야 한다'고 했다. 아사드와 김정은이 조사 '와'로 연결돼 있다. 따라서 문장만 놓고 보면 두 사람을 '학살방조범'으로 단죄해야 한다고 말하고 있다. 그러나 아사드를 돕는 김정은이 학살방조범이지 학살의 주체인 아사드는 학살방조범일 수 없다. 학살범이다. 따라서 고쳐 써야만 한다.

>>> 생화학무기까지 사용해 자국민을 학살한 아사드와 이를 돕는 김정은은 명백한 **학살 및 학살방조범**으로 국제형사법정에 세워 단죄해야 한다.

2000년대 들어선 "선진국에 시장을 열면 다 죽는다"는 반대를 무릅쓰고 미국, 유럽과 FTA를 맺는 등 무역 영토를 세계에서 **가장 극적으로** 넓혔다.

(0125, ㅈ일보)

'가장 극적으로'가 문제가 없으려면 다른 나라들도 극적으로 넓혔는데 한국이 그중에서도 가장 극적으로 넓혔어야 한다. 그런데 어떤 나라들이 극적으로 무역 영토를 넓혔는지가 보이지 않는다. 그리고 여러 나라들이 극적으로 무역 영토를 넓혔다는 것 자체가 자연스럽지 않다. '가장'만 있든지 '극적으로'만 있든지 하면 된다. 그런데 '세계에서 가장 넓혔다'는 문제가 없긴 하지만 밋밋하게 느껴져서 피했을 것이고 '세계에서 극적으로 넓혔다'는 '세계에서'와 '극적으로'가 그리 잘 어울리지 않아서 피했을 것이다. 그렇다면 다음과 같이 쓰는 것이 더 나았다.

>>> 2000년대 들어선 "선진국에 시장을 열면 다 죽는다"는 반대를 무릅쓰고 미국, 유럽과 FTA를 맺는 등 무역 영토를 세계에서 **가장 적극적으로** 넓혔다.

[사설] 조종사의 안전책임 가볍게 여기는 대한항공 **회장님**   (0316, ㄷ일보)

어느 신문의 사설 제목이다. '대한항공 회장'이 아니라 '대한항공 회장님'이라고 했다. '-님'은 존칭의 접미사다. 대한항공 회장에 '-님'을 붙여서 존대를 표한 것은 어떤 의도를 띤 것인지 이해하기 어렵다. 일반적으로 지위 고하를 막론하고 대중에게 쓰는 글에서 특정인을 존대하지 않는다. 존대한다면 읽는 사람도 그에게 존대하라고 은연중에 권하는 셈이기 때문이다. 따라서 '-님'을 빼는 것이 옳다. 물론 '-님'을 붙이는 의도가 따로 있을 수도 있다. 그 사람을 높이는 것처럼 보이지만 실은 약한 비아냥을 담아 높일 수도 있다. 그런 비아냥은 사적인 글에서는 몰라도 공적인 논설문에서는 바람직하지 않아 보인다. '회장님' 대신에 '회장'이나 '최고 경영자'와 같은 중립적인 표현을 써야 한다.

>>> [사설] 조종사의 안전책임 가볍게 여기는 대한항공 **회장**

필리버스터가 합법적인 절차이긴 하나 **시급하고 필요한** 다른 법안의 처리를 방해하거나 지연시킨다는 점에서 사실상 국회 마비 조장이나 다름없다.

(0229, ㄷ일보)

'다른 법안의 처리'를 수식하는 말로 '시급하고 필요한'이 왔다. 수식하는 말들이 서로 독립적이라면 아무 문제가 없는데 '시급하고'와 '필요한'은 의미적으로 독립적이 아니고 서로 관련이 있다. '시급'하다면 당연히 '필요'하다고 봐야 한다. 즉 '시급하고' 안에 이미 '필요한'이 들어 있다고 할 수 있다. 그렇다면 '시급한 다른 법안의 처리'이라고 해도 충분한데 '필요한'이 불필요하게 덧붙었다. 그런데 순서를 바꾸어 '필요하고 시급한 다른 법안의 처리를'이라고 하면 문제가 없다. 필요할 뿐 아니라 시급함까지 나타내기 때문이다. 따라서 다음 중 어느 하나로 쓰는 것이 원래의 문장보다 낫다.

>>> 필리버스터가 합법적인 절차이긴 하나 **시급한** 다른 법안의 처리를 방해하거나 지연시킨다는 점에서 사실상 국회 마비 조장이나 다름없다.

필리버스터가 합법적인 절차이긴 하나 **필요하고 시급한** 다른 법안의 처리를 방해하거나 지연시킨다는 점에서 사실상 국회 마비 조장이나 다름없다.

새누리당은 김무성 대표와 최경환 의원이 투 톱처럼 전국 지원유세에 나서고 있다. 불과 열흘전까지만 해도 두 사람은 공천 방식, 당과 대통령 관계에 대한 인식차로 내전(內戰)이라고 할 수밖에 없는 권력투쟁을 벌였다. 상대방의 정치 생명을 끊어놓겠다는 살기는 어느 순간 **공동 유세장**에서 함박 웃음으로 바뀌었는데 이를 보는 국민들은 그 팔색조같은 변색이 놀라울 뿐이다. (0405, ㅈ일보)

'공동 유세장'이라는 말은 적합한 표현이라고 하기 어렵다. '공동'이라 하면 서로 다른 단체가 함께 어떤 일을 할 때 쓰는 말이지 같은 당 사람들이 참여한 유세장을 공동 유세장이라고 하는 것은 이해하기 어렵다. 굳이 '공동 유세장'이라고 할 필요가 없다. 그냥 '유세장'이라고 하면 된다.

>>> 상대방의 정치생명을 끊어놓겠다는 살기는 어느 순간 **유세장**에서 함박웃음으로 바뀌었는데 이를 보는 국민들은 그 팔색조 같은 변색이 놀라울 뿐이다.

그렇게 된다면 야당 국회의원을 지냈던 홍일·홍업씨에 이어 김 전 대통령의 세 아들 전부가 의원이 되는 **전무후무한** 기록이 된다.　　　　(0125, ㅈ일보)

'전무후무'는 '이전에도 없었고 앞으로도 없음'이라는 뜻이다. 이전에도 없었음이야 사실이겠지만 앞으로도 없을 것이라고 말할 수 있을까. '전무후무'는 상당한 시간이 흐르고서야 할 수 있는 말이다. 미래의 일을 어찌 알겠는가. 그냥 '전례 없는'이라고만 했으면 좋았을 뻔했다. '전무후무한 기록'이 아니라 '전례 없는 기록'이라야 하겠다.

>>> 그렇게 된다면 야당 국회의원을 지냈던 홍일·홍업 씨에 이어 김 전 대통령의 세 아들 전부가 의원이 되는 **전례 없는** 기록이 된다.

이세돌과 알파고의 바둑을 보면서 우리는 희망마저도 잃는 것 아니냐 하는 공허감과 충격을 가졌어야 했다. 그러나 인간의 대표로 출전한 이세돌이 창의력과 상상력을 발휘해 '신의 한 수'가 아닌 지극히 인간적인 '어쩔 수 없는 한 수'로 **희망을 봉인하는** 데 성공했다.   (0316, ㅅ신문)

글을 쓸 때에 난해한 단어를 사용하는 것은 주의해야 한다. 꼭 필요한 경우라면 사용해야겠지만 그렇지 않은 경우에는 굳이 난해한 단어를 쓸 필요가 없다. 위 예에서 '희망을 봉인하는 데 성공했다'고 했는데 '봉인하다'는 쉬운 단어가 아니다. '봉인하다'는 밀봉한 자리에 도장을 찍는다는 뜻이다. 그럼 '희망을 봉인하는'은 무슨 뜻인가? 맥락으로 볼 때는 희망을 찾고 발견한다는 뜻의 단어가 와야 맞다. '봉인하는'이 들어갈 자리가 아니다. '봉인하는' 자체가 쉬운 단어가 아니지만 그마저도 문맥에 맞지 않는다. 그냥 '희망을 여는 데 성공했다'라고 하는 게 좋았다.

>>> 그러나 인간의 대표로 출전한 이세돌이 창의력과 상상력을 발휘해 '신의 한 수'가 아닌 지극히 인간적인 '어쩔 수 없는 한 수'로 **희망을 여는** 데 성공했다.

(1)

법조계에 따르면 이부진 사장은 지난 8일 수원지법 성남지원에 임 부사장을 상대로 이혼 및 친권자 지정 소장을 **접수했다.** 아직 사건 재판부는 배당되지 않았고, 이 사장 측이 법원에 낸 이혼 소송 서류도 임 부사장에게 송달되지 않은 상태로 알려졌다. 이 사장과 임 부사장은 슬하에 아들 하나를 뒀다.

(141011, ㅈ일보)

(2)

심씨는 지난달 25일 한겨레 고발에 앞서 13일에도 미디어오늘과 경향신문, 오마이뉴스에 대해서도 대통령 명예훼손을 이유로 같은 내용의 고발장을 대검찰청에 **접수했다.**

가장 많은 고발장을 대검찰청에 **접수하고** 있는 보수 칼럼니스트 심ㅇㅇ씨는 자신의 이런 고발행위에 대해 고발당사자들이 반박을 한 것에 대해서도 고발장을 **접수했다.**

(141030, ㅁ매체)

(3)

"더 이상 허락받지 않은 문건은 제출하지 말라."

삼성과 애플 간의 1심 소송을 담당했던 캘리포니아 북부지역법원의 루시 고 판사가 발끈했다. 더 이상 법원의 허락을 받지 않은 문건을 **접수하지** 말라고 선언했다.

애플인사이더에 따르면 루시 고 판사는 지난 27일(이하 현지 시각) 삼성과 애플 두 회사에 더 이상 사전 허락을 받지 않은 소송 관련 문건을 **제출하지** 말라고 통보했다.

루시 고 판사가 이 같은 통보를 한 것은 두 회사가 지난 주 사흘 만에 다섯 건의 문건을 연이어 **접수한** 때문이다.

서류 접수 공방은 연방항소법원이 상고 여부가 결정될 때까지 배상금 3억9천900만 달러 지급 명령을 미뤄 달라는 삼성 요청을 거절하면서 시작됐다. 삼성은 항소법원 판결 중 디자인 특허 관련 부분에 대해 상고 의사를 밝혔다.

항소법원 결정이 나오자마자 곧바로 애플이 먼저 움직였다. 지난 25일 1심이 열렸던 캘리포니아 북부지역법원에 배상금 집행을 요구하는 문건을 **접수한** 것. 애플이 문건을 **접수하자마자** 곧바로 삼성이 반박 문건을 **제출했다**. 여기에 답하는 문건을 애플이 **제출하자** 곧바로 삼성도 평결불복심리 형태 문건을 **접수했다**. 삼성은 27일에도 반대 문건을 한 건 제출했다.

사흘만에 다섯 건의 문건이 '**접수되자**' 루시 고 판사가 직접 나섰다.

■ 핀치투줌 특허 무효 변수 놓고 공방

애플 인사이더에 따르면 루시 고는 "아직 순회항소법원에서 명령서도 받지 못했다"면서 "이런 상황에서 삼성, 애플 양측은 계속 문건을 **접수하고** 있다"고 밝혔다.

그러면서 루시 고 판사는 "법원의 허락을 받을 때까지는 더 이상 추가 요구나 문건을 **제출하지** 말라"고 통보했다.

현재 양측은 삼성의 상고 절차가 진행될 때까지 항소심에서 확정된 배상금을 지불하도록 하는 것이 타당한 지 여부를 놓고 공방을 벌이고 있다.

(150901, ㅁ매체)

언론 기사에 나오는 예들로서 '접수하다'를 내거나 제출하다의 뜻으로 사용된 것들이다. (3)에서는 '접수하다'와 '제출하다'를 똑같은 뜻으로 번갈아 사용하고 있음을 볼 수 있다.

그럼 국어사전은 '접수하다'를 어떻게 풀이하고 있는지 보자.

접수하다

「1」 신청이나 신고 따위를 구두(口頭)나 문서로 받다.

「2」 돈이나 물건 따위를 받다.

사전의 뜻풀이는 '접수하다'를 받는 것이라고 풀이하고 있지 '내거나 제출하다'의 뜻은 없다. 사전의 뜻풀이가 잘못되었거나 기사 문장이 잘못되었거나 둘 중 하나이다.

소장이나 고발장을 낸 쪽에서 '접수했다'고 하면 그것을 받은 법원이나 검찰은 그럼 무엇을 한 것이 되나? 낸 쪽도 접수하고 받은 쪽도 접수를 하는가?

언어 변화는 받아들일 수밖에 없는 경우가 일반적이지만 이런 경우는 '아니라고' 생각된다. 언어의 혼란은 개념의 혼란으로 이어지고 언어생활과 의사소통이 뒤죽박죽될 우려가 있다.

'접수하다'는 받는 것이지 내거나 제출하는 것이 아니다. 사전의 뜻풀이를 고칠 게 아니다. '접수했다'라고 할 게 아니라 '냈다', '제출했다'라고 해야 한다.

명절만 되면 시댁 식구들 뒤치다꺼리하느라 지칠 대로 지친 며느리와 아들의 불화는 어찌 보면 당연한 일, 심한 경우 명절 연휴가 끝나자마자 이혼소송을 **접수하는** 예도 적지 않았다. (0211, y통신)

'접수하다'는 받는 것을 뜻한다. 내거나 제출하거나 신청하는 것이 아니다. 위 예문에서도 '접수하는'은 '받는'의 뜻으로 쓰이지 않았다. 제출한다는 뜻으로 쓰고 있다. 잘못이다. 그리고 '소송' 자체는 내거나 받는 것이 아니다. 소장이나 소송 서류를 내거나 받는다. 따라서 다음과 같이 바꾸어 써야 맞다.

>>> 심한 경우 명절 연휴가 끝나자마자 이혼소송을 **제기하는** 예도 적지 않았다.
심한 경우 명절 연휴가 끝나자마자 이혼소송 **서류를 내는** 예도 적지 않았다.

여성가족부 주최의 위안부 국제 학술심포지엄이나 위안부 백서 발간 사업, 국

제학생 작품 공모전, 청소년·대학생 글로벌 여성 인권대사 선발 등이 **백지화하고** 있다.   (0226, ㅎ일보)

'백지화하다'라는 말은 국어사전에 '~을' 목적어를 필요로 하는 동사라 풀이 되어 있다. 이른바 타동사이다. 그런데 위 예문에서는 '~을'을 찾을 수 없다. 주어를 '여성가족부 주최의 위안부 국제 학술심포지엄이나 위안부 백서 발간 사업, 국제학생 작품 공모전, 청소년·대학생 글로벌 여성 인권대사선발 등이' 로 하는 이상 '백지화하고 있다'가 나와서는 안 되며 '백지화되고 있다'라 해야 한다.

>>> 여성가족부 주최의 위안부 국제 학술심포지엄이나 위안부 백서 발간 사업, 국제학생 작품 공모전, 청소년·대학생 글로벌 여성 인권대사 선발 등**이 백지화되고** 있다.

만일 '백지화하고 있다'를 굳이 쓰고자 한다면 '백지화하다'의 주어를 내세워야 하고 목적어도 있어야 한다. 주어는 '정부는'이 될 것이다.

>>> 정부는 여성가족부 주최의 위안부 국제 학술심포지엄이나 위안부 백서 발간 사업, 국제학생 작품 공모전, 청소년·대학생 글로벌 여성 인권대사 선발 **등을 백지화하고** 있다.

....

총선이 **임박해지면서** 여야의 공천 작업이 급물살을 타고 있다.   (0307, ㅅ신문)

'임박하다'는 '어떤 때가 가까이 닥쳐오다'라는 뜻이다. '임박해지다'라는 말은 없다. 따라서 굳이 '임박해지다'라는 말을 만들어 쓸 필요가 없다. '임박하면서' 또는 '가까이 다가오면서'라고 하면 된다.

>>> 총선이 **임박하면서** 여야의 공천 작업이 급물살을 타고 있다.
총선이 **가까이 다가오면서** 여야의 공천 작업이 급물살을 타고 있다.

....

이에 앞서 이한구 공천관리위원장은 이례적으로 긴급 브리핑을 **자처해** 현역 의
원의 세 가지 탈락 기준을 제시했다. (0315, ㅈ일보)

'자처하다'는 자기 스스로를 어떤 사람으로 여겨 그렇게 처신하는 것을 말한
다. '긴급 브리핑을 자처할' 수는 없는 일이다. '자청해'로 쓸 것을 단순히 실수
한 것으로 보인다.

>>> 이에 앞서 이한구 공천관리위원장은 이례적으로 긴급 브리핑을 **자청해** 현
역 의원의 세 가지 탈락 기준을 제시했다.

....

우여곡절 끝에 통과된 테러방지법에 대한 국민 신뢰를 높이기 위해서라도 청
와대와 국정원은 법안의 문제점을 보완하고 국정원**의 신뢰를 높이는** 조치를 먼
저 내놓아야 한다. (0309, ㄷ일보)

'국정원의 신뢰를 높이는'은 의미가 명확하지 않다. 국정원이 그 무엇을 신
뢰한다는 뜻인지, 국민이 국정원을 신뢰한다는 뜻인지부터 분명하지 않다. 문
맥상 후자라고 생각되지만 표현 그 자체만 놓고 보면 달리 해석될 여지가 있
다. 표현 그 자체만으로 뜻이 명확해지게 글을 써야 한다. 다음이 대안이 될 수
있다.

>>> 우여곡절 끝에 통과된 테러방지법에 대한 국민 신뢰를 높이기 위해서라도 청와대와 국정원은 법안의 문제점을 보완하고 국정원**에 대한 신뢰를 높이는** 조치를 먼저 내놓아야 한다.

우여곡절 끝에 통과된 테러방지법에 대한 국민 신뢰를 높이기 위해서라도 청와대와 국정원은 법안의 문제점을 보완하고 국정원**의 신뢰도를 높이는** 조치를 먼저 내놓아야 한다.

....

우리보다 **오랜** 경기 침체를 겪은 일본에선 몇 년 전부터 '사토리(깨달음) 세대' 란 말이 유행이다.   (0131, ㅈ일보)

이 문장에서 '우리보다'는 일본과 비교하기 위해 쓴 말이다. 그러나 문장 그 자체는 '우리'와 '경기 침체'를 비교하고 있다. 그렇게밖에 해석되지 않는다. '우리'와 '경기 침체'는 대등한 것이 아니어서 비교할 수가 없다. '우리'와 '일본' 을 비교하기 위해서는 '오랜'을 '오래'로 바꾸는 것이 낫다.

>>> 우리보다 **오래** 경기 침체를 겪은 일본에선 몇 년 전부터 '사토리(깨달음) 세 대'란 말이 유행이다.

....

하지만 그 속을 들여다보면 **온갖 모순투성이**인데다 정해진 법규마저 완전히 무 시하고 있다.   (0201, ㅎ신문)

'온갖'은 관형사로서 '이런저런 여러 가지의'라는 뜻이다. 그래서 '온갖 모순 투성이'는 동어반복의 느낌을 준다. 그냥 '모순투성이'라고만 해도 그만인데 불필요하게 '온갖'을 붙였다. 모순투성이를 강조하려면 오히려 부사인 '온통'

을 쓰는 게 나았다.

>>> 하지만 그 속을 들여다보면 **모순투성이**인 데다 정해진 법규마저 완전히 무시하고 있다.
하지만 그 속을 들여다보면 **온통 모순투성이**인 데다 정해진 법규마저 완전히 무시하고 있다.

....

특정 정당을 연상시킨다는 이유로 '반노동자 정당' 정도의 의사표시도 못하게 막는 것은 민주적 여론 형성을 통한 **공직후보 선출**이라는 선거법의 기본 취지에도 역행한다. 선관위는 선거에 영향을 **미치지 않게 하는** 현수막은 허용하겠다고 했다.   (0328, ㄱ신문)

선거는 공직자를 선출하는가? 공직후보를 선출하는가? 선거에 당선되면 공직자로 선출되는 것이지 공직후보로 선출되는 것이 아니다. 그렇다면 '민주적 여론 형성을 통한 공직후보 선출'이라고 굳이 해야 할 이유가 무엇인가? '민주적 여론 형성을 통한 공직자 선출'이라고 하는 것이 알기 쉽고 타당하다.
'선거에 영향을 미치지 않게 하는 현수막'과 '선거에 영향을 미치지 않는 현수막'은 어떤 차이가 있는 걸까? '선거에 영향을 미치지 않게 하는 현수막'은 '선거에 '-이' 영향을 미치지 않게 하는 현수막'에서 '-이/가'가 생략된 말이다. 그런데 생략된 '-이/가'는 무엇인가? 도무지 알 수 없다. 공직선거법 제90조에 '선거에 영향을 미치게 하기 위하여'라는 표현이 있어서 그것을 가져다 썼겠지만 굳이 그럴 필요가 없다. 법에 어떤 표현이 쓰였느냐가 중요한 것이 아니라 글을 읽는 독자가 쉽게 뜻을 이해할 수 있느냐가 중요하다.

>>> 특정 정당을 연상시킨다는 이유로 '반노동자 정당' 정도의 의사표시도 못하

게 막는 것은 민주적 여론 형성을 통한 **공직자 선출**이라는 선거법의 기본 취지에도 역행한다. 선관위는 선거에 영향을 **미치지 않는** 현수막은 허용하겠다고 했다.

'12·28 합의'에서 일본은 일본군 관여하에 발생한 위안부 문제에 대한 일본 정부의 책임을 명시하고, 총리 명의로 마음으로부터의 사죄와 반성을 표명했다. 만일 아베 총리나 일본 정부 관계자의 입에서 또다시 위안부 동원의 강제성에 의문을 제기하거나 일본 정부의 책임을 회피하는 '망언'이 나온다면 위안부 문제는 다시 원점으로 돌아갈 수밖에 없다는 걸 명심해야 한다.

위안부 합의는 일본의 역사 교과서에도 반영돼야 한다. 잘못된 역사를 되풀이하지 않도록 가르치는 것이야말로 피해자들의 명예를 회복하고 상처를 치유하는 최선의 길이기 때문이다.   (1230, ㅈ일보)

신문이 한정된 지면 때문에 최대한 간결하고 압축된 표현을 쓰는 것은 이해 못할 바가 아니다. 군더더기나 중복 표현은 신문이 아니더라도 바람직하지 않다. 그러나 줄이고 압축하는 데도 한계가 있다. 지나친 압축은 마치 암호 같은 느낌을 줄 우려가 있다. '위안부 합의'는 그런 예에 해당한다.

위안부 문제 해결이 한일 간의 매우 중요한 현안이라는 걸 독자들은 잘 알기 때문에 '위안부 합의'가 무엇을 뜻하는지 대부분의 독자들은 모르지 않을 것이다. 그러나 문맥을 떠나서 보면 '위안부 합의'는 무엇을 뜻하는지 알 길이 없다. 과도한 생략이 그 안에 들어 있다. '위안부 문제 해결 방안 합의'라고 죄다 풀어 쓰지는 못할망정 '위안부 합의'는 지나친 압축이라 하지 않을 수 없다.

최소한 '위안부 문제 합의'라고는 했어야 한다고 본다. '해결 방안'까지 생략할 수는 있다고 여겨진다. 그러나 '문제 해결 방안'을 통째로 생략하고 '위안부 합의'라고 한 것은 과도한 압축이었다. '위안부 합의는 일본의 역사 교과서에도 반영돼야 한다'는 '위안부 문제에 관해 이번에 합의된 사항은 일본의 역사 교과서에도 반영돼야 한다'처럼 뜻이 분명히 드러나게 쓰는 것이 바람직하고 줄여 쓰더라도 최소한 '위안부 문제 합의는 일본의 역사 교과서에도 반영돼야 한다'라고 해야 한다.

>>> **위안부 문제 합의**는 일본의 역사 교과서에도 반영돼야 한다.

한미 양국 군 당국은 B-52에 이어 다른 미군 전력자산을 단계적으로 한반도에 전개하는 방안을 **유력하게 검토하고 있다.**   (0111, y통신)

위 문장에서 사용된 '유력하게'는 형용사 '유력하다'에서 파생된 부사로서 '가능성이 많게'라는 뜻이다. 비록 국어사전에 뜻풀이는 '가능성이 많게'로 되어 있을 뿐이지만 실제로 사용될 때 '유력하게'는 '다른 무엇에 비해 유별나게'라는 뜻으로 사용된다. '그 방안이 유력하게 검토되고 있다'라든지 '후임에는 아무개가 유력하게 거론되고 있다' 등과 같이 쓰인다.

위 문장에서 '다른 미군 전력자산'을 단계적으로 한반도에 전개하는 방안을 유력하게 검토하고 있다고 했는데 '다른 미군 전력자산'이란 특정되지 않은 막연한 것이어서 '유력하게'와 어울리지 않는다. '유력하게'가 있으나 없으나 뜻이 별로 차이가 없다. 그렇다면 '유력하게'는 의미 없이 사용된 것이다. 오히려 '적극적으로'가 이 문맥에서 더 적당하다.

>>> 한미 양국 군 당국은 B-52에 이어 다른 미군 전력자산을 단계적으로 한반도에 전개하는 방안을 **검토하고 있다.**
한미 양국 군 당국은 B-52에 이어 다른 미군 전력자산을 단계적으로 한반

도에 전개하는 방안을 **적극적으로 검토하고 있다.**

한미 양국 군 당국은 B-52에 이어 다른 미군 전력자산을 단계적으로 한반도에 전개하는 방안을 **적극 검토하고 있다.**

....

(1)

양국은 박근혜 대통령과 아베 신조(安倍晉三) 일본 총리가 지난달 2일 첫 정상회담에서 '**가능한 조기 타결을 위한 협의 가속화**'에 합의한 이후 같은 달 11일, 지난 15일 두 차례에 걸쳐 기존에 해오던 국장급 협의를 추가로 열었지만 돌파구를 열지 못했다.   (1225, y통신)

(2)

외교부 당국자는 이날 "지난달 2일 한일 정상회담시 양국 정상은 **가능한 조기에** 위안부 피해자 문제를 타결하기 위한 협의를 가속화하기로 합의한 바 있다. 이에 따라 양측은 위안부 문제의 조기 타결을 위한 협의를 지속해왔다"면서 이같이 말했다.   (1224, y통신)

(1)에서 '가능한 조기 타결을 위한 협의 가속화'에서 '가능한'은 무엇을 꾸미는지 분명하지 않다. 표현만 놓고 보면 '조기 타결'을 꾸미는 것으로밖에 볼 수 없다. 그런데 '조기 타결'이면 충분하지 '가능한 조기 타결'이 무슨 말인지 알 수 없다.

(2)는 좀 다르다. '가능한'이 꾸미는 말은 분명히 '조기'이다. '조기' 중에서 '가능한 조기'라는 뜻이다. 하지만 원래 의도한 뜻은 그게 아닐 것이다. '가능한 한 조기에 위안부 피해자 문제를 타결하기 위한 협의'라는 뜻일 것이다. 즉 (2)에서 '가능한 조기에 위안부 피해자 문제를 타결하기 위한 협의'는 그 자체로 말이 안 되는 것은 아니나 뜻이 왜곡되고 말았고 원래의 뜻을 살리려면 '가능한 한 조기에 위안부 피해자 문제를 타결하기 위한 협의'라고 해야 맞다.

'가능한'을 써야 할 때가 있고 '가능한 한'을 써야 할 때가 있다. 둘은 서로 다르다. '가능한 일', '가능한 사업', '가능한 자원 동원' 등처럼 '가능한' 다음에는 명사가 와야 한다. 반면에 '가능한 한'은 그다음에 정도를 나타내는 부사가 와야 한다. '가능한 한 빨리', '가능한 한 조기에' 등과 같이 쓰인다. '가능한'의 '한'은 '하다'의 관형형이고 '가능한 한'의 뒤 '한'은 명사 '한(限)'이다. 이 둘의 발음이 같다 보니 자칫 명사 '한'을 생략하기 쉬운데 '가능한'과 '가능한 한'은 구별해서 써야 한다.

>>> (1) 양국은 박근혜 대통령과 아베 신조(安倍晋三) 일본 총리가 지난달 2일 첫 정상회담에서 **'가능한 한 조기에 타결하기 위한 협의 가속화'**에 합의한 이후 같은 달 11일, 지난 15일 두 차례에 걸쳐 기존에 해오던 국장급 협의를 추가로 열었지만 돌파구를 열지 못했다.
(2) 외교부 당국자는 이날 "지난달 2일 한일 정상회담시 양국 정상은 **가능한 한 조기에** 위안부 피해자 문제를 타결하기 위한 협의를 가속화하기로 합의한 바 있다. 이에 따라 양측은 위안부 문제의 조기 타결을 위한 협의를 지속해왔다"면서 이같이 말했다.

공주대는 간선 후보가 '총장임용 제청 거부 **처분**' 행정소송 1, 2심에서 모두 승소했는데도 교육부가 대법원 판결을 받아보겠다며 버티고 있다.

(0215, ㅈ일보)

총장 후보로 뽑힌 사람이 교육부가 총장 임용 제청을 거부한 것에 반발하여 교육부를 상대로 낸 행정소송은 '총장 임용 제청 거부 처분 취소' 소송이지 '총장 임용 제청 거부 처분' 행정소송이 아니다. '취소' 없이 써도 맥락을 통해 무슨 소송을 냈다는 것을 대체로 이해하겠지만 표현 그대로만 보면 말이 안 된다. 교육부의 거부 처분을 취소해 달라고 행정소송을 낸 것이므로 그 뜻에 맞게 '거부 처분 취소' 행정소송이라고 해야 맞다. 문장은 한번 쓰면 두고 두고 기록으로 남으니 정확하게 쓸 필요가 있다.

>>> 공주대는 간선 후보가 '총장 임용 제청 거부 **처분 취소**' 행정소송 1, 2심에서 모두 승소했는데도 교육부가 대법원 판결을 받아보겠다며 버티고 있다.

북핵을 중국에 미뤄온 미국이나 북의 잇단 핵실험을 묵인해온 중국을 믿고 있을 땐 지났다. 이제 우리는 자위책으로 최소한의 자체 핵무기 보유를 공론화할 수밖에 없는 상황에 직면했다. 범국민적 논의를 통해 핵보유 합의에 도달할 경우 정부는 이미 휴지 조각이 돼버린 1991년 한반도 비핵화 공동 선언부터 폐기해야 한다. **우라늄 농축과 핵연료 재처리 등** 최소한의 핵 주권을 확보하기 위한 대미(對美) 협상도 추진해야 할 것이다. (중략)
북핵의 최대 피해자는 미국·중국·일본이 아니라 대한민국과 대한민국 국민이다. **아무 기약 없이** 핵 주권을 포기하고 핵무장론을 금단(禁斷)의 금고 속에 봉인해 둘 수는 없는 일이다. (0128, ㅈ일보)

'북핵을 중국에 미뤄온'은 압축된 표현인 대신에 너무 압축한 나머지 뜻을 파악하기 쉽지 않다. 글쓴이야 무슨 뜻인지 잘 알겠지만 읽는 사람한테 과도한 부담을 준다. '북핵 문제를 중국에 미뤄온'이든지 '북핵 문제 해결을 중국에 미뤄온'이라고 해야 알기 쉽다.

>>> **북핵 문제 해결을 중국에 미뤄온** 미국이나 북의 잇단 핵실험을 묵인해온 중국을 믿고 있을 땐 지났다.

'우라늄 농축과 핵연료 재처리 등 최소한의 핵 주권을'에도 생략이 들어 있다. 우라늄 농축과 핵연료 재처리가 핵 주권인가? '우라늄 농축과 핵연료 재처리 능력 등 최소한의 핵 주권을'이라고 했다면 좋았을 것이다. '우라늄 농축과 핵연료 재처리 능력'은 핵 주권이 될 수 있어도 농축과 재처리 자체가 핵 주권이 될 수는 없다. 혹은 '우라늄 농축과 핵연료 재처리 등 최소한의 핵 능력'으로 바꾸는 것도 가능할 것이다. '주권'을 '능력'으로 바꾸는 방법이다.

>>> **우라늄 농축과 핵연료 재처리 능력 등** 최소한의 핵 주권을 확보하기 위한 대미(對美) 협상도 추진해야 할 것이다.

'기약 없이'와 '포기하고'는 서로 잘 호응하지 않는다. 따라서 다음 중 어느 하나로 바꾸어야 자연스럽다. '기약'은 무엇을 할 기약이니 '기약' 앞에 '해결될'이든 다른 무엇이든 말이 보충되어야 할 것이고 그렇지 않으면 아예 '기약' 대신에 '대책' 같은 말로 바꾸어 써야 할 것이다.

>>> **아무 해결될 기약 없이** 핵 주권을 포기하고 핵무장론을 금단(禁斷)의 금고 속에 봉인해 둘 수는 없는 일이다.
아무 대책 없이 핵 주권을 포기하고 핵무장론을 금단(禁斷)의 금고 속에 봉인해 둘 수는 없는 일이다.

20년 전 이 조항을 만든 것은 재벌과 대기업 오너가 공익 재단을 활용해 **변칙 경영**하는 것을 막기 위해서였다. 그러나 대기업에 대한 감시와 견제 장치가 겹겹이 만들어진 지금은 사실상 존재 이유를 상실했고, 황씨처럼 선의의 피해자만 **내는 악법**(惡法)이 됐다. (0504, ㅈ일보)

'황씨처럼 선의의 피해자만 내는 악법'은 중의적이다. '내는'이 '세금을 내는' 인지 '선의의 피해자를 만들어 내는'인지 혼란스럽다. 증여세에 관한 이야기를 하던 중이었으므로 '증여세를 내는'으로 해석하기 쉬운데 그게 아니다. 그렇다면 '선의의 피해자만 만들어 내는'이라는 뜻인데 '만들어 내는'의 뜻으로 금방 해석이 되지 않는다. 한참 생각하게 만든다. '내는' 대신에 '낳는'이라고 하면 쉽게 이해된다.

그 앞에서 '변칙 경영'이라고 했는데 증여세를 내지 않아도 되게 공익 재단을 활용하는 것은 변칙 경영보다는 변칙 상속에 가까우므로 '변칙 상속'이라고 하는 것이 좋겠다.

>>> 20년 전 이 조항을 만든 것은 재벌과 대기업 오너가 공익 재단을 활용해 **변칙 상속**하는 것을 막기 위해서였다. 그러나 대기업에 대한 감시와 견제 장치가 겹겹이 만들어진 지금은 사실상 존재 이유를 상실했고, 황씨처럼 선의의 피해자만 **낳는** 악법(惡法)이 됐다.

IS는 인터넷과 SNS를 통해 거의 전 지구적으로 세력을 확장하고 있다. 이들은 자신에게 동조하는 각국의 자생세력들에게 테러를 '아웃소싱'함으로써 **효용**과 위력을 극대화하고 있다.   (0116, ㅈ일보)

'이들은 자신에게 동조하는 각국의 자생세력들에게 테러를 '아웃소싱'함으로써 효용과 위력을 극대화하고 있다'에서 '효용'은 그리 적절한 표현이 아니다. '효용'은 '보람 있게 쓰거나 쓰임. 또는 그런 보람이나 쓸모'라는 뜻이어서 테러를 보람 있게 쓴다는 것은 매우 어색하다. 테러리스트 입장에서나 '테러의 효용'이라고 할 수 있지 그렇지 않은 다음에는 테러에 대해 효용이라는 말을 쓸 수 없다. '효용'처럼 긍정적 의미를 띤 말이 아니라 '효과' 내지 '영향력'

같은 중립적인 단어가 어울린다. 위 문맥에서는 '위력'이라는 말이 있기 때문에 '효용과'를 생략해도 의미 전달에 문제가 없어 보인다.

>>> 이들은 자신에게 동조하는 각국의 자생세력들에게 테러를 '아웃소싱'함으로써 위력을 극대화하고 있다.

경남 고성경찰서는 어제 큰딸을 죽여 암매장하고, 작은딸은 학교에 보내지 않고 방임한 엄마 박모씨를 **아동복지법 혐의로** 구속했다.　　　　(0216, ㅅ신문)

'박모씨를 아동복지법 혐의로 구속했다'는 생략이 지나쳤다. '아동복지법 혐의'가 아니라 '아동복지법을 위반한' 혐의다.

>>> 경남 고성경찰서는 어제 큰딸을 죽여 암매장하고, 작은딸은 학교에 보내지 않고 방임한 엄마 박 모 씨를 **아동복지법 위반 혐의로** 구속했다.

미국 버락 오바마 대통령이 북한의 해외 노동자 송출을 **금지하고**, 북한과 거래하는 제3국의 개인·기관도 제재하는 독자적 대북 제재 행정명령을 발동했다. 미국이 북의 해외 인력 송출과 북과 거래한 제3국에 대한 제재를 실행하는 것은 처음이다.　　　　(0318, ㅈ일보)

위 글에서 미국 버락 오바마 대통령이 북한의 해외 노동자 송출을 금지하는 독자적 대북 제재 행정명령을 발동했다고 말했다. 여기서 '금지하는'이라는 단어가 과연 최선의 선택인가? 다음 문장에서는 '미국이 북의 해외 인력 송출에 대한 제재를 실행하는 것은 처음'이라고 했다. '금지'와 '제재'는 같은가? '금지'

와 '제재'는 엄밀히 말해 다르다. 갑이 을이 어떤 행동을 하는 것을 금지한다면 갑이 을에게 '금지할' 수 있는 위치에 있을 때 금지할 수 있다. 그러나 제재는 다르다. 미국은 북한의 행위에 대해 제재할 수 있고 제재해 왔으며 앞으로도 그럴 것이다. 미국이나 북한이나 독립된 국가다. 북한이 미국의 지시나 명령을 들어야 할 위치에 있는 것은 아니다. 따라서 금지는 적합한 표현이라고 보기 어려우며 '막고', '봉쇄하고' 등과 같은 단어가 적합하다.

>>> 미국 버락 오바마 대통령이 북한의 해외 노동자 송출을 **막고**, 북한과 거래하는 제3국의 개인·기관도 제재하는 독자적 대북 제재 행정명령을 발동했다.

경선으로 공천을 결정할 경우 진박 후보의 **당선** 가능성이 **약할** 것을 우려해 뚜렷한 이유 없이 현역을 탈락시키고 진박 후보를 전략공천했다는 의혹이 제기될 수밖에 없다. (0316, ㅈ일보)

'경선으로 공천을 결정할 경우 진박 후보의 당선 가능성이 약할 것을 우려해'에서 '당선'이란 단어는 적절하지 않다. 경선에서 승리하는 것을 '당선'이라한 것인데 경선에서 이기는 것을 당선이라고 하지 않는다. 그냥 경선 승리일 뿐이다. 따라서 '진박 후보가 이길 가능성'이라고 하든지 '진박 후보의 승리 가능성'이라고 해야 한다. 그리고 '가능성이 약할'도 그리 자연스러워 보이지 않는다. '가능성이 낮을'이 적당하다.

>>> 경선으로 공천을 결정할 경우 진박 후보가 **이길** 가능성이 **낮을** 것을 우려해 뚜렷한 이유 없이 현역을 탈락시키고 진박 후보를 전략공천했다는 의혹이 제기될 수밖에 없다.
경선으로 공천을 결정할 경우 진박 후보의 **승리** 가능성이 **낮을** 것을 우려해

뚜렷한 이유 없이 현역을 탈락시키고 진박 후보를 전략공천했다는 의혹이 제기될 수밖에 없다.

....

노동이사제는 1970년대 독일을 시작으로 유럽에서 일부 도입됐다. 노조 대표가 아니라 노조가 추천하는 외부 전문가들이 **참석해** 감시 기능에 집중한다.

(0322, ㄷ일보)

'참석'과 '참여'는 의미가 비슷하지만 다른 점도 있다. 노동이사제의 노동이사에 누가 들어가느냐는 참여의 문제지 참석의 문제가 아니다. 참석은 회의나 모임에 들어가는 것을 말한다. 참석이라고 한다고 해서 안 된다고 할 수 있느냐 할지 모른다. 그러나 '참석해'라고 하면 회의나 모임을 떠올리게 되는데 위 글에서 회의나 모임에 대한 언급이 없다. 따라서 '참여해'라고 하는 것이 자연스럽다.

>>> 노조 대표가 아니라 노조가 추천하는 외부 전문가들이 **참여해** 감시 기능에 집중한다.

....

공직선거법이 선거일 6일 전부터 여론조사 결과를 공표하지 못하게 하는 바람에 유권자들은 각 당의 주장만 사실 여부도 알지 못한 채 **받아들일** 수밖에 없는 처지다.

(0411, ㄷ일보)

여론조사 결과가 선거일 6일 전부터 공표되지 못하니 유권자들은 각 당의 주장만 '받아들일' 수밖에 없는 처지라고 했다. 속담에 '아 해 다르고 어 해 다르다'고 했다. 유권자들이 각 당의 주장을 듣고 접하는 것이지 받아들이는 것은 아니다. 받아들인다 함은 수용한다는 것이고 믿는다는 것과 다름없다. 각 당의 주장이 서로 너무나 다른데 각 당에서 말하는 그대로 믿는다는 것은 말이 안 된다. 유권자 중에는 각 당의 주장을 곧이곧대로 믿는 사람도 있을지 모르겠으나 전혀 믿지 않는 사람도 얼마든지 있을 수 있다. 따라서 '각 당의 주장을 받아들인다'고 하는 것은 어폐가 있다. '접할 수밖에 없는'이나 '들을 수밖에 없는'처럼 중립적인 표현을 쓰는 것이 좋다.

> >>> 공직선거법이 선거일 6일 전부터 여론조사 결과를 공표하지 못하게 하는 바람에 유권자들은 각 당의 주장만 사실 여부도 알지 못한 채 **접할** 수밖에 없는 처지다.

> 하지만 인간은 너무 빨리 추격을 허용했다. 인간이 인공지능과의 공존을 모색하고 미래사회의 도덕률을 만들어보기도 전에 당한 **미증유의 패배**다.
>
> (0310, ㄱ신문)

'미증유'라는 말은 지금까지 한 번도 있어 본 적이 없다는 뜻이다. 그렇기 때문에 '미증유의 패배'란 일찍이 당해 보지 못한 패배라는 뜻이다. 인공지능과 인간의 바둑 대결은 이세돌과 알파고의 대결이 최초거나 2015년 10월의 대결을 포함한다 해도 두 번째이다. '미증유의 패배'라는 말을 쓸 자리가 아니다. '미증유의 패배'란 그동안 수없이 대결해 왔는데 한번도 패하지 않다가 처음 패했을 때 쓸 수 있는 말이기 때문이다. '미증유의'는 빠져야 한다.

> >>> 하지만 인간은 너무 빨리 추격을 허용했다. 인간이 인공지능과의 공존을 모색하고 미래사회의 도덕률을 만들어보기도 전에 당한 **패배**다.

교사들은 일반고 위기를 초래한 가장 큰 원인으로 특목고, 자사고에 중상위권 학생들을 우선 선발할 수 있도록 한 **현행 고교선발 방식**을 꼽는 데 주저하지 않는다. 최근 서울시교육청의 의뢰를 받아 제출된 두 개 팀의 연구보고서는 모두 일반고 위기 타개책으로 학생 선발 방식 변경을 제언했다. 1단계에서 직업 교육을 위주로 하는 **특성화고와 마이스터고를 뽑고** 2단계에서는 특목고와 자사고, 일반고를 **동시 선발하자**는 주장이다.   (0319, ㅎ일보)

'현행 고교선발 방식'은 대강의 뜻이야 독자들이 헤아리겠지만 정확한 표현이 아니다. '현행 고교 신입생 선발 방식'이 맞다. '특성화고와 마이스터고를 뽑고'나 '특목고와 자사고, 일반고를 동시 선발하자'도 정확한 표현이 아니다. '특성화고와 마이스터고의 신입생 선발을 먼저 하고', '특목고와 자사고, 일반고의 신입생 선발을 동시에 하자'라 해야 한다.

>>> 교사들은 일반고 위기를 초래한 가장 큰 원인으로 특목고, 자사고에 중상위권 학생들을 우선 선발할 수 있도록 한 **현행 고교 신입생 선발 방식**을 꼽는 데 주저하지 않는다. 최근 서울시교육청의 의뢰를 받아 제출된 두 개 팀의 연구보고서는 모두 일반고 위기 타개책으로 학생 선발 방식 변경을 제언했다. 1단계에서 직업 교육을 위주로 하는 **특성화고와 마이스터고의 신입생 선발을 먼저 하고** 2단계에서는 특목고와 자사고, 일반고의 **신입생 선발을 동시에 하자**는 주장이다.

대통령의 사진을 선거운동의 쟁점으로 부각시키는 자체도 퇴행적이다. 새누리당 대구시당의 대통령 사진 반납 요구는 탈당파들은 더 이상 대통령을 득표 활동에 활용하지 말라는 의미다. 대신 진박 후보들은 '탈당파가 아닌 내가 바로

박 대통령의 존영을 가질 자격이 있는 사람'이라고 강조한다. 박 대통령을 활용해 **탈당파들을 저지하고** 진박 후보의 지지를 끌어올리려는 속셈이다.

(0330, ㄱ신문)

'탈당파들을 저지하고'는 자연스럽지 않다. '저지하다'는 어떤 행동을 못하게 하는 것을 말하므로 '탈당파들의 당선을 저지하고'나 '탈당파들의 선전을 저지하고' 등과 같이 쓰는 것이 자연스럽다. '저지하고' 대신에 아예 다른 말을 쓰는 것도 한 방법이다. '탈당파들의 기세를 누르고'가 그 한 예다.

>>> 박 대통령을 활용해 **탈당파들의 선전을 저지하고** 진박 후보의 지지를 끌어올리려는 속셈이다.
박 대통령을 활용해 **탈당파들의 기세를 누르고** 진박 후보의 지지를 끌어올리려는 속셈이다.

이와 반대로 '김무성 죽여라' 등 막말이 공개되면서 공천에서 배제된 '친박 핵심' 윤상현(인천 남을) 의원의 지역구는 후보 공모를 미루다 그제 겨우 **3명을 공모했으나** 그들의 경쟁력이 회의적이라고 한다.

(0322, ㅁ일보)

'공모'란 공개적으로 모집하는 것을 말한다. '3명을 공모했으나'가 무슨 뜻인가? 후보 공모를 했는데 그 공모에 3명이 응한 것을 두고 '3명을 공모했으나'라고 표현했다면 표현이 잘못되었다. '후보를 공모하는' 것이지 '3명을 공모할' 수는 없다. '3명이 공모에 응했으나'라고 해야 맞다.

>>> 이와 반대로 '김무성 죽여라' 등 막말이 공개되면서 공천에서 배제된 '친박 핵심' 윤상현(인천 남을) 의원의 지역구는 후보 공모를 미루다 그제 겨우

품격 있는 글쓰기

3명이 공모에 응했으나 그들의 경쟁력이 회의적이라고 한다.

게다가 북한은 매장량 세계 2~3위 수준의 풍부한 **우라늄 광산에서부터** 재처리에 이르기까지 독자적인 **핵연료 주기**를 완성해 놓고 있다. (0310, ㅈ일보)

'A부터 B까지'에서 A, B는 동등한 것이 와야 한다. 그런데 위 예에서 A는 우라늄 광산이라는 물리적 위치를 가리키고 B는 재처리라는 행동이나 과정을 가리켜서 서로 다른 종류다. '우라늄 광산에서의 채취부터'라고 해야 '재처리'와 대등해진다. 또 'A부터 B까지'를 '핵연료 주기'라고 표현했는데 '핵연료 가공 주기'거나 '핵연료 처리 주기'여야지 그냥 '핵연료 주기'라고 하는 것은 적절한 표현이 아니다.

>>> 게다가 북한은 매장량 세계 2~3위 수준의 풍부한 **우라늄 광산에서의 채취부터** 재처리에 이르기까지 독자적인 **핵연료 처리 주기**를 완성해 놓고 있다.

그러나 정작 우리 정치권은 정반대의 길을 가고 있다. 총선 결과 **다수당이 된** 야권에선 개혁법안 처리에 반대하거나 핵심을 빼자고 한다. (0420, ㅈ일보)

'야권'이 '다수당'이 됐다고 했다. 야권은 한 당이 아니다. 더불어민주당, 국민의당, 정의당이 야권이다. 세 당이 다수당이 됐다고 하니 어폐가 있다. 다수당은 한 당을 가리키기 때문이다. '다수당이 된'이 아니라 '다수 의석을 차지한'이라야 정확한 표현이다.

>>> 총선 결과 **다수 의석을 차지한** 야권에선 개혁법안 처리에 반대하거나 핵심

을 빼자고 한다.

대통령이 내 놓을 '코리아 에이드'라는 **아프리카 정책 비전**이 이동검진 차량과 푸드트럭, 문화영상트럭으로 구성된 봉사단이고 보면 과연 G7 회의 참석을 못할 만큼 일정 조정이 어려웠는지 의문이다. (0513, ㄷ일보)

'아프리카 정책 비전이 이동검진 차량과 푸드트럭, 문화영상트럭으로 구성된 봉사단이고 보면'이라고 했으니 뼈대만 추리면 정책 비전이 봉사단이라고 했다. 비전은 눈에 보이지 않는 계획이나 방향을 가리키는 것이고 봉사단은 눈에 보이는 구체적인 사물로 이루어진 것이어서 서로 맞지 않는다. '코리아 에이드'는 정책 비전이 아니라 정책 사업이라고 해야 할 것이다.

>>> 대통령이 내놓을 '코리아 에이드'라는 **대 아프리카 정책 사업**이 이동검진 차량과 푸드트럭, 문화영상트럭으로 구성된 봉사단이고 보면 과연 G7 회의 참석을 못할 만큼 일정 조정이 어려웠는지 의문이다.

경영에 실패한 자본가의 약탈은 중단되어야 한다. 책임은 훨씬 엄격하게 물어야 한다. 이런 개혁은 놔둔 채 노동자를 상대로 쉬운 해고를 밀어붙이겠다는 발상은 선후가 잘못된 것이다. 개혁의 우선 **순서는** 경제적 강자이지, 약자가 아니다. (0519, ㄱ신문)

'개혁의 우선 순서는 경제적 강자이다'가 말이 안 된다. '개혁의 우선 순서는 약자가 아니다'도 역시 말이 안 된다. 주어를 '개혁의 우선 대상은'이라고 해야 뜻이 분명해진다. 대충 말해도 의미를 이해하지 않겠느냐고 안이하게 생각할

품격 있는 글쓰기

게 아니다.

>>> 개혁의 우선 **대상은** 경제적 강자이지, 약자가 아니다.

단어들은 서로 의미가 호응해야

　문장 속에서 단어들은 따로따로 존재하지 않는다. 반드시 다른 말과 관계를 맺는다. 주어인 명사는 서술어인 동사와 관계를 맺고 타동사는 목적어인 명사와 관계를 맺는다. 그 밖에도 문장 속에서 단어와 단어가 관계를 맺는 일은 매우 다양하다. 단어와 단어가 맺어질 때 서로 잘 맞는 말이 있고 잘 맞지 않는 말이 있다. 잘 맞는 말끼리 연결되면 뜻이 선명하지만 맞지 않는 말끼리 연결되면 뜻이 모호해진다.

　예컨대 '수치심을 불러일으키는 게임' 또는 '수치심을 유발하는 게임'이라고 해야 할 것을 '수치심을 부추기는 게임'이라고 하면 뜻은 대충 전달될지 몰라도 서로 호응이 잘 되지 않는 말이 연결되어 어딘가 어색한 느낌을 준다. '색깔 탈피'라고 할 것을 '색깔 타파'라고 해도 역시 어색함을 피할 수 없다. 이렇듯 단어와 단어는 서로 잘 맞는 것끼리 짝이 지어져야 뜻을 명료하게 드러내 준다. 다시 말해 단어들 사이에 호응이 잘 이루어져야 문장의 의미가 또렷하게 드러난다.

　단어들 사이에 호응이 미세하게 어긋난 경우라면 독해에 큰 어려움이 없겠지만 심각하게 어긋난 경우에는 독자가 문장의 뜻을 파악하는 데 애를 먹게 된다. 문장 그 자체만 놓고 보면 말이 안 되고 뜻을 알 수 없기에 글쓴이가 무슨 뜻을 전하려고 했을까 하고 고심하며 추리하게 된다. 이런 수고를 독자에게 끼쳐서는 안 된다. 예컨대 '공급과잉 상태인 유가를 더 떨어뜨리는 요인으로 작용했다'에서 유가는 석유 가격이란 뜻으로서 가격이 공급과잉 상태일 수가 없다. 따라서 독자는 '공급과잉 상태인 석유의 가격을 더 떨어뜨리는 요인으로 작용했다'로 수정해서 이해해야만 한다. 그런 불필요한 수고를 하게 만들어서는 안 된다.

우상호 원내대표, 親盧·강경 **색깔 타파**에 성패 달렸다 　　　　(0505, ㅈ일보)

'타파'는 '부정적인 규정, 관습, 제도 따위를 깨뜨려 버림'이라 사전에 뜻풀이되어 있다. '색깔'은 규정, 관습, 제도와 거리가 멀어 '타파'와 잘 어울리지 않는다. '타파'보다는 '탈피'가 잘 어울린다. '지우기'라고 할 수도 있을 것이다. 무릇 단어는 가장 잘 어울리는 것끼리 사용해야 한다.

>>> 　우상호 원내대표, 親盧·강경 **색깔 탈피**에 성패 달렸다

4·13총선은 국가적으로 중차대한 임무를 부여받고 있다. 북한의 4차 핵실험으로 촉발된 한반도 **안보 정세**를 둘러싸고 슬기롭게 국난을 헤쳐 가야 하고 세계적인 경제불황 속에서 우리의 활로를 **찾는** 인재를 뽑아야 한다.

(0224, ㅅ신문)

위 문장은 별 문제가 없어 보인다. 문법적인 문장이다. 그렇다고 해서 더 다

듬을 여지가 없는 것은 아니다. 우선 '북한의 4차 핵실험으로 촉발된 한반도 안보 정세'가 어딘가 어색하다. '한반도 안보 정세'는 북한의 4차 핵실험이든 뭐든 어떤 상황에도 늘 존재하는 것이다. 한반도 안보 정세는 평온할 수도 있고 급박한 위험에 처할 수도 있다. 안보 정세는 언제나 존재하고 존재할 수밖에 없다. 그렇기 때문에 '안보 정세'라는 말과 그 앞의 '촉발된'은 잘 어울리지 않는다. '촉발된' 다음에는 늘 존재하는 것이 아니라 '촉발된'에 맞는, 특별한 정세를 가리키는 말이 와야 하고 위 경우에는 '촉발된 한반도 안보 위기' 정도가 어울린다.

'우리의 활로를 찾는 인재를 뽑아야 한다'도 밋밋하다. '우리의 활로를 찾을 인재를 뽑아야 한다'라 할 때 생생한 느낌을 준다. 앞으로 뽑을 인재인 만큼 '활로를 찾을'이라고 해야 '활로를 찾는'보다 잘 어울린다. 한걸음 나아가 '우리의 활로를 뚫을', '우리의 활로를 찾아 줄', '우리의 활로를 뚫어 줄' 같은 말이 더욱 생생한 느낌을 줄 것이다.

>>> 북한의 4차 핵실험으로 촉발된 한반도 **안보 위기를** 둘러싸고 슬기롭게 국난을 헤쳐 가야 하고 세계적인 경제불황 속에서 우리의 활로를 **뚫을** 인재를 뽑아야 한다.

그런데도 환경부는 폐손상 여부에만 초점을 맞춰 등급을 판정해왔다. 소극적인 태도는 피해신고 접수 때부터 드러났다. 지난해 12월 말까지 신고를 받고 더 이상의 **접수를 불허한** 것이다.　　　　　　　　　　　　　　(0422, ㄱ신문)

'신고를 받고 더 이상의 접수를 불허한'이라고 했다. '더 이상'이라고 한 만큼 '더 이상의 신고를 불허한'이라고 해야 마땅할 텐데 '더 이상의 접수를 불허한' 이라고 했다. 더구나 '접수'는 '불허할' 수 없는 것이다. '접수'는 환경부 스스로의 행동인데 자기 자신의 행동을 불허할 수는 없기 때문이다. 남의 행동에 대해서 불허할 수 있다. 따라서 '더 이상의 신고를 불허한'이라고 하거나 '더 이상의 접수를 거부한'이라고 해야 한다.

> >> 지난해 12월 말까지 신고를 받고 더 이상의 **신고를 불허한** 것이다.
> 지난해 12월 말까지 신고를 받고 더 이상의 **접수를 거부한** 것이다.

오늘 선출될 더불어민주당의 원내대표, 국민의당 박지원 원내대표와 함께 조화로운 3두 체제를 만들어 상생과 공존, 창조정치라는 20대 국회의 시대적 **과제를** 반드시 **정착시키길** 바란다. (0504, ㅈ일보)

'과제를 정착시키다'는 뜻이 모호하다. 과제는 '처리하거나 해결해야 할 문제'로서 실천하거나 이행하는 것이다.

> >> 오늘 선출될 더불어민주당의 원내대표, 국민의당 박지원 원내대표와 함께 조화로운 3두 체제를 만들어 상생과 공존, 창조정치라는 20대 국회의 시대적 **과제를** 반드시 **실천하길** 바란다.

환경부가 미세먼지의 주요 원인인 경유차와 화력발전소의 **가동을 낮추기 위해** 경유값과 전기료 인상에 나섰다. (0520, ㄷ일보)

'가동을 낮추기 위해'라고 했다. '가동'과 '낮추다'가 잘 어울리는 조합이 아니다. 가동률을 낮추거나 가동을 줄인다고 해야지 가동 자체를 낮출 수는 없다.

>>> 환경부가 미세먼지의 주요 원인인 경유차와 화력발전소의 **가동을 줄이기 위해** 경유값과 전기료 인상에 나섰다.

환경부가 미세먼지의 주요 원인인 경유차와 화력발전소의 **가동률을 낮추기 위해** 경유값과 전기료 인상에 나섰다.

....

남양유업 사태는 우월한 **지위를 가진** 갑질의 대표 사례다.　　　(0523, ㄱ신문)

갑질이 우월한 지위를 가질 수는 없다. 갑질을 하는 이들이 우월한 지위를 가졌다. 따라서 '우월한 지위를 가진 갑질'이 아니라 '우월한 지위를 이용한 갑질'이나 '우월한 지위를 내세운 갑질'이라야 서로 잘 호응이 된다.

>>> 남양유업 사태는 우월한 **지위를 이용한** 갑질의 대표 사례다.

....

이는 **공급과잉 상태인 유가**를 더 떨어뜨리는 요인으로 작용했다. (0115, ㅈ일보)

'공급과잉 상태인 유가'에 대해 별 문제가 없다고 느낄지 모른다. 웬만한 독자는 무슨 뜻인지를 이해할 것이기 때문이다. 그러나 무슨 뜻인지를 이해하는 것과 문법적이냐는 별개의 문제다. 문장은 맥락의 도움 없이도 그 자체로 문법적이어야 한다. '유가'는 석유 가격인데 석유 가격이 공급과잉 상태일 수는 없다. 공급과잉 상태인 것은 석유이지 석유 가격이 아니다. 따라서 다음과 같이 고쳐 써야 한다.

>>> 이는 **공급과잉 상태인 석유** 가격을 더 떨어뜨리는 요인으로 작용했다.

세계 **조선산업을 호령하다** 1달러에 골리앗 크레인을 팔아치워야 했던 스웨덴 '말뫼의 눈물'은 결코 남의 일이 아니다. (0419, ㅈ일보)

'호령하다'는 '10만 대군을 호령하다', '부하들을 호령하다'처럼 사람들의 무리를 향해 큰소리를 낼 때 쓰인다. '조선산업을 호령하다'는 어색해 보인다. 따라서 '조선산업을 호령하다'보다는 '조선업계를 호령하다'가 더 적절하다. '조선산업을 호령한다'고 해도 물론 뜻이야 통하지만 이왕이면 더 적합한 표현을 선택하는 것이 좋다는 말이다.

>>> 세계 **조선업계를 호령하다** 1달러에 골리앗 크레인을 팔아치워야 했던 스웨덴 '말뫼의 눈물'은 결코 남의 일이 아니다.

우선 김정은 제1비서는 경제 건설과 **핵무력 건설**의 병진노선을 어떠한 상황에서도 포기하지 않을 것임을 다시 한 번 확인했다. (0509, ㅎ신문)

'경제 건설과 핵무력 건설'에서 '경제 건설'과 달리 '핵무력 건설'은 표현이 자연스럽지 않다. 설령 북한의 발표문에 그렇게 쓰여 있었다 하더라도 표현에 문제가 있으면 바로잡아야 마땅하다. '핵무력 강화' 또는 '핵 개발' 등의 표현을 쓰는 것이 더 세련되고 적절하다. 같은 말을 되풀이해서 쓰지 않는 것이 좋다는 일반 원칙에도 부합한다.

>>> 우선 김정은 제1비서는 경제 건설과 **핵무력 강화**의 병진노선을 어떠한 상황에서도 포기하지 않을 것임을 다시 한 번 확인했다.

보건의료노조는 이미 2007년 비정규직의 정규직 전환 비용 마련을 위해 정규직 **임금인상률을 양보한** 아름다운 전통을 간직하고 있다.   (0506, ㄱ신문)

'비정규직의 정규직 전환 비용 마련을 위해 정규직 임금인상률을 양보한'에서 '정규직 임금인상률을 양보한'은 표현이 정확하지 않다. 임금 인상률은 양보할 수 있는 게 아니기 때문이다. '임금 인상을 양보한'이라고 하거나 '임금 인상률을 낮춘'이라고 해야 한다. '임금 인상을 양보한' 외에 '임금 인상을 사양한'이나 '임금 인상을 마다한', '임금 인상을 동결한'과 같이 쓸 수도 있다. '임금 인상률을 낮춘' 외에 '임금 인상률을 내린'이라고 할 수도 있다.

>>> 보건의료노조는 이미 2007년 비정규직의 정규직 전환 비용 마련을 위해 정규직 **임금 인상을 양보한** 아름다운 전통을 간직하고 있다.
보건의료노조는 이미 2007년 비정규직의 정규직 전환 비용 마련을 위해 정규직 **임금 인상률을 낮춘** 아름다운 전통을 간직하고 있다.

모든 국민에게 정기적으로 일정 **소득을 지급하는** 기본소득은 실현 가능성이 낮은 이상적인 제도로 치부돼 왔다. (중략)
반면 막대한 재원 소요로 증세가 불가피하고, 노동의욕을 떨어뜨리며, 기존 **복지가 감소할** 수 있다는 우려도 만만찮다.   (0411, ㄱ신문)

'소득을 지급하는'이라고 했다. 기본소득에 대해 논하면서다. 소득은 지급한다고 하지 않는 게 보통이다. '소득을 보장하는'이라고 하든가 '액수를 지급하는'이라고 하는 것이 자연스럽다.

>>> 모든 국민에게 정기적으로 일정 **소득을 보장하는** 기본소득은 실현 가능성이 낮은 이상적인 제도로 치부돼 왔다.

모든 국민에게 정기적으로 일정 **액수를 지급하는** 기본소득은 실현 가능성이 낮은 이상적인 제도로 치부돼 왔다.

'복지가 감소할'도 자연스럽지 않다. '복지가 축소될'이나 '복지가 위축될'이 낫다. '감소'는 인구 감소나 소득 감소처럼 계량화가 가능한 것에 대해 쓰는 것이 보통이기 때문이다.

>>> 반면 막대한 재원 소요로 증세가 불가피하고, 노동의욕을 떨어뜨리며, 기존 **복지가 축소될** 수 있다는 우려도 만만찮다.

....

불순한 목적의 배후 '몸통'이 누구인지도 **햇빛에 눈 녹듯** 드러났다.

(0109, ㅎ신문)

'햇빛에 눈 녹듯'에서 '햇빛'은 적절한 사용일까. '햇빛'은 '해의 빛'이란 뜻이다. '햇볕'은 '해가 내리쬐는 기운'이란 뜻이다. '빛'과 '볕'은 다르다. '볕'은 기운이요 곧 열기다. 눈이 녹는 것은 빛 자체보다는 그 기운과 열기 때문이다. 따라서 '햇빛에 눈 녹듯'보다는 '햇볕에 눈 녹듯'이 자연스러움은 물론이다.

근본적으로 위 문맥에서 '햇볕/햇빛에 눈 녹듯'이 어울리는지 의문이 든다. 배후 '몸통'이 누구인지가 어떻게 드러났느냐인데 글쓴이는 아주 분명하고 명확하게 숨김 없이 드러났다고 말하고자 했을 것이다. 그렇다면 '투명하게', '고스란히' 정도로 충분하지 굳이 '햇볕에 눈 녹듯'이라는 표현을 끌어올 필요가 있었는지 모르겠다. 굳이 쓴다 하더라도 '햇빛에'보다는 '햇볕에'가 정확한 표현이다.

>>> 불순한 목적의 배후 '몸통'이 누구인지도 **햇볕에 눈 녹듯** 드러났다.

불순한 목적의 배후 '몸통'이 누구인지도 **고스란히** 드러났다.

마크 리퍼트 미국 대사가 어제 이상민 국회 법사위원장을 방문해 법무부의 외국법자문사법 **개정안에 항의하는** 서한을 전달했다.　　　　　(0119, ㅈ일보)

'항의하다'는 보통 '~에/에게 항의하다'로 쓰인다. 이때 '~에/에게' 앞에 오는 명사는 사람이나 사람으로 구성된 단체이다. '개정안'은 사람도 아니요 단체도 아니다. 따라서 '개정안에 항의하다'는 자연스럽지 않다. '개정안에 반대하다'가 오히려 적절하다. 아니면 '법무부가 외국법자문사법 개정안 낸 것에 항의하는'이라고 해야 한다.

>>> 마크 리퍼트 미국 대사가 어제 이상민 국회 법사위원장을 방문해 법무부의 외국법자문사법 **개정안에 반대하는** 서한을 전달했다.

조종사 일이 뭐가 힘드냐 식의 글은 항공사 최고경영자로서 비행 안전을 소홀히 여긴다는 **인식을** 줄 수 있다.　　　　　(0316, ㄷ일보)

'인식'은 주고받는 게 아니다. 그래서 '인식을 줄 수 있다'는 자연스럽지 않다. '인식'보다는 '느낌'이나 '인상'이 더 자연스럽다. '항공사 최고경영자로서 비행 안전을 소홀히 여긴다는 느낌을 줄 수 있다'고 하든지 '항공사 최고경영자로서 비행 안전을 소홀히 여긴다는 인상을 심어 줄 수 있다'고 하는 것이 낫다.

>>> 조종사 일이 뭐가 힘드냐 식의 글은 항공사 최고경영자로서 비행 안전을 소홀히 여긴다는 **느낌을** 줄 수 있다.

....

문제는 핵가족화와 사회의 무관심 속에 **아동학대 문제가** 앞으로도 계속될 것이라는 점이다.　　　　　　　　　　　　　　　　　　　　　　　　(0216, ㅅ신문)

'아동학대 문제가 앞으로도 계속될 것이라는 점이다'라고 했는데 아동학대 '문제'가 계속될 것이라고 할 까닭이 없다. '문제' 없이 '아동학대가 계속될 것'이라고 하는 것이 간명할 뿐 아니라 훨씬 뜻이 분명하다. 더구나 이 문장은 '문제는'으로 시작되었기 때문에 '문제'가 한 문장 안에서 두 번 나오는 일까지 빚어졌다. 두 번째 나오는 '문제'는 없는 게 낫다.

>>> 문제는 핵가족화와 사회의 무관심 속에 **아동 학대가** 앞으로도 계속될 것이라는 점이다.

....

긴장완화가 남북관계를 끌어가는 최우선 기조가 돼야 함에도 6자회담 재개 노력에는 눈을 감은 채 **북한에 압박과 굴복만을 강요하다** 감당하기 힘든 안보위기를 초래한 외교·안보 당국의 무능과 안이함을 개탄하지 않을 수 없다.
　　　　　　　　　　　　　　　　　　　　　　　　(0211, ㅎ일보)

'북한에 압박과 굴복만을 강요하다'는 어색하다. '북한에 압박을 강요하다'가 말이 된다면 문제 없겠으나 '북한에 압박을 강요하다'는 말이 안 된다. '북한을 압박하다'가 의도한 뜻일 것이다. 그렇다면 다음과 같이 말해야 한다.

>>> 긴장완화가 남북관계를 끌어가는 최우선 기조가 돼야 함에도 6자회담 재개 노력에는 눈을 감은 채 **북한을 압박하고 북한에 굴복만을 강요하다** 감당하기 힘든 안보위기를 초래한 외교·안보 당국의 무능과 안이함을 개탄하지 않을 수 없다.

박 대통령이 집권한 3년간 시민의 **삶은** 계속 악화됐다. 소득 불평등이 깊어지고 청년실업률이 치솟았다. (0414, ㄱ신문)

'삶은 악화됐다'라고 해도 그리 잘못된 것은 아니다. 무슨 뜻인지 누구나 이해할 것이다. 그러나 이왕이면 좀 더 자연스럽게 표현하는 것이 더 낫다고 본다. '삶은 악화됐다'보다는 '삶의 질은 악화됐다'라고 한다면 더 뜻이 선명해진다.

>>> 박 대통령이 집권한 3년간 시민의 **삶의 질은** 계속 악화됐다.

나아가 전당대회를 통해 당 대표가 선출될 때까지 당분간 관리형 비대위 체제로 가겠다는 **구상도**, 정풍과 쇄신이 필요한 지금 과연 그렇게 헛되이 시간을 낭비할 여유가 있는지를 **의심스럽게 한다**. (0420, ㅎ일보)

위 문장이 별로 문제될 것은 없다. 그러나 그리 깔끔한 인상을 주는 것도 아니다. '의심스럽게'가 이 문맥에서 가장 적합한 단어였는지 해서다. '의심'과 '의문'은 다르다. '의문'은 단순히 궁금함을 가리키지만 '의심'은 '의문'에 덧붙여 누군가에게 무슨 잘못이 있는 것 같은 느낌을 준다. 위 문맥에서는 시간을 낭비할 여유가 있는지 단순히 궁금함을 불러일으킨다는 뜻이므로 굳이 '의심스럽게 한다'고 하기보다는 '의문이 들게 한다'가 더 나아 보인다.

>>> 나아가 전당대회를 통해 당 대표가 선출될 때까지 당분간 관리형 비대위 체제로 가겠다는 **구상도** 정풍과 쇄신이 필요한 지금 과연 그렇게 헛되이 시간을 낭비할 여유가 있는지 **의문이 들게 한다.**

─────────────────────────────

그러면서 "핵을 포기하지 않으면 생존할 수 없다는 것을 깨닫게 만들어야 한다"고 **경고했다.**   (0212, y통신)

위 문장에서 '깨닫게 만들어야 한다'와 '경고했다'가 서로 어울리지 않는다. 경고는 상대방에 대한 경고이고 '깨닫게 만들어야 한다'는 경고하는 상대방에 대해 하는 말이 아니라 같은 편에게 하는 말이기 때문이다. 따라서 '경고했다'가 아닌 다른 동사, 이를테면 '강조했다'와 같은 말을 써야 한다.

>>> 그러면서 "핵을 포기하지 않으면 생존할 수 없다는 것을 깨닫게 만들어야 한다"고 **강조했다.**

─────────────────────────────

미국 언론의 평가대로 이번 방문은 역사적이고 상징적이다. 취임 이후 줄곧 '핵무기 없는 세상'을 주창한 오바마 대통령이 피폭의 상징인 히로시마에서 자신의 **반핵 유산을 완수한다**는 의미다.   (0511, ㅎ일보)

'반핵 유산을 완수한다'에서 '유산'은 '遺産'으로 '완수하다'와는 전혀 어울리지 않는다. 오바마 대통령이 취임 이후 줄곧 반핵을 위해 기울여 온 노력을 퇴임을 앞두고 히로시마에서 마무리 짓는다는 의미라면 다른 표현을 찾아야 마땅하다. '반핵 유산을 완수한다' 대신에 '반핵 노력을 마무리 짓는다' 혹은 '반핵 활동을 완성한다' 따위로 쓰는 것이 훨씬 문맥에 어울린다.

>>> 취임 이후 줄곧 '핵무기 없는 세상'을 주창한 오바마 대통령이 피폭의 상징인 히로시마에서 자신의 **반핵 노력을 마무리 짓는다**는 의미다.

두 야당은 이런 현안들에 대해 정부 대책을 비판하고 반대하는 것으로 역할이 끝난다고 생각해서는 안 된다. 지금부터는 정부·여당보다 먼저 대책을 내놓고 나라를 이끌어가는 모습을 보여주지 않으면 안 된다. 그게 국정을 맡은 공동 **경영인**으로서 **갖추어야** 할 기본 **책무**이다.   (0416, ㅈ일보)

'경영인'은 사전에 '기업이나 사업을 관리하고 운영하는 사람'이라 뜻풀이되어 있다. 상식적으로도 '경영인'은 사람을 뜻하지 조직이나 단체를 뜻하지 않는다. 위 예에서 '두 야당'에 대해 대해 논하면서 '국정을 맡은 공동 경영인'이라 한 것은 어색하다. 단어란 어느 정도 의미가 확장되어 쓰이기도 하지만 지나쳐서는 안 되겠다. 야당을 국정의 공동 경영인이라 한 것은 자연스럽지 않다. '경영인' 대신 '주체' 같은 말이 적당하다. '주체'는 사람에게나 단체나 조직에나 다 쓸 수 있는 말이기 때문이다.

'갖추어야 할 책무' 역시 자연스런 조합이 아니다. '갖추어야 할'에 어울리는 말은 '자세', '덕목', '태도' 등이고, '책무'에 어울리는 말은 '수행하다', '이행하다', '실천하다', '떠맡다', '지다' 따위다.

>>> 그게 국정을 맡은 공동 **주체**로서 갖추어야 할 기본 **자세**이다.
그게 국정을 맡은 공동 **주체**로서 **수행해야** 할 기본 책무이다.

....

'반대만 하는 당', '운동권 정당' 이미지를 벗고 제1당으로서의 책임감을 20대 국회에서 보여주지 못한다면 지금 새누리당이 겪고 있는 이상의 혹독한 **심판에 맞게** 된다는 위기의식을 가져야 한다. (0415, ㅎ일보)

'심판에 맞게 된다는'은 자연스러운 연결이 아니다. 심판을 살리려면 '심판을 받게 된다는' 또는 최소한 조사를 '을'로 바꾸어 '심판을 맞게 된다는'이라고 하는 것이 좋고, '맞게 된다는'을 쓰려고 한다면 '혹독한 시련을 맞게 된다는'이라고 하는 것이 좋다. 그런데 앞에 있는 '지금 새누리당이 겪고 있는'과 더 어울리는 것은 '혹독한 시련을 맞게 된다는'이다. '시련을 겪고 있는'은 문제가 없지만 '심판을 겪고 있는'은 어색하기 때문이다. 심판은 한 시점에서 일시적으로 받는 것이지 지속적으로 '겪고 있는' 것은 아니다.

>>> '반대만 하는 당', '운동권 정당' 이미지를 벗고 제1당으로서의 책임감을 20대 국회에서 보여주지 못한다면 지금 새누리당이 겪고 있는 이상의 혹독한 **시련을 맞게** 된다는 위기의식을 가져야 한다.

....

지난해 말 기준 가계부채는 1207조원이다. 한 가구당 6453만원씩 빚더미를 지고 있다. 증가속도는 점차 **가팔라진다.** (0406, ㄱ신문)

'가파르다'는 '산이나 길이 몹시 비탈지다'라는 뜻이다. 공간적 개념이지 시간적 개념은 아니다. 공간에 관한 표현을 확장해서 시간에 대해 쓴 것이겠지만 문학 작품이 아닌 논설문에서 자연스러워 보이지 않는다. 평범하게 쓰는 것이 좋아 보인다. '가팔라진다' 대신에 '빨라진다'로 표현하는 것이 낫다.

>>> 증가속도는 점차 **빨라진다.**

....

지난 5년 동안 북한은 크진 않아도 가족영농제와 기업 자율성 확대 등 조치로
1% 정도의 경제성장을 이뤄 왔다. 하지만 **핵실험과 미사일 발사 시험으로 강력
한 국제사회의 제재로** 대외경제의 **수로**가 막힌 상황에서 더 이상의 성장엔 한계
가 있다.   (0506, ㅈ일보)

'핵실험과 미사일 발사 시험으로 강력한 국제사회의 제재로'는 조사 '(으)로'
가 연거푸 사용되는 바람에 무슨 뜻인지 알기 어렵다. '핵실험과 미사일 발사
시험으로'가 어디에 걸리는지 알 수가 없다. 의미상 '핵실험과 미사일 발사 시
험으로 비롯된 강력한 국제사회의 제재로'라고 해야 뜻이 분명해진다.

또 '대외경제의 수로가 막힌 상황에서'도 어색한 표현이다. '수로'는 물길인
데 왜 하필 '대외경제의 수로'인지 이해하기 어렵다. '대외경제의 길' 또는 '대
외경제의 활로'라고 하는 것이 알기 쉽다.

>>> 하지만 **핵실험과 미사일 발사 시험으로 비롯된 강력한 국제사회의 제재로** 대외
경제의 **활로**가 막힌 상황에서 더 이상의 성장엔 한계가 있다.

....

만일 두 야당이 선명성 다툼이나 하던 구태로 돌아간다면 여당에 **쏟아진** 국민
의 **회초리는** 곧바로 야권으로 향할 것이다.   (0421, ㅈ일보)

'여당에 쏟아진 국민의 회초리'에서 '쏟아진'과 '회초리'는 자연스러운 연결
이라고 보기 어렵다. '회초리가 쏟아졌다'가 자연스러워야 '쏟아진 회초리' 역
시 자연스럽다. 그런데 '회초리가 쏟아졌다'가 흔히 쓰는 말인가. '회초리'는

'회초리를 들다', '회초리를 내리치다' 등과 같이 보통 쓰인다. 따라서 '여당에 내리친 국민의 회초리' 또는 '여당을 내리친 국민의 회초리'라고 하는 것이 훨씬 편하게 느껴진다. '쏟아진'은 '비난', '칭찬', '갈채', '박수' 같은 말과 잘 어울린다.

>>> 만일 두 야당이 선명성 다툼이나 하던 구태로 돌아간다면 여당에 **내리친 국민의 회초리는** 곧바로 야권으로 향할 것이다.

....

노조의 하부조직에 불과한 지부나 지회의 독자적 권리를 인정하지 않던 기존 판례를 정면으로 뒤집은 것으로, 산별노조를 근간으로 하는 **국내 노동운동 판도에 커다란 타격을 입힐** 것으로 보인다.   (0220, ㅎ신문)

'아' 다르고 '어' 다르다는 말이 있다. 단어의 사용도 마찬가지다. '국내 노동운동 판도에 커다란 타격을 입힐 것으로'에서 '판도'와 '타격을 입힐'은 썩 훌륭한 조합이 아니다. 타격을 입히는 것은 어떤 상대방에 대해 하는 것이 보통이지 판도나 판세 또는 형세 등에 대한 것이 아니기 때문이다. '판도'에는 '타격을 입히는' 것이 아니라 '변화를 초래하는' 것이다. 만일 '타격을 입힐'을 굳이 살리고자 한다면 '국내 노동운동 판도에'가 아니라 '국내 노동운동에'라고 쓰면 된다. 따라서 다음과 같이 고쳐 쓸 수 있다.

>>> 노조의 하부조직에 불과한 지부나 지회의 독자적 권리를 인정하지 않던 기존 판례를 정면으로 뒤집은 것으로, 산별노조를 근간으로 하는 **국내 노동운동 판도에 커다란 변화를 초래할** 것으로 보인다.
노조의 하부조직에 불과한 지부나 지회의 독자적 권리를 인정하지 않던 기존 판례를 정면으로 뒤집은 것으로, 산별노조를 근간으로 하는 **국내 노동운**

동에 커다란 **타격을 입힐** 것으로 보인다.

미국 경제전문지 포천은 최근 수년간 기록적인 판매 실적을 올리며 강한 성장
세를 보여온 스위스 **고급 시계 산업이 둔화하기** 시작한 것으로 보인다고 13일
(현지시각) 보도했다. (0214, ㅈ일보)

'스위스 고급 시계 산업이 둔화하기 시작한 것으로 보인다고'에서 '산업이
둔화하기 시작한 것으로 보인다'는 자연스럽지 않다. 산업은 둔화한다고 표현
하지 않기 때문이다. '둔화하다'는 느리고 무디어지는 것이다. 산업이 느리고
무디어질 수는 없다. 문맥을 살펴볼 때 '산업'이 둔화하기 시작한 게 아니라 '수
출'이 둔화하기 시작했음을 말하려는 것으로 보인다. 따라서 '산업이 둔화하
기'가 아니라 '수출이 둔화하기'라고 하면 뜻이 분명해진다. '산업'을 그대로 둘
경우에는 '둔화하기'가 아니라 '침체하기'가 '산업'에 어울리는 동사다.

> >>> ··· 강한 성장세를 보여온 스위스 고급 시계 **수출이** 둔화하기 시작한 것으로
> 보인다고 ···
>
> ··· 강한 성장세를 보여온 스위스 고급 시계 산업이 **침체하기** 시작한 것으로
> 보인다고 ···

소비자들의 부작용 **호소는** 2011년 옥시가 가습기 살균제를 팔기 시작한 직후
부터 **제기됐다고** 한다. (0418, ㅈ일보)

'소비자들의 부작용 호소는 2011년 옥시가 가습기 살균제를 팔기 시작한 직
후부터 제기됐다고 한다'라고 했다. 그런데 '호소'와 '제기'는 썩 잘 어울리는

조합이 아니다. '제기'는 '주장', '이의', '의혹' 등과 같은 말에 대해 보통 쓰인다. '호소'는 제기하는 것이 아니라 그냥 하는 것이다. 위 예에서는 '시작됐다고 한다'라고 하면 좋은데 바로 앞에 '가습기 살균제를 팔기 시작한 직후부터'에서 '시작한'이 나오기 때문에 그렇게 하기는 어렵다. '시작'이란 말이 연이어 나오는 것은 피해야 하기 때문이다. 그렇다면 '가습기 살균제를 팔기 시작한 직후부터 있었다고 한다'라고 하면 된다. '있었다고'가 밋밋하다면 '잇따랐다' 같은 말을 써도 좋을 것이다.

>>> 소비자들의 부작용 **호소는** 2011년 옥시가 가습기 살균제를 팔기 시작한 직후부터 **있었다고** 한다.

....

인권 침해의 전력을 가진 정보기관이 **테러방지법까지 휘두르게 됐으니** 암담한 일이다.   (0324, ㄱ신문)

'테러방지법까지 휘두르게 됐으니'는 좀 더 세련되게 표현할 수 없었을까 하는 느낌이 들게 한다. 보통 어떤 법을 휘두른다고는 하지 않는다. 법은 집행할 뿐이다. '휘두른다'는 권력을 휘두르거나 주먹을 휘두른다고 할 때 쓴다. '휘두른다'는 말을 씀으로써 '테러방지법'이 매우 나쁜 법이라는 인상을 준다. 따라서 좀 더 세심하게 주의를 기울여 표현하는 것이 좋겠다. 앞뒤 문맥에 맞게 '테러방지법을 발판으로', '테러방지법을 악용하여', '테러방지법을 핑계 삼아' 등을 쓰면서 '무분별한 통신 사찰을 일삼게 됐으니', '시민의 기본권을 침해하게 됐으니' 등과 같이 표현하는 것이 나은 대안이 될 것이다.

>>> 인권 침해의 전력을 가진 정보기관이 **테러방지법을 발판으로 무분별한 통신 사찰을 일삼게 됐으니** 암담한 일이다.

내년부터 일본의 고교 1학년생이 **배우게 될 사회과 교과서** 35종 중 27종(77%)에 '다케시마(독도의 일본식 이름)는 일본 고유의 영토' '독도를 한국이 불법 점령하고 있다'는 표현이 들어간 것으로 확인됐다.   (0319, ㄷ일보)

'일본의 고교 1학년생이 배우게 될 사회과 교과서'는 글쓴이가 뭘 말하려고 하는지 누구든 대체로 이해하겠지만 말 자체만 놓고 보면 정확한 표현이라고 할 수 없다. 학생들은 '역사'를 배우지 '교과서'를 배우는 게 아니기 때문이다. 좀 더 엄밀하게는, 교과서로 역사를 배운다. 또는 교과서를 통해서 혹은 교과서를 가지고 역사를 배운다. 교과서 자체를 배우지는 않는다. 따라서 다음을 필요가 있다.

>>>   내년부터 일본의 고교 1학년생이 **(역사 과목에) 사용하게 될 사회과 교과서** 35종 중 27종(77%)에 '다케시마(독도의 일본식 이름)는 일본 고유의 영토' '독도를 한국이 불법 점령하고 있다'는 표현이 들어간 것으로 확인됐다.

진 검사장은 주식 구입 과정이 합법적이라며 억울하다고 생각할 수도 있다. 그러나 지금처럼 의혹이 명쾌하게 **가려지지** 않은 상태가 지속되면 진 검사장 개인을 넘어 검찰 조직 전체를 보는 국민의 눈이 달라질 것이다.   (0401, ㅈ일보)

'의혹이 가려지지 않은'이라고 했다. '의혹'은 '의심하여 수상히 여김'이란 뜻이다. '가려지다'는 '잘잘못이 구별되다'라는 뜻이다. 서로 깔끔하게 잘 연결되지 않는다. '의혹이 풀리지', '의혹이 해소되지' 같은 말이 훨씬 더 자연스럽다. '가려지다'는 '승부가 가려지다', '시비가 가려지다'처럼 옳고 그름이 확연히 드러나는 것을 주로 가리킨다. '의혹이 가려지다'는 별로 적절한 표현이라고 할 수 없다.

<blockquote>

>>> 그러나 지금처럼 의혹이 명쾌하게 **해소되지** 않은 상태가 지속되면 진 검사장 개인을 넘어 검찰 조직 전체를 보는 국민의 눈이 달라질 것이다.

</blockquote>

새누리당은 20대 국회에서 122석으로 **졸아들겠지만** 19대 국회 임기가 끝나는 5월 29일까지는 전체 292석 가운데 절반인 146석을 차지한 여당이다.

(0418, ㄷ일보)

'졸아들다'는 보통 '액체나 부피가 증발하여 양이 줄어들다' 또는 '심리적으로 위축되다'라는 뜻으로 쓰이는 말이다. 정당의 의석 수가 줄어드는 것을 '졸아들다'라고 하였는데 아무리 단어의 의미를 확장해서 쓸 수 있다고 해도 지나쳤다는 느낌이 든다. 군이 그래야 할 필요가 없다. '줄어들겠지만'처럼 평범하게 쓰는 것이 좋겠고 '쪼그라들겠지만', '오그라들겠지만'처럼 쓰는 것은 가능하겠다.

<blockquote>

>>> 새누리당은 20대 국회에서 122석으로 **(의석 수가)** 줄어들겠지만 19대 국회 임기가 끝나는 5월 29일까지는 전체 292석 가운데 절반인 146석을 차지한 여당이다.

</blockquote>

하지만 선관위의 해명은 공정성 **논란을 일축하기에**는 부족한 게 사실이다.

(0401, ㄱ신문)

'공정성 논란을 일축하기에는'에서 '논란'과 '일축'은 서로 매끄럽게 호응하는 말이 아니다. '일축'은 '주장'이나 '우려' 따위를 일축하는 것이고 논란은 '일축하다'의 목적어로 적당하지 않다. '논란'을 살린다면 '잠재우다', '가라앉히다', '불식하다' 같은 말이 적당하고 '일축하기에는'을 살린다면 '의혹을', '시비를' 같은 말이 어울린다.

>>> 하지만 선관위의 해명은 공정성 **논란을 가라앉히기**에는 부족한 게 사실이다.

하지만 선관위의 해명은 공정성 **시비를 일축하기**에는 부족한 게 사실이다.

....

이 판결은 그해 6월 대법원에서 **확정했다**. 무엇보다 법원의 판결도 받쳐주지 못할 정도로 엉성한 공정위의 **일처리를 묻지 않을 수** 없다. (0523, ㄱ신문)

'이 판결은 대법원에서 확정했다'에서 '이 판결은'과 '확정했다'보다는 '이 판결은'과 '확정됐다'가 더 자연스럽게 호응한다. '이 판결은'을 그대로 두고 '대법원이 확정했다'라고 하는 것도 가능하다.

'공정위의 일처리를 묻지 않을 수 없다'는 조금 부족한 느낌을 준다. '묻다'의 목적어로는 '책임을' 같은 말이 오는 것이 맞다. 그냥 '일 처리를 묻다'는 뭔가 모자란다. '일 처리를'을 살린다면 동사를 '묻지 않을 수 없다' 대신 '따져 묻지 않을 수 없다'나 '문제 삼지 않을 수 없다' 같은 말이 와야 한다.

>>> 이 판결은 그해 6월 대법원에서 **확정됐다**. 무엇보다 법원의 판결도 받쳐주지 못할 정도로 엉성한 공정위의 **일 처리를 따져 묻지 않을 수** 없다.

....

한반도종단철도가 달리게 되면 한국이 유라시아 연결 철도의 시발점이자 종착

170

점이 되듯이 남북한 고속도로가 중국·러시아로 이어지면 차량을 이용해 유럽까지 갈 수 있다.   (0131, y통신)

철도가 달리는가, 열차가 달리는가? 철도는 달리지 않는다. 달릴 수가 없다. 철도는 길이기 때문이다. 철도는 국어사전에 '침목 위에 철제의 궤도를 설치하고, 그 위로 차량을 운전하여 여객과 화물을 운송하는 시설'이라 뜻풀이되어 있는 것처럼 '시설'이다. 따라서 '달리게 되면'이 아니라 '연결되면' 또는 '놓이면'과 같은 말로 바꾸어야 할 것이다.

>>> **한반도종단철도가 연결되면** 한국이 유라시아 연결 철도의 시발점이자 종착점이 되듯이 남북한 고속도로가 중국·러시아로 이어지면 차량을 이용해 유럽까지 갈 수 있다.

....

그래야 가습기 살균제 같은 독성 유해물질을 '인체에 무해하다' '아이에게도 100% 안심'이라고 광고해 **이윤을 보는** 자본의 탐욕을 통제할 수 있다.

(0430, ㅈ일보)

'이윤을 보는'이라는 결합은 그리 자연스럽지 않다. '이윤을 얻는' 또는 '이윤을 취하는'이 자연스럽다. 아니면 '이득을 보는'이나 '이득을 취하는'이라고 해도 좋다. 글을 쓸 때 가장 무난하고 자연스러운 표현을 찾아서 써야 독자에게 편안한 느낌을 준다.

>>> 그래야 가습기 살균제 같은 독성 유해물질을 '인체에 무해하다' '아이에게도 100% 안심'이라고 광고해 **이윤을 얻는** 자본의 탐욕을 통제할 수 있다.
그래야 가습기 살균제 같은 독성 유해물질을 '인체에 무해하다' '아이에게도

100% 안심'이라고 광고해 **이득을 보는** 자본의 탐욕을 통제할 수 있다.

....

정 대표가 지난해 10월 100억 원대 해외 원정도박 혐의로 기소될 당시만 해도 많은 사람들은 **죗값**에 **상응하는** 응분의 **처벌을** 예상했다. (0503, ㄱ신문)

'죗값에 상응하는 응분의 처벌'에서 '죗값'과 '처벌'은 '상응하는'으로 연결될 말이 아니다. '죗값'이 아니라 '죄과'나 '죄', '죄질' 등이 와야 마땅하다.

>>> 정 대표가 지난해 10월 100억 원대 해외 원정도박 혐의로 기소될 당시만 해도 많은 사람들은 **죄과에 상응하는** 응분의 **처벌을** 예상했다.

....

'학벌없는사회' 해산 선언은 부와 권력이 대물림되는 이 완강한 사회구조를 단순한 학벌반대운동만으로는 바꿀 수 없다는 절망감의 반영으로 이해해야 할 것이다. '학벌없는사회'는 활동을 종료했지만 이 운동의 **정신까지 종료된** 것은 아니다. (0430, ㅎ신문)

'활동을 종료했지만'은 자연스럽지만 '정신까지 종료된'은 어색하다. 정신은 종료될 수 없다. 정신은 소멸되거나 사라질 뿐이다. 앞에 온 말과의 대조를 위해서겠지만 말이 안 되는 표현까지 써가면서 대구(對句)를 만들어서는 안 되겠다.

>>> '학벌없는사회'는 활동을 종료했지만 이 운동의 **정신까지 소멸된** 것은 아니다.

'학벌없는사회'는 활동을 종료했지만 이 운동의 **정신까지 사라진** 것은 아니다.

다음 달 7일부터 시작되는 키 리졸브 한미 연합훈련을 계기로 **긴장 수위는 더욱 고조될** 것으로 보인다. (0228, y통신)

예문에서 '긴장 수위는 더욱 고조될 것으로 보인다'고 했다. '수위(水位)'는 원래 물의 높이를 말한다. 물의 높이가 높아지면 높아지지 '고조되지는' 않는다. 고조되는 것은 긴장이다. 따라서 '긴장 수위는 더욱 고조될 것으로 보인다'는 정확한 표현이라고 할 수 없다. 무슨 뜻을 말하고자 하는지 누구나 이해는 하겠지만 단어를 정확하게 사용한 것은 아니다. '고조될'을 살리려면 '긴장은'을 주어로 삼아야 할 것이고 '긴장 수위는'을 살리려면 '높아질'이라 해야 할 것이다.

>>> 다음 달 7일부터 시작되는 키 리졸브 한미 연합훈련을 계기로 **긴장은 더욱 고조될** 것으로 보인다.
다음 달 7일부터 시작되는 키 리졸브 한미 연합훈련을 계기로 **긴장 수위는 더욱 높아질** 것으로 보인다.

건국대의 한 단과대 학생회가 주최한 신입생 환영회에서 노골적인 성적표현으로 **수치심을 부추기는** 게임을 강요한 사실이 드러났다. (0229, ㄱ신문)

'부추긴다'는 말은 '경쟁심을 부추기다', '욕심을 부추기다'처럼 어떤 사람 마음에 없던 것을 있게 만드는 것인데 경쟁심이나 욕심이라는 게 자발적인 것이고 자기 의지로 생기는 것이다. 그러나 수치심은 자발적이지도 않고 자기 의지에 의해 생기는 게 아니다. 일부러 수치심을 느끼려고 하는 사람은 없다. 어쩔 수 없이 외부의 자극에 의해 생기는 것일 뿐이다. 그래서 '수치심을 부추기는'이 어딘가 자연스럽지 않다는 느낌이 든다. 따라서 '수치심을 불러일으키는'이나 '수치심을 유발하는'이 더 적절해 보인다.

>>> 건국대의 한 단과대 학생회가 주최한 신입생 환영회에서 노골적인 성적표현으로 **수치심을 불러일으키는** 게임을 강요한 사실이 드러났다.
건국대의 한 단과대 학생회가 주최한 신입생 환영회에서 노골적인 성적표현으로 **수치심을 유발하는** 게임을 강요한 사실이 드러났다.

....

그러나 옥시는 2011년 11월 정부가 가습기 살균제 사망을 인정한 지 4년 5개월 만에야 **입장을 내놓았다.** 그나마 피해자들 마음을 달래기보다 화를 더 돋워 놓는 내용이다.   (0423, ㅈ일보)

'입장'이라는 말이 일본말에서 왔기 때문에 쓰지 말아야 한다고 주장할 생각은 없다. 일본말에서 왔건 어디서 왔건 우리말에서 확고하게 자리 잡은 말이라면 쓸 수 있고 써야 한다고 본다. 문제는 그게 아니다. '입장'이란 말은 그냥 '입장'일 수 없다. 누구의 입장이라든지 어떠어떠한 입장이라고 해야 자연스러운 말이다. '나의 입장', '회사의 입장', '이렇게 해야 한다는 입장', '어떠어떠하다는 입장' 등과 같이 말이다. 그런데 밑도 끝도 없이 '입장을 내놓았다'라고만 하니 무언가 부족하고 허전한 느낌을 지우기 어렵다. '입장을 내놓았다'보다는 차라리 '입을 열었다'가 낫다. 백보를 양보해서 그냥 '입장'을 쓴다고 해도 '입장을 내놓았다'보다 '입장을 밝혔다'가 더 낫다.

>>> 그러나 옥시는 2011년 11월 정부가 가습기 살균제 사망을 인정한 지 4년 5

개월 만에야 **입을 열었다.**

지난 20년간 **아시아 최고 영화제로 성장한 부산**의 위상이 급락할 게 분명하다.

(0421, ㅈ일보)

한 글자라도 줄여서 지면을 아끼려고 하는 것은 나쁘지 않다. 그러나 줄여서 쓰는 것도 한계가 있다. 한계를 넘어서면 말이 안 되게 된다. '아시아 최고 영화제로 성장한 부산'이 말이 안 된다. 무슨 말을 하려는지야 짐작이 가지만 말은 분명하게 해야 한다. '아시아 최고 영화제로 성장한 부산국제영화제'라고 해야 마땅하다. 굳이 줄이려 한다면 '아시아 최고 영화제로 성장한'을 '아시아 최고로 성장한'으로 줄일 수는 있을 것이다.

>>> 지난 20년간 **아시아 최고 영화제로 성장한 부산국제영화제**의 위상이 급락할 게 분명하다.
지난 20년간 **아시아 최고로 성장한 부산국제영화제**의 위상이 급락할 게 분명하다.

이로써 반구대 암각화 보존 **논의**는 28억원의 예산만 낭비한 채 3년의 **헛수고로 끝나게** 되었다.

(0430, ㄱ신문)

'반구대 암각화 보존 논의는 헛수고로 끝나게 되었다'고 했다. '논의'는 어떤 문제에 대하여 서로 의견을 내어 토의한다는 뜻이다. 지난 3년간 보존 논의를 한 게 아니라 보존을 위해 예산을 투입하여 실제적인 노력을 기울였는데 성과를 거두지 못했다. 그렇다면 '보존 논의는 헛수고로 끝나게 되었다'고 할 게 아니다. '보존 노력은 헛수고로 끝나게 되었다'고 하든지 '보존 시도는 헛수고로 끝나게 되었다'고 해야 옳다.

>>> 이로써 반구대 암각화 보존 **노력**은 28억 원의 예산만 낭비한 채 3년의 **헛수고로 끝나게** 되었다.

알파고의 승리는 정해진 규칙 내에서 움직이는 게임의 영역에서 AI가 인간을 넘어섰거나 곧 그럴 것이라는 의미다. 다른 영역에서 인간의 역할을 보완하고 **대신할 날도 예상보다 빨라질 것이다.**   (0316, ㅈ일보)

'다른 영역에서 인간의 역할을 보완하고 대신할 날도 예상보다 빨라질 것이다'라고 했다. '날이 빨라지는' 게 아니라 '날이 오는 게 빨라진다'. 물론 위 문장이 무슨 뜻을 나타내고자 쓴 것인지 독자들은 누구나 이해할 것이다. 그렇다고 해서 함부로 문장을 줄여서 써서는 안 된다. 말에는 질서와 규칙이 있으니 이를 지켜야 한다. 다음과 같이 바꾸어 써야 할 것이다.

>>> 다른 영역에서 인간의 역할을 보완하고 **대신할 날이 오는 것도 예상보다 빨라질 것이다.**
다른 영역에서 인간의 역할을 보완하고 **대신할 날도 예상보다 빨리 올 것이**다.

이번 한-미 연합훈련에는 미국의 B-2 스텔스 폭격기와 핵 추진 항공모함, 핵 잠수함 등 주요 전략무기가 모두 **참가한다.** 또 북한의 핵심 시설을 정밀타격하는 내용의 '작전계획 5015'가 처음 시행되고, 북한 핵·미사일 기지를 선제공격

하는 '4D 작전'도 **적용된다.** (0307, ㅎ신문)

'참가하다'의 주어로 사람이나 단체가 아닌 무기가 사용되는 것은 일반적이지 않다. 폭격기나 항공모함, 핵잠수함 등 전략무기가 연합훈련에 참가한다고 굳이 해야 하나? '폭격기, 항공모함, 핵잠수함 등 전략무기'는 연합훈련에 동원되고 사용되고 활용되는 것이지 그것들이 참가하는 것은 아니다.

'4D 작전'도 적용된다고 하기보다 실행되거나 실시된다고 하는 것이 자연스럽다. 실제로 그 작전을 펼치는 게 아니라 가상의 작전을 시행한다는 의미에서 '적용된다'고 했는지 모르겠으나 그렇다 하더라도 어색하다는 느낌은 피할 수 없다. 단어는 문맥에 가장 어울리는 말을 찾아 써야 한다. 굳이 생소하거나 생경한 말을 쓸 이유가 없다.

>>> 이번 한-미 연합훈련에는 미국의 B-2 스텔스 폭격기와 핵 추진 항공모함, 핵잠수함 등 주요 전략무기가 모두 **동원된다.** 또 북한의 핵심 시설을 정밀타격하는 내용의 '작전계획 5015'가 처음 시행되고, 북한 핵·미사일 기지를 선제공격하는 '4D 작전'도 **실시된다.**

국무회의는 같은 정치적 입장을 가진 대통령과 각료들이 **의결을 조율하는** 자리이지 정치적 공방을 하는 자리가 아니다. (0206, ㄷ일보)

'의결'은 '의논하여 결정함. 또는 그런 결정'을 뜻하는 명사이다. '조율하다'는 '문제를 어떤 대상에 알맞거나 마땅하도록 조절하다'라는 뜻의 동사이다. '의결'은 결정의 뜻이 핵심이고 '조율하다'는 조절하는 것이 핵심이다. '의결을 조율하는' 것은 '결정을 조절하는' 것이다. 이에 반해 '의견'은 '어떤 대상에 대하여 가지는 생각'이란 뜻으로 의견을 조율하는 것이 자연스럽지 의결을 조율하는 것은 그리 자연스럽지 않다. 의결은 결정이므로 내리거나 하는 것이다. 따라서 '의결을 조율하는'보다는 '의견을 조율하는'이라고 하거나 아예 '의결을 하는'이 적절하다.

>>> 국무회의는 같은 정치적 입장을 가진 대통령과 각료들이 **의견을 조율하는** 자리이지 정치적 공방을 하는 자리가 아니다.
국무회의는 같은 정치적 입장을 가진 대통령과 각료들이 **의결을 하는** 자리이지 정치적 공방을 하는 자리가 아니다.

그런데도 현재의 외교안보팀이 중국의 협조를 이끌어내 박 대통령의 새로운 대북 압박 정책을 성공시킬 수 있을지는 **우려스럽다.**　　　(0217, ㄷ일보)

'그런데도 현재의 외교안보팀이 중국의 협조를 이끌어내 박 대통령의 새로운 대북 압박 정책을 성공시킬 수 있을지는 우려스럽다'에 별 문제는 없어 보인다. 그러나 아주 좋은 문장이라고는 할 수 없다. '성공시킬 수 있을지는 우려스럽다'가 그리 좋은 연결이 아니기 때문이다. '성공시킬 수 있을지는'과 더 잘 호응하는 말은 '의문스럽다', '미지수다', '알 수 없다', '장담할 수 없다'와 같은 말이다.

>>> 그런데도 현재의 외교안보팀이 중국의 협조를 이끌어내 박 대통령의 새로운 대북 압박 정책을 성공시킬 수 있을지는 **의문스럽다.**

'우려스럽다'를 살린다면 그 앞에 나오는 말을 바꾸어야 한다. '성공시킬 수 있을지는' 대신에 '성공시킬 수 있을까'로 바꾸는 것이다.

>>> 　그런데도 현재의 외교안보팀이 중국의 협조를 이끌어내 박 대통령의 새로운 대북 압박 정책을 성공시킬 수 **있을까 우려스럽다.**

　NCS는 산업 현장에서 직무를 성공적으로 수행하기 위해 요구되는 지식과 기술, 소양 등을 산업부문별 수준별로 구성해 놓은 체계다. **산업 현장에서** 곧바로 **투입할** 수 있도록 한다는 취지에서 도입됐다.　　　　　(0330, ㅅ신문)

　'산업 현장에서 곧바로 투입할 수 있도록'에서 '산업 현장에서'와 '투입할'이 아주 매끄러운 연결이 아니다. '투입할'을 살리려면 '산업 현장에'라야겠고 '산업현장에서'를 살리려면 '사용할'이 낫다.

>>> **산업 현장에** 곧바로 **투입할** 수 있도록 한다는 취지에서 도입됐다.
산업 현장에서 곧바로 **사용할** 수 있도록 한다는 취지에서 도입됐다.

　대한변호사협회가 테러방지법에 전적으로 찬성한다는 의견서를 낸 것은 열이면 열 가지 측면에서 모두 부적절한 **행실**이다.　　　　　(0227, ㅎ신문)

　문장은 단어를 연결해서 만든다. 문장을 쓸 때는 그 의미를 나타내기 위해 가장 적절한 단어를 골라서 써야 한다. 위 문장에서 '행실'은 적절한 단어 선택인가? '행실'은 '행실이 바르다', '행실이 얌전하다', '못된 행실'처럼 보통 개인의 행동을 가리켜 쓰는 말이다. 대한변호사협회는 회원이 2만 명가량 되는 단체이다. 그런 대단위 조직이 하는 행동을 굳이 '행실'이라고 해야 했는지 의문이 들지 않을 수 없다. 마치 머리에는 갓을 쓰고 옷은 양복에 넥타이를 맨 격이다. '행실'보다는 '행동', '행위', '행태'가 낫고 그보다는 '처사'나 '일'이 더 나으며 어떤 명사도 없이 그냥 '모두 부적절하다'라고만 해도 된다.

>>> 대한변호사협회가 테러방지법에 전적으로 찬성한다는 의견서를 낸 것은 열이면 열 가지 측면에서 모두 부적절한 **처사**이다.

또 검찰 수사와는 별도로 원인도 모른 채 숨져갔을 수도 있는 **잠재적인 피해자들을 가려내 철저한 역학조사를 벌여야** 할 것이다.　　　(0421, ㄱ신문)

'원인도 모른 채 숨져갔을 수도 있는 잠재적인 피해자들을 가려내'라고 했는데 원인도 모른 채 숨져갔을 수도 있는 사람들이라면 '가려내는' 것보다는 '찾아내는' 것이 더 어울린다. 그런 사람들은 그냥 '피해자'라고 하면 될 뿐 굳이 '잠재적인 피해자'라고 할 것도 없다.

그리고 문맥상 그 피해자들은 분명히 이미 죽은 이들이다. 그런 사람들을 대상으로 '철저한 역학조사를 벌여야 할 것'이라고 했는데 죽은 사람들을 대상으로 역학조사를 하는 것이 과연 가능한지 의문스럽다. 상식적으로 볼 때 '철저한 역학조사를 벌여야'보다는 '정확한 사인을 밝혀야' 또는 '억울함을 풀어주어야' 등과 같은 말이 와야 옳지 않은가 한다.

>>> 또 검찰 수사와는 별도로 원인도 모른 채 숨져갔을 수도 있는 **피해자들을 찾아내 정확한 사인을 밝혀야** 할 것이다.

세 번째는 평양의 압박이 탈북을 야기시킬 정도로 거세다는 점이다. "식당 영업은 안 되는데 외화 상납 압박이 계속돼 엄청난 부담을 느꼈다"는 한 종업원의 말에서 이들이 **압박이 아닌 협박을 받았음을 짐작**할 수 있다.　　　(0411, ㅈ일보)

'압박'이 아닌 '협박'을 받았음을 짐작할 수 있다고 했다. 협박도 압박의 일종일 텐데 압박이 아니라고 단정적으로 말하니 우선 거부감이 들지 않을 수 없다. 더구나 앞에서 '압박'이란 말이 두 번이나 사용되었다. '평양의 압박이 탈북을 야기시킬 정도로 거세다는 점이다'라고 해서 스스로 '압박'이라고 이미 말해 놓고는 '압박이 아닌 협박'이라고 하니 당황스럽다. 탈북한 종업원이 '압박이 계속돼'라고 말하기도 했다. 그런데 이어서 '압박이 아닌 협박'이라고 했다. '압박을 넘어 협박'이라고 했다면 편하게 읽혔을 것이다. '협박을'도 '협박까지'라고 하면 더 낫다. '받았음을 짐작할'도 자연스럽지 않다. '받았음을'은 단정적인 표현이고 '짐작'은 단정과는 거리가 멀다. 따라서 '협박까지 받았으리라 짐작할'이라고 하는 것이 자연스럽다.

>>> "식당 영업은 안 되는데 외화 상납 압박이 계속돼 엄청난 부담을 느꼈다"는 한 종업원의 말에서 이들이 **압박을 넘어 협박까지 받았으리라** 짐작할 수 있다.

이날 경선에서 존 케이식 후보가 자신이 주지사로 있는 오하이오에서 유일한 승리를 챙긴 것은 이런 점에서 의미가 **적지** 않다. (0317, ㅎ일보)

의미는 크거나 작지, 많거나 적지 않다. 눈에 보이거나 만져지지 않는 의미에 대해서 많거나 적다고 말할 수 없다. 따라서 '의미가 적지 않다'는 '의미가 작지 않다'로 바꾸어 써야 한다.

>>> 이날 경선에서 존 케이식 후보가 자신이 주지사로 있는 오하이오에서 유일한 승리를 챙긴 것은 이런 점에서 의미가 **작지** 않다.

일여다야(一與多野)의 구도 속에서 총선을 치를 경우 야권이 참패할 것이란 위기감도 **적지** 않은 것이 사실이다. (0304, ㅅ신문)

'위기감도 적지 않은'에서 '적지'는 '위기감'과는 어울리지 않는다. 적으냐 많으냐는 잴 수 있는 '양'의 문제인데 위기감은 작으냐 크냐 또는 약하냐 강하냐의 문제기 때문이다.

>>> 일여다야(一與多野)의 구도 속에서 총선을 치를 경우 야권이 참패할 것이란 위기감도 **작지** 않은 것이 사실이다.

하지만 각론으로 들어가면 입장 차가 **적지** 않다. 실업자 대책, 고통 분담, 국민 세금 지원 등 합의가 어렵거나 정치력을 동원해 풀어내야 할 난제가 첩첩산중이다. (0425, ㅈ일보)

'차'든 '차이'든 크거나 작다고 하지 많거나 적다고 하지 않는다. 따라서 '입장 차가 적지 않다'가 아니라 '입장 차가 작지 않다'라고 해야 한다. 입장 차가 나는 가짓수는 많거나 적을 수 있지만 입장 차 자체가 많거나 적을 수는 없다.

>>> 하지만 각론으로 들어가면 입장 차가 **작지** 않다.

그러나 대우조선해양이 부실에 이르게 된 과정을 보면 최대 주주인 산은과 감독당국인 금융위의 책임이 **적지** 않다. (0428, ㄱ신문)

품격 있는 글쓰기

책임은 크거나 작지 많거나 적지 않다. 따라서 '책임이 적지 않다'라고 할 게 아니라 '책임이 작지 않다'라고 해야 한다. 많거나 적은 것은 수효나 분량, 정도가 일정 기준에 미치지 못함을 말하는 것으로 '책임'은 크거나 작다고 말하는 것이 보통이다.

>>> 그러나 대우조선해양이 부실에 이르게 된 과정을 보면 최대 주주인 산은과 감독당국인 금융위의 책임이 **작지** 않다.

......

한편으로 국민의당이 교섭단체 구성에 필요한 20석의 2배 가까운 의석을 확보, 1996년 15대 총선 이래 20년 만에 국회에 **3당 정립(鼎立) 체제**가 들어서게 됐다. (0415, ㅎ일보)

'정립(鼎立)'이란 '세 사람 또는 세 세력이 솥발과 같이 벌여 섬'이란 뜻이다. '3당 정립 체제'는 '3당'과 '정립'이 실은 같은 뜻이어서 중복이다. '3당 정립 체제'가 무슨 용어인 것처럼 오해될 소지도 있다. '3당 정립 체제'는 '3당 체제'와 뜻이 다를 바가 없다. 따라서 '3당 정립 체제가 들어서게 됐다'보다는 '3당 체제가 들어서게 됐다'고 하든지 최소한 '3당 체제가 정립됐다'라고 하는 것이 낫다.

>>> 한편으로 국민의당이 교섭단체 구성에 필요한 20석의 2배 가까운 의석을 확보, 1996년 15대 총선 이래 20년 만에 국회에 **3당 체제**가 들어서게 됐다.
한편으로 국민의당이 교섭단체 구성에 필요한 20석의 2배 가까운 의석을 확보, 1996년 15대 총선 이래 20년 만에 국회에 **3당 체제**가 **정립됐다**.

더민주는 쟁점 법안에 대한 태도를 바꿀 기미가 없다. 게다가 19대 국회에서 쟁점으로 남은 법안은 여야 간 **첨예한 이해관계가** 맞서 있는 것들이다. 통과 전망은 불투명하다. (0419, ㅈ일보)

첨예하다는 것은 물리적으로는 물체가 날카롭고 뾰족하다는 것을 가리키고 비유적으로는 상황이나 사태가 날카롭고 격함을 뜻한다. 이해관계가 첨예한 게 아니라 이해관계가 맞선 상황이 첨예한 것이다. 따라서 '첨예한 이해관계'가 아니라 '이해관계가 첨예하게 맞서 있는' 것이다.

>>> 게다가 19대 국회에서 쟁점으로 남은 법안은 여야 간 **이해관계가 첨예하게 맞서** 있는 것들이다.

향후 수사에서 업체의 잘못이 인정되면 **단호한 법적인 책임**을 물어야 한다. (0322, ㄱ신문)

'단호한 법적인 책임을 물어야 한다'고 했다. '단호한'은 '책임'을 꾸민다고 볼 수밖에 없다. 그런데 '단호한 책임'이 있나? '무거운 책임'이나 '엄중한 책임'은 있어도 '단호한 책임'은 모호하다. '단호한'은 '책임을 묻는' 일에 관한 것이고 그렇다면 '물어야'에 걸리므로 '단호하게'라고 해야 한다.

>>> 향후 수사에서 업체의 잘못이 인정되면 **단호하게 법적인 책임을 물어야** 한다.

두 장관의 발언은 사드 **문제를** 북핵 억제 차원을 뛰어넘는 미-중, 미-러, 미-

중·러 사이의 세계적인 군사전략 차원에서 **접근하겠다는** 것을 선언한 것이라고 할 수 있다. (0314, ㅎ신문)

위 예에서 '사드 문제를 세계적인 군사전략 차원에서 접근하겠다'고 했다. 그런데 '접근하다'는 '~를' 목적어를 취하지 않는 동사다. '접근하다'는 '~에 접근하다'로 쓰인다. 따라서 '문제를'을 살리고자 한다면 '접근하겠다는'을 다른 동사로 바꾸어야 한다. '취급하겠다는'이나 '보겠다는', '처리하겠다는' 같은 말이 와야 '문제를'과 어울린다. '접근하겠다는'을 꼭 써야겠다면 '사드 문제를'이 아니라 '사드 문제에'라고 해야 옳다.

>>> 두 장관의 발언은 사드 **문제를** 북핵 억제 차원을 뛰어넘는 미-중, 미-러, 미-중·러 사이의 세계적인 군사전략 차원에서 **취급하겠다는** 것을 선언한 것이라고 할 수 있다.

그런데 무책임하기 짝이 없는 최근 국회 풍토를 고려하면, 제대로 **제정될지 단정하기는** 이르다. (0125, ㅁ일보)

'~ㄹ지'와 '단정하다'는 서로 안 맞는다. '단정하다'를 살리려면 '제대로 제정된다고 단정하기는' 또는 '제대로 제정될 거라고'처럼 써야 하고 '~ㄹ지'를 살리려면 '예측하기는 어렵다' 또는 '알 수는 없다' 등과 같이 써야 한다.

>>> 그런데 무책임하기 짝이 없는 최근 국회 풍토를 고려하면, 제대로 **제정된다고 단정하기는** 이르다.
그런데 무책임하기 짝이 없는 최근 국회 풍토를 고려하면, 제대로 **제정될지 예측하기는** 어렵다.

그런데 무책임하기 짝이 없는 최근 국회 풍토를 고려하면, 제대로 **제정될지 알 수는** 없다.

박 대통령의 이날 발언은 전반적으로 그동안 자신이 **노력해온 정책**을 설명하는 데 방점을 두었다. (0427, ㅈ일보)

'박 대통령의 이날 발언은 전반적으로 그동안 자신이 노력해온 정책을 설명하는 데 방점을 두었다'에서 '노력해온 정책'은 자연스러운 연결이 아니다. '정책을 노력해왔다'가 정상적인 말이 아니기 때문이다. '정책을 추진해왔다', '정책을 시행해왔다' 등이 적절하다. 또 '노력해온 정책' 대신 '노력을 기울여온 정책'이라고 하면 더 나아진다.

>>> 박 대통령의 이날 발언은 전반적으로 그동안 자신이 **추진해온 정책**을 설명하는 데 방점을 두었다.
박 대통령의 이날 발언은 전반적으로 그동안 자신이 **노력을 기울여온 정책**을 설명하는 데 방점을 두었다.

처음부터 합리적이고 상식적인 공천을 했었다면 결코 **등장하지** 않았을 **장면**들이다.
이런 괴상망측한 새누리당의 풍경은 결국 오만과 독선에 따른 자업자득이다. 머지않아 거대한 역풍을 맞는 것도 사필귀정일 것이다. 이제 집권 세력은 벌거벗은 몸으로 유권자의 **심판에 놓이게** 됐다. (0325, ㅈ일보)

'등장하지 않았을 장면'은 '장면이 등장하지 않았을'에서 유도된 표현이다.

그런데 '장면이 등장하다'가 어떤가? '등장하다'의 주어로서 '장면'이 전혀 안된다고 볼 수는 없겠지만 썩 자연스럽다고 하기는 어렵다. '등장하지 않았을 장면'보다 '나타나지 않았을 장면'이나 '생기지 않았을 장면', '발생하지 않았을 장면'이 더 자연스럽다.

'심판에 놓이게'도 마찬가지로 그리 자연스러운 표현이 아니다. '심판 앞에 놓이게' 또는 '심판을 받게'가 더 자연스럽다.

>>> 처음부터 합리적이고 상식적인 공천을 했었다면 결코 **나타나지** 않았을 **장면들**이다.
이런 괴상망측한 새누리당의 풍경은 결국 오만과 독선에 따른 자업자득이다. 머지않아 거대한 역풍을 맞는 것도 사필귀정일 것이다. 이제 집권 세력은 벌거벗은 몸으로 유권자의 **심판 앞에 놓이게** 됐다.

세종시는 "(대선에서) 재미 좀 봤다"는 노무현 전 대통령의 실토대로 2002년 대통령선거에서 지역감정을 **선동했고**, 두고두고 국가적 논쟁을 일으킨 폭탄 같은 이슈였다.   (0329, ㄷ일보)

위 예에서 세종시가 지역감정을 선동했다고 했다. '선동하다'는 남을 부추겨 어떤 일이나 행동에 나서게 한다는 뜻으로 주어는 사람이나 사람들로 이루어진 단체가 되는 것이 보통이다. 위 예에서 '세종시'도 단체지만 실은 '세종시 수도 이전'이라 해야 할 것을 뚝 잘라서 '세종시'라고 한 것이니 단체라 할 수도 없다. 따라서 '세종시'와 '지역감정을 선동했고'라는 서술어가 어울리지 않는다. 주어와 서술어를 서로 잘 호응하게 할 필요가 있다. '세종시'를 '세종시 문제'로 바꾸고 '지역감정을 선동했고'를 '지역감정을 자극했고'로 바꾼 다음 문장이 한 대안이 될 것이다.

>>> **세종시 문제는** "(대선에서) 재미 좀 봤다"는 노무현 전 대통령의 실토대로 2002년 대통령선거에서 지역감정을 **자극했고,** 두고두고 국가적 논쟁을 일으킨 폭탄 같은 이슈였다.

박근혜 대통령이 미주 **순방외교에서 귀국한** 지 이틀 만에 청주·전주를 방문했다.   (0409, ㅈ일보)

'귀국하다'가 '미주에서 귀국하다'로 쓰이는 것은 문제 없지만 '순방외교에서 귀국하다'는 자연스럽지 않다. '미주 순방외교에서 귀국한'이 아니라 '미주 순방외교를 마치고 귀국한'이라고 할 때 자연스럽게 읽힌다.

>>> 박근혜 대통령이 미주 **순방외교를 마치고 귀국한** 지 이틀 만에 청주·전주를 방문했다.

국제유가가 다시 배럴당 30달러 아래로 폭락하면서 아시아 **증시가** 일제히 **떨어지고** 있다.
3일 오전 11시 15분 현재 일본 도쿄증시에서 **닛케이225지수는** 전날보다 3.40% 떨어진 17146.49에 **거래되고 있다.**   (0203, y통신)

'증시가 떨어지고 있다'고 했다. 증시는 증권시장의 준말이다. 증권시장이 떨어진다는 것은 자연스럽지 않은 표현이다. 증권시장의 증권가격이 떨어지는 것이지 시장 자체가 떨어질 수는 없다. 물론 무슨 뜻인지 이해할 수는 있으나 정확한 표현은 아니다. 정확하게 표현하려면 다음과 같이 써야 한다.

>>> 국제유가가 다시 배럴당 30달러 아래로 폭락하면서 아시아 **증시의 주가가** 일제히 **떨어지고** 있다.

그리고 '닛케이225지수가 17145.49에 거래되고 있다'도 생략이 지나쳤다. 지수가 거래될 수는 없는 노릇이다. 거래되는 것은 증권 또는 주식이지 지수가 거래되지는 않는다. 주어와 서술어는 의미상 호응해야 한다.

>>> 3일 오전 11시 15분 현재 일본 도쿄증시에서 **닛케이225지수는** 전날보다 3.40% 떨어진 17146.49에 **이르렀다.**

오바마 행정부는 **숙원이던 이란 핵 문제**를 털어버려 한결 홀가분해졌다.

(0118, ㅈ일보)

'숙원이던 핵 문제'라고 했다. 여기서 '숙원'은 무엇인가? '숙원'에 두 가지 뜻이 있다.

숙원1(宿怨/夙怨): 오랫동안 품고 있는 원한. 또는 그런 원한을 품은 대상.
숙원2(宿願): 오래전부터 품어 온 염원이나 소망.

그러나 어느 쪽도 '숙원이던 핵 문제'에 어울리지 않는다. 두 번째 뜻으로 썼다면 다음과 같이 '해결'이 덧붙어야 한다. 아니면 아예 '숙원' 대신 '숙제'나 '과제'로 바꾸어야 한다.

>>> 오바마 행정부는 **숙원이던 이란 핵 문제 해결**을 해서 한결 홀가분해졌다.
오바마 행정부는 **오랜 숙제이던 핵 문제**를 털어버려 한결 홀가분해졌다.

새누리당 **새 출발의 첫 단추는** 무엇보다 '막장 공천'을 주도하는 등 오만과 불통으로 일관해온 친박계의 자성·자숙에서 **시작해야** 한다. (0428, ㅎ신문)

'새 출발의 첫 단추는 … 자성·자숙에서 시작해야 한다'는 크게 잘못되었다고는 할 수 없으나 '첫 단추'라는 말이 나온 이상 '꿰기 시작해야 한다'라고 해야 하고 그게 마땅하지 않다면 아예 '첫 단추'라는 말을 쓰지 않는 것이 좋다. '새 출발의 첫 단추는' 대신에 '새 출발은'이라고만 해도 충분하기 때문이다.

>>> 새누리당 새 출발의 첫 단추는 무엇보다 '막장 공천'을 주도하는 등 오만과 불통으로 일관해온 친박계의 자성·자숙에서 **꿰기 시작해야** 한다.
새누리**의 새 출발은** 무엇보다 '막장 공천'을 주도하는 등 오만과 불통으로 일관해온 친박계의 자성·자숙에서 시작해야 한다.

하지만 **자녀특혜 의혹은** 일자리를 얻지 못해 피눈물 흘리는 청년들을 절망케 하는 파렴치한 행위다. (0111, ㅈ일보)

이 문장은 골자가 '자녀특혜 의혹은 파렴치한 행위다'이다. 의혹이 행위일 수 있는가? 따라서 좋은 문장이라고 할 수 없다. '의혹을 사고 있는 자녀 특혜는'이라고 바꾸어야 말이 된다.

>>> 하지만 **의혹을 사고 있는 자녀 특혜는** 일자리를 얻지 못해 피눈물 흘리는 청년들을 절망케 하는 파렴치한 행위다.

그러나 박 대통령의 이런 발언은 피해자의 핵심 요구 사항이 일본 정부의 **법적 책임**이었다는 사실을 도외시한 것이다.   (0114, ㄱ신문)

'피해자의 핵심 요구 사항이 일본 정부의 법적 책임이었다'는 훌륭한 문장일까. 물론 이렇게 써도 무슨 뜻인지 이해하지 못할 사람은 별로 없을 것이다. 그러나 '요구 사항 = 법적 책임'은 정확한 호응이라고 할 수 없다. '요구 사항 = 법적 책임 인정'이라야 정확하게 호응했다고 할 수 있다. 따라서 다음과 같이 썼어야 한다.

>>> 그러나 박 대통령의 이런 발언은 피해자의 핵심 요구 사항이 일본 정부의 **법적 책임 인정**이었다는 사실을 도외시한 것이다.

간명하게 쓰는 것은 좋다. 그러나 그것이 중요한 부분을 생략해 가면서까지 이루어져서는 곤란하다. 정확하게 쓰는 것이 더 중요하다.

북한은 이미 동창리 미사일발사대에 대형 가림막을 설치하는 등 첩보위성을 따돌리고 발사대에 장착할 수 있는 **시설을 완료했다.**   (0128, ㄱ신문)

위 문장에서 '장착할'의 목적어가 생략되어 있다. 생략된 목적어는 '미사일'일 것이다. 문제는 '시설을 완료했다'이다. '시설'과 '완료하다'는 잘 어울리지 않는다. '시설'을 '완성'하는 것은 자연스럽지만 '완료'와는 잘 안 맞는다. '시설을 완료했다'보다는 '준비를 완료했다'가 적절하다. '시설'을 꼭 써야겠다면 '시설을 갖추었다'라고 하면 된다.

>>> 북한은 이미 동창리 미사일발사대에 대형 가림막을 설치하는 등 첩보위성을 따돌리고 발사대에 장착할 수 있는 **준비를 완료했다.**

....

멀쩡한 납품 기업을 하루아침에 몰아내고 총수 일가의 **회사로** 그 자리를 **대신하기** 때문이다.　　　　　　　　　　　　　　　　　　　　　　(0516, ㅈ일보)

'멀쩡한 납품 기업을 하루아침에 몰아내고 총수 일가의 회사로 그 자리를 대신하기 때문'에서 '총수 일가의 회사로 그 자리를 대신하기'는 '총수 일가의 회사가 그 자리를 대신하기'라고 하거나 '총수 일가의 회사로 그 자리를 채우기' 또는 '메우기'라고 하는 것이 낫다.

>>> 멀쩡한 납품 기업을 하루아침에 몰아내고 총수 일가의 **회사로** 그 자리를 **채우기** 때문이다.
멀쩡한 납품 기업을 하루아침에 몰아내고 총수 일가의 **회사가** 그 자리를 **대신하기** 때문이다.

....

하지만 분명한 사실은 지금은 문 대표 한 사람의 거취나 정치적 장래 문제 등을 떠나 야권 전체의 명운이 **걸린** 시점이라는 점이다.　　　　(0120, ㅎ신문)

'지금은 문 대표 한 사람의 거취나 정치적 장래 문제 등을 떠나 야권 전체의 명운이 걸린 시점이다'는 문법적인 문장일까? '걸리다'라는 동사는 '~에'라는 말을 필요로 하는 동사이다. 그러나 위 문장에서는 이런 말이 없다. 따라서 '걸리다'가 적절하게 사용되었다고 하기 어렵다. 물론 위 문장이 무엇을 의미하는지 모를 사람은 별로 없을 것이다. 그렇다고 해서 문장의 문법성까지 용인

될 수 있는 것은 아니다. 다음과 같이 바꾸는 것이 좋다.

>>> 지금은 문 대표 한 사람의 거취나 정치적 장래 문제 등을 떠나 야권 전체의 명운이 **중요한 시점**이다.

위 문장만으로 뜻이 충분히 드러나지 않는다면, 즉 싱겁게 느껴진다면 '절대적으로' 같은 말을 보충해도 좋을 것이다.

>>> 지금은 문 대표 한 사람의 거취나 정치적 장래 문제 등을 떠나 야권 전체의 명운이 **절대적으로 중요한 시점**이다.

미국은 핵미사일로 무장한 전략무기인 'B-52' 장거리 폭격기를 북한의 4차 핵실험 나흘만인 10일 한반도 상공을 전격적으로 **비행했다.** (0110, y통신)

주어는 '미국은'인데 서술어인 동사는 '비행했다'여서 서로 호응하지 않는다. '장거리 폭격기를'과 '비행했다'도 서로 호응하지 않는다. 따라서 문장 성분들끼리 호응하도록 하기 위해서는 적어도 다음과 같이 고쳐야 한다.

>>> **미국은** 핵미사일로 무장한 전략무기인 'B-52' 장거리 폭격기를 북한의 4차 핵실험 나흘만인 10일 한반도 **상공에** 전격적으로 **투입했다.**

이때 '투입했다' 대신에 '배치했다' 또는 '전개했다'도 가능하다.

앞으로 AI가 자율주행차·로봇·사물인터넷(IoT)과 같은 첨단산업에 적용되면

전통 제조업에 머물고 있는 **한국 기업은** 졸지에 21세기 **산업후진국으로 밀려나는** 위기에 직면하게 된다. (0314, ㅈ일보)

위 예에서 '한국 기업은 21세기 산업후진국으로 밀려나는'이라고 했다. 기업이 후진국으로 밀려날 수는 없다. 기업은 기업이고 후진국은 국가다. 기업이 국가가 될 수는 없는 노릇이다. 서로 일치시켜야 함은 물론이다. 따라서 적어도 다음과 같이 바꾸어야 말이 된다.

>>> 앞으로 AI가 자율주행차·로봇·사물인터넷(IoT)과 같은 첨단산업에 적용되면 전통 제조업에 머물고 있는 **기업들이 주종인 한국은** 졸지에 21세기 **산업후진국으로 밀려나는** 위기에 직면하게 된다.
앞으로 AI가 자율주행차·로봇·사물인터넷(IoT)과 같은 첨단산업에 적용되면 전통 제조업에 머물고 있는 **한국 기업들은** 졸지에 21세기 **후진 기업으로** 밀려나는 위기에 직면하게 된다.

IS(이슬람국가)의 테러가 잇따르는 상황에서 나라의 최일선 관문이 너무 **허술하게** 뚫린 것에 불안감을 느끼지 않을 국민은 없을 것이다. (0127, ㅈ일보)

'허술하게'와 '뚫린'의 호응이 자연스러운가. 별로 자연스럽지 않아 보인다. '허술하게'는 '관리하다'나 '지키다' 따위의 동사와 잘 어울리고 '뚫리다'는 '쉽게', '맥없이' 따위의 부사와 잘 어울린다. 서로 잘 어울리는 말끼리 연결해야 함은 물론이다.

>>> IS(이슬람국가)의 테러가 잇따르는 상황에서 나라의 최일선 관문이 너무 **쉽게 뚫린** 것에 불안감을 느끼지 않을 국민은 없을 것이다.

194 품격 있는 글쓰기

국가적으로 중요한 **결정이** 국민의 실생활에 줄 영향을 종합적이고 균형있게 판단할 **기능을** 애초부터 **배제한** 것이다. (0219, ㅎ신문)

위 문장은 여러 가지로 어색하다. '결정이 기능을 배제했다'부터가 쉽게 이해되지 않는 연결이다. '판단할 기능'은 또 무슨 뜻인지 역시 잘 이해되지 않는다. '판단할'의 주어가 누구인지도 드러나 있지 않다. 설마 '기능'이 '판단'하는 것은 아닐 것이다. 추상적인 명사인 '결정', '기능' 따위를 주어와 목적어로 삼다 보니 빚어진 일이다. 결국 뜻이 무엇인지 잘 알 수 없게 되었다. 이를 바로잡으려면 '기능'을 '부처'나 '부서' 같은 구체적인 명사로 바꾸는 것이 필요하다. 아래와 같이 바꾼다면 훨씬 뜻이 선명하게 드러날 것이다.

>>> 국가적으로 중요한 **결정을 내리면서** 국민의 실생활에 줄 영향을 종합적이고 균형있게 판단할 **부처를** 애초부터 **배제한** 것이다.

지난해 2월에는 4개월 이상 **임금 체불 사업에** 대해 체불액만큼의 부가금을 근로자가 법원에 청구할 수 있도록 근로기준법을 고쳐 국회에 상정했다. (0204, ㄱ일보)

'4개월 이상 임금 체불 사업'은 명확한 표현이 아니다. '4개월 이상 임금 체불 사업장'이든지, '4개월 이상 임금 체불 사업체'든지, '4개월 이상 임금 체불 사업자'라고 해야 의미가 분명하지 '4개월 이상 임금 체불 사업'은 뜻이 명료하지 않다.

>>> 지난해 2월에는 4개월 이상 **임금 체불 사업장에** 대해 체불액만큼의 부가금

을 근로자가 법원에 청구할 수 있도록 근로기준법을 고쳐 국회에 상정했다.

정운호라는 기업인의 도박 사건을 둘러싼 법조 비리 **윤곽이 하나 둘 드러나면서**, 이번 법조 스캔들의 요소요소에 법조 브로커가 개입했었다는 사실들이 확인되고 있다. (0513, ㅈ일보)

'법조 비리 윤곽이 하나 둘 드러나면서'는 그냥 지나쳐도 좋을지 모른다. 무슨 뜻인지 누구나 이해할 것인기 때문이다. 그러나 찬찬히 뜯어보면 좋은 문장이 아님이 틀림없다. 윤곽은 셀 수 없는 것이다. '윤곽이 하나 둘 드러날' 수는 없다. '윤곽이 차츰 드러나면서'든지 '사실이 하나둘 밝혀지면서'라고 하는 것이 정확한 표현이다. 물론 '사실이 하나둘 밝혀지면서'라고 하면 그 뒤에 나오는 '개입했었다는 사실들이'는 중복을 피하기 위해서 '개입했었음이'라고 하는 것이 좋다.

>>> 정운호라는 기업인의 도박 사건을 둘러싼 법조 비리 **윤곽이 차츰 드러나면서**, 이번 법조 스캔들의 요소요소에 법조 브로커가 개입했었다는 사실들이 확인되고 있다.
정운호라는 기업인의 도박 사건을 둘러싼 법조 비리 **사실이 하나둘 밝혀지면서**, 이번 법조 스캔들의 요소요소에 법조 브로커가 개입했었음이 확인되고 있다.

인권위가 상임위원 4명의 만장일치로 이같이 결정했고, 대통령이 임명하는 위원장을 포함한 상임위원 4명 중 3명이 법조계 출신이란 점에서 이번 시행령이 상당한 법률적 **논란을 갖고 있다**는 뜻으로 봐야 한다. (0504, ㄱ신문)

'시행령이 상당한 법률적 논란을 갖고 있다'는 말은 어폐가 있다. '논란'은 '여럿이 서로 다른 주장을 내며 다툼'이라는 뜻이어서 시행령이 논란을 가질 수는 없다. 시행령이 논란을 부를 수 있거나 시행령이 논란거리를 안고 있다고 말하는 것이 옳다.

>>> 인권위가 상임위원 4명의 만장일치로 이같이 결정했고, 대통령이 임명하는 위원장을 포함한 상임위원 4명 중 3명이 법조계 출신이란 점에서 이번 시행령이 상당한 법률적 **논란거리를 안고 있다**는 뜻으로 봐야 한다.

중국·러시아를 포함한 국제사회의 제재 실행 **분위기도** 어느 때보다 **긴밀하다**.

(0507, ㅈ일보)

'중국·러시아를 포함한 국제사회의 제재 실행 분위기도 어느 때보다 긴밀하다'에서 '분위기도 긴밀하다'는 적절한 조합이 아니다. '긴밀하다'는 '서로의 관계가 매우 가까워 빈틈이 없다'라는 뜻이어서 '관계가 긴밀하다'처럼 쓰이는 게 보통이다. '분위기'가 주어라면 '강하다', '뜨겁다', '무겁다', '진지하다' 등과 같은 말이 잘 어울린다.

>>> 중국·러시아를 포함한 국제사회의 제재 실행 **분위기도** 어느 때보다 **진지하다**.

새누리당은 이성을 되찾고 책임감 있게 행동해야 한다. 계파 이익이나 패권보다 **두려운 게** 민심이다.

(0518, ㄱ신문)

'계파 이익이나 패권보다 두려운 게 민심이다'에서 비교를 뜻하는 조사 '보다'가 쓰였다. '계파 이익이나 패권'이 두렵기보다 '민심'이 더 두렵다고 하였다. 그런데 민심은 두려울 수 있지만 계파 이익이나 패권이 두렵나? 계파 이익이나 패권은 두려운 게 아니라 탐나거나 중요할 따름이다. 따라서 '계파 이익이나 패권'과 '민심'을 동등하게 비교할 일이 아니다. 비교의 '보다'를 쓰기로 한 이상은 '민심'에만 쓰일 수 있는 '두려운'이 아니라 양쪽에 다 쓰일 수 있는 말을 써야 한다. '중요한'이나 '앞서는', '앞서야 하는'이 그런 대안이다.

>>> 계파 이익이나 패권보다 **중요한 게** 민심이다.

계파 이익이나 패권보다 **앞서야 하는 게** 민심이다.

건축물 내진 성능도 **촘촘히 정비할** 필요가 있다.   (0418, ㅈ일보)

'건축물 내진 성능도 촘촘히 정비할 필요가 있다'에서 '성능을 정비하다'가 잘 어울리지 않는다. '정비하다'는 '성능'이 아니라 '기계', '시설' 따위에 대해 쓰이는 것이 적절하기 때문이다. '건축물 내진 성능'은 향상시키거나 끌어올리는 게 맞다. 그리고 '촘촘히' 대신에 '더욱'이나 '한층'이 문맥에 어울린다.

>>> 건축물 내진 성능도 **더욱 향상시킬** 필요가 있다.

이들 기관에 이번 총선에서 낙천·낙선된 친박 인사들을 앞세운 정·관피아가 속속 들어서면 그동안 **벌여온** 공공기관 정상화 **노력은** 물거품이 된다.

(0427, ㅈ일보)

'노력을 벌여온'은 자연스러운 연결이 아니다. '노력을 기울여온'이나 '노력을 쏟아온'이 적절하다. '벌여온'에 어울리는 말은 '운동', '사업' 등인데 위 예는 '운동'이나 '사업'이 쓰일 맥락이 아니어 보인다. '그동안 기울여온 공공기관 정상화 노력'이라고 다듬을 필요가 있다.

>>> 이들 기관에 이번 총선에서 낙천·낙선된 친박 인사들을 앞세운 정·관피아가 속속 들어서면 그동안 **기울여온** 공공기관 정상화 **노력은** 물거품이 된다.

하지만 그렇게 국회의원이 된 사람 중 지난 4년간 뭘 했는지조차 알 수 없는 경우가 적지 않았다. 처음에는 **여러 기대도** 받았지만 곧 정치 싸움의 수렁 속에서 존재감마저 상실했다.   (0323, ㅈ일보)

'여러 기대'는 별로 자연스럽지 않다. '여러'는 보통 셀 수 있는 것에 대해 사용하기 때문이다. 그런데 '기대'는 셀 수 있지 않다. 따라서 '여러 기대도 받았지만'보다 '기대도 많이 받았지만'이라고 하는 것이 자연스럽다.

>>> 처음에는 **기대도 많이** 받았지만 곧 정치 싸움의 수렁 속에서 존재감마저 상실했다.

2부

문장 편

주어 없는 문장

글을 쓴다는 것은 문장을 쓰는 것이다. 글은 문장의 연속이다. 그런데 어떤 문장이든 주어와 서술어로 돼 있다. 주어만 있고 서술어는 없다든지 서술어는 있는데 주어는 없다면 정상적인 문장이 아니다. 문장에 주어가 없다면 무엇에 대해 말하는지 알 수가 없다.

입으로 하는 말에서는 책이나 신문의 글과 달리 주어가 생략되는 경우가 흔히 있다. 대화체 말에서는 주어가 생략되더라도 생략된 주어가 무엇인지 뻔히 알기 때문에 주어를 생략하는 경우가 아주 흔하다. "안녕하세요?" 같은 굳어진 인사말은 물론이고 "아침 먹었니?" 하는 말에서도 굳이 "너 아침 먹었니?"라고 하는 경우는 드물다. 상황 자체가 생략된 주어가 무엇인지 잘 보여 주기 때문에 주어를 생략할 수 있고 생략하는 것이 보통이다. 그러나 글에서는 얘기가 달라진다. 글에서는 주어가 빠지면 즉각 '빠진 주어가 뭐지?' 하는 의문이 든다. 문맥을 통해 빠진 주어가 무엇인지 금세 알 수 있다면 글에서도 주어를 생략할 수 있다. 그런 경우가 아닌 한 글에서 주어를 빠뜨리는 것은 금물이다. 글의 뜻을 파악하기 어렵게 만들기 때문이다.

품격 있는 글쓰기

주어는 문장의 필수 성분이다. 문장에서 필수 성분이 없으면 비문법적인 문장이 된다. 비문법적인 문장을 비문이라고 하는데 글을 쓸 때에 비문을 쓰지 않는 것은 기본적인 수칙이다. 주어가 없는 문장은 비문이므로 주어를 분명히 드러내 비문이 되지 않도록 해야 한다.

그런데 책이나 신문을 읽다 보면 주어 없는 문장을 적지 않게 만날 수 있다. 주어가 없더라도 문맥을 통해 생략된 주어가 무엇인지 쉽게 드러난다면 문제 될 것이 없으나 생략된 주어가 무엇인지 잘 드러나지 않는데도 주어가 보이지 않는 문장이 꽤 흔하다. 아마도 생략된 주어를 독자가 찾아낼 수 있겠지 하는 생각에 주어 없는 문장을 쓸 것이다. 생략된 주어가 무엇인지 독자가 쉽게 찾아낸다면 괜찮지만 그렇지 않은 경우도 적지 않다. 그것은 독자에게 부담을 지우는 일이며 생략된 주어가 무엇인지 알기 어렵다면 독자는 답답한 느낌을 지울 수 없게 된다. 독자에게 그런 불편을 끼치는 것은 바람직하지 않다. 독자에게 부담을 안기는 것은 좋은 글쓰기의 태도가 아니다. 주어는 될 수 있는 한 생략하지 않는 것이 좋다.

한국은행이 오는 14일 금융통화위원회 직후 올해 성장률 전망치를 수정해 발표할 **것이라는 소식이다**. 전망치를 낮출 가능성이 높다는 게 대체적인 분석이다. (0111, ㅅ경제)

위 첫 문장의 경우 서술어는 '소식이다'인데 '소식이다'의 주어가 없다. 주어가 없어도 무슨 뜻인지 대체로 이해할 것이기 때문에 주어를 생략했을 것이다. 그렇더라도 주어 없는 문장을 남발하는 것은 바람직하지 않다.

주어가 없는 첫 문장과 달리 두 번째 문장은 주어가 있다. '가능성이 높다는 게 대체적인 분석이다' 구조여서 '분석이다'의 주어는 '가능성이 높다는 게'이다. 주어가 없는 첫 문장에 대해 용인 가능하다고 생각하는 사람들이 있을지 모르겠다. 그러나 별로 좋은 문장이 아니다. 최소한 다음과 같이 바꾸어 쓰는 게 좋다.

>>> 한국은행이 오는 14일 금융통화위원회 직후 올해 성장률 전망치를 수정해 발표할 **것이라고 한다**.

어제 서울에서 열린 15차 한·중 국방정책 실무회의에서 중국 국방부 관계자들이 북한의 4차 핵실험과 관련한 UN 안전보장이사회의 대북 제재 결의에 참여하겠다는 공식적인 의사를 밝혔다는 **보도다**. (0117, ㅎ경제)

'보도다'로 끝나는 이 문장은 주어가 없다. 주어가 없어도 될 이유가 없다. 다음과 같이 바꾸어야 한다.

>>> 어제 서울에서 열린 15차 한·중 국방정책 실무회의에서 중국 국방부 관계자들이 북한의 4차 핵실험과 관련한 UN 안전보장이사회의 대북 제재 결의에 참여하겠다는 공식적인 의사를 밝혔다는 **보도가 나왔다**.

국내 공식 혈액 재고가 8일 기준 2.3일분까지 떨어졌다는 우울한 소식이다.
(0110, ㅈ일보)

사설의 첫 문장이 '국내 공식 혈액 재고가 8일 기준 2.3일분까지 떨어졌다는 우울한 소식이다'이다. 주어가 생략되어 있다. 주어의 생략을 어떻게 볼 것인가. 가능한 생략일까.

>>> (1) 국내 공식 혈액 재고가 8일 기준 2.3일분까지 떨어졌다고 한다.

(2) 국내 공식 혈액 재고가 8일 기준 2.3일분까지 떨어졌다는 우울한 소식이 날아들었다.

(3) 관계 당국에 따르면 국내 공식 혈액 재고가 8일 기준 2.3일분까지 떨어졌다.

대안으로 (1)~(3)을 원래의 문장과 비교해 볼 필요가 있다. (1)~(3)은 적어도 주어에 관한 한 문제가 없다. (1)이 표면적으로 주어가 없기는 하지만 누구도 문제 삼지 않을 것이다. (2)와 (3)은 주어가 잘 갖추어진 반듯한 문장이다.

원래의 문장은 사설의 첫 문장으로서 아무 사전 정보 없이 바로 '국내 공식 혈액 재고가 8일 기준 2.3일분까지 떨어졌다는 우울한 소식이다'여서 읽는 사람을 어리둥절하게 만든다. 주어를 생략할 수도 있지만 생략된 주어가 무엇인지 쉽게 이해할 수 있을 때만 그렇고 글의 첫 문장에서 주어 생략은 바람직하지 않다.

....

그렇다면 북한의 성동격서(聲東擊西)식 도발 가능성을 예의 주시해야 한다. 북한이 서해 등지에서 국지 도발을 일으키려는 척하면서 후방에서 테러를 자행하거나, 그 반대로 나올 개연성에 빈틈없이 대비해야 한다는 **얘기다.** 정보 당국은 북한 정찰총국이 북 외교관 출신인 고영환 국가안보전략연구원 부원장을 암살하라는 지령을 내렸다는 첩보를 입수했**다는 소식이다.**　　　(0222, ㅅ신문)

위에서 앞의 문장이 '~는 얘기다'의 '-이다' 구문이고 다음 문장 역시 '~는 소식이다'로 '-이다' 구문이다. 원래 '-이다' 구문은 '무엇은 무엇이다'와 같이 쓰여야 맞다. 그런데 두 문장 모두 '무엇은'이 없다. 주어가 없다. 그러나 '~는 얘기다'의 경우와 '~는 소식이다'의 경우는 서로 다르다. '~는 얘기다'는 주어가 없어도 그 주어가 무엇인지 독자가 충분히 이해한다. '~는 얘기다' 앞에서 한 이야기가 바로 '무엇은'에 해당하기 때문이다. 그러나 그다음에 나오는 '~는 소식이다'는 무엇이 '~는 소식이다'인지 알 수가 없다. 따라서 그렇게 써서는 안 된다. 주어 없는 문장을 쓰는 대신에 '~고 한다'라고 하면 된다.

>>> 정보 당국은 북한 정찰총국이 북 외교관 출신인 고영환 국가안보전략연구원 부원장을 암살하라는 지령을 내렸다는 첩보를 입수했다**고 한다.**

윤 의원은 인천을 지역구로 둔 재선 의원이지만, 고향은 충북 청양으로 박근혜 정부 출범 후 여권 실세로 통하며 충청권 인사들의 '정치적 채널' 역할을 해왔다는 **평이다.**   (0124, 뉴시스)

'윤 의원은 … 역할을 해왔다는 평이다'에서 '평이다'의 주어가 없다. '윤 의원은'이 '평이다'의 주어일 수는 없다. 이같은 문장에 대해 무슨 뜻인지 이해가 되는데 뭐가 문제냐고 생각하는 사람들이 있을 것이다. 위 문장의 뜻이 모호하다고 생각하는 사람은 별로 없을 것 같으니 말이다. 그러나 그런 식으로 문법에 대해 관용적인 태도를 갖기 시작하면 '뜻만 통하면 그만'이라는 생각이 퍼지게 되고 문법을 가벼이 여기게 된다. 위 문장과 아래 문장을 비교해 보자.

>>> 윤 의원은 인천을 지역구로 둔 재선 의원이지만, 고향은 충남 청양으로 박근혜 정부 출범 후 여권 실세로 통하며 충청권 인사들의 '정치적 채널' 역할을 해왔다는 **평을 듣고 있다.**

어느 쪽이 더 편안하게 받아들여지는가? '대충' 쓴 원래 문장과 문법에 어긋나지 않은지 헤아려서 쓴 나중 문장 중에서 후자가 더 자연스럽고 명료하지 않은가. 문법은 그 자체를 위해서도 필요하지만 뜻이 쉽고 명료하게 이해되도록 하기 위해 중요하게 생각하지 않으면 안 된다.

북한 핵·미사일 개발이 완성단계에 진입하면서 한반도를 포함한 동북아의 기존 외교·안보 질서가 붕괴되고 있다. 중국과 러시아는 핵무기 고도화에 나선 북한을 사실상 보호하고 있고, 미국과 일본은 한국과 함께 강력한 독자 제재에 들어갔다. 한반도가 전례 없는 '전환의 시대'를 맞고 있는 만큼, 근본 대책의 변화가 필요하다는 **지적이다.** (0211, □일보)

'한반도가 전례 없는 '전환의 시대'를 맞고 있는 만큼, 근본 대책의 변화가 필요하다는 지적이다'에서 '지적이다'의 주어가 없다. 뭐가 지적이라는 것인지가 없다. 이런 문장은 바람직하지 않다. 따라서 주어를 채워 넣어 주거나 아예 '지적이다'를 없애야 한다.

>>> 한반도가 전례 없는 '전환의 시대'를 맞고 있는 만큼, 근본 대책의 변화가 필요하다는 **지적이 나오고 있다.**
한반도가 전례 없는 '전환의 시대'를 맞고 있는 만큼, 근본 대책의 변화가 **필요하다.**

'지적이다' 대신 '지적이 나오고 있다'라고 하면 '지적이'가 주어가 되므로 문법적이다. '필요하다는 지적이다'를 '필요하다'로 마치면 의미가 달라지지만 문법적으로는 완전해진다. 아예 '~고 전문가들은 지적한다'처럼 바꾸는 것도 한 방법이다.

>>> 한반도가 전례 없는 '전환의 시대'를 맞고 있는 만큼, 근본 대책의 변화가 필

요하다고 **전문가들은 지적한다.**

....

북한 핵실험 직후 "결연하게 반대한다"던 중국이 어느새 '냉정' '대화'를 거론하
며 과거 입장으로 되돌아간 **태도다.**

미국과 중국의 이런 태도 차이를 바라보는 우리 국민은 "혹시나 했더니 역시
나"라는 생각에 이르게 된다. 박근혜 대통령은 지난해 '중국 경사론'이라는 오
해를 받아가면서까지 중국 전승절 기념행사에 참가했고 한·중 양국은 '전략적
협력 동반자' 관계를 공고히 한 것으로 **믿었다.**   (0112, ㅁ경제)

첫 문장에서 '태도다'의 주어가 무엇인가? '중국이 … 태도다'라는 문장은 자
연스러운가? 압축이 지나치다고 하지 않을 수 없다. 따라서 다음과 같이 바꾸
는 편이 낫다.

>>> 북한 핵실험 직후 "결연하게 반대한다"던 중국이 어느새 '냉정' '대화'를 거론
하며 과거 입장으로 되돌아간 **태도를 보이고 있다.**

또는 다음과 같이 바꿀 수도 있을 것이다.

>>> 북한 핵실험 직후 "결연하게 반대한다"던 중국이 어느새 '냉정' '대화'를 거론
하며 과거 입장으로 **되돌아갔다.**

그다음 문장에서 '믿었다'의 주어는 무엇인가? 표면적으로는 '한·중 양국은'
이 주어인 것처럼 보인다. 그러나 글쓴이가 '믿었다'의 주어를 '한·중 양국은'
이라고 본 것 같지는 않다. 한국만 그렇게 믿었지 중국이 그렇게 믿었다고 볼
만한 근거는 어디에도 없다. 따라서 '믿었다'의 주어는 '박근혜 대통령은'이거

나 '한국'이거나 '한국 국민은' 아니면 '우리는'일 것이다. 그러나 그 어떤 것도 표면에 나타나지 않았다. '우리는' 정도가 가장 적절한 주어가 될 것이고 이는 생략해서는 안 된다. 다음과 같이 써야 할 것이다.

>>> 박근혜 대통령은 지난해 '중국 경사론'이라는 오해를 받아가면서까지 중국 전승절 기념행사에 참가했고 **우리는** 한·중 양국이 '전략적 협력 동반자' 관계를 공고히 한 것으로 **믿었다.**

경영난에 봉착한 롤스로이스는 구조조정을 계획 중이다. 감원(減員)은 기본이고 생산 시설을 해외로 옮기려고 한다. 그중에서도 정치권을 충격에 빠뜨린 건 전투기용 첨단 엔진을 인도에서 제작한다는 계획이다. 일자리가 줄어드는 것은 둘째치고, 방위 사업의 결정체를 예전 식민지였던 나라에서 만든다는 소식에 영국 주류 사회가 자존심에 상처를 입었다는 **반응이다.** (0112, ㅈ일보)

'일자리가 줄어드는 것은 둘째치고, 방위 사업의 결정체를 예전 식민지였던 나라에서 만든다는 소식에 영국 주류 사회가 자존심에 상처를 입었다는 반응이다'의 주어는 무엇이고 서술어는 무엇인가? 요컨대 '반응이다'의 주어가 보이지 않는다. 따라서 다음과 같이 고쳐야 비로소 문장이 성립된다.

>>> 일자리가 줄어드는 것은 둘째치고, 방위 사업의 결정체를 예전 식민지였던 나라에서 만든다는 소식에 영국 주류 사회가 자존심에 상처를 입었다는 **반응을 나타냈다.**

아니면 아예 '–는 반응이다'를 없애는 것도 한 방법이다.

>>> 일자리가 줄어드는 것은 둘째치고, 방위 사업의 결정체를 예전 식민지였던 나라에서 만든다는 소식에 영국 주류 사회가 자존심에 상처를 **입었다.**

그제 이주열 한은 총재가 "미국의 금리 인상이 곧바로 한은의 금리 인상으로 이어지는 것은 아니다"**라고 한 연장선상이다.** (중략)

그러나 미국의 금리 인상으로 외국인 투자자금 유출과 환율 변동 가능성을 우려하면서도 내년 통화정책의 기조를 '완화'라고 미리 족쇄를 채운 것은 **경솔했다는 판단이다.**

(1225, ㄷ일보)

첫 문장에서 '~라고 한'이 꾸미는 말이 '연장선상'이 될 수 없다. '~라고 한 말의 연장선상이다'라고 해야 맞다. 아마도 최대한 문장을 간결하게 쓰려고 하다 보니 그렇게 썼겠지만 좋은 문장이라고 할 수 없다. 대부분의 독자는 이 글을 읽고 잘못된 문장이라고 생각하지 못했을지 모른다. 그러나 이렇게 생략에 익숙해지다 보면 무엇이 바른 문장이고 무엇이 틀린 문장인지 감각이 무뎌질 우려가 있다. 따라서 간결한 것도 좋지만 문장이 갖추어야 할 최소한의 요건은 갖추어야 한다.

그다음의 '~은 경솔했다는 판단이다'도 좋은 문장의 예가 아니다. 누구의 판단인지가 전혀 드러나 있지 않다. 사설 글쓴이의 판단임을 이해해 달라는 것이겠지만 지나친 기대가 아닌가 한다. 차라리 더 짧게 '~라고 미리 족쇄를 채운 것은 경솔했다'로 끝내든지 아니면 '~라고 미리 족쇄를 채운 것은 경솔했다는 것이 우리의 판단이다'라고 했어야 옳다. 밑도 끝도 없이 '~것은 경솔했다는 판단이다'로 끝냄으로써 주어 없는 문장이 되고 말았다.

>>> 그제 이주열 한은 총재가 "미국의 금리 인상이 곧바로 한은의 금리 인상으로 이어지는 것은 아니다"**라고 한 말의 연장선상이다.** (중략)

품격 있는 글쓰기

그러나 미국의 금리 인상으로 외국인 투자자금 유출과 환율 변동 가능성을 우려하면서도 내년 통화정책의 기조를 '완화'라고 미리 족쇄를 채운 것은 **경솔했다.**

인재들의 열기와 열정으로 뜨거워야 할 우리나라 소위 'SKY대' 인근이 쇠락한 고시원과 음식점, 커피점으로 채워져 있는 **현실이다.**   (0103, ㅈ일보)

'현실이다'의 주어가 없다. 주어가 없어도 되는가? 적어도 다음 둘 중 하나로 고쳐 써야 할 것이다.

>>>   (1) 인재들의 열기와 열정으로 뜨거워야 할 우리나라 소위 'SKY대' 인근이 쇠락한 고시원과 음식점, 커피점으로 채워져 있다.
      (2) 인재들의 열기와 열정으로 뜨거워야 할 우리나라 소위 'SKY대' 인근이 쇠락한 고시원과 음식점, 커피점으로 채워져 있는 것이 현실이다.

   (1)에서는 '인재들의 열기와 열정으로 뜨거워야 할 우리나라 소위 'SKY대' 인근이'가 주어이고 (2)에서는 '인재들의 열기와 열정으로 뜨거워야 할 우리나라 소위 'SKY대' 인근이 쇠락한 고시원과 음식점, 커피점으로 채워져 있는 것이'가 주어이다. 주어가 없어도 되는 경우는 문맥을 통해 명백히 주어가 무엇인지 능히 알 수 있는 경우뿐이다. 그렇지 않은 한 주어는 반드시 있어야 한다.

게다가 정부 발표를 보면 250억달러 가운데 150억달러는 수출입은행이 부담할 몫이다. 잠재부실이 커서 정부가 무리를 해가며 한국은행에 자본 확충을 요구하고 있는 국책은행이다.   (0504, ㅎ신문)

'잠재부실이 커서 정부가 무리를 해가며 한국은행에 자본 확충을 요구하고 있는 국책은행이다'는 주어가 '수출입은행'인데 생략되었다. 바로 앞에 수출입은행에 대해 언급했으므로 생략했을 것이다. 그러나 앞 문장과의 연결이 잘되지 않았다. 왜 이 문장이 나왔는지 의아하게 느껴진다. 앞 문장과의 연결을 자연스럽게 해 줄 필요가 있다. 아래처럼 두 문장을 한 문장으로 만들어 주고 '실정이다'로 문장을 끝내면 의문이 해소된다.

>>> 게다가 정부 발표를 보면 250억 달러 가운데 150억 달러는 수출입은행이 부담할 **몫인데 수출입은행은** 잠재부실이 커서 정부가 무리를 해가며 한국은행에 자본 확충을 요구하고 있는 **실정이다.**

세계적으로 스스로 사업을 크게 일군 이른바 자수성가형의 억만장자가 늘고 있다. 그만큼 역동적인 데다 창의적인 아이디어 등을 통해 성공할 기회가 여전히 많다는 의미다.   (0315, ㅅ신문)

'그만큼 역동적인 데다'는 주어가 없다. 무엇이 역동적이라는지 알 수가 없다. 주어는 생략할 수 있지만 생략되더라도 무엇이 생략되었는지 알 수 있을 때만 생략해야 한다. 그러나 위 예에서 무엇이 역동적이라는 것인지 찾을 수 없다. 따라서 예를 들어 '기업 환경이' 같은 주어를 넣어 주어야 할 것이다. 마지막의 '의미다'도 주어가 없는데 그렇게 맺는 것보다 '여전히 많음을 보여 준다'라고 하는 것이 낫다. '보여 준다'의 주어도 물론 생략되었지만 앞 문장이 곧 생략된 주어임을 누구나 알 수 있다. 즉, 자수성가형의 억만장자가 늘고 있다는 사실이 성공할 기회가 많음을 보여 준다'로 해석된다.

>>> 그만큼 **기업 환경이** 역동적인 데다 창의적인 아이디어 등을 통해 성공할 기

회가 여전히 많음을 **보여 준다.**

....

친박 윤상현 의원의 취중욕설 공개, 이 위원장과 현기환 청와대 정무수석의 비밀회동설은 공천의 막후에 더 근본적인 기획이 있는 게 아니냐는 의심을 불렀다.

총선 승리와 별도로 이번 기회에 새누리당을 박근혜 대통령의 친위부대로 재편성한다는 **목표다. 이럴 경우** 박 대통령은 정국 주도력은 물론 내년 대선정국과 그 이후까지 영향력 확대를 노린다는 것이다. (0318, ㅈ일보)

'총선 승리와 별도로'는 무엇에 걸리는지 분명하지 않다. 그리고 '승리'라는 표현도 적절하지 않다. 이 글이 쓰인 시점에 총선은 아직 치러지지 않았고 승리할지 패배할지는 아직 알 수 없다. 따라서 '총선과 별도로' 또는 '총선 결과와는 별도로'라고 해야 한다.

그리고 '총선 승리와 별도로 이번 기회에 새누리당을 박근혜 대통령의 친위부대로 재편성한다는 목표다'는 주어가 없는 문장이다. 그 앞 문장에 있는 '더 근본적인 기획'을 주어로 생각하고 있는 것으로 보인다. 그렇더라도 문단까지 나누어 놓고는 주어 없이 문장을 쓰는 것은 지나치다. 주어를 밝혀 주어야 이해하기 쉽다. 주어를 밝혀 주지 않을 바에는 '목표다' 대신 '목표가 그것이다'라고 함으로써 주어를 갖춘 문장을 만드는 게 낫다.

그리고 바로 다음에 이어지는 '이럴'은 무엇을 가리키는지 모호하다. 차라리 '이럴 경우'를 '그래서'로 바꾸면 더 편하게 읽힌다. '이럴' 같은 지시어는 지시 대상이 명확하지 않다면 쓰지 않는 것이 좋다.

>>> **총선과 별도로** 이번 기회에 새누리당을 박근혜 대통령의 친위부대로 재편성한다는 **목표가 그것이다. 그래서** 박 대통령은 정국 주도력은 물론 내년 대선

정국과 그 이후까지 영향력 확대를 노린다는 것이다.

국가정보원은 '테러 방지'라는 이유만으로 국민의 개인정보를 낱낱이 손에 넣는 무소불위의 권한을 행사하게 됐다. 국민 기본권 유린의 긴 역사를 걸어온 국정원이 이제는 대명천지에 인권유린을 자행할 수 있는 면허증까지 **손에 넣는 현실이 되고** 말았다. (0303, ㅎ신문)

마지막 문장 '국민 기본권 유린의 긴 역사를 걸어온 국정원이 이제는 대명천지에 인권유린을 자행할 수 있는 면허증까지 손에 넣는 현실이 되고 말았다'는 수식하는 말을 빼면 '현실이 되고 말았다'만 남고 이는 주어가 없는 문장이다. '무엇이 현실이 되었는지'가 드러나도록 '무엇이'를 채워 넣거나 아니면 아예 '손에 넣는 현실이 되고 말았다'를 '손에 넣게 되고 말았다'로 하면 훨씬 문장이 반듯해진다. 위 문장과 아래 두 문장을 비교해 보면 그것이 드러난다.

>>> 국민 기본권 유린의 긴 역사를 걸어온 국정원이 이제는 대명천지에 인권유린을 자행할 수 있는 면허증까지 **손에 넣는 것이 현실이 되고** 말았다.
국민 기본권 유린의 긴 역사를 걸어온 국정원이 이제는 대명천지에 인권유린을 자행할 수 있는 면허증까지 **손에 넣게 되고** 말았다.

더욱이 선대인 김일성 주석이나 김정일 국방위원장은 북한 사회에서 신격화한 존재다. 그런데 핵 보유국 지위를 발판으로 삼으려는 김정은의 북한 보위 의지는 두 사람의 유훈과 배치된다. 김 국방위원장은 생전에 외국 정상과의 회동 등에서 "한반도 비핵화는 김일성 주석의 유훈"이라며 "조선이 한반도 비핵화를 실현하기 위해 노력한다는 목표는 변함이 없다"고 여러 차례 강조한 바 있다.

품격 있는 글쓰기

핵 능력을 공고히 하려는 김정은의 의지가 북한 주민에게 국가적 자부심을 높이는 방향으로 작용할지, 유훈 폐기에 대한 회의를 부추길지 당장 예측하거나 평가하기 **어려운 이유다.** (0511, ㅎ일보)

'… 당장 예측하거나 평가하기 어려운 이유다'에서 '이유다'의 주어가 없다. 무엇이 그런 이유인지가 보이지 않는다. 아마 그 앞에 나오는 내용 전체를 그런 이유로 보았을 것이다. 그런데 앞에 나오는 내용이 무엇인가? 김일성 주석이나 김정일 국방위원장이 한반도 비핵화를 주장했다는 것이다. 김일성 주석이나 김정일 국방위원장은 한반도 비핵화를 주장했는데 김정은은 핵 보유를 들고 나왔기 때문에 김정은의 새 노선이 북한 주민에게 국가적 자부심을 높여줄 것인지 아니면 그 반대로 유훈 폐기에 대한 회의를 불러일으킬지 예측하거나 평가하기 어렵다는 것인데 그렇다면 '예측하거나 평가하기 어렵다'로 끝맺으면 무난하지만 '예측하거나 평가하기 어려운 이유다'라고까지 해서 어색하게 되고 말았다. 굳이 주어가 생략된 '이유다'를 쓸 필요가 없다.

>>> 핵 능력을 공고히 하려는 김정은의 의지가 북한 주민에게 국가적 자부심을 높이는 방향으로 작용할지, 유훈 폐기에 대한 회의를 부추길지 당장 예측하거나 평가하기 **어렵다.**

행정 당국**의** 건물주 설득과 같은 보다 적극적인 행정으로 공간 기부 확산에 나서야 하는 까닭이다. (0118, ㅁ신문)

위 문장에 '나서야'의 주어가 없다. 누가 나서야 한다는 것인지가 보이지 않는다. 문맥상 그것은 '행정 당국'임이 분명하다. 그렇다면 다음과 같이 쓰지 못할 이유가 없다.

>>> 행정 당국이 건물주 설득과 같은 보다 적극적인 행정으로 공간 기부 확산에
    나서야 하는 까닭이다.

....

그렇다고 동교동계가 김대중 전 대통령의 뜻을 혼자 독점하고 있는 것은 아니
며, 권노갑씨 등이 당을 떠난다고 해서 제1야당이 김 전 대통령의 정신과 단절
되는 것도 아니다. **문제는** 김대중 전 대통령과 물리적으로 가까웠느냐 아니냐
가 아니라 그 정신과 정책을 누가 잘 **구현했는가에 달려 있다.**　　(0113, ㅎ신문)

'~에 달려 있다'는 주어가 있어야 한다. 그러나 위 문장에서 '~에 달려 있다'
는 주어가 보이지 않는다. '문제'가 '~에 달려 있다'의 주어는 아니다. 그러니까
이 어색한 문장을 바르게 고치려면 둘 중의 하나를 택해야 한다. '문제는'을 살
리든지, 아니면 '달려 있다'를 살리든지 두 가지 방법이 있다.

>>> 문제는 김대중 전 대통령과 물리적으로 가까웠느냐 아니냐가 아니라 그 정
    신과 정책을 누가 잘 **구현했는가이다.**
    민주화의 적통이 누구인가는 김대중 전 대통령과 물리적으로 가까웠느냐 아
    니냐가 아니라 그 정신과 정책을 누가 잘 구현했는가에 달려 있다.

즉, '문제는'을 살리려면 문장을 '-이다'로 끝내야 하겠고, '~에 달려 있다'를
살리려면 주어를 일테면 '민주화의 적통이 누구인가는'과 같은 말로 바꾸어야
한다. 그리고 '문제는'보다 '중요한 것은'이라고 하면 더 자연스러워진다.

>>> **중요한 것은** 김대중 전 대통령과 물리적으로 가까웠느냐 아니냐가 아니라
    그 정신과 정책을 누가 잘 **구현했는가이다.**

품격 있는 글쓰기

가뜩이나 공천자를 내려보낼 선거구는 아직도 깜깜이다. 똑같은 입씨름 끝에 빈손으로 헤어지길 습관적으로 반복하는 게 현재의 선거구 협상이다. 법정 시한은 한 달 전이었다. 이대로면 대한민국은 며칠 후 새해부터 아예 선거구가 없어진다. 이런 비상한 상황에서 드러난 집권당의 **흉한 모습이다.** (1226, ㅈ일보)

'가뜩이나'는 무엇과 호응하는가? '가뜩이나'는 부사로서 '그러지 않아도 매우'라는 뜻을 지니고 있다. 보통 그다음에 형용사가 온다. 그러나 '가뜩이나 공천자를 내려보낼 선거구는 아직도 깜깜이다'에서는 '가뜩이나'와 호응할 말이 잘 찾아지지 않는다. '공천자를 내려보낼'과 호응하게 하려고 '가뜩이나'를 썼다고 보기에는 양자가 너무 어울리지 않는다. '가뜩이나'를 들어내고 '깜깜이다'는 '정해지지 않은 채다' 또는 '정해지지 않았다'라고 쓰는 것이 이해하기 쉽다.

'이런 비상한 상황에서 드러난 집권당의 흉한 모습이다'는 아예 주어가 없다. 주어가 없더라도 문맥을 통해 생략된 주어를 이해할 수 있다면 문제가 없다. 그러나 위 사례에서 주어를 회복하기란 쉽지 않아 보인다. 한참 앞으로 가야 주어를 찾을까 말까 할 정도이다. '이런 비상한 상황에서 집권당은 흉한 모습을 드러내고 있다'라고 쓰는 것이 주어도 분명하고 뜻을 알기 쉽다.

>>> 공천자를 내려보낼 선거구는 **아직까지도 정해지지 않았다.** 똑같은 입씨름 끝에 빈손으로 헤어지길 습관적으로 반복하는 게 현재의 선거구 협상이다. 법정 시한은 한 달 전이었다. 이대로면 대한민국은 며칠 후 새해부터 아예 선거구가 없어진다. 이런 비상한 상황에서 집권당은 **흉한 모습을 드러내고 있다.**

이젠 미 정부가 '용기 있는 결단'이라고 평가한 우리 정부의 개성공단 중단 결정에 화답하는 조치를 취할 때다. (0215, ㅅ일보)

위 문장은 '이제는 미 정부가 우리 정부의 결정에 화답하는 조치를 취할 때다'가 확장된 구조다. 여기서 "'용기 있는 결단'이라고 평가한'이라는 절의 주어가 문제가 된다. '용기 있는 결단'이라고 평가한 주체도 미 정부이고 화답하는 조치를 취할 주체도 미 정부다. 즉 '미 정부가'가 동시에 두 동사의 주어이다. 그래서 하나를 생략한 것으로 보인다. 그런데 생략하고 나니 동사는 둘인데 주어는 하나밖에 없어서 '미 정부가'가 어떤 동사의 주어인지 헷갈리게 만든다. 이런 경우에는 주어가 동일하다고 하나를 생략해 버릴 게 아니라 분명히 밝혀 주어야 독자가 문장을 이해하기 쉽다. 다음과 같이 하면 훨씬 이해하기 쉬워짐은 물론이다. '그들이' 대신에 '스스로'라고 해도 무방하다.

> > > 이젠 미 정부가 **그들이** '용기 있는 결단'이라고 평가한 우리 정부의 개성공단 중단 결정에 화답하는 조치를 취할 때다.
> 이젠 미 정부가 **스스로** '용기 있는 결단'이라고 평가한 우리 정부의 개성공단 중단 결정에 화답하는 조치를 취할 때다.

전체 탈북자 가운데 여성은 2만 292명으로 10명 중 7명꼴이다. 여성 비율이 매년 높아지고 있지만 우리 사회의 그릇된 선입견 때문에 혼인 포기자도 급증할 정도로 심각하다. (0204, ㅅ신문)

'여성 비율이 매년 높아지고 있지만 우리 사회의 그릇된 선입견 때문에 혼인 포기자도 급증할 정도로 심각하다'에서 서술어는 형용사 '심각하다'인데 서술어의 주어가 없다. 뭐가 심각한지가 없다. 따라서 최소한 '문제가' 정도의 주어를 보충해 주어야 한다. '여성 탈북자 문제가'라고 해도 좋을 것이다.

>>> 여성 비율이 매년 높아지고 있지만 우리 사회의 그릇된 선입견 때문에 혼인 포기자도 급증할 정도로 **문제가** 심각하다.

고고도미사일방어(THAAD·사드)체계의 한반도 배치를 망설이는 것도 중국을 의식하기 때문이다. (중략)
문제는 북핵 반대 입장을 단호하게 행동으로 옮겨야 하는 절실한 이 시점에 중국에 대한 기대가 효과를 내지 못하고 있다는 거다.   (0112, ㅈ일보)

첫 문장은 주어가 보이지 않는다. '망설이는'의 주어도 없고 '의식하기'의 주어도 없다. 아마도 '미국이'가 생략되었을 텐데 글쓴이야 당연히 '미국이'가 주어라는 것을 알고 썼겠지만 독자들은 다 그것을 알지 모르겠다. 문장 첫머리에 '미국이'를 넣어 주면 될 것을 생략함으로써 문장이 어색해졌다.

>>> **미국이** 고고도미사일방어(THAAD·사드)체계의 한반도 배치를 망설이는 것도 중국을 의식하기 때문이다.

다음 문장에서 '절실한'이 무엇과 호응하는지 분명하지 않다. 걸릴 데가 없다. 따라서 비문이다. '옮겨야 하는'을 '옮기는 것이'로 고쳐야 그런 문제가 해소된다.

>>> 문제는 북핵 반대 입장을 단호하게 행동으로 **옮기는 것이** 절실한 이 시점에 중국에 대한 기대가 효과를 내지 못하고 있다는 거다.

아예 '절실한'을 빼도 좋다. 비록 원래 의도했던 의미가 충분히 전달되지 못하는 아쉬움이 있다 하더라도 말이다.

>>> 문제는 북핵 반대 입장을 단호하게 행동으로 **옮겨야 하는** 이 시점에 중국에 대한 기대가 효과를 내지 못하고 있다는 거다.

실제로 노인들이 병원과 약국을 많이 찾으면서 전체 진료비에서 차지하는 비중이 커지고 있다. (중략)
낮은 출산율로 65세 이상 **인구가 계속 늘어나는 만큼** 의료·보건비 지출은 계속 늘어날 공산이 크다. (1227, y통신)

첫 문장은 주어가 없다. 무엇이 전체 진료비에서 차지하는 비중이 커지고 있다는 것인지 나타나 있지 않다. 앞뒤 문맥으로 미루어 보면 '노인들이 지출하는 의료비가' 정도가 생략되어 있다. 독자가 생략된 부분을 미루어 짐작할 거라고 이렇게 썼겠지만 지나친 기대다. 생략해서는 안 될 일이다.

둘째 문장에서 '낮은 출산율'과 '65세 이상 인구가 계속 늘어나는' 것은 논리적으로 무관하다. 낮은 출산율로 65세 이상 인구의 '비율' 또는 '비중'이 높아지는 것이지 65세 이상 인구 자체가 늘어나는 것이 아니기 때문이다. 출산율과 관계없이 노인 사망자보다 65세 이상이 되는 사람이 많으면 65세 이상 인구가 늘어난다. 따라서 '낮은 출산율로 65세 이상 인구가 계속 늘어나는 만큼'이 아니라 '낮은 출산율로 65세 이상 인구의 비중이 계속 높아지는 만큼'으로 표현해야 논리적으로 어그러짐이 없다.

>>> 실제로 노인들이 병원과 약국을 많이 찾으면서 **노인들이 지출하는 의료비가** 전체 진료비에서 차지하는 비중이 커지고 있다. (중략)

낮은 출산율로 65세 이상 **인구의 비중이 계속 높아지는 만큼** 의료·보건비 지출은 계속 늘어날 공산이 크다.

....

기시다 외상은 회담 후 공동기자회견에서 발표문을 통해 "위안부 문제는 당시 군의 관여하에 다수 여성의 명예와 **존엄에** 깊은 상처를 입은 문제로서 이러한 관점에서 일본 정부는 책임을 통감한다"고 밝혔다.   (1228, y통신)

위 기사 문장은 기시다 외상의 발언을 인용하고 있다. 인용된 문장 안에 '위안부 문제는 당시 군의 관여하에 다수 여성의 명예와 존엄에 깊은 상처를 입은 문제'라는 구절이 나온다. 이 구절은 뜻이 선명히 드러나지 않는 악문의 예다. '깊은 상처를 입은'이라는 표현이 나오는데 누가 깊은 상처를 입은 것인지 문장 속에 드러나 있지 않다. 깊은 상처를 입는 것은 '문제'일 수가 없고 사람일 수밖에 없는데 그 사람이 누구인지 드러나 있지 않다. 상식적으로는 '위안부'일 수밖에 없지만 말이다.

또 '군의 관여하에'라는 말은 그다음에 '상처를 입은'과 같은 피동적인 표현이 아니라 능동적인 표현이 나올 것을 기대하게 하는 표현이다. 그런데 '군의 관여하에' 다음에 '깊은 상처를 입은'이라는 피동적인 표현이 나와서 기대에 어긋난다.

문제의 구절을 '위안부 문제는 당시 군의 관여하에 다수 여성의 명예와 존엄이 깊은 상처를 입은 문제'라고 했다면 명료했을 것이다. 일본의 기시다 외상이 말한 바를 그대로 옮겼다면 일본의 외상은 누가 상처를 입혔는지, 누가 상처를 입었는지 명확하게 언급하기를 피하려 했다는 비판을 면하기 어렵다. 이왕 사과를 할 바에는 솔직하게 있는 그대로를 밝혀야 할 텐데 솔직하게 밝히고 싶지 않다는 뜻이 고스란히 드러나 있다.

>>> 기시다 외상은 회담 후 공동기자회견에서 발표문을 통해 "위안부 문제는 당시 군의 관여하에 다수 여성의 명예와 **존엄**이 깊은 상처를 입은 문제로서 이러한 관점에서 일본 정부는 책임을 통감한다"고 밝혔다.

안 의원의 탈당 이후 김한길 의원의 탈당에 이어 권노갑 고문 등 동교동계와 박지원 의원의 탈당까지 **예견되는 상황이라 절실하다.** (중략)
문 대표와 안 의원의 구애 속에 박 전 원내대표의 **결심은 길지 않을** 것이라는 것이 대체적인 관측이다.   (0109, ㄴ통신)

첫 문장에서 '절실하다'는 무엇이 절실하다는 것인지 알 수 없다. 주어가 보이지 않는 것이다. 예측할 수도 없다. 적어도 다음과 같이 바꾸어야 문장이 정돈된다.

>>> 안 의원의 탈당 이후 김한길 의원의 탈당에 이어 권노갑 고문 등 동교동계와 박지원 의원의 탈당까지 **예견되어 상황이 심각하다.**

다음 문장에서는 '결심은 길지 않을 것'이라는 구절은 무슨 뜻인지 알 수가 없다. 결심은 길거나 짧을 수가 없기 때문이다. 글쓴이가 무엇을 말하려고 하는지 짐작은 가지만 문장 자체만 놓고 보면 바른 문장이 아니다. 최소한 아래처럼 고칠 때 문장이 명확해진다.

>>> 문 대표와 안 의원의 구애 속에 박 전 원내대표의 **고심은 오래 가지 않을 것**이라는 것이 대체적인 관측이다.
문 대표와 안 의원의 구애 속에 박 전 원내대표는 **결심을 머지 않아 할 것**이라는 것이 대체적인 관측이다.

오바마 대통령은 이번 방문과 관련해 제기되는 우려를 잘 알고 있을 것이다. 확실한 것은 일제 피해국들이 **수긍할 수 있는 내용이 돼야** 나름의 성과를 거둘 수 있다는 사실이다. (0512, ㅎ신문)

'일제 피해국들이 수긍할 수 있는 내용이 돼야'에서 무엇이 '일제 피해국들이 수긍할 수 있는 내용이 돼야' 한다는 것인지 보이지 않는다. '이번 방문이'가 생략된 것으로 보인다. 그런데 생략된 주어를 보충한 '이번 방문이 일제 피해국들이 수긍할 수 있는 내용이 돼야'가 썩 자연스럽지 않다. 차라리 '일제 피해국들이 수긍할 수 있어야'라고 하면 생략된 '이번 방문이'가 '수긍할'의 목적어도 되면서 그 뒤에 이어지는 '나름의 성과를 거둘'의 주어도 되니 이해하기 쉽다. 생략을 하더라도 조금이라도 독자가 이해하기 편하게 해야 한다.

>>> 확실한 것은 일제 피해국들이 **수긍할 수 있어야** 나름의 성과를 거둘 수 있다는 사실이다.

한진해운과 현대상선에 대한 정부 구상에는 과거에 본 듯한 익숙한 시나리오가 포함돼 있다. 산은이 기존 대주주 지분을 줄이는 감자(減資)를 실시한 뒤 새로운 자본을 충전하는 방식이다. (중략)
산은은 같은 방식으로 자금을 지원하다 STX조선해양, 대우조선해양 등을 구조조정할 시기를 놓친 전력이 있다. 정부는 "인력 감축과 자산 매각 등 뼈를 깎는 자구 노력을 전제로 할 것"이라고 강조하겠지만 **경제의 체질을 바꾸는 개혁과는 거리가 멀다.** (0426, ㄷ일보)

'정부는 "인력 감축과 자산 매각 등 뼈를 깎는 자구 노력을 전제로 할 것"이라고 강조하겠지만 경제의 체질을 바꾸는 개혁과는 거리가 멀다'에서 '경제의 체질을 바꾸는 개혁과는 거리가 멀다'의 주어가 생략되어 있다. 뭐가 경제의 체질을 바꾸는 개혁과 거리가 멀다는 것인지 독자가 추론해야 한다. 아마 한참 앞으로 거슬러 올라가 '산은이 기존 대주주 지분을 줄이는 감자(減資)를 실시한 뒤 새로운 자본을 충전하는 방식'이 생략된 주어일 가능성이 크다. 생략된 주어가 무엇인지를 글쓴이는 알고 있겠지만 독자는 모르는 사람이 많을 것이다. 주어를 밝혀 주는 것이 필요하다. 하다 못해 '이런 방식은'처럼 지시어를 사용하는 한이 있더라도 주어를 보충해 주는 것이 낫다.

>>> 정부는 "인력 감축과 자산 매각 등 뼈를 깎는 자구 노력을 전제로 할 것"이라고 강조하겠지만 **이런 방식은** 경제의 체질을 바꾸는 개혁과는 거리가 멀다.

현대중은 적지 않은 손해를 감수한 결정이지만 이번 작업 중단을 안전관리 시스템을 획기적으로 개선하는 기회로 삼는다면 '죽음의 공장' 오명에서 벗어나 돈으로 따질 수 없는 무형의 큰 이익을 **가져다줄** 것이다.   (0421, ㄱ신문)

주어가 '현대중은'인데 동사가 '오명에서 벗어나'와 '큰 이익을 가져다줄'이 왔다. 그런데 '오명에서 벗어나'는 '현대중은'과 호응하지만 '큰 이익을 가져다줄'은 '현대중은'의 서술어가 될 수 없다. '현대중은'과 의미상 호응하는 서술어는 '큰 이익을 가져다줄'이 아니라 '큰 이익을 얻게 될' 또는 '큰 이익을 얻을'이다. 위 예에서는 '무형의 큰 이익을 가져다줄'의 주어가 무엇인지 독자가 찾게끔 만든다. '무형의 큰 이익을 얻게 될'이라고 한다면 그런 수고를 끼치지 않고 자연스럽게 읽히게 한다.

>>> 현대중은 적지 않은 손해를 감수한 결정이지만 이번 작업 중단을 안전관리 시스템을 획기적으로 개선하는 기회로 삼는다면 '죽음의 공장' 오명에서 벗어나 돈으로 따질 수 없는 무형의 큰 이익을 **얻게 될** 것이다.

4차 핵실험으로 금지선을 넘어버린 지금은 과거와는 협상 프레임**과** 달라졌음을 북한이 깨달을 때가 됐다. (0406, ㅎ일보)

'달라졌음을'의 주어가 보이지 않는다. 뭐가 달라졌다는 것인지가 없다. '협상 프레임과'를 '협상 프레임이'라고 함으로써 '달라졌음을'의 주어를 채워 줄 때 비로소 문장이 반듯해진다.

>>> 4차 핵실험으로 금지선을 넘어버린 지금은 과거와는 협상 프레임**이** 달라졌음을 북한이 깨달을 때가 됐다.

박 대통령은 더 늦기 전에 달라져야 한다. 집권 4년차가 되도록 야당 대표와 회담을 가진 게 손가락을 꼽을 지경이고, 여당 대표나 장관조차 대통령과 쉽게 대면할 수 없는 리더십으론 **힘든 일이다.** (0415, ㅈ일보)

'힘든 일이다'라고 했는데 무엇이 힘든 일이라는 것인지 보이지 않는다. 의당 있어야 할 주어가 없다. 생략되었다면 무엇이 생략되었는지를 금방 찾을 수 있어야 하는데 무엇이 생략된 주어인지 쉽게 찾아지지 않는다. 글쓴이는 생략된 주어가 '달라지는 일'이라 생각하고 썼는지 모르지만 읽는 이들에겐 주어를 생각해 내기가 그리 쉽지 않다. 독자에게 부담을 주지 않으려면 읽으면서 바로 이해할 수 있도록 써야 한다. '힘든 일이다'를 '달라지기 힘들다'라고 하면 금세 이해할 수 있다. 그리고 문장 첫머리에 '그러나' 같은 말을 넣으면 더욱 이해하기 쉬워질 것이다.

>>> **그러나** 집권 4년차가 되도록 야당 대표와 회담을 가진 게 손가락을 꼽을 지경이고, 여당 대표나 장관조차 대통령과 쉽게 대면할 수 **없어서는 달라지기 힘들다.**

청문회에서 나온 증언과 의혹 제기는 세월호 참사와 관련된 검찰 수사와 재판 기록, 국정조사특위 자료가 15만쪽에 달하지만 **여전히 미흡했다**는 얘기에 다름 아니다.
박근혜 대통령과 여당이 참사 뒤 국가 대개조론을 부르짖었지만 진실규명에 기초하지 않은 **공허한 외침이었음**을 보여 준다.   (0330, ㄱ신문)

'여전히 미흡했다'의 주어가 무엇인지 뚜렷하지 않다. 문맥을 통해 보건대 '검찰 수사, 재판, 국정조사특위의 활동 등'이 아닌가 한다. 그렇다면 주어는 명시되어야 마땅하다.
'공허한 외침이었음'의 주어도 역시 생략되어 있다. '박근혜 대통령과 여당이 참사 뒤 국가 대개조론을 부르짖은 것'이 공허한 외침이었다는 것으로 보이는데 그렇다면 최소한 '그것이' 같은 말로라도 주어를 채워 주는 것이 맞다.

>>> 청문회에서 나온 증언과 의혹 제기는 세월호 참사와 관련된 검찰 수사와 재판기록, 국정조사특위 자료가 15만 쪽에 달하지만 **검찰 수사, 재판, 국정조사특위의 활동 등이 여전히 미흡했다**는 얘기에 다름 아니다.
박근혜 대통령과 여당이 참사 뒤 국가 대개조론을 부르짖었지만 **그것이** 진실규명에 기초하지 않은 **공허한 외침이었음**을 보여 준다.

변화의 바람은 특히 아성인 대구와 광주에서 뚜렷하다. 물론 두 지역의 변화는 진행 양상이 다르다. 하지만 주목할 건 바람이 같은 지점에서 출발했다는 사실이다. 여론을 무시한 이전투구의 패거리 싸움과 오만에 대한 회초리다. 공천 과정에서 보여 준 여권의 무소불위 행태와, 명분 없는 야권 분열을 부른 당내 **패권주의다.**

(0408, ㅈ일보)

위 문단은 다섯 문장으로 되어 있는데 네 번째 문장과 다섯 번째 문장이 주어가 없다. 두 문장 다 주어를 생략했다. 독자가 생략된 주어를 찾아내야 한다. 네 번째 문장의 생략된 주어는 '변화의 바람'일 것이다. 그러나 다섯 번째 문장에서 생략된 주어는 도무지 찾을 수가 없다. 따라서 말이 되게 하려면 '당내 패권주의다'로 끝낼 게 아니라 '당내 패권주의가 변화의 바람을 불렀다'와 같이 해 줘야 한다. 그렇지 않고는 다섯 번째 문장이 무슨 뜻인지 이해할 도리가 없다. 주어를 생략하는 것만으로도 독자로 하여금 주어를 찾게 만들도록 수고를 끼치는 것인데 그나마 주어를 찾을 수도 없다면 그것은 독자를 혼란에 빠뜨리는 일이다.

>>> 공천 과정에서 보여 준 여권의 무소불위 행태와 명분 없는 야권 분열을 부른 당내 **패권주의가 변화의 바람을 불렀다.**

북한이 7일 설 연휴 첫날의 평온을 깨고 장거리 미사일 도발을 감행했다. 북은 발사 당일 "새로 연구 개발한 지구 관측 위성 광명성 4호를 궤도에 진입시키는 데 완전 성공했다"고 주장했다. 국방부도 어제 북한 장거리 미사일 '광명성호'의 1~3단 추진체의 분리와 탑재체(광명성 4호)의 궤도 진입에 성공했다고 밝혔다.

(0210, ㄷ일보)

'국방부도 어제 북한 장거리 미사일 '광명성호'의 1~3단 추진체의 분리와 탑재체(광명성 4호)의 궤도 진입에 성공했다고 밝혔다'에서 '밝혔다'의 주어는 국방부이고 '성공했다'의 주어는 보이지 않는다. 그렇다고 '국방부'가 '성공했다'의 주어일 수는 물론 없다. 생략된 주어는 '북한'이다. 주어가 생략되어 있어도 무슨 뜻인지를 이해 못할 사람은 별로 없어 보이기는 하지만 그래도 문법성은 현저히 어그러져 있다. 이럴 때에는 주어를 밝혀 주는 것이 좋다. 두 가지 방법이 있다. '북한이'를 넣어 주는 방법과 아예 주어를 '장거리 미사일 '광명성호'의 1~3단 추진체의 분리와 탑재체(광명성 4호)의 궤도 진입'으로 바꾸는 방법이다.

>>> 국방부도 어제 **북한이** 장거리 미사일 '광명성호'의 1~3단 추진체의 분리와 탑재체(광명성 4호)의 궤도 진입에 성공했다고 밝혔다.

국방부도 어제 북한 장거리 미사일 '광명성호'의 1~3단 추진체의 분리와 탑재체(광명성 4호)의 궤도 진입**이** 성공했다고 밝혔다.

테러방지법은 국정원에 대테러센터를 두고 테러 위험인물에 대한 출입국, 금융 거래, 통신 정보 등을 수집, 조사하는 권한을 주는 내용이다. 감청 때 반드시 법원 영장이 필요하고, 금융 정보도 엄격한 절차에 따라 금융정보분석원에서 받도록 하는 등 인권침해 방지 장치가 마련됐다지만, 그리 미덥지 못하다. 무엇보다 국정원의 감시 대상이 되는 테러 위험인물의 기준 가운데 '의심할 상당한 이유가 있는 자'라는 부분이 매우 **모호하다는 지적이다.** 실제 사법절차에서는 '상당한 이유'가 엄격하게 적용되고 있지만, 그래도 국정원이 정권 비판 인사를 옭아매는 데 악용할 수 있다는 우려가 무성하다.　　　　(0304, ㅎ일보)

'지적이다'로 끝나는 세 번째 문장은 '지적이다'의 주어가 없다. 누구의 지적인지는 물론 없다. 아래에서 보는 것처럼 '는 지적이다'를 빼도 말이 된다. 그렇지 않으면 '~고 지적하지 않을 수 없다'라고 하든지 '~는 지적이 나오고 있다'라고 하면 문법적으로 문제될 게 없다. 바로 아래에 '~는 우려가 무성하다'는 '~는 지적이다'와 달리 '우려가'를 주어로 하고 서술어를 '무성하다'로 하여 문법을 제대로 갖추었다. '~는 지적이다' 문장도 아래의 예와 같이 문법적인 문장으로 바꾸어야 한다.

>>> 무엇보다 국정원의 감시 대상이 되는 테러 위험인물의 기준 가운데 '의심할 상당한 이유가 있는 자'라는 부분이 매우 **모호하다.**

무엇보다 국정원의 감시 대상이 되는 테러 위험인물의 기준 가운데 '의심할 상당한 이유가 있는 자'라는 부분이 매우 **모호하다고 지적하지 않을 수 없다.**

무엇보다 국정원의 감시 대상이 되는 테러 위험인물의 기준 가운데 '의심할 상당한 이유가 있는 자'라는 부분이 매우 **모호하다는 지적이 나오고 있다.**

2013년 4월 기아자동차 광주공장 하청 근로자의 분신 자살로 불거진 노조의 일자리 대물림이 얼마나 깊이 뿌리내리고 있는지를 보여 주는 대목이다. 나아가 청년 실업률이 지난달 16년 만에 최고치인 9.5%를 기록한 참담한 현실도 전혀 상관없는 남의 일로 **여기는** 것과 다름없다. (0304, ㅅ신문)

'나아가 청년 실업률이 지난달 16년 만에 최고치인 9.5%를 기록한 참담한 현실도 전혀 상관없는 남의 일로 여기는 것과 다름없다'에서 '여기는'은 누가 여기는지가 나타나 있지 않다. 물론 자세히 들여다보면 일부 대기업 노동조합에서 고용세습을 하고 있음을 비판하는 내용임을 알 수 있기는 하다. 그러나 글은 단번에 이해할 수 있게 쓰는 것이 좋다. 그래야 독자가 편하게 읽을 수 있다. 다음과 같이 고치면 알기 쉽다.

>>> 나아가 청년 실업률이 지난달 16년 만에 최고치인 9.5%를 기록한 참담한 현실도 **일부 귀족노조는** 전혀 상관없는 남의 일로 여기는 셈이다.

어제 한·미·일 3국이 국방부 차관보급 화상회의를 열고 정보공유를 약속했다 지만 이렇게 허술한 정보력으로는 미·일에 정보를 구걸하는 수밖에 없다. '주고받기' 원칙이 철저한 정보세계에서 국제공조를 기대하기 어려운 이유다.

(0110, ㅈ일보)

"주고받기' 원칙이 철저한 정보세계에서 국제공조를 기대하기 어려운 이유다'는 주어가 없다. 무엇이 국제공조를 기대하기 어렵다는 것인지 찾으려면 한참 궁리하지 않으면 안 된다. '기대하기 어려운 이유다'를 '기대하기 어렵다'로 바꾼다면 훨씬 쉽게 이해된다. 이때 문장 앞에 '이래서는'을 넣어 주는 것이 좋다.

>>> **이래서는** '주고받기' 원칙이 철저한 정보세계에서 국제공조를 기대하기 어렵다.

20대 국회 개원 협상에서도 원내대표들의 유연한 '상상력'이 발휘되길 기대한다. 국회의장단, 상임위원장단 **배분 등에서부터** 협치의 **시험대가 될 것이다.**

(0505, ㅅ신문)

'국회의장단, 상임위원장단 배분 등에서부터 협치의 시험대가 될 것이다'에서 '시험대가 될'의 주어가 없다. 무엇이 시험대가 될 것인지가 보이지 않는다. 만일 '국회의장단, 상임위원장단 배분 등부터'라고 했다면 '국회의장단, 상임

품격 있는 글쓰기

위원장단 배분 등'이 주어가 될 수 있지만 '에서'가 붙음으로써 주어가 될 수 없다. 따라서 '에서'를 빼야 한다. 그렇게 하지 않을 수도 있다. '국회의장단, 상임위원장단 배분 등에서부터'를 그냥 두고 '협치가 시험대에 오를 것이다'라고 하면 된다. 이 경우 '협치'가 주어, '오를'이 서술어이다. 무릇 문장에는 주어가 있어야 한다.

>>> <mark>국회의장단, 상임위원장단 **배분 등부터** 협치의 시험대가 될 것이다.</mark>
<mark>국회의장단, 상임위원장단 배분 등에서부터 협치가 **시험대에 오를 것이다.**</mark>

....

김 대표와 친박계 모두 명단의 존재를 부인하고 있어 그 진위를 확인할 수는 없다. 그러나 '살생부 존재설'이 새누리당 안에서 그럴듯하게 **받아들여지는 배경에는** 청와대의 노골적인 공천 개입이 **자리 잡고 있기 때문임을** 부인하기 어렵다.

(0229, ㅎ신문)

위 예문에서 "살생부 존재설'이 새누리당 안에서 그럴듯하게 받아들여지는 배경에는 청와대의 노골적인 공천 개입이 자리 잡고 있기 때문임을'은 문법적으로 어그러져 있다. '있기 때문이다'의 주어가 없어서다. '있기 때문이다'를 살리려면 그 주어를 만들어 넣어야 한다. "살생부 존재설'이 새누리당 안에서 그럴듯하게 받아들여지는 것은 청와대의 노골적인 공천 개입이 자리 잡고 있기 때문임을'이라고 하면 된다. 그렇지 않고 '배경에는'을 살리고자 한다면 '있기 때문임을'을 써서는 안 된다. 그냥 '청와대의 노골적인 공천 개입이 자리 잡고 있음을'이라고 해야 한다. 즉 다음 둘 중 어느 하나로 바꾸어 써야 한다.

>>> <mark>그러나 '살생부 존재설'이 새누리당 안에서 그럴듯하게 **받아들여지는 것은** 청와대의 노골적인 공천 개입이 자리 잡고 있기 때문임을 부인하기 어렵다.</mark>

그러나 '살생부 존재설'이 새누리당 안에서 그럴듯하게 받아들여지는 배경에는 청와대의 노골적인 공천 개입이 **자리 잡고 있음을** 부인하기 어렵다.

서술어 없는 문장

주어가 없는 문장이 비문법적인 문장, 즉 비문이듯이 서술어가 없는 문장도 당연히 비문이다. 그런데 책이나 신문에서 서술어 없는 비문을 간혹 발견하게 된다. 예컨대 '급기야 중국 관광객들이 집단 항의 사태까지 빚어졌으니 말이다'와 같은 문장에서 '중국 관광객들이'라는 주어가 있는 만큼 이에 호응하는 서술어가 있어야 하지만 없다. '중국 관광객들이'에 호응하는 말은 '항의'인데 '항의'는 명사지 동사가 아니다. 따라서 '급기야 중국 관광객들이 집단 항의하는 사태까지 빚어졌으니 말이다'라고 했어야 한다.

서술어는 주어에 호응하기 위해서 필요한 것만은 아니다. 부사어도 호응하는 서술어를 필요로 한다. 그런데 부사어는 있는데 호응하는 서술어가 없는 문장이 있다. 이 역시 비문이다. '오바마 대통령은 취임 첫해인 2009년 4월 체코에서 '비핵화 선언'으로 그해 노벨 평화상을 받았다' 같은 문장에서 '체코에서'와 호응하는 서술어가 없다. '노벨 평화상을 받았다'가 동사구지만 체코에서 노벨 평화상을 받은 게 아니므로 '체코에서'와 호응하지 않는다. '체코에서'와 호응하는 서술어가 필요하다. '오바마 대통령은 취임 첫해인 2009년 4월 체코에서 한 '비핵화 선언'으로 그해 노벨 평화상을 받았다'에서 동사 '한'이 빠졌기 때문에 비문이 되었다.

문장에 서술어가 없으면 필수적인 성분이 빠졌기 때문에 비문이다. 비문이라 할지라도 독자가 글쓴이의 의도를 알아채고 문장의 뜻을 제대로 이해하는 경우도 물론 있다. 그러나 독자에게 글쓴이의 의도를 짐작하게 만드는 수고를 끼쳐서는 안 된다. 더구나 비문이 됨으로써 독자가 문장의 뜻을 파악하지 못하고 당황할 테니 비문을 쓰는 일은 피해야 한다. 주어가 있으면 이에 호응하는 서술어가 반드시 있어야 하고, 부사어가 있으면 그 부사어에 호응하는 서술어가 반드시 있어야 한다. 그래야 문법적인 문장이 된다.

문법은 문법 그 자체를 위해서 필요하기보다 문법적인 문장이라야 문장의 뜻이 또렷이 드러난다는 점에서 중요하다. 문장에서 서술어는 필수적인 성분이고 필수적인 성분이 빠져서는 안 된다. 서술어는 보통 동사 또는 형용사로 구현되는데 문장에서 서술어로 쓰이는 동사나 형용사가 없으면 비문이 됨은 물론이다.

国회에서 관련법이 통과되거나, **정부가 지급보증 등** '국민적 합의'가 전제돼야
지원하겠다는 것이다.   (0502, ㅎ일보)

'정부가 지급보증'에서 '정부가'는 반드시 서술어가 뒤따라야 하는 말인데 '정부가'에 호응하는 서술어가 보이지 않는다. 의미상 '정부가'는 '지급보증'을 서술어로서 필요로 하는 듯이 보인다. 그렇다면 명사인 '지급보증'을 쓸 것이 아니라 '지급보증을 하는'이나 '지급을 보증하는'과 같이 써야 한다.

>>> 国회에서 관련법이 통과되거나, **정부가 지급보증을 하는 등** '국민적 합의'가
전제돼야 지원하겠다는 것이다.

많은 국민의 건강과 생명을 위협한 **사건을** 4년 동안 4명의 서울지검장이 바뀌
도록 세월을 허송해왔던 것이다.   (0405, ㅈ일보)

'많은 국민의 건강과 생명을 위협한 사건을 4년 동안 4명의 서울지검장이
바뀌도록 세월을 허송해왔던 것이다'에서 주어는 없이 목적어가 둘 있다. '사
건을'과 '세월을'이다. '세월을'은 '허송해왔던'과 호응하지만 '사건을'은 호응할
서술어를 찾을 수 없다. 따라서 어떻게든 바로잡아야 한다.

'사건을'을 살리려면 '매듭짓지 못하고'나 '처리하지 못하고' 따위와 같은 말
을 넣어야 한다. '사건을'을 '사건인데도'나 '사건임에도 불구하고'와 같이 바꾸
는 것도 한 방법이다.

>>> 많은 국민의 건강과 생명을 위협한 사건을 4년 동안 4명의 서울지검장이 바
뀌도록 **처리하지 못하고** 세월을 허송해왔던 것이다.
많은 국민의 건강과 생명을 위협한 **사건인데도** 4년 동안 4명의 서울지검장
이 바뀌도록 세월을 허송해왔던 것이다.

오바마 대통령은 취임 첫해인 2009년 4월 **체코에서 '비핵화 선언'으로** 그해 노
벨 평화상을 받았다.   (0518, ㄷ일보)

위 예에서 '체코에서'는 걸릴 말이 마땅하지 않다. '체코에서'라고 한 만큼 이
에 호응하는 서술어가 있어야 하는데 서술어는 '받았다'밖에 없다. 그러나 노
벨 평화상을 체코에서 받았다는 뜻으로 말한 것은 아니다. '체코에서'는 '비핵
화 선언'과 관련이 있다. 따라서 '체코에서 한 '비핵화 선언'이라고 하거나 '체
코에서 '비핵화 선언'을 해서'라고 해야 한다.

>>> 오바마 대통령은 취임 첫해인 2009년 4월 **체코에서 한** '비핵화 선언'으로 그
해 노벨 평화상을 받았다.
오바마 대통령은 취임 첫해인 2009년 4월 체코에서 '비핵화 선언'**을 해서**
그해 노벨 평화상을 받았다.

급기야 중국 관광객들이 집단 항의 사태까지 빚어졌으니 말이다.

(0125, ㅅ신문)

'중국 관광객들이'와 호응하는 서술어는 무엇인가? '빚어졌으니'는 '집단 항
의 사태'와 호응하지 '중국 관광객들이'와 호응하지 않는다. 그렇다면 '중국 관
광객들이'는 호응하는 서술어가 없다. 따라서 다음과 같이 고쳐야 한다.

>>> 급기야 중국 관광객들**의** 집단 항의 사태까지 빚어졌으니 말이다.
급기야 중국 관광객들이 집단 항의 사태**를 빚기까지 했으니** 말이다.
급기야 중국 관광객들이 집단 항의 사태**를 벌이기까지 했으니** 말이다.

가족관계등록에관한법률 87조에 따르면 '수해, 화재나 그 밖의 재난으로 인
하여 사망한 사람이 있는 경우에는 이를 조사한 관공서는 지체 없이 사망지의
시·읍·면의 장에게 통보하여야 한다'고 규정돼 있다.
규정에 따라 당국이 해당 지역 행정기관에 사망한 징병검사 대상자 명단을 **넘
어가지 못한** 것이다. (0118, ㄴ통신)

'규정에 따라 당국이 해당 지역 행정기관에 사망한 징병검사 대상자 명단을
넘어가지 못한 것이다'는 비문법적이다. '당국이'와 호응하는 서술어가 없기

품격 있는 글쓰기

때문이다. '징병검사 대상자 명단을 넘어가지 못한'이 말이 안 된다. '넘어가지 못한'이 아니라 '넘기지 않은'이라고 해야 주어와 호응하게 된다.

>>> 규정에 따라 당국이 해당 지역 행정기관에 사망한 징병검사 대상자 명단을 **넘기지 않은** 것이다.

'군인·군무원을 제외한 공무원, 사립학교 교원, 별정우체국 직원으로서 그 직무에 부지런히 힘써 공적이 뚜렷한 사람'을 **대상으로** '공적의 내용과 그 공적이 국가와 사회에 미친 효과의 정도' 등을 고려해 청조·황조·홍조·녹조·옥조 등 5등급으로 **나뉘는** 근정훈장은 상훈법(賞勳法)이 못 박은 '서훈 원칙'부터 유명무실하게 하고 있는 것이 현실이다.   (0129, ㅁ일보)

문장이 길어지면 문법성이 허물어질 가능성은 높아진다. 따라서 될 수 있으면 짧고 간명하게 쓰는 습관을 들이는 것이 좋다. 위 문장에서 '공적이 뚜렷한 사람을 대상으로'의 '사람을'과 호응할 말이 찾아지지 않는다. '~을'이 나온 이상 이 말과 호응할 동사가 반드시 필요한데 그런 동사가 없다. '사람을 대상으로 5등급으로 나뉘는 근정훈장은'은 말이 되지 않는다. 따라서 최소한 다음과 같이 고쳐 문법적으로 문제 없게 해야 한다.

>>> '군인·군무원을 제외한 공무원, 사립학교 교원, 별정우체국 직원으로서 그 직무에 부지런히 힘써 공적이 뚜렷한 사람'을 **대상으로 하여** '공적의 내용과 그 공적이 국가와 사회에 미친 효과의 정도'등을 고려해 청조·황조·홍조·녹조·옥조 등 5등급으로 **나누어 수여하는** 근정훈장은 상훈법(賞勳法)이 못 박은 '서훈 원칙'부터 유명무실하게 하고 있는 것이 현실이다.

우리 정부는 북한의 핵·미사일 도발에 대한 대응 조치로 미국과의 사드 배치 협의를 시작하기로 한 데 이어 개성공단의 가동 중단을 결정했고, 다음달 7일에는 한미 양국이 역대 최대 규모의 키 리졸브 **연합훈련을 예고했다.**

(0218, y통신)

'다음달 7일에는 한미 양국이 역대 최대 규모의 키 리졸브 연합훈련을 예고했다'에서 '다음달 7일에는'은 어디에 걸리나? 문장 자체를 놓고 보면 '다음달 7일에는'은 '예고했다'에 걸릴 수밖에 없다. 그러나 의도한 뜻은 그게 아니다. 다음달 7일에 키 리졸브 연합훈련을 한다는 뜻이다. 또한 '한미 양국이'는 조사 '이'가 결합되어 있어서 이에 따르는 동사가 나올 것을 요구한다. 그러나 '한미 양국이'에 호응하는 동사는 없다. 따라서 '한미 양국이'와 호응할 동사를 만들어 넣어야 한다. 따라서 아래와 같이 고쳐야만 문법적이게 된다.

>>> 우리 정부는 북한의 핵·미사일 도발에 대한 대응 조치로 미국과의 사드 배치 협의를 시작하기로 한 데 이어 개성공단의 가동 중단을 결정했고, 다음달 7일에는 한미 양국이 역대 최대 규모의 키 리졸브 연합훈련을 **할 것임을** 예고했다.
우리 정부는 북한의 핵·미사일 도발에 대한 대응 조치로 미국과의 사드 배치 협의를 시작하기로 한 데 이어 개성공단의 가동 중단을 결정했고, 다음달 7일에는 한미 양국이 역대 최대 규모의 키 리졸브 연합훈련을 **할 것이라고** 예고했다.

여야는 지난해 공직선거법을 개정해 '안심번호 제도'를 도입했지만, 안심번호 여론조사를 **참고 자료가 아니라** 공천 제도를 대체하는 식은 조사에 결함이 많고

정당 정치에도 배치된다는 전문가들의 지적이 끊이지 않았다.　(0223, ㅁ일보)

'안심번호 여론조사를 참고 자료가 아니라 공천 제도를 대체하는 식은'에서 '참고 자료가 아니라'가 걸릴 데가 없다. 문맥상 '여야는 안심번호 여론조사를 참고 자료로 활용하지 않고'의 뜻으로 쓴 것처럼 보이는데 그냥 '참고 자료가 아니라'고만 했지 '참고 자료로 활용하지 않고'나 '참고 자료로 활용하는 것이 아니라' 등과 같이 쓰지 않았다. 위 문장처럼 말해도 글쓴이가 말하고자 하는 바를 독자가 알아채리라고 생각했겠지만 논설문은 문장이 지녀야 할 문법성을 온전히 갖추지 않으면 안 된다. '활용하는' 대신에 '삼는', '사용하는', '쓰는' 같은 말을 써도 좋을 것이다. 불완전한 위 문장을 아래와 같이 고쳐 쓸 수 있다. '식은'도 '방식은'으로 쓴다면 더 뜻이 분명히 드러난다.

>>> 여야는 지난해 공직선거법을 개정해 '안심번호 제도'를 도입했지만, 안심번호 여론조사를 **참고 자료로 활용하는 것이 아니라** 공천 제도를 대체하는 식은 조사에 결함이 많고 정당 정치에도 배치된다는 전문가들의 지적이 끊이지 않았다.

여야는 지난해 공직선거법을 개정해 '안심번호 제도'를 도입했지만, 안심번호 여론조사를 **참고 자료로 활용하지 않고** 공천 제도를 대체하는 식은 조사에 결함이 많고 정당 정치에도 배치된다는 전문가들의 지적이 끊이지 않았다.

사드를 배치하더라도 **최우선적 기준은** 주민의 환경·건강 피해를 최소화할 수 있는 곳을 **선택해야 함은** 두말할 나위도 없다.　(0217, ㅎ일보)

위 예문에서 핵심 부분만 남기면 '최우선적인 기준은 피해를 최소화할 수 있는 곳을 선택해야 함은 두말할 나위도 없다'가 되는데 '최우선적인 기준은'이 걸릴 데가 마땅히 찾아지지 않는다. '최우선적인 기준은'을 살리려면 '주민의 환경·건강 피해를 최소화할 수 있는 곳이어야'를 연결시켜야 잘 어울린다.

>>> 사드를 배치하더라도 최우선적 기준은 주민의 환경·건강 피해를 최소화할 수 있는 **곳이어야** 함은 두말할 나위도 없다.

그렇게 하지 않고 다음과 같이 표현하는 것도 한 방법이다. '최우선적인 기준'이라는 말을 아예 빼는 것이다. 요컨대 문장 성분들은 서로 잘 어울려야 한다. 그래야 자연스럽게 읽힌다.

>>> 사드를 배치하더라도 주민의 환경·건강 피해를 최소화할 수 있는 곳을 **최우선적으로 선택해야 함은** 두말할 나위도 없다.

중동지역 이슬람 두 맹주국의 충돌이 우리에게 **주가 폭락과 환율 폭등으로 불똥이 튀었다.**   (0105, ㄷ일보)

'두 맹주국의 충돌이'와 호응하는 서술어는 무엇인가? '우리에게'는 무엇과 호응하는가? 이런 질문에 대한 답이 쉽게 떠오르지 않는다. '두 맹주국의 충돌', '우리', '주가 폭락과 환율 폭등', '불똥이 튀다'를 다 엮으려 하다 보니 위 문장과 같은 압축된 문장이 나왔는데 억지스러운 느낌이 든다. 풀어서 알기 쉬운 문장으로 쓰는 것이 낫다. 다음과 같이 바꿀 때 더 쉽게 이해된다.

>>> 중동 지역 이슬람 두 맹주국의 충돌이 우리에게 **주가 폭락과 환율 폭등을 불러왔다.**

중동 지역 이슬람 두 맹주국의 충돌이 우리에게 **불똥이 튀어 주가 폭락과 환율 폭등을 불러왔다.**

경제정책도 법으로 뒷받침돼야 **정부가 집행** 가능하다. (0205, ㄷ일보)

'정부가 집행 가능하다'는 그 뜻을 짐작할 수는 있어도 문법적으로는 어그러졌다. '정부가'에 호응하는 서술어가 무엇인가? 마땅한 서술어가 찾아지지 않는다. '집행하다'가 '정부가'에 호응하는 서술어일 텐데 '집행'이란 명사가 사용되었다. 따라서 다음과 같이 바꾸어야 문법적으로 문제가 없게 된다.

>>> 경제정책도 법으로 뒷받침돼야 **정부가 집행하는 것이** 가능하다.
경제정책도 법으로 뒷받침돼야 **정부의 집행이** 가능하다.

이스라엘이 이란 핵 시설 공습을 고려할 만큼 국제사회의 '문제아'였던 이란이 핵을 포기하고 **정상국가화,** 지역맹주로 떠오른 과정은 감회가 새롭다.

(0503, ㅎ일보)

'이란이 정상국가화, 지역맹주로 떠오른 과정'은 '이란이 정상국가화로 떠오른 과정'이 말이 되어야 가능한 말이다. 그러나 '이란이 정상국가화로 떠오른 과정'은 말이 안 된다. '정상국가화'를 명사로 끝낼 게 아니라 동사로 만들어야 한다. '정상국가화되고'나 '정상국가화되어' 등으로 바꾸어야 한다. 앞에 '핵을 포기하고'가 있기 때문에 '-고'를 반복하는 것은 피해야 하니 '정상국가화되어'가 자연스럽다.

>>> 이스라엘이 이란 핵 시설 공습을 고려할 만큼 국제사회의 '문제아'였던 이란이 핵을 포기하고 **정상국가화되어** 지역맹주로 떠오른 과정은 감회가 새롭다.

....

정부와 한국은행이 부실이 우려되는 산업은행과 수출입은행에 돈을 집어넣느라 **옥신각신**, 골머리를 앓고 있다.   (0506, ㅈ일보)

'옥신각신'은 명사로도 쓰이고 부사로도 쓰인다. 위 예에서 '옥신각신'은 명사로 쓰였다고 볼 수는 없다. 부사일 수밖에 없다. 그런데 부사인 '옥신각신' 다음에 쉼표인 ','를 썼다. 부사 다음에 ','를 쓸 이유가 없다. 부사 '옥신각신'이 꾸미는 말이 무엇인지도 불분명하다. 옥신각신 다투고 있다고 해야 말이 되지 옥신각신 골머리를 앓고 있다는 게 말이 안 된다. 따라서 '옥신각신'을 부사로 썼다고 볼 수도 없다. 문맥에 비추어 동사로 써야 맞다. 다음과 같이 바꾸면 알기 쉽다.

>>> 정부와 한국은행이 부실이 우려되는 산업은행과 수출입은행에 돈을 집어넣느라 **옥신각신하며** 골머리를 앓고 있다.

....

북한인권법이 실효성을 갖기 위해서는 인권재단이 북한인권활동 참여 민간단체들에 **대한 적극적 지원이 가능토록** 해야 한다.   (0125, ㅁ일보)

'북한인권법이 실효성을 갖기 위해서는 인권재단이 북한인권활동 참여 민간단체들에 대한 적극적 지원이 가능토록 해야 한다'에서 '인권재단이'와 호응하는 말이 보이지 않는다. '이'라는 조사가 사용된 이상 서술어가 나와야 하는

데 '가능토록'이라는 형용사는 '지원이'와 호응하는 말이지 '인권재단이'와 호응하지 않는다. 문맥상 '인권재단'은 '지원'과 호응하고 그렇다면 다음과 같이 써야 한다.

>>> 북한인권법이 실효성을 갖기 위해서는 인권재단이 북한인권활동 참여 민간 단체들에 **대해 적극적으로 지원할 수 있도록** 해야 한다.

당장 보육비 결제가 시작될 **이달 말부터 보육대란이** 큰일이다.   (0104, ㅈ일보)

'이달 말부터 보육대란이 큰일이다'는 모호하다. '이달 말부터'는 '보육대란'에 걸리는가, '보육대란이 큰일이다'에 걸리는가. '이달 말부터'가 '보육대란'을 꾸밀 수는 없다. 부사구가 명사를 바로 수식할 수는 없기 때문이다. 따라서 '이달 말부터 벌어질(나타날/일어날) 보육대란이 큰일이다'라고 해야 한다.

그렇지 않으면 '이달 말부터 보육대란이 벌어질 터여서 큰일이다'라고 할 수도 있을 것이다. 어떻게 하든지 문장이 길어질 수밖에 없는데 문장이 길어질까 봐 무턱대고 문장을 줄여서는 안 된다. 생략은 허용될 수 있는 한계가 있다. 그 한계를 넘어서까지 생략해서는 안 된다.

>>> 당장 보육비 결제가 시작될 **이달 말부터 벌어질 보육대란이** 큰일이다.
당장 보육비 결제가 시작될 이달 말부터 **보육대란이 벌어질 터여서** 큰일이다.

이란은 2020년**까지** 211조원 규모의 건설 사업을 **발표했다.**   (0502, ㅈ일보)

'2020년까지'가 '발표했다'에 걸리는가? 그럴 수 없다. 이미 발표했기 때문이다. '2020년까지'는 '건설 사업'에 걸릴 수밖에 없다. 그런데 '2020년까지'가 바로 '건설 사업'에 걸리기는 어렵다. 동사를 보여 줄 필요가 있다. '2020년까지 211조 원 규모의 건설 사업을 하겠다고'라고 하면 명료해진다. '2020년까지 시행할 211조 원 규모의 건설 사업'이라고 하는 것도 한 방법이다.

>>> 이란은 2020년까지 211조 원 규모의 건설 사업을 **하겠다고** 발표했다.

이란은 2020년까지 **시행할** 211조 원 규모의 건설 사업을 발표했다.

목적어, 부사어 없는 문장

　주어와 서술어는 어떤 문장에서든 반드시 필요하지만 목적어나 부사어는 모든 문장에 다 있어야 하는 것은 아니다. 목적어나 부사어는 서술어에 따라 필요할 수도 있고 필요치 않을 수도 있다. 문제는 어떤 서술어가 목적어나 부사어를 필요로 하는데도 불구하고 목적어나 부사어가 없는 경우이다. 이런 경우는 필수적인 성분이 빠져 있기 때문에 비문법적인 문장이 된다. 필수적인 성분이 빠져 비문법적인 문장이 되면 당장 뜻을 파악하는 데 곤란을 겪을 수밖에 없다.

　물론 주어가 생략되었을 때와 마찬가지로 필수적인 목적어나 부사어가 빠졌더라도 생략된 말이 무엇인지를 독자가 쉽게 알 수 있다면 문제가 되지 않는다. 그러나 생략된 말이 무엇인지 독자가 알 수 없다면 그 문장은 비문이 되는 동시에 뜻을 알 수 없는 문장이 되고 만다. 주어, 서술어뿐만 아니라 문장에 꼭 필요한 목적어, 부사어가 빠지지 않았는지 살필 필요가 있다.

앞서 당 공천관리위원회는 유 의원 탈당 직전 유 의원 지역구에 대한 공천 여부를 논의했으나 또다시 **보류했다**. 24일부터는 탈당 자체가 불가능해지기 때문에 유 의원을 쫓아내기 위한 결정이나 다름없었다.　　　　　(0324, ㅈ일보)

'또다시 보류했다'에서 무엇을 보류했는지가 나타나 있지 않다. '결정을'이 생략되어 있는데 생략해도 독자가 이해할 수 있으리라 보고 생략했을 것이다. '결정을'이 생략되었음을 잘 보여 주는 것이 그다음 문장이다. 다음 문장은 '결정이나 다름없었다'로 끝나는데 무엇이 결정이나 다름없었다는 것인지가 안 보인다. '보류했다'의 생략된 목적어가 '결정'임을 말하고 있는 것이다. 어쨌거나 '보류했다'를 목적어 없이 쓴 것은 독자를 배려하지 않은 태도였다. 읽는 사람으로 하여금 생략된 것이 무엇인지 찾게 만들어선 안 된다.

>>> 　앞서 당 공천관리위원회는 유 의원 탈당 직전 유 의원 지역구에 대한 공천 여부를 논의했으나 또다시 **결정을** 보류했다.

헌법재판소는 2014년 10월 선거구 간 인구편차를 3 대 1에서 2 대 1로 줄여 표의 등가성 왜곡을 시정하도록 **'헌법 불합치' 결정을 내렸다.**　　　(0224, ㄷ일보)

위 예문에서 "'헌법 불합치' 결정을 내렸다'는 중요한 사항이 빠졌다. 헌법재판소가 어떤 결정을 내렸다면 무엇에 대해 그런 결정을 내렸는지가 매우 중요하다. 물론 이 문제에 대해 사정을 잘 알고 있는 사람이야 생략된 내용이 무엇인지 짐작하므로 대수롭지 않게 생각할 수 있겠으나 그렇지 않은 사람들에게는 불친절한 문장이 아닐 수 없다. 따라서 바로잡을 필요가 있다. 보충할 부분은 '현행 선거구에 대해', '선거법에 대해', '공직선거법에 대해' 등 여러 가지로

　　　　　　　　　　　　　　　　　　　　　　품격 있는 글쓰기

표현할 수 있을 것이다.

>>> 헌법재판소는 2014년 10월 선거구 간 인구편차를 3 대 1에서 2 대 1로 줄여 표의 등가성 왜곡을 시정하도록 **현행 선거구에 대해** '헌법 불합치'결정을 내렸다.

헌법재판소는 2014년 10월 선거구 간 인구편차를 3 대 1에서 2 대 1로 줄여 표의 등가성 왜곡을 시정하도록 **선거법에 대해** '헌법 불합치'결정을 내렸다.

....

박 대통령은 중간평가인 총선에서 낙제 수준의 성적표를 받았다. (중략) 남은 임기는 22개월뿐이다. 좋은 대통령으로 기억되도록 **바로잡기에는** 시일이 촉박하다. (0415, ㄱ신문)

'바로잡다'는 목적어가 필요한 동사다. '무엇을 바로잡는다'와 같이 쓰인다. 그런데 위 예에서는 '바로잡기에는'의 목적어가 없다. 당연히 목적어가 무엇인지 궁금한 느낌이 들 수밖에 없다. 무엇을 바로잡는다는 것인지 금세 잘 찾아지지도 않는다. '국민의 인식을'과 같은 목적어를 채워 주어야 할 것이다. 중립적이지 않은 '바로잡다' 대신에 중립적인 의미를 지닌 '바꾸다'를 쓰는 것도 좋다.

>>> 좋은 대통령으로 기억되도록 **국민의 인식을 바로잡기에는** 시일이 촉박하다.
좋은 대통령으로 기억되도록 **국민의 인식을 바꾸기에는** 시일이 촉박하다.

....

역대 최악이라는 평가를 받는 19대 국회의 수준이 20대 국회로 대물림되지 **않**

도록 국민이 막아야 한다. (0407, y통신)

'막아야'는 무엇을 막아야 하는지가 있어야 하는 말이다. 목적어가 필요한 동사라는 것이다. 그런데 위 예문에서 '막아야'에는 목적어가 없이 '19대 국회의 수준이 20대 국회로 되물림되지 않도록'이란 말이 앞에 있을 뿐이다. '대물림되지 않도록'을 살리려면 '나서야', '애써야', '노력해야' 등이 와야 하고 '막아야'를 살리려면 '19대 국회의 수준이 20대 국회로 대물림되는 것을'이라고 바꾸어야 한다.

>>> 역대 최악이라는 평가를 받는 19대 국회의 수준이 20대 국회로 대물림되지 않도록 국민이 **나서야** 한다.
역대 최악이라는 평가를 받는 19대 국회의 수준이 20대 국회로 **대물림되는 것을** 국민이 막아야 한다.

이 회사는 가습기 살균제의 유해성을 사전에 인지하고도 이를 제조해 유통한 혐의를 받고 있다. 사건이 불거지자 자신들에게 유리하게 **연구 보고서를** 조작하고 **은폐한** 의혹도 사고 있다. (0420, ㅈ일보)

'연구 보고서를 조작하고 은폐한 의혹'이라는 표현은 '연구 보고서를 조작하고 연구 보고서를 은폐한 의혹'으로 해석될 수밖에 없다. 그런데 '연구 보고서를 조작한'은 문제가 없지만 '연구 보고서를 은폐한'은 무슨 뜻인지 알기 어렵다. '은폐'는 감추거나 숨기는 것이다. 연구 보고서를 감추거나 숨겼는가? 그랬다는 얘기가 없으니 의아하다. 살균제의 유해성을 알고도 이를 제조하고 유통한 사실을 은폐한 게 아니었나 추측된다. 만일 그렇다면 '은폐한'의 목적어를 밝혀 주어야 한다. '사건을 은폐한 의혹' 또는 '이를 은폐한 의혹'과 같이 표현해야 할 것이다.

<blockquote>

>>> 사건이 불거지자 자신들에게 유리하게 연구 보고서를 조작하고 **사건을** 은
폐한 의혹도 사고 있다.

사건이 불거지자 자신들에게 유리하게 연구 보고서를 조작하고 **이를** 은폐
한 의혹도 사고 있다.

</blockquote>

또 이들이 우리나라는 물론, 중국 베트남 등 제3국에서 기업 활동을 계속할 수
있도록 돕겠다는 계획도 밝혔다. 하지만 기업활동을 그만둔다면 몰라도 **입주기
업 스스로가 감당하기에는** 어려울 것으로 보인다.　　　　　　　　(0212, ㅎ일보)

'하지만 기업활동을 그만둔다면 몰라도 입주기업 스스로가 감당하기에는
어려울 것으로 보인다'에서 '감당하기에는'의 목적어가 없다. 무엇을 감당하기
에는 어려울 거라는 건지 알 수가 없다. 정부가 도와주더라도 기업 활동을 계
속하는 일이 감당하기 어렵다는 것으로 추측은 할 수 있다. 그렇다 해도 '스스
로가 감당하기에는'이라는 표현이 어색하다. 이미 정부가 도와주겠다고 했는
데 '스스로가 감당하기에는'이라니 앞뒤가 안 맞는다. 차라리 '스스로가'가 없
는 것이 더 낫다. 정부가 도와주더라도 입주기업이 감당하기 어렵다는 뜻이니
말이 된다. 따라서 '스스로가'를 빼고 '감당하기는'의 목적어로 '이를'을 넣어
주는 것이 좋다. 그리고 '감당하기에는'보다는 '감당하기는'이 더 간명하고 정
확하다.

>>> 하지만 기업활동을 그만두면 몰라도 입주기업이 **이를 감당하기는** 어려울 것
으로 보인다.

....

하지만 부산시는 이후 영화제 측이 새로 위촉한 자문위원들을 인정하지 않고 효력정지 가처분 신청을 법원에 내면서 **법정 다툼으로 비화시켰다.**

(0324, ㄱ신문)

위 예에서 '법정 다툼으로 비화시켰다'는 목적어가 있어야 하는데 목적어가 없다. 무엇을 법정 다툼으로 비화시켰는지가 나타나야 한다는 말이다. 목적어가 필요 없게 '법정 다툼을 시작했다'라고 하든지 아니면 '문제를 법정 다툼으로 몰고 갔다'라고 하는 것이 나아 보인다.

>>> 하지만 부산시는 이후 영화제 측이 새로 위촉한 자문위원들을 인정하지 않고 효력정지 가처분 신청을 법원에 내면서 **법정 다툼을 시작했다.**
하지만 부산시는 이후 영화제 측이 새로 위촉한 자문위원들을 인정하지 않고 효력정지 가처분 신청을 법원에 내면서 **문제를 법정 다툼으로 몰고 갔다.**

그 밖의 비문

　문장은 문장 성분들의 결합이다. 대표적인 문장 성분이 주어와 서술어다. 서술어의 핵심이 동사인데 동사에 따라서는 목적어가 있어야 하기도 하고 부사어가 있어야 하기도 한다. 문장을 구성하는 문장 성분들은 단독으로 존재하지 않는다. 반드시 어떤 다른 문장 성분을 필요로 한다. 문장 성분들은 서로 관계를 맺고 있다.

　주어는 서술어를 반드시 필요로 하고, 서술어 중에서도 타동사는 목적어를 반드시 필요로 한다. 관형어가 있으면 관형어의 수식을 받는 말이 반드시 있어야 한다. 즉 문장 성분들은 다른 문장 성분과 긴밀한 관계를 맺는다. 그 관계가 어그러지면 문장은 비문법적이게 된다. 비문법적인 문장은 뜻이 명료한 문법적인 문장과 달리 뜻을 파악하기가 어렵다. 뜻을 아예 파악할 수 없거나 뜻이 명료하지 않고 흐릿하고 모호하다.

　앞에서 주어, 서술어, 목적어 또는 부사어가 없는 문장, 그래서 비문법적인 문장의 사례를 살펴보았거니와 그 밖에도 비문법적인 문장이 되는 경우가 많다. 문장 성분들 사이에 호응이 이루어지지 않은 경우다. 문장 성분들은 서로 간에 아귀가 맞아야 하는데 아귀가 맞지 않으면 뜻을 파악하기가 어려워진다. 그래서 글을 쓸 때에는 문장 성분들 사이에 아귀가 잘 들어맞도록 세심하게 주의를 기울이지 않으면 안 된다. 비문법적인 문장, 즉 비문이란 문장 성분들 사이에 마땅히 갖추어져야 하는 관계가 갖추어지지 않은 문장을 가리킨다. 비문은 불완전한 문장이고 불완전한 문장은 뜻이 모호할 수밖에 없다. 글은 뜻을 선명하게 전달하기 위해 쓴다. 비문을 씀으로써 뜻이 불투명해지는 것을 막아야 한다. 문법적인 문장을 쓰는 것은 글쓰기에서 기본 중의 기본이다.

문장 성분 사이의 호응

부사가 있으면 부사가 꾸밀 동사나 형용사, 또는 다른 부사가 있어야 한다. 부사가 있는데 이 부사가 꾸며 줄 동사나 형용사, 또는 다른 부사가 없다면 그 부사는 문장 속에서 자기 자리를 찾을 수 없다. 거꾸로 부사를 써야 할 자리에 형용사를 씀으로써 문법이 어그러지는 경우도 있다. 부사는 그 부사가 꾸밀 동사나 형용사가 있어야 하고 관형형으로 쓰인 형용사는 그것이 꾸밀 명사가 있어야 한다. 성분들 사이에 마땅히 맺어져야 하는 관계가 맺어지지 않으면 비문이 된다.

'박 대통령은 시 주석에게 전화해 북한에 단호한 조치를 촉구해야 한다' 같은 문장은 '북한에'와 호응할 말이 없다. 촉구를 북한에 하는 것이 아니라 시 주석에게 하는 것인 만큼 '북한에'와 호응하는 말은 '단호한 조치를 취할 것을' 이나 '단호한 조치를 취하도록'이어야 하는데 '취할 것을' 또는 '취하도록'이 빠졌다.

어떤 문장에서든 문장 성분들은 서로 잘 호응해야 한다. 성분들 사이에 호응이 잘 이루어지지 않으면 불완전한 문장이 되면서 뜻이 흐릿해지고 만다.

품격 있는 글쓰기

일본 정부가 이런 퇴행적 역사인식을 교육현장에 강요하려고 하는 한일관계 개선은 물론 동북아 안보협력 진전 전망도 흐려질 수밖에 없다. (0319, ㅎ일보)

위 문장은 비문이다. '이런 퇴행적 역사인식을 교육현장에 강요하려고 하는 한일관계 개선'이 말이 안 된다. '강요하려고 하는'이 아니라 '강요하려고 하는 한'일 때에 문장의 뜻이 분명해진다. 단순한 오타라고 할 수 있다.

>>> 일본 정부가 이런 퇴행적 역사인식을 교육현장에 강요하려고 하는 **한** 한일관계 개선은 물론 동북아 안보협력 진전 전망도 흐려질 수밖에 없다.

안 대표는 일단 설 연휴동안 지역구 일정에 집중하며 총선에 대비, 총력을 기울이는 모양새지만 연휴 전날에서야 **이런 일정이 결정한 것을 두고** 일각에선 안 의원의 지역구 출마 여부에 대한 고민이 반영된 것 아니냐는 관측도 제기됐다. **전국정당으로** 입지를 다지기 위해 수도권 의석 확보가 절실한 만큼 수도권에서 경쟁력 있는 인사를 다수 영입 하느냐 여부가 안 대표의 노원병 출마 여부를 결정적으로 좌우하게 될 것이라는 시각도 있다. (0210, ㄱ일보)

'이런 일정이 결정한 것을 두고'는 한눈에 말이 안 됨을 알 수 있다. '결정하다'는 '~을' 목적어를 필요로 하기 때문이다. 만일 '일정이'를 살리려면 '결정한'을 '결정된'으로 바꾸어야 한다.

>>> … 이런 일정**을** 결정한 것을 두고 …
… 이런 일정이 결정**된** 것을 두고 …

이어지는 문장에서 '전국정당으로 입지를 다지기 위해'도 뜻을 이해할 수 없는 것은 아니겠지만 '전국정당으로서의 입지를 다지기 위해'라고 할 때 호응이 무난하다.

>>> **전국정당으로서의** 입지를 다지기 위해 수도권 의석 확보가 절실한 만큼 …

문제는 이런 불합리한 징수 관행이 거의 수십 년째 이어져왔다는 점이다. **이것만으로도** 대학이 입학금 산출근거와 지출내역을 학생과 학부모에게 공개해야 할 충분한 **이유다.** (0224, ㅎ일보)

'이것만으로도 대학이 입학금 산출근거와 지출내역을 학생과 학부모에게 공개해야 할 충분한 이유다'에서 '이유다'의 주어가 없다. '이다' 문장은 '무엇이 무엇이다'라고 해야 정상적이다. 위 예문에서는 '무엇이'가 없다. 동시에 '이것만으로도'가 호응해야 할 말이 보이지 않는다. 따라서 '이것만으로도'를 살리고자 한다면 '이것만으로도'가 호응할 말을 넣어 주어야 한다. 다음과 같이 고쳐야 비로소 문제가 해소된다.

>>> 이것만으로도 대학이 입학금 산출근거와 지출내역을 학생과 학부모에게 공개해야 할 충분한 **이유가 된다.**

현행 법령을 개정하지 않고 교육감 권한으로 할 수 있고, 특목고와 자사고의 반발도 상대적으로 크지 않을 것으로 보여 **조속한 시행할** 수 있다는 이점도 있다. (0319, ㅎ일보)

'조속한 시행할 수 있다'가 문법에 맞지 않는다. '조속한'이 호응할 말이 없기 때문이다. '조속하게 시행할 수 있다'라고 하거나 '조속한 시행을 할 수 있다'라고 해야 한다.

>>> 현행 법령을 개정하지 않고 교육감 권한으로 할 수 있고, 특목고와 자사고의 반발도 상대적으로 크지 않을 것으로 보여 **조속하게 시행할** 수 있다는 이점도 있다.

한국의 전략무기 도입을 미국이 **승인해야 가능한 상황**에선 굳이 기술 이전까지 해 주며 세일즈 할 리가 없을 것이다.　　　　　　　　　　(1229, ㄷ일보)

문장을 간결하게 쓰려고 하다가 과도한 생략을 하기가 쉽다. 위 문장도 그런 예다. '가능한'의 주어가 없다. 무엇이 가능한지가 모호하다. 글쓴이의 의도는 '한국의 전략무기 도입이 가능한'일 것이다. '한국의 전략무기 도입을 미국이 승인해야 한국의 전략무기 도입이 가능한 상황에서는'의 뜻인데 같은 말이 두 번 쓰이는 것을 피하여 하나를 생략한 것이다. 그러나 필요한 성분이 빠지니 문장이 매끄럽지 않고 쉽게 이해되지 않는다.

'미국이 승인해야 한국의 전략무기 도입이 가능한 상황에선'이라고 어순을 바꾸었다면 훨씬 더 쉽게 읽혔을 것이다. 이 경우 '승인해야'의 목적어가 생략되었는데 그것은 문맥상 '한국의 전략무기 도입을'임을 미루어 알 수 있다.

>>> **미국이 승인해야 한국의 전략무기 도입이 가능한 상황**에선 굳이 기술 이전까지 해 주며 세일즈할 리가 없을 것이다.

공정한 취업 기회를 보장하고 사회통합과 경제 살리기를 주도해야 할 교육·사회·경제 부처 장관 후보들이 **자녀들에게 '금수저' 특혜를 누리도록** 앞장섰다니 어느 국민이 이들의 정책을 믿고 따를 것인가.   (0111, ㅈ일보)

'자녀들에게 '금수저' 특혜를 누리도록 앞장섰다니'에서 조사 '에게'는 어디에 걸리는가? 걸릴 말이 찾아지지 않는다. '자녀들에게'를 살리려면 "금수저' 특혜를 주는 데에'쯤으로 바꾸어야 하고 뒷부분을 살리려면 '자녀들에게'가 아니라 '자녀들이'라고 해야 한다.

>>> 교육·사회·경제 부처 장관 후보들이 자녀들이 '금수저' 특혜를 **누리도록 하는 데** 앞장섰다니 어느 국민이 이들의 정책을 믿고 따를 것인가.
교육·사회·경제 부처 장관 후보들이 자녀들**에게** '금수저' 특혜를 **주는 데에** 앞장섰다니 어느 국민이 이들의 정책을 믿고 따를 것인가.

박 대통령은 시 주석에게 직접 전화해 북한에 **단호한 조치를 촉구해야** 한다.

(0110, ㄷ일보)

'북한에'가 걸릴 데가 없다. 북한에 촉구하는 것이 아니라 시 주석에게 촉구하는 것이므로 '북한에'는 '촉구해야'와 호응할 수 없다. '북한에'를 살리려면 '조치를 취할 것을' 정도가 있어야 한다. 따라서 다음과 같이 고쳐야 한다.

>>> 박 대통령은 시 주석에게 직접 전화해 북한에 단호한 조치를 **취할 것을** 촉구해야 한다.

또는 다음과 같이 해도 좋을 것이다.

>>> 박 대통령은 시 주석에게 직접 전화해 북한에 단호한 조치를 **취하도록** 촉구해야 한다.
박 대통령은 시 주석에게 직접 전화해 북한에 **대한** 단호한 조치를 촉구해야 한다.

북한의 로켓 발사는, 중국이 6자회담 의장인 우다웨이 한반도사무특별대표를 2~4일 평양에 보내 발사를 만류했는데도 북한이 오히려 예정일을 앞당겨 발사를 강행했다는 점에서 **북-중 간 갈등도 더 깊어질** 전망이다.   (0209, ㅎ신문)

예문인 '북한의 로켓 발사는, 중국이 6자회담 의장인 우다웨이 한반도사무특별대표를 2~4일 평양에 보내 발사를 만류했는데도 북한이 오히려 예정일을 앞당겨 발사를 강행했다는 점에서 북-중 간 갈등도 더 깊어질 전망이다'에서 '~는 점에서' 부분은 전체 문장에서 하나의 부사어에 불과하므로 빼더라도 문장의 성립에는 지장이 없다. 따라서 이를 빼고 나면 '북한의 로켓 발사는 북-중 간 갈등도 더 깊어질 전망이다'가 남는다. 그런데 '북한의 로켓 발사는 북-중 간 갈등도 더 깊어질 전망이다'가 문법적으로 어떤가? 이 문장의 주어는 '북한의 로켓 발사는'이 될 수밖에 없는데 나머지 부분인 '북-중 간 갈등도 더 깊어질 전망이다'와 연결이 자연스럽지 않다. 자연스러운 연결이 되게 하려면 '북한의 로켓 발사는 북-중 간 갈등도 더 깊어지게 할 전망이다'와 같이 주어와 서술어를 호응하게 하든지 '북한의 로켓 발사로 북-중 간 갈등도 더 깊어질 전망이다'와 같이 아예 주어를 '북-중 간 갈등도'로 바꾸어야 한다.

>>> 북한의 로켓 발사는, 중국이 6자회담 의장인 우다웨이 한반도사무특별대표

를 2~4일 평양에 보내 발사를 만류했는데도 북한이 오히려 예정일을 앞당겨 발사를 강행했다는 점에서 북-중 간 갈등도 더 **깊어지게 할** 전망이다.

북한의 로켓 발사**로**, 중국이 6자회담 의장인 우다웨이 한반도사무특별대표를 2~4일 평양에 보내 발사를 만류했는데도 북한이 오히려 예정일을 앞당겨 발사를 강행했다는 점에서 북-중 간 갈등도 더 깊어질 전망이다.

··

더민주 태도가 **바뀐 것 중 하나는** 야권의 주도권을 놓고 경쟁하는 국민의당이 주요 법안 처리에 합리적 태도를 보인 것이 자극을 주었기 **때문이라고** 한다.

(0125, ㅈ일보)

'더민주 태도가 바뀐 것 중 하나는'으로 시작되었으니 의당 더민주의 바뀐 태도 자체에 대한 서술이 나올 것으로 기대되지 더민주 태도가 바뀐 이유 중 하나가 서술되리라고 기대되지 않는다. 그런데 뒤를 보면 더민주의 태도가 바뀐 이유 중 하나를 설명하고 있다. 그래서 앞뒤 호응이 안 맞다. 따라서 다음과 같이 써야 할 것이다.

>>> 더민주 태도가 바뀐 **이유** 중 하나는 야권의 주도권을 놓고 경쟁하는 국민의당이 주요 법안 처리에 합리적 태도를 보인 것이 자극을 주었기 때문이라고 한다.

··

더민주의 **문제는** 인물 몇 명의 충원이 아니라 주류세력의 의식 전환에 달렸기 때문이다.

(0115, ㅈ일보)

이 문장이 문제가 없으려면 '더민주의 문제는 주류세력의 의식 전환에 달렸다'가 정상적이어야 한다. 그런데 '문제는 ~에 달렸다'가 정상적인가? 그렇지 않아 보인다. '~에 달렸다'의 주어는 '더민주의 문제는'이 아니라 '더민주의 성패는'이나 '더민주의 성공 여부는' 따위가 돼야 한다.

> >> 더민주의 **앞으로의 성패는** 인물 몇 명의 충원이 아니라 주류세력의 의식 전환에 달렸기 때문이다.

세상을 뜬 전직 대통령들을 놓고 그들 마음이 자기편이라고 **우김질하는 정당들이** 우리와 국민소득이 비슷한 다른 민주국가들에서 있을 법이나 한 일인가.

(0201, ㅈ일보)

'세상을 뜬 전직 대통령들을 놓고 그들 마음이 자기편이라고 우김질하는 정당들이 우리와 국민소득이 비슷한 다른 민주국가들에서 있을 법이나 한 일인가'는 '정당들이 있을 법이나 한 일인가'의 구조이다. 그런데 정당은 일이 아니다. 정당이 우김질하는 것이 일이다. 따라서 다음과 같이 바꾸어야 자연스럽다.

> >> 세상을 뜬 전직 대통령들을 놓고 그들 마음이 자기편이라고 **정당들이 우김질하는 것이** 우리와 국민소득이 비슷한 다른 민주국가들에서 있을 법이나 한 일인가.

그렇지 않으면 다음과 같이 '일'을 없애는 것도 한 방법이다. 그러면 '정당이 있을 법이나 한가'의 구조가 되고 이는 자연스럽다.

> >> 세상을 뜬 전직 대통령들을 놓고 그들 마음이 자기편이라고 우김질하는 정

당들이 우리와 국민소득이 비슷한 다른 민주국가들에서 있을 법이나 **한가**.

....

정치적으로 이용되는 경제 민주화 주장의 가장 큰 위험성은 사회 전체에 성장
(成長)에 대한 반감을 **퍼뜨릴 우려다**.   (0118, ㅈ일보)

이 문장은 뼈대만 남기면 '가장 큰 위험성은 반감을 퍼뜨릴 우려다'라고 할
수 있다. 그러나 우려가 위험성일 수 있는가? 아니다. 따라서 다음과 같이 고
쳐야 한다.

>>> 정치적으로 이용되는 경제 민주화 주장의 가장 큰 위험성은 사회 전체에 성
     장(成長)에 대한 반감을 **퍼뜨릴 수 있다는 것이다**.
     정치적으로 이용되는 경제 민주화 주장의 가장 큰 위험성은 사회 전체에 성
     장(成長)에 대한 반감을 **퍼뜨릴지 모른다는 것이다**.
     정치적으로 이용되는 경제 민주화 주장의 가장 큰 위험성은 사회 전체에 성
     장(成長)에 대한 반감을 **퍼뜨릴 가능성이다**.

....

하지만 조합원이 6만명이 되고 17년간 합법적으로 운영된 노조를 단지 9명의
해직 조합원 때문에 하루아침에 법외노조로 **통보한 것은** 여전히 헌법상 과잉금
지원칙 위배 **논란이 일고 있다**.   (0523, ㄱ신문)

'통보한 것은 과잉금지원칙 위배 논란이 일고 있다'는 '통보한 것은'에 이어
지는 '과잉금지원칙 위배 논란이 일고 있다'가 자연스럽게 호응하지 않는다.
'통보한 것에 대해서는'이라고 하면 문제가 해소된다. 아니면 '통보한 것은'을
그대로 두고 '논란이 일고 있다'를 '논란을 낳고 있다'라고 하는 것도 좋다.

>>> 하지만 조합원이 6만 명이 되고 17년간 합법적으로 운영된 노조를 단지 9명의 해직 조합원 때문에 하루아침에 법외노조로 통보한 **것에 대해서는** 여전히 헌법상 과잉금지원칙 위배 논란이 일고 있다.

>>> 하지만 조합원이 6만 명이 되고 17년간 합법적으로 운영된 노조를 단지 9명의 해직 조합원 때문에 하루아침에 법외노조로 통보한 것은 여전히 헌법상 과잉금지원칙 위배 **논란을 낳고** 있다.

AI의 미래를 단정할 수 없다. 인간에게 도움이 **될지 아닐지도** 모른다.

(0308, ㅈ일보)

'인간에게 도움이 될지 아닐지도 모른다'는 문법적인 문장이 아니다. 다음 중 어느 하나로 바꾸어야 문법적인 문장이 된다.

>>> 인간에게 도움이 **될지 되지 않을지도** 모른다.

인간에게 도움이 **될지 안 될지도** 모른다.

인간에게 도움이 **되는 것일지 도움이 되는 것이 아닐지도** 모른다.

정부가 어제 개성공단 가동을 전면 중단키로 결정했다. 북한이 4차 핵실험에 이어 지난 7일 장거리 미사일 도발을 감행한 데 따른 대응조치 성격이다. 국제 사회의 거듭된 경고에도 불구하고 유엔 안보리 결의를 정면으로 위반한 북한에 대해 더 강력하고 실효적인 **제재 필요성에** 따른 것이다.　　(0211, ㅅ신문)

'북한에 대해 더 강력하고 실효적인 제재 필요성'에서 '북한에 대해'가 걸릴 말이 없다. '북한에 대해'는 의미상 '제재'와 호응하는데 '제재'는 명사여서 동사를 필요로 하는 '북한에 대해'와 호응하지 않는다. 따라서 서로 호응하게 하려면 '북한에 대해'를 '북한에 대한'으로 바꾸어 명사를 수식할 수 있도록 하거나, '제재'를 '제재하다'로 바꾸어야만 한다. 그런데 '북한에 대해'를 '북한에 대한'으로 바꾸기는 어렵다. 왜냐하면 북한을 수식하는 '유엔 안보리 결의를 정면으로 위반한'이라는 관형절이 이미 있기 때문이다. 관형절을 반복하는 것은 독해를 불편하게 하므로 피해야 한다. 결론적으로 명사 '제재'를 동사로 바꾸는 방법밖에는 없다. '제재'를 '제재를 할'로 바꾸어야 한다.

>>> 국제사회의 거듭된 경고에도 불구하고 유엔 안보리 결의를 정면으로 위반한 북한에 대해 더 강력하고 실효적인 **제재를 할 필요성에** 따른 것이다.

진 본부장이 김 대표로부터 넥슨의 미공개 내부 정보를 얻었거나 넥슨 측으로부터 시세보다 싼값에 **매입을** 제안받았을 가능성이 있다.　　　(0402, ㄷ일보)

'시세보다 싼값에 매입을'은 문법적으로 반듯하지 않다. '시세보다 싼값에'는 뒤이어 동사가 나올 것을 기대하게 하는데 동사가 아니라 명사인 '매입'이 나왔기 때문이다. '시세보다 싼값의'라고 하면 명사인 '매입'이 나와도 문제가 없다. '시세보다 싼값에'를 유지하려면 '시세보다 싼값에 매입하기'처럼 해야 한다.

>>> 진 본부장이 김 대표로부터 넥슨의 미공개 내부 정보를 얻었거나 넥슨 측으로부터 시세보다 싼값에 **매입하기를** 제안받았을 가능성이 있다.

물론 **선거일을 코 앞에서** 진행되고 있는 후보단일화 논의에 문제가 없을 수 없

다.   (0331, ㅎ일보)

'선거일을 코 앞에서 진행되고 있는 후보단일화 논의'는 문법적으로 맞지 않는다. '선거일을'에 호응할 말이 없다. '선거일을'을 살리려면 '코앞에 두고'처럼 '선거일을'을 필요로 하는 동사를 찾아 넣어야 하고 아니면 아예 '선거일을'의 '을'을 빼고 '선거일 코앞에서'라고 해야 한다.

>>> 물론 선거일을 **코앞에 두고** 진행되고 있는 후보단일화 논의에 문제가 없을 수 없다.
     물론 **선거일** 코앞에서 진행되고 있는 후보단일화 논의에 문제가 없을 수 없다.

야당이 정부 대응 조치를 비판만 **하는 것은** 오히려 안보 위기를 선거에 역이용하려는 것 아니냐는 **의구심마저 든다.**
돌이켜보면 박근혜 정부 3년의 외교·안보 **정책은** 불과 몇 개월 앞도 내다보지 못하는 것 아니냐는 의구심을 **지우기 힘들었다.**   (0212, ㅈ일보)

위 문장은 무슨 뜻인지 이해하는 데는 별 어려움이 없다. 이게 무슨 말이지 하는 의문은 들지 않는다는 것이다. 그러나 문법적으로는 완전하지가 않다. 완전한 문장이 따로 있으며 완전한 문장으로 말했을 때는 더욱 뜻이 선명해지는 장점이 있다.

'의구심이 든다'는 주어가 사람이어야 한다. 의구심이 든다는 것은 어떤 느낌이 든다는 것이니 사람 아닌 것이 느낌이 들 수는 없는 일이다. 주어인 '야당이 정부 대응 조치를 비판만 하는 것은'은 사람이 아니다. 따라서 주어를 '야당이 정부 대응 조치를 비판만 하는 것은'으로 두는 이상은 '의구심마저 든다'를

'의구심마저 들게 한다'로 바꾸어야 한다.

>>> 야당이 정부 대응 조치를 비판만 하는 것은 오히려 안보 위기를 선거에 역이용하려는 것 아니냐는 의구심마저 **들게 한다.**

만일 '의구심마저 든다'를 그대로 유지하려면 '야당이 정부 대응 조치를 비판만 하는 것은'을 '야당이 정부 대응조치를 비판만 하는 것을 보면'처럼 바꾸면 된다. 이때 '의구심마저 든다'의 의미상 주어는 생략된 '나는' 또는 '우리는' 이다.

>>> 야당이 정부 대응 조치를 비판만 하는 것**을 보면** 오히려 안보 위기를 선거에 역이용하려는 것 아니냐는 의구심마저 든다.

'돌이켜보면 박근혜 정부 3년의 외교·안보 정책은 불과 몇 개월 앞도 내다보지 못하는 것 아니냐는 의구심을 지우기 힘들었다'도 마찬가지다. 아래와 같이 고칠 때 문법적으로 어그러짐이 없다.

>>> 돌이켜보면 박근혜 정부 3년의 외교·안보 정책은 불과 몇 개월 앞도 내다보지 못하는 것 아니냐는 의구심을 지우기 **힘들게 했다.**

국방부는 이날 "미국과 대한민국은 미사일 방어 태세 향상 **조치를** 주한미군의 사드 배치 가능성에 대한 공식 논의 시작을 한미동맹차원에서 결정했다"면서 "사드 체계가 한반도에 배치되면 북한에 대해서만 운용된다"고 밝혔다.
이 같은 사드 배치 논의 결정은 커티스 스캐퍼로티 한미연합사령관 건의에 따라 이뤄진 것이라고 국방부는 전했다. 국방부는 "협의의 목적은 **가능한한 빠른**

품격 있는 글쓰기

시일 안에 사드의 한반도 배치와 작전수행 **모색에 있다**"며 "한미 동맹이 방어적 조치를 취하는 것은 북한이 전략적 도발을 감행했고 비 핵화에 대한 협상을 거부하기 때문"이라고 밝혔다.   (0207, ㅈ일보)

　인용된 문장인 '미국과 대한민국은 미사일 방어 태세 향상 조치를 주한미군의 사드 배치 가능성에 대한 공식 논의 시작을 한미동맹차원에서 결정했다'에는 '미사일 방어 태세 향상 조치를'과 '주한미군의 사드 배치 가능성에 대한 공식 논의 시작을'이라는 두 개의 '~을' 명사구가 있다. 동사는 '결정했다' 하나인데 두 개의 목적어가 있는 셈이다. 이는 무언가 잘못됐다. 의미상 목적어는 '주한미군의 사드 배치 가능성에 대한 공식 논의 시작을'이다. 그렇다면 '미사일 방어 태세 향상 조치를'은 어떻게 된 것인가? 이는 '미사일 방어 태세 향상 조치를 위해' 또는 '미사일 방어 태세 향상 조치로'가 되어야 맥락에 맞다.

>>> 미국과 대한민국은 미사일 방어 태세 향상 **조치를 위해** 주한미군의 사드 배치 가능성에 대한 공식 논의 시작을 한미동맹차원에서 결정했다.
미국과 대한민국은 미사일 방어 태세 향상 **조치로** 주한미군의 사드 배치 가능성에 대한 공식 논의 시작을 한미동맹차원에서 결정했다.

　인용된 문장인 '협의의 목적은 가능한한 빠른 시일 안에 사드의 한반도 배치와 작전수행 모색에 있다'는 의미상 '가능한 한 빠른 시일 안에'가 '사드의 한반도 배치와 작전 수행 모색'을 수식한다. 그런데 '가능한 한 빠른 시일 안에'는 부사구이고 '사드의 한반도 배치와 작전 수행 모색'은 명사구다. 부사구는 명사구를 수식할 수 없다. 따라서 뒤의 명사구를 동사구로 바꾸어야만 문법적으로 문제가 없다.

>>> 협의의 목적은 **가능한 한 빠른 시일 안에** 사드를 한반도에 배치하고 작전을

수행하는 것을 **모색하는 데** 있다.

다만 우리가 본란에서 안 대표가 공언한 국회의원 '무노동 무임금' 원칙을 높이 평가하는 건 과거처럼 흰소리나 립서비스가 아니라 반드시 실천에 옮겨져야 **한다는 이유임을** 밝혀 둔다. (0509, ㅅ신문)

위 문장은 여러 번 읽어 보아도 무엇을 말하고자 하는지 잘 알기 어렵다. '우리가 본란에서 안 대표가 공언한 '무노동 무임금' 원칙을 높이 평가하는 건'으로 시작한 만큼 안 대표의 원칙을 높이 평가하는 조건이나 이유를 말할 것으로 기대된다. 안 대표의 원칙을 높이 평가하는 이유를 말하는 것이라면 '반드시 실천에 옮겨져야 하기 때문임을 밝혀 둔다'라고 해야 한다. 그러나 위 맥락에서는 안 대표의 원칙을 높이 평가하는 이유보다는 조건을 말하려는 것으로 보는 것이 타당할 듯싶다. 그렇다면 '반드시 실천에 옮겨지는 것을 전제로 함을 밝혀 둔다'라고 해야 한다. 말은 수미가 일관해야 한다. 앞뒤가 서로 맞아야 한다는 뜻이다.

>>> 다만 우리가 본란에서 안 대표가 공언한 국회의원 '무노동 무임금' 원칙을 높이 평가하는 건 과거처럼 흰소리나 립서비스가 아니라 반드시 실천에 옮겨져야 **하기 때문임을** 밝혀 둔다.
다만 우리가 본란에서 안 대표가 공언한 국회의원 '무노동 무임금' 원칙을 높이 평가하는 건 과거처럼 흰소리나 립서비스가 아니라 반드시 실천에 **옮겨지는 것을 전제로 함을** 밝혀 둔다.

북한의 최대 정치행사이자 최고 결정기구인 당대회에서 대남 평화공세를 펴면서 주한 미군 철수를 주장하는 **것은** 북한이 통남봉미(通南封美) 전략을 구사하며 한·미 동맹의 균열을 노리고 있다는 **관측이다.**   (0509, ㅅ신문)

'주한 미군 철수를 주장하는 것은'과 '한·미 동맹의 균열을 노리고 있다는 관측이다'는 서로 호응하지 않는다. '한·미 동맹의 균열을 노리고 있다는 관측을 낳는다'나 '한·미 동맹의 균열을 노리고 있음을 보여 준다' 같은 말이라야 서로 호응한다. 문장 안의 성분들이 서로 호응하지 않으면 의미가 잘 드러나지 않는다. 무슨 말을 하는 것인지 알기 어렵다.

>>> 북한의 최대 정치행사이자 최고 결정기구인 당대회에서 대남 평화공세를 펴면서 주한 미군 철수를 주장하는 것은 북한이 통남봉미(通南封美) 전략을 구사하며 한·미 동맹의 균열을 노리고 있다는 관측**을 낳는다.**
북한의 최대 정치행사이자 최고 결정기구인 당대회에서 대남 평화공세를 펴면서 주한 미군 철수를 주장하는 것은 북한이 통남봉미(通南封美) 전략을 구사하며 한·미 동맹의 균열을 노리고 있**음을 보여 준다.**

더민주당이 낡은 과거와 단절하고 대안정당이 **되려면** 당에 깊숙이 뿌리 내린 친노 패권주의와 운동권 체질의 청산 없이는 **불가능하다.**   (0226, ㄷ일보)

이 문장은 누가 보든 무슨 뜻인지 충분히 이해가 갈 것이다. 뭘 말하려는 것인지 이해한다. 그래서 별 생각 없이 넘어갈 것이다. 그러나 문장이 반듯하게 쓰였는지를 살핀다면 그렇지 않다. '불가능하다'의 주어가 없다. 무엇이 불가능한지가 없다. 물론 '더민주당이 낡은 과거와 단절하고 대안정당이 되는 것이' 불가능하다고 말하려는 것일 게다. 따라서 그렇게 바꾸어 주어야 한다. 즉, '불가능하다'를 살리려면 '무엇이 불가능하다'라 해야 하겠고 '대안정당이 되려면'을 살리려면 '운동권 체질의 청산 없이는 불가능하다'로 끝낼 게 아니라 '운동권 체질을 청산해야 한다'나 '운동권 체질을 청산하지 않으면 안 된다'로 끝내야 한다. 따라서 다음 중 어느 하나로 바꾸어야 한다.

>>> 더민주당이 낡은 과거와 단절하고 대안정당이 **되는 것은** 당에 깊숙이 뿌리 내린 친노 패권주의와 운동권 체질의 **청산 없이는 불가능하다**.

더민주당이 낡은 과거와 단절하고 대안정당이 **되려면** 당에 깊숙이 뿌리내린 친노 패권주의와 운동권 체질을 **청산해야 한다**.

그러나 이 **제도를 도입하려면** 선거법을 개정해 할 수 있는 일이 아니고 헌법 개정 사항이라는 것이 헌법학계의 다수 의견이다.   (0416, ㅈ일보)

'이 제도를 도입하려면'에 호응하는 말은 무엇을 해야 한다든지, 무엇이 필요하다든지 하는 말이다. 그런데 위 예에서는 '선거법을 개정해 할 수 있는 일이 아니고'가 나왔다. 서로 호응하지 않는다. '선거법을 개정해 할 수 있는 일이 아니고'는 주어가 있어야 한다. 그 주어는 '이 제도 도입은'이 될 것이다. 그렇게 하든지 '이 제도를 도입하려면'을 살리고 '선거법을 개정해서는 안 되고 헌법을 개정해야 한다'로 바꾸든지 선택해야 한다.

>>> 그러나 이 **제도 도입은** 선거법을 개정해 할 수 있는 일이 아니고 헌법 개정 사항이라는 것이 헌법학계의 다수 의견이다.

그러나 이 제도를 도입하려면 선거법을 **개정해서는 안 되고 헌법을 개정해야 한다는** 것이 헌법학계의 다수 의견이다.

매년 5000만 달러 수준인 유엔의 대북 인도적 지원도 제재 국면에선 늘어나기 어렵다. 북 주민들의 극심한 생활고를 덜려면 김정은 정권이 속히 핵·미사일 개발을 관둬야 할 **근거다.** (0318, ㅅ신문)

'북 주민들의 극심한 생활고를 덜려면 김정은 정권이 속히 핵·미사일 개발을 관둬야 할 근거다'는 주어가 없다. '무엇은 … 근거다'라고 해야 하는데 '무엇은'이 없다. 생략된 주어는 '매년 5000만 달러 수준인 유엔의 대북 인도적 지원도 제재 국면에선 늘어나기 어렵다'라는 문장일 것이다. 그렇게 독자가 이해해 주면 좋겠지만 의미 파악을 어려워하는 독자도 있을 수 있다. 따라서 좀 더 쉽게 쓸 필요가 있다. 주어 없이 '근거다'라고 끝내기보다는 오히려 '따라서'라고 다음 문장을 시작한 다음 '근거다'를 없애고 '관둬야 한다'로 끝내면 훨씬 깔끔하고 이해하기 쉽다.

>>> 매년 5000만 달러 수준인 유엔의 대북 인도적 지원도 제재 국면에선 늘어나기 어렵다. **따라서** 북 주민들의 극심한 생활고를 덜려면 김정은 정권이 속히 핵·미사일 개발을 관둬야 **한다.**

헌재는 부당한 공권력에 의한 피해자가 더 이상 발생하지 않도록 **방지해야 할** 책임이 있다. (0227, ㄱ신문)

위 예문은 별 문제가 없는 것처럼 넘어갈 수 있다. 의미 파악에 어려움이 없다. 무슨 말을 하려고 하는지 충분히 이해할 수 있다. 그러나 문장을 찬찬히 따져 보면 다듬을 여지가 있다. '방지하다'는 '~을'이라는 요소를 필요로 하는 동사인데 무엇을 방지해야 하는지가 없다. '부당한 공권력에 의한 피해자가 발생하는 일'을 방지해야 함을 말하려고 했을 것이다. 그런데 '부당한 공권력에 의한 피해자가 더 이상 발생하지 않도록'이라는 말이 이미 나와 있다. 따라서 '방지해야 할'이라고 할 필요가 없다. '방지'는 들어가지 않아야 하며 다음 중 어느 하나로 쓰면 된다.

>>> 헌재는 부당한 공권력에 의한 피해자가 더 이상 발생하지 않도록 **할** 책임이 있다.
헌재는 부당한 공권력에 의한 피해자가 더 이상 발생하지 않도록 **해야 할** 책임이 있다.

공립초등학교는 수업료를 한 푼도 내지 않지만 사립초등학교는 분기당 85만~170만 원의 수업료를 내야 한다. **그럼에도 불구하고** 자녀를 사립초등학교에 보내는 학부모들은 공립초등학교보다 영어 교육을 훨씬 잘 받을 수 있고 사교육으로 영어 교육을 시키는 것보다는 돈이 덜 든다고 **보기 때문이다.**

(0226, ㄷ일보)

위 예문은 '~기 때문이다'로 끝났다. '~기 때문이다'는 주어가 있어야 하고 그 주어는 사람이 아니라 '사람이 어떤 일을 하는 것은'이 되어야 한다. 그런데 문장에는 어떤 '일'을 하는 것이 돈이 덜 든다고 보기 때문인지가 나와 있지 않다. 문맥을 놓고 보면 '학부모들이 자녀를 사립초등학교에 보내는 것이'가 '~기 때문이다'의 주어이다. 그러나 실제 문장의 주어는 '학부모들이 자녀를 사립초등학교에 보내는 것'이 아니라 '자녀를 사립초등학교에 보내는 학부모들은'으로 되어 있다. 이렇게 된 것은 처음의 '그럼에도 불구하고' 때문이다. '그럼에도 불구하고'는 '공립초등학교는 수업료를 안 내지만 사립초등학교는 수업료를 내야 함에도 불구하고'이다. 그래서 '그럼에도 불구하고' 다음에 '자녀

품격 있는 글쓰기

를 사립초등학교에 보내는 학부모들은'을 주어로 세운 것으로 보인다. 그렇다면 마지막을 '돈이 덜 든다고 보기 때문이다'라고 할 것이 아니라 '돈이 덜 든다고 본다'로 끝내야 맞다. 즉 다음과 같이 써야 한다.

>>> 그럼에도 불구하고 자녀를 사립초등학교에 보내는 학부모들은 공립초등학교보다 영어 교육을 훨씬 잘 받을 수 있고 사교육으로 영어 교육을 시키는 것보다는 돈이 덜 든다고 **본다**.

이렇게 고치면 원래의 문장보다는 나아지지만 뜻을 좀 더 생생하게 드러내려면 역시 '~기 때문이다'를 살리는 것이 맞고 그러자면 주어를 '학부모들은'으로 해서는 안 되고 '학부모들이 자녀를 사립학교에 보내는 것은'이라 해야 한다. 결국 아래와 같이 고치는 것이 가장 바람직하다.

>>> 그럼에도 불구하고 **학부모들이 자녀를 사립초등학교에 보내는 것은** 공립초등학교보다 영어 교육을 훨씬 잘 받을 수 있고 사교육으로 영어 교육을 시키는 것보다는 돈이 덜 든다고 보기 때문이다.

한 병사가 선임들의 가혹행위를 견디다 못해 지난해 6월 28일 생활관 건물 3층 7m 높이에서 투신해 부상한 일이 있었다. **그런데** 해병대 2사단 헌병대장 변 모 중령은 상급부대에 보고하지도, 가해자들을 형사입건하지도 않았고, 결국 직권남용·직무유기 혐의로 기소됐다. **문제는** 해병대사령부 보통군사법원이 상식 밖 판단으로 면죄부를 건넨 사실이 24일 **알려졌다.**   (0225, ㅁ일보)

마지막 문장은 '문제는'으로 시작했으나 '면죄부를 건넨 사실이 알려졌다'로 끝났다. '문제는'과 '면죄부를 건넨 사실이 알려졌다'는 서로 호응하지 않는다.

따라서 문장 안의 성분들이 서로 호응하도록 해 주지 않으면 안 된다. '문제는'
을 살리려면 '면죄부를 건넨 사실이 24일 알려졌다는 것이다'로 바꾸어야 한
다.

>>> 문제는 해병대사령부 보통군사법원이 상식 밖 판단으로 면죄부를 건넨 사
실이 24일 **알려졌다는 것이다.**

'면죄부를 건넨 사실이 24일 알려졌다'를 살리려면 '문제는' 대신에 '그런데'
가 와야 한다. 마침 앞 문장이 '그런데'로 시작했기 때문에 '그런데'가 마땅하지
않기는 하다. '그런데'가 연이어 나오는 것은 바람직하지 않기 때문이다. 그렇
다면 앞 문장의 '그런데'를 '그러나'로 바꾸고 문제의 문장을 '그런데'로 시작하
도록 하는 것이 한 방법이다.

>>> **그러나** 해병대 2사단 헌병대장 변모 중령은 상급부대에 보고하지도, 가해자
들을 형사입건하지도 않았고, 결국 직권남용·직무유기 혐의로 기소됐다. **그
런데** 해병대사령부 보통군사법원이 상식 밖 판단으로 면죄부를 건넨 사실
이 24일 알려졌다.

김 대표 말대로 당이 변할지는 **앞으로 공천**에 달렸다고 볼 수 있다.

(0225, y통신)

'김 대표 말대로 당이 변할지는 앞으로 공천에 달렸다고 볼 수 있다'에서 '앞
으로'는 부사어인데 '공천에 달렸다'라는 동사구와 호응한다고 볼 수도 있지만
그것보다는 '앞으로 있을 공천에 달렸다' 또는 '앞으로의 공천에 달렸다'라고
할 때에 훨씬 더 문맥에 어울린다.

>>> 김 대표 말대로 당이 변할지는 **앞으로 있을** 공천에 달렸다고 볼 수 있다.

....

이명박 정부가 시행했던 해외 북한식당 이용 자제를 다시 꺼내든 것은 최소한
의 민간 교류도 허용치 않는다는 치졸한 조치로밖에 읽히지 않는다. 국가보안
법 등에 의한 처벌을 운운하며 강압적으로 **시행될** 가능성도 배제키 어렵다.

(0309, ㄱ신문)

연결어미 '–며'는 어떤 주체가 행하는 동작이 동시에 진행됨을 가리킨다.
'커피를 마시며 텔레비전을 보았다'에서 커피를 마시는 동작과 텔레비전을 보
는 동작이 동시에 이뤄지고 있다. 그런데 위 예에서 '처벌을 운운하는' 것과 '강
압적으로 시행되는' 것은 주체 자체가 다르다. 주체가 같을 것을 기대하는 독
자의 예상을 깨뜨린다. 굳이 그렇게 할 필요가 없다. '강압적으로'와 '시행될'도
서로 잘 어울리지 않는다. '강압적으로'는 능동의 의미를 지닌 동사인 '시행할'
이 오는 게 더 자연스럽다.

>>> 국가보안법 등에 의한 처벌을 운운하며 강압적으로 **시행할** 가능성도 배제
키 어렵다.

....

또한 우리**로 하여금** 대북 정책 **전환을 유도하는** 효과와 함께 총선을 앞두고 남
남 갈등을 유발하겠다는 속셈도 엿보인다. (0328, ㅅ신문)

'하여금'이 나온 이상 뒤이어 동사가 나와야 하는데 '대북 정책 전환'이라는
명사구가 나왔다. 따라서 '하여금'을 쓰는 이상은 '전환'이라는 명사가 아니라
'전환하도록'이나 '전환하게끔'과 같은 동사가 사용되어야 한다. '대북 정책 전

환을 유도하는'을 살리려면 '우리로 하여금'이 아니라 '우리의', '우리에게서'나 '우리로부터'와 같이 써야 할 것이다.

>>> 또한 우리로 하여금 대북 정책**을 전환하도록** 유도하는 효과와 함께 총선을 앞두고 남남 갈등을 유발하겠다는 속셈도 엿보인다.
    또한 우리**의** 대북 정책 전환을 유도하는 효과와 함께 총선을 앞두고 남남 갈등을 유발하겠다는 속셈도 엿보인다.

특히 핵무장론은 북핵 위기 **고조와 함께** 국내 한편에서 일고 있는 핵무장론자들을 고무할 우려가 있다. (0328, ㅎ신문)

'북핵 위기 고조와 함께'에 호응하는 말은 '북핵 위기 고조'가 명사구인 만큼 명사구가 올 것을 기대하게 한다. 그러나 그다음에 명사구는 없고 '핵무장론자들을 고무할'이라는 동사구가 나온다. 따라서 조금 길어지더라도 문장을 제대로 써 줄 필요가 있다. '북핵 위기 고조와 함께'를 '북핵 위기를 고조시키고'라고 하면 문법성이 회복되고 뜻도 쉽게 이해된다.

>>> 특히 핵무장론은 북핵 위기**를 고조시키고** 국내 한편에서 일고 있는 핵무장론자들을 고무할 우려가 있다.

드러난 정황으로는 수사기관이 수사 대상자와 통화한 사람의 인적 사항을 무차별적으로 수집한 것으로 보인다. 수사상 필요하다는 이유로, 혐의가 입증되지 않은 국민의 정보를 당사자에게 알려주지도 않은 채 일방적으로 수집하는 **것으로** 공권력 남용이라는 비판을 받을 만하다. (0331, ㅎ일보)

품격 있는 글쓰기

위 예에서 '수집하는 것으로'는 무엇이 수집하는 것인지가 드러나 있지 않다. 게다가 '공권력 남용이라는 비판을 받을 만하다'도 무엇이 공권력 남용이라는 비판을 받을 만하다는 것인지도 역시 나타나 있지 않다. 이런 문제들은 '것으로'를 '것은'으로 함으로써 말끔히 해소된다. '일방적으로 수집하는 것'이 '공권력 남용이라는 비판을 받을 만하다'의 주어가 되기 때문이다. 문장은 생략을 남발하지 않는 것이 좋고 그 자체로 필요한 성분이 모두 갖추어져 있을 때 명확하게 뜻이 이해된다.

>>> 수사상 필요하다는 이유로, 혐의가 입증되지 않은 국민의 정보를 당사자에게 알려주지도 않은 채 일방적으로 수집하는 **것은** 공권력 남용이라는 비판을 받을 만하다.

방송통신위원회가 '인터넷 자기게시물 접근배제 요청권 가이드라인' 초안을 공개했다. 이에 따라 이르면 다음달부터 인터넷에 올린 글을 타인이 검색할 수 **없도록 권리 행사가 가능해진다.**   (0328, ㄱ신문)

'권리 행사가 가능해진다'에서 '권리 행사'가 어떤 권리 행사인지가 없다. '인터넷에 올린 글을 타인이 검색할 수 없도록'이라는 말에서 추측할 수 있을 따름이다. 이 문제는 '인터넷에 올린 글을 타인이 검색할 수 없도록 하는 권리 행사가 가능해진다'라고 하면 간단히 풀린다. '하는'만 첨가하면 간단히 해결되는데 이를 생략할 이유가 없다. 아예 '타인이 검색할 수 없도록 권리 행사를 할 수 있게 된다'라고 하는 것도 한 방법이다.

>>> 이에 따라 이르면 다음달부터 인터넷에 올린 글을 타인이 검색할 수 없도록 **하는** 권리 행사가 가능해진다.

이에 따라 이르면 다음달부터 인터넷에 올린 글을 타인이 검색할 수 없도록 권리 행사를 **할 수 있게 된다.**

....

야당들이 개성공단 중단 철회를 주장하고 나서면 대북 정책 기조도 밑바탕부터 흔들릴 것이다. 그 파장은 그저 개성공단 문제에 그치지 않고 외교 안보 분야마저 식물 정부로 전락하는 상황이 올 수 있다. (0421, ㅈ일보)

'그 파장은 그저 개성공단 문제에 그치지 않고 외교 안보 분야마저 식물 정부로 전락하는 상황이 올 수 있다'의 주어는 '그 파장은'인데 서술어로 '그저 개성공단 문제에 그치지 않고'가 오는 것은 자연스럽다. 그런데 뒤이어 오는 '외교 안보 분야마저 식물 정부로 전락하는 상황이 올 수 있다'는 '그 파장은'의 서술어일 수 없다. '외교 안보 분야마저 식물 정부로 전락하는 상황이 올 수 있다' 자체가 이미 주어와 서술어를 갖춘 문장이기 때문이다. 따라서 이런 충돌에서 벗어나려면 '그 파장은'을 '그 파장이'로 바꾸어 '그저 개성공단 문제에 그치지 않고'만의 주어가 되게 해야 한다.

그렇게 하지 않고 '그 파장은'을 그대로 두려면 뒤에 나오는 '외교 안보 분야마저 식물 정부로 전락하는 상황이 올 수 있다'를 바꾸어야 한다. '외교 안보 분야마저 식물 정부로 전락하는 상황이 오게 할 수 있다'라고 하든지 '외교 안보 분야마저 식물 정부로 전락하게 할 수 있다'라고 하든지 또는 '외교 안보 분야마저 식물 정부로 전락하는 상황을 부를 수 있다' 등과 같이 고쳐야 한다.

>>> 그 파장**이** 그저 개성공단 문제에 그치지 않고 외교 안보 분야마저 식물 정부로 전락하는 상황이 올 수 있다.
그 파장은 그저 개성공단 문제에 그치지 않고 외교 안보 분야마저 식물 정부로 전락하는 상황이 **오게 할** 수 있다.

품격 있는 글쓰기

그 파장은 그저 개성공단 문제에 그치지 않고 외교 안보 분야마저 식물 정부로 전락하게 할 수 있다.

그 파장은 그저 개성공단 문제에 그치지 않고 외교 안보 분야마저 식물 정부로 전락하는 상황을 부를 수 있다.

....

여당과 제1 야당 이외의 정당이 총선에서 원내 교섭단체(20석) 이상 의석을 얻은 것은 1996년 15대 총선에서 **자유민주연합 이후** 20년 만의 일이다.

(0414, ㅈ일보)

'15대 총선에서 자유민주연합 이후 20년 만의 일'이라고 해도 독자들은 그 뜻을 쉽게 알아차리기는 할 것이다. 그러나 문법의 관점에서 보면 문장이 완전하지 않다. '15대 총선에서'가 호응할 말이 없기 때문이다. '15대 총선에서 자유민주연합이 교섭단체 이상 의석을 얻은 이후'의 '이 교섭단체 이상 의석을 얻은'을 부당하게 생략한 것이다. 따라서 생략된 부분을 회복해서 넣든지, 아니면 '15대 총선의 자유민주연합 이후'라고 해야 한다.

>>> 여당과 제1 야당 이외의 정당이 총선에서 원내 교섭단체(20석) 이상 의석을 얻은 것은 1996년 15대 총선에서 **자유민주연합이 교섭단체 이상 의석을 얻은 이후** 20년 만의 일이다.

여당과 제1 야당 이외의 정당이 총선에서 원내 교섭단체(20석) 이상 의석을 얻은 것은 1996년 15대 총선**의** 자유민주연합 이후 20년 만의 일이다.

....

밖으론 격동하는 동북아 국제 정세 속에서 평화와 통일을 우리 손으로 주도해 갈 수 있느냐, 아니면 강대국들 틈바구니에서 우리 **운명을 휘둘릴 것이냐**는 갈

림길에 섰다. (0414, ㅈ일보)

'휘둘리다'는 '휘두름을 당하다'라는 피동의 의미밖에 없다. 타동사 용법이 없다. 따라서 '우리 운명을 휘둘릴'은 문법에 어긋난다. '우리 운명이 휘둘릴 것이냐'라고 하든지 '우리 운명을 휘둘리게 할 것이냐' 또는 '우리 운명이 휘둘리게 할 것이냐'라고 해야 한다. 다음 중 어느 하나로 써야 한다.

>>> 밖으론 격동하는 동북아 국제 정세 속에서 평화와 통일을 우리 손으로 주도해갈 수 있느냐, 아니면 강대국들 틈바구니에서 우리 운명**이** 휘둘릴 것이냐는 갈림길에 섰다.

밖으론 격동하는 동북아 국제 정세 속에서 평화와 통일을 우리 손으로 주도해갈 수 있느냐, 아니면 강대국들 틈바구니에서 우리 운명**을 휘둘리게 할 것이냐**는 갈림길에 섰다.

밖으론 격동하는 동북아 국제 정세 속에서 평화와 통일을 우리 손으로 주도해갈 수 있느냐, 아니면 강대국들 틈바구니에서 우리 운명**이 휘둘리게 할 것이냐**는 갈림길에 섰다.

속내는 재정확장 쪽에 있으면서 총수입 증가율 범위 내에서 총지출 증가율을 관리하겠다는 다짐도 공허하다. 박근혜 정부 내내 총지출 증가율이 총수입 증가율을 웃돌았다. 내년 대선을 앞두고 재정확대 유혹이 커질 것을 감안하면 **지키지 못할 약속이** 뻔하다. (0423, ㄱ신문)

'지키지 못할 약속이 뻔하다'라고 해도 무슨 뜻인지 모를 사람은 없을 것이다. 그러나 좀 더 자연스러운 표현이 있다. '뻔하다'는 '~할 게 뻔하다'처럼 쓰이는 것이 일반적이다. 따라서 '약속을 지키지 못할 게 뻔하다'라고 하면 가장

품격 있는 글쓰기

좋다. 그렇지 않으면 '지키지 못할 약속임이 뻔하다'라고 해야 반듯해진다.

>>> 내년 대선을 앞두고 재정확대 유혹이 커질 것을 감안하면 **약속을 지키지 못할 게** 뻔하다.
    내년 대선을 앞두고 재정확대 유혹이 커질 것을 감안하면 지키지 못할 약속**임**이 뻔하다.

현대차가 불법파견**에 따른** 직접고용 의무를 외면한 채 정규직 전환을 마치 큰 시혜를 베푸는 것처럼 노조파괴에 악용할 수 있게 된 것도 이 때문이다.

(0427, ㄱ신문)

'불법파견에 따른'이라고 한 이상 '불법파견에 따른'은 '직접고용'이나 '직접고용 의무'를 수식할 수밖에 없다. 그런데 불법파견은 직접고용이나 직접고용 의무와는 반대되는 개념이다. 불법파견을 하면 직접고용 의무를 외면하는 것이 된다. 따라서 '불법파견으로 직접고용 의무를 외면한 채'라고 해야 의도하는 대로 뜻을 나타낼 수 있다. '불법파견에 따라 직접고용 의무를 외면한 채'라고 해도 좋다. '따른'과 '따라'의 차이가 수식의 범위를 전혀 다르게 한다.

>>> 현대차가 **불법파견으로** 직접고용 의무를 외면한 채 정규직 전환을 마치 큰 시혜를 베푸는 것처럼 노조파괴에 악용할 수 있게 된 것도 이 때문이다.
    현대차가 **불법파견에 따라** 직접고용 의무를 외면한 채 정규직 전환을 마치 큰 시혜를 베푸는 것처럼 노조파괴에 악용할 수 있게 된 것도 이 때문이다.

충북 출신의 그를 비서실장에 앉힌 것은 반기문 유엔 사무총장을 염두에 **뒀을**

가능성도 있다. (0516, ㅈ일보)

'충북 출신의 그를 비서실장에 앉힌 것은 반기문 유엔 사무총장을 염두에 뒀을 가능성도 있다'는 문제 없는 것으로 그냥 지나갈 수도 있겠지만 문장이 온전하지 않다. '충북 출신의 그를 비서실장에 앉힌 것은'과 호응하는 말이 무엇인지 분명치 않기 때문이다. '충북 출신의 그를 비서실장에 앉힌 것은'으로 시작했으니 '반기문 유엔 사무총장을 염두에 뒀기 때문일 가능성도 있다'라고 하는 것이 연결이 자연스럽다.

>>> 충북 출신의 그를 비서실장에 앉힌 것은 반기문 유엔 사무총장을 염두에 **뒀기 때문일** 가능성도 있다.

가습기 살균제 피해 발생과 확산의 책임에는 정부의 안이한 대처가 주요 원인임을 부인할 수 없다. (0513, ㅎ일보)

이 문장은 문법이 어그러져 있다. 그러다 보니 뜻이 모호하기 그지없다. 문법이 반듯해야 뜻이 분명하게 드러난다. 여러 가지로 고쳐 볼 수 있겠는데 다음이 그런 대안이 된다.

>>> 가습기 살균제 피해 발생과 확산은 정부의 안이한 대처가 주요 원인임을 부인할 수 없다.
가습기 살균제 피해 발생과 확산의 책임은 안이하게 대처한 정부에 있음을 부인할 수 없다.

나아가 영수회담을 포함해 야당과의 대화·협력의 정치에 적극적으로 **구축해 나가지** 않으면 아무리 좋은 개혁입법이라도 관철하기 어려움을 깨달아야 한다.

(0426, ㅎ일보)

'야당과의 대화·협력의 정치에 적극적으로 구축해 나가지 않으면'에서 '정치에'와 '구축해'가 서로 호응하지 않는다. 따라서 '정치에'를 '정치를'로 고치든지 '구축해 나가지'를 '나서지'와 같은 다른 동사로 바꾸어야 한다.

>>> 나아가 영수회담을 포함해 야당과의 대화·협력의 정치**를** 적극적으로 구축해 나가지 않으면 아무리 좋은 개혁입법이라도 관철하기 어려움을 깨달아야 한다.

나아가 영수회담을 포함해 야당과의 대화·협력의 정치에 적극적으로 **나서지** 않으면 아무리 좋은 개혁입법이라도 관철하기 어려움을 깨달아야 한다.

2009년부터 도입된 **로스쿨은** 입학 및 취업 과정에서 법조인 집안이나 상류층 자녀만 좋아졌다는 '현대판 음서제'니 '금수저 논란'이 **꼬리를 물었다**. 애당초 로스쿨의 감독 책임을 전문성이 떨어지는 교육부에 맡긴 것 자체가 무리였다는 비판도 거세다. 로스쿨 관련법에는 선발의 공정성을 위해 자소서에 부모나 친인척의 신분을 기재하지 못하게 **규정하고** 있다.

(0503, ㄷ일보)

'로스쿨은 '현대판 음서제'니 '금수저 논란'이 꼬리를 물었다'는 주어와 서술어의 호응이 어색하다. '로스쿨은'으로 시작했으면 '논란이 꼬리를 물게 했다' 혹은 '논란을 불러일으켰다' 등과 같은 말이 이어져야 한다.

'로스쿨 관련법에는'으로 시작되었는데 끝에는 '규정하고 있다'가 나와 주어가 없다. 이를 피하려면 '규정하고 있다'를 '규정되어 있다'로 고치든지 아니면 '로스쿨 관련법에는'을 '로스쿨 관련법은'으로 바꾸어야 한다.

>>> 2009년부터 도입된 로스쿨은 입학 및 취업 과정에서 법조인 집안이나 상류층 자녀만 좋아졌다는 '현대판 음서제'니 '금수저' 논란이 **꼬리를 물게 했다.** 애당초 로스쿨의 감독 책임을 전문성이 떨어지는 교육부에 맡긴 것 자체가 무리였다는 비판도 거세다. 로스쿨 관련법에는 선발의 공정성을 위해 자소서에 부모나 친인척의 신분을 기재하지 못하게 **규정되어** 있다.

그 때문에 변호사협회는 이번 **사건을 통해** 변호사 업계의 고질적 수임비리 전반에 대해 점검하는 계기로 **삼았으면** 한다.   (0426, ㅈ일보)

'이번 사건을 통해 변호사 업계의 고질적 수임비리 전반에 대해 점검하는 계기로 삼았으면'이라고 했다. '삼았으면'의 '삼다'는 반드시 '무엇을 무엇으로 삼다'로 쓰여야 한다. '무엇으로'에 해당하는 말은 '점검하는 계기로'인데 '무엇을'에 해당하는 말이 보이지 않는다. '이번 사건을 통해'가 있을 뿐이다. '이번 사건을 통해'가 아니라 '이번 사건을'로 하면 된다.

>>> 그 때문에 변호사협회는 이번 **사건을** 변호사 업계의 고질적 수임비리 전반에 대해 점검하는 계기로 삼았으면 한다.

아니면 아예 '이번 사건을 계기로'를 앞에 세우고 '점검했으면'이 뒤에 나오도록 해도 뜻이 명료하게 드러난다.

>>> 그 때문에 변호사협회는 이번 **사건을 계기로** 변호사 업계의 고질적 수임비

리 전반에 대해 **점검했으면** 한다.

이 과정에서 곧 한미일 대 중국, 더 나아가서는 전통적인 한미일 대 북중러 대
립 구도가 다시 부각**하는 계기가 될** 수도 있다.　　　　　　　(0110, y통신)

'계기가 될'의 주어가 없다. 주어로 넣을 말이 마땅히 찾아지지 않을 바에는
'계기'라는 말을 굳이 쓰지 않는 게 좋다.

>>> 　이 과정에서 곧 한미일 대 중국, 더 나아가서는 전통적인 한미일 대 북중러
　　　대립 구도가 다시 **부각할** 수도 있다.

입만 열면 무슨 공공의 적처럼 대기업 규제에 재벌 공화국을 비난하던 더민주가
삼성차를 광주로 유도할 특단의 설득 방법을 갖고 있는지 궁금하다.

(0407, ㅈ일보)

위 문장에서 '입만 열면 무슨 공공의 적처럼 대기업 규제에 재벌 공화국을
비난하던'은 '공공의 적처럼'이 누가 '공공의 적' 같다는 것인지 우선 알 수가
없고 '대기업 규제에'가 어디에 걸리는지 알 수 없다는 점에서 대단히 뜻이 모
호한 표현이다. 문장 그 자체만 놓고 보면 '공공의 적처럼'은 '더민주'를 가리키
는 것으로 볼 수밖에 없다. 그러나 '재벌 공화국을 비난하던' 더민주를 글쓴이
가 공공의 적이라고 보았을 리는 없어 보인다. 재벌을 공공의 적이라고 본 듯
하다. 그렇다면 재벌이 공공의 적임을 분명히 해 주어야 한다.
　더 이상한 것은 '대기업 규제에 재벌 공화국을 비난하던'이다. '비난하던'이
라고 했는데 누구를 비난했는지 알 수 없다. 그 결과 문장 전체의 뜻이 모호해

지고 말았다. 다음과 같이 고칠 때 뜻이 더 쉽게 이해된다.

>>> 입만 열면 **대기업이 무슨 공공의 적인 것처럼** 대기업을 규제해야 하고 이 나라가 재벌 공화국**이라고** 하던 더민주가 삼성차를 광주로 유도할 특단의 설득 방법을 갖고 있는지 궁금하다.

북이 진정 평화를 원하고 경제발전을 원한다면 **당장 핵폐기** 외에는 다른 길이 없다는 사실을 깨달아야 한다. (0509, ㅈ일보)

'당장'은 '즉시', '즉각'을 뜻하는 부사다. 부사는 동사를 꾸민다. 위 예에서 '당장'이 꾸미는 동사는 무엇인가? '다른 길이 없다'인가, '깨달아야'인가? 둘 중 어느 것도 아니다. '당장'은 '핵폐기'를 꾸민다. 그런데 부사가 명사를 꾸미는 것은 일반적이지 않다. 그래서 어색하게 느껴진다. '당장 핵을 폐기하는 것'이라고 할 때 비로소 문장이 반듯해진다.

>>> 북이 진정 평화를 원하고 경제발전을 원한다면 **당장 핵을 폐기하는 것** 외에는 다른 길이 없다는 사실을 깨달아야 한다.

북한에 대한 공개비판을 자제해왔던 그간 모습과는 달리 직접 비난에 나서고 있어 국제사회의 제재에 어느때보다 적극적으로 **동참할 수도 있다는 가능성**이 제기된다. (0108, ㄷ일보)

'가능성'이라는 명사는 그 앞에 수식하는 말이 오는 게 보통이다. 위 문장에서는 '국제사회의 제재에 어느때보다 적극적으로 동참할 수도 있다는 가능성'

품격 있는 글쓰기

이라고 했다. 그러나 '있다는'과 '가능성'은 호응하는 관계가 아니다. '있다는'에 어울리는 명사는 '관측', '평가', '지적', '예상' 따위이다. 거꾸로 '가능성'을 굳이 쓴다면 '국제사회의 제재에 어느 때보다 적극적으로 동참할 가능성'이라고 하는 것이 정확하고 간명하다.

> >>> 북한에 대한 공개비판을 자제해왔던 그간 모습과는 달리 직접 비난에 나서고 있어 국제사회의 제재에 어느 때보다 적극적으로 동참할 수도 있다는 **관측**이 제기된다.
> 북한에 대한 공개비판을 자제해왔던 그간 모습과는 달리 직접 비난에 나서고 있어 국제사회의 제재에 어느 때보다 적극적으로 **동참할 가능성**이 제기된다.

네 판의 대결을 통해 이세돌 9단이 1승을 거둠으로써 인간이 AI를 제압할 수 **있다는 가능성**도 보게 됐다.　　　　　　　　　　　　　　(0314, ㅈ일보)

'있다는'은 '있다고 하는'이 줄어든 형태로서 그 뒤에 '말', '주장', '소문', '설' 같은 말이 올 때 자연스럽다. '가능성'은 '-다고 하는 가능성'으로 쓰이기에는 적합하지 않다. 그냥 '-ㄹ 수 있는 가능성'이나 '-ㄹ 가능성'으로 충분하다.

> >>> 네 판의 대결을 통해 이세돌 9단이 1승을 거둠으로써 인간이 AI를 제압할 수 **있는 가능성**도 보게 됐다.
> 네 판의 대결을 통해 이세돌 9단이 1승을 거둠으로써 인간이 AI를 **제압할 가능성**도 보게 됐다.

야당들이 구조조정에 동의한 모처럼의 기회를 놓치지 않으려면 공공 부문이 먼저 고통을 **감수한다는 결단**을 내려야 한다. (0422, ㅈ일보)

'공공 부문이 먼저 고통을 감수한다는 결단을 내려야 한다'라고 굳이 인용의 뜻이 들어 있는 '-ㄴ다는'을 쓸 이유가 없다. '공공 부문이 먼저 고통을 감수하는 결단을 내려야 한다'라고 하면 된다. '감수한다는 결단' 대신 '감수하는 결단'이라고 하는 것이 옳다. '감수하겠다는 결단'이라고 하는 것은 가능하다.

>>> 야당들이 구조조정에 동의한 모처럼의 기회를 놓치지 않으려면 공공 부문이 먼저 고통을 **감수하는** 결단을 내려야 한다.
야당들이 구조조정에 동의한 모처럼의 기회를 놓치지 않으려면 공공 부문이 먼저 고통을 **감수하겠다는** 결단을 내려야 한다.

우선은 기업문화에 차이가 큰 두 회사를 잘 통합해 시너지 효과를 극대화해야 하고, 기존 사업모델을 벗어나 혁신금융을 **창조하라는 기대**에 부응하는 것이 중요하다. (1225, ㅎ신문)

'창조하라는'과 '기대'가 서로 잘 호응하지 않는다. '창조하라는'에는 '요구'나 '요청'이 어울린다. '기대'를 굳이 쓰고자 한다면 '창조하라는'이 아니라 '창조할 것이라는' 또는 '창조하리라는'이 와야 어울린다. 별 무리 없이 뜻만 통하면 되지 않겠느냐고 생각할지 모르지만 꼭 맞는 말을 골라서 사용하는 것은 글쓰기의 기본이다.

>>> 우선은 기업문화에 차이가 큰 두 회사를 잘 통합해 시너지 효과를 극대화해

야 하고, 기존 사업모델을 벗어나 혁신금융을 창조하라는 **요구**에 부응하는 것이 중요하다.

우선은 기업문화에 차이가 큰 두 회사를 잘 통합해 시너지 효과를 극대화해야 하고, 기존 사업모델을 벗어나 혁신금융을 **창조하리라는** 기대에 부응하는 것이 중요하다.

안보정책이 주먹구구식으로 집행되고 **있다는 우려**를 떨칠 수 없다.

（0215, ㅅ일보）

'우려'란 걱정이나 근심을 가리킨다. 그래서 '북한이 도발하지 않을까 우려한다'와 같이 말하지 '북한이 도발한다고 우려한다'라고는 하지 않는다. '안보정책이 주먹구구식으로 집행되고 있다는 우려'도 마찬가지다. '집행되고 있다는'과 '우려'가 서로 호응하는 말이 아니다. '우려'를 살리려면 '집행되고 있지 않나 하는'으로 바꾸어야 한다. '집행되고 있다는'을 살리려면 '우려'가 아니라 '생각'으로 바꾸어야 한다.

>>> 안보정책이 주먹구구식으로 집행되고 **있지 않나 하는** 우려를 떨칠 수 없다.
안보정책이 주먹구구식으로 집행되고 있다는 **생각**을 떨칠 수 없다.

30년 가까운 세월 동안 계속돼 온 북한 핵 위협에 더 이상 질질 **끌려다닐 수 없다는 국민의 우려**는 잘 알고 있다. 　　　　　（0217, ㅈ일보）

위 예문에서 '질질 끌려다닐 수 없다는 국민의 우려'는 '질질 끌려다닐 수 없다'과 '우려'가 서로 호응하지 않는 말이라는 점에서 좋은 문장이라고 할 수 없다. '우려'를 살리려면 '우려'와 호응하는 말이 '우려' 앞에 와야 한다. '질질 끌려다녀서야 되겠느냐는 국민의 우려'라고 하면 훨씬 자연스럽게 다가온다.

>>> 30년 가까운 세월 동안 계속돼 온 북한 핵 위협에 더 이상 질질 **끌려다녀서야 되겠느냐는** 국민의 우려는 잘 알고 있다.

'끌려다닐 수 없다는'을 살리려면 '우려' 대신에 다른 말을 써야 하는데 '뜻'이나 '생각', '의지' 같은 말이 어울린다.

>>> 30년 가까운 세월 동안 계속돼 온 북한 핵 위협에 더 이상 질질 끌려다닐 수 없다는 **국민의 뜻**은 잘 알고 있다.

....

이런 사람들을 뽑아놓으면 20대 국회에서도 온갖 구태와 막장극이 **되풀이될 것이라는 걱정**을 떨칠 수 없다. (0408, ㅈ일보)

'막장극이 되풀이될 것이라는'이 '막장극이 되풀이된다는'보다는 덜 단정적이어서 '걱정'과 어울린다고 생각될지 모른다. 그러나 '되풀이된다는'이나 '되풀이될 것이라는'은 별 차이가 없다. '걱정'은 불안이요, 어떻게 되지 않을까 하는 게 걱정과 불안이다. 요컨대 '되풀이될 것이라는'과 '걱정'이 잘 호응하지 않는다. 따라서 좀 더 깔끔하게 쓰자면 '되풀이될 것이라는'에 '걱정'을 연결시킬 게 아니라 '예감'이나 '예측' 같은 말을 써야 한다. '걱정'을 쓰겠다면 '막장극이 되풀이되지 않을까 하는'과 같은 말이 와야 어울린다.

>>> 이런 사람들을 뽑아놓으면 20대 국회에서도 온갖 구태와 막장극이 되풀이될 것이라는 **예감**을 떨칠 수 없다.

이런 사람들을 뽑아놓으면 20대 국회에서도 온갖 구태와 막장극이 **되풀이 되지 않을까 하는 걱정**을 떨칠 수 없다.

미국에서 되는데 한국에서도 못 할 리 없다는 그의 포부가 멋지게 성공해야 한국 경제의 미래에도 밝은 빛이 보일 것이다. (0525, ㅈ일보)

'미국에서 되는데 한국에서도 못 할 리 없다는 그의 포부'는 글쓴이의 의도는 전달될지 몰라도 명료한 표현이라고 할 수 없다. 포부는 꿈이요 계획이다. '미국에서 되는데 한국에서도 못 할 리 없다'는 꿈도 아니고 계획도 아니다. 생각이요 신념일 뿐이다. 생각이나 신념이 있어야 꿈이나 계획이 있을 수 있으니 서로 무관하지는 않다. 그러나 같은 것은 아니다. '미국에서 되는데 한국에서도 못 할 리 없다는'과 어울리는 말은 '그의 신념'이나 '그의 생각'이다. '오기'나 '뜻'도 좋을 것이다. '포부'와 어울리는 말은 '미국에서 성공했으니 한국에서도 해내고야 말겠다는'이나 '한국에서도 해내고자 하는', '한국에서도 해내려고 하는' 같은 말이다.

>>> **미국에서 성공했으니 한국에서도 해내고야 말겠다**는 그의 포부가 멋지게 성공해야 한국 경제의 미래에도 밝은 빛이 보일 것이다.

19대 국회의 마지막 숙제인 이들 법안을 조속히 **해결하는** 여야의 노력을 촉구한다. (0302, ㅈ일보)

'이들 법안을 조속히 해결하는 여야의 노력'은 '이들 법안을 조속히 해결하는'이 '여야의 노력'을 꾸미는 구조다. 그런데 '이들 법안을 조속히 해결하는 여야의 모습'이나 '이들 법안을 조속히 해결하는 여야의 자세' 등은 자연스럽지만 '이들 법안을 조속히 해결하는 여야의 노력'은 그렇지 않다. '노력'을 수식하려면 '해결하려는 노력', '해결하기 위한 노력', '해결하고자 하는 노력' 등이 와야 한다. 명사에 따라서 수식하는 말이 달라짐은 물론이다.

>>> 19대 국회의 마지막 숙제인 이들 법안을 조속히 **해결하려는** 여야의 노력을 촉구한다.
19대 국회의 마지막 숙제인 이들 법안을 조속히 **해결하기 위한** 여야의 노력을 촉구한다.
19대 국회의 마지막 숙제인 이들 법안을 조속히 **해결하고자 하는** 여야의 노력을 촉구한다.

국내 유명 포털 사이트에 카페를 만들면 수천 명의 남성 회원들이 **가입한다는 현실**이다. (0421, ㅅ신문)

'-ㄴ다는'은 '-ㄴ다고 하는'이 줄어든 것이다. '-고 하-'는 남의 말을 인용함을 나타낸다. 위 예에서 인용의 뜻을 지닌 '가입한다는'과 그다음에 나오는 '현실'이란 말은 서로 어울리지 않는다. '현실'을 쓴 이상 '가입하는 현실'이라고 하면 된다. 인용할 필요가 없다. 나아가 '가입하는 것이 현실이다'라고 하는 것이 '현실이다'의 주어를 밝혀 주기 때문에 좋다.

>>> 국내 유명 포털 사이트에 카페를 만들면 수천 명의 남성 회원들이 **가입하는 현실**이다.
국내 유명 포털 사이트에 카페를 만들면 수천 명의 남성 회원들이 **가입하는 것이 현실**이다.

장·단기 대책은 고사하고 예보조차 엉터리일 때가 많으니 시민들 고통이 이만 저만이 아니다. 대기 예보를 차라리 **하지 말라는 불만**이 높다.　　(0413, ㅅ신문)

'대기 예보를 차라리 하지 말라는'은 명령문 형태로서 '불만'과 의미상 어울리지 않는다. '대기 예보를 차라리 하지 말라는'에는 '요구'가 와야 맞다. '불만'을 살리고자 한다면 '대기 예보를 차라리 안 하는 게 낫겠다', '대기 예보를 차라리 안 했으면 좋겠다' 등과 같은 말이 오는 게 낫다.

>>> 대기 예보를 차라리 하지 말라는 **요구**가 높다.
대기 예보를 차라리 **안 하는 게 낫겠다는 불만**이 높다.
대기 예보를 차라리 **안 했으면 좋겠다는 불만**이 높다.

이런 상황에서 법정 토론회마저 파행시킨다면 그야말로 깜깜이 선거를 **치르자는 의도**로 비칠 수밖에 없다.　　(0406, ㅈ일보)

'의도'는 '–겠다는 의도'나 '–려는 의도'로 쓰이는 것이 보통이지 '–자는 의도'는 자연스러운 연결이 아니다. '–자는'은 뒤에 '제안', '제의'가 잘 어울리고 '뜻'이나 '생각'도 올 수 있지만 '의도'가 오는 것은 부자연스럽다. '의도'를 다른 말로 바꾸든지 '의도'를 살릴 경우 '치르자는'을 '치르겠다는', '치르려는'으로 바꾸어야 할 것이다.

>>> 이런 상황에서 법정 토론회마저 파행시킨다면 그야말로 깜깜이 선거를 치르자는 **뜻**으로 비칠 수밖에 없다.
이런 상황에서 법정 토론회마저 파행시킨다면 그야말로 깜깜이 선거를 **치**

르겠다는 의도로 비칠 수밖에 없다.

담화에서 합의의 성과를 내세우지 못하고 미래지향적인 한·일 관계로 발전시켜 나가야 한다는 **제안**을 하지 못한 것도 스스로 부담을 느꼈기 때문이 아니었는지 생각해 봐야 한다.   (0114, ㅈ일보)

대통령의 대국민 담화에 대한 신문 사설이다. 위 문장은 여러 번 읽어 보아도 무슨 뜻인지 쉽게 이해되지 않는다. 생략된 문장 성분이 너무 많아서이다. 특히 '제안'과 관련해서 생략이 심했다. 제안은 반드시 누가 누구에게 하는 것이다. '누가'는 너무나 명백하니 생략해도 무방하다. 대통령이거나 한국정부일 것이다. 그런데 '누구에게'가 없으니 그것이 '한국 국민'인지 '일본'인지부터가 알 수 없다. 제안을 한국 국민에게 하는 것이냐 일본을 향해서 하는 것이냐는 아주 큰 차이인데 누구를 향해 하는 제안인지 나와 있지 않으니 어리둥절하지 않을 수 없다.

그보다 더 문제가 되는 것이 있다. '제안'은 보통 '~하자'와 호응한다. '~해야 한다'와는 그리 잘 호응하지 않는다. 그런데 위 문장에서는 '~해야 한다는 제안'이라고 했다. 누구에게 하는 제안인지도 없는 데다가 '~해야 한다는 제안'이라고 했으니 의미가 선명하게 떠오르지 않는 것은 당연하다. '~해야 한다'는 차라리 '선언'이나 '주장'과 더 어울린다. 즉 '발전시켜 나가야 한다는 선언을 하지 못한 것도'라고 하는 것이 더 나았다.

'스스로 부담을 느꼈기 때문'에도 생략이 들어 있다. 부담이라면 어떤 부담인지가 나왔어야 하지만 막연히 '부담을 느꼈기 때문'이라고만 했다. 글쓴이의 머릿속에는 그게 다 있을지 몰라도 겉으로 드러나지 않으면 소용이 없다. 모호함이야말로 문장을 쓸 때 가장 경계해야 한다.

292   품격 있는 글쓰기

>>> 담화에서 합의의 성과를 내세우지 못하고 미래지향적인 한·일 관계로 발전시켜 나가야 한다는 **선언**을 하지 못한 것도 스스로 부담을 느꼈기 때문이 아니었는지 생각해 봐야 한다.

이런 점에서 오바마의 히로시마행이 왜 하필 역사왜곡을 일삼고 있는 아베 정권하에서 이뤄지느냐는 주변국들의 **우려**는 **타당성**이 있다.　　　(0426, ㄱ신문)

'오바마의 히로시마행이 왜 하필 역사왜곡을 일삼고 있는 아베 정권하에서 이뤄지느냐는 주변국들의 우려'에서 '오바마의 히로시마행이 왜 하필 역사왜곡을 일삼고 있는 아베 정권하에서 이뤄지느냐'과 '주변국들의 우려'가 의미상 잘 호응하지 않는다. '왜 하필 … 이뤄지느냐'는 의문이면서 못마땅해하는 것이고 우려는 의문이나 못마땅해하는 것과는 좀 거리가 있다. '우려'는 '~지나 않을까 하는' 따위의 말과 잘 어울린다 따라서 '왜 하필 역사왜곡을 일삼고 있는 아베 정권하에서 이뤄지느냐'에는 '우려'보다는 '불만'이 더 어울린다. 그리고 '타당성'보다는 '이유'가 중립적인 표현으로서 문맥에 적합하다.

>>> 이런 점에서 오바마의 히로시마행이 왜 하필 역사왜곡을 일삼고 있는 아베 정권하에서 이뤄지느냐는 주변국들의 **불만**은 **이유**가 있다.

문제의 대학생은 그 이전에도 시험 문제지를 빼내려 하는 등 5차례 청사에 침입했다. 자기들 건물도 못 지키는 정부에 국민을 지켜주기를 **바라는 것부터 애당초 무리라는 걱정**을 버릴 수 없다.　　　(0407, ㅈ일보)

걱정은 안심이 되지 않아 속을 태우는 것을 가리킨다. 그래서 걱정은 보통 확신을 못하고 불안해함을 나타낸다. 정부가 국민을 지켜주지 못한다고 확신할 때는 이미 걱정이라고 하기 어렵다. 위 예에서 '애당초 무리라는'은 확신을 담고 있다. 거기에 '걱정'이 연결되어 자연스럽지 않게 됐다. '걱정'을 살리려면 확신이 아니라 '국민을 지켜주기를 바랄 수 있을지' 같은, 불안을 담은 말이 와야 어울린다. '애당초 무리라는'을 살리려면 '걱정' 대신 '생각'이나 '느낌'이 낫다.

> >>> 자기들 건물도 못 지키는 정부에 국민을 지켜주기를 **바랄 수 있을지** 걱정을 버릴 수 없다.
> 자기들 건물도 못 지키는 정부에 국민을 지켜주기를 바라는 것부터 애당초 무리라는 **생각**을 버릴 수 없다.

정부와 기업 모두 우리의 미래를 책임질 신수종 산업이라는 **절박한 각오**로 인공지능을 육성하기 바란다.   (0309, ㅅ신문)

'각오'는 행동을 수반한다. '죽을 각오', '~하겠다는 각오' 등과 같이 쓰인다. 그러한 행동이 없는 '우리의 미래를 책임질 신수종 산업이라는 각오'는 자연스러운 연결이 아니다. 따라서 '우리의 미래를 책임질 신수종 산업이라는'에는 '각오'가 연결될 게 아니라 '인식'이나 '신념', '믿음' 등이 와야 한다.

> >>> 정부와 기업 모두 우리의 미래를 책임질 신수종 산업이라는 **각별한 인식을 갖고** 인공지능을 육성하기 바란다.

한은은 신중한 입장이지만 고민이 깊을 수밖에 없다. 한국경제의 위기국면은

품격 있는 글쓰기

악화일로다. 당국은 더 이상 밀릴 수 없는 **벼랑 끝이라는 각오**로 대책을 마련해야 한다. (0205, ㄱ일보)

'각오'라는 말은 '앞으로 해야 할 일이나 겪을 일에 대한 마음의 준비'라는 뜻의 말이다. 여기서 중요한 것은 '일'이다. '죽을 각오'라는 말도 흔히 쓰고 '죽기를 각오하고'라고도 한다. 이런 경우에는 죽는다는 것이 일에 해당한다. 그런데 위 예문에서는 '더 이상 밀릴 수 없는 벼랑 끝이라는'이 '각오' 앞에 왔다. 여기에는 '일'이 없다. 그래서 '더 이상 밀릴 수 없는 벼랑 끝이라는'과 '각오'는 서로 맞지 않는다. '더 이상 밀릴 수 없는 벼랑 끝이라는'을 살리려면 '각오'를 다른 말로 바꾸어야 할 것이요, '각오'를 살리려면 '더 이상 밀릴 수 없는 벼랑 끝이라는'을 다른 말로 바꾸어야 한다. 다음과 같이 바꿀 수 있을 것이다.

>>> 당국은 더 이상 밀릴 수 없는 벼랑 끝이라는 **인식을 가지고** 대책을 마련해야 한다.
당국은 더 이상 **밀리지 않겠다는 비장한 각오**로 대책을 마련해야 한다.

이번 사건을 보면 전·현직 판검사부터 변호사, 경찰, 브로커에 이르기까지 썩은 내가 진동하고 있다. 정의로워야 할 수사와 재판이 돈다발에 좌우된다는 **불신을 키우고 있다.** (0505, ㅈ일보)

'정의로워야 할 수사와 재판이 돈다발에 좌우된다는 불신을 키우고 있다'는 '정의로워야 할 수사와 재판이 돈다발에 좌우된다는 느낌을 키우고 있다'와 '정의로워야 할 수사와 재판이 불신을 키우고 있다'를 합쳐 놓은 말로 볼 수 있다. 그러나 억지로 두 문장을 하나로 엮다 보니 '정의로워야 할 수사와 재판이 돈다발에 좌우된다는 불신'이라는 억지스러운 표현이 나오고 말았다. 억지스럽지만 무슨 뜻인지는 알 수 있지 않느냐고 할지 모르겠다. 그러나 지나친 압축이 어색한 문장을 낳았다. 편하게 읽히도록 고칠 필요가 있다.

>>> 정의로워야 할 수사와 재판이 돈다발에 좌우된다는 **느낌을 키우고 있어 불신을 사고 있다.**
정의로워야 할 수사와 재판이 돈다발에 좌우된다는 **느낌 때문에** 불신을 키우고 있다.

현대상선의 해운동맹 배제는 국내 해운업계가 글로벌 경쟁에서 경쟁력을 **잃었다는 경고다.**

'경쟁력을 잃었다는'과 '경고'가 잘 호응하지 않는다. '경고'는 '조심하거나 삼가도록 미리 주의를 줌'을 뜻한다. '경쟁력을 잃었다'는 이미 완료된 일로서 '미리 주의를 줌'과 상충한다. 상충하지 않게 하려면 '경고'를 '뜻'이나 '의미'로 바꾸든지 아니면 '경쟁력을 잃었다는'을 '경쟁력을 잃을 수 있다는', '경쟁력을 잃을지 모른다는' 등과 같은 말로 바꾸어야 한다.

>>> 현대상선의 해운동맹 배제는 국내 해운업계가 글로벌 경쟁에서 경쟁력을 잃었다는 **뜻이다.**
현대상선의 해운동맹 배제는 국내 해운업계가 글로벌 경쟁에서 경쟁력을 **잃을 수 있다는** 경고다.

국민이 더민주에 바라는 것은 '체질 변화' 약속을 과연 성실하게 지키느냐라는 사실을 명심해야 한다.   (0426, ㅈ일보)

"체질 변화' 약속을 과연 성실하게 지키느냐라는 사실'은 그 자체로 완전하지 않다. "체질 변화' 약속을 과연 성실하게 지키느냐'는 의문이고 따라서 '사실'과 서로 맞지 않기 때문이다. "체질 변화' 약속을 과연 성실하게 지키느냐'는 그 앞의 '국민이 더민주에 바라는 것'과도 맞지 않는다. "체질 변화' 약속을 과연 성실하게 지키느냐'는 의문이고 '국민이 더민주에 바라는 것'은 의문이 아니기 때문이다. '국민이 더민주에 바라는 것은'과 그 뒤에 오는 말이 호응이 되게 해야 한다. 그것은 "체질 변화' 약속을 성실하게 지키라는 것'이다. 따라서 다음과 같이 쓰면 앞뒤가 정연하게 호응한다.

>>> 국민이 더민주에 바라는 것은 '체질 변화' 약속을 **성실하게 지키라는 것임을** 명심해야 한다.

옥시 측 영국 본사도 한국 법인에서 발생한 사건이라는 소극적 **대응**에서 벗어나 사건의 원인과 전개 과정, 대책 등에 대해 명확한 입장을 **내놓는 방안도 검토해야** 한다. (0503, ㅈ일보)

'한국 법인에서 발생한 사건이라는'과 '소극적 대응'이 연결되어 있다. 그 둘은 자연스럽게 연결될 수 있는 말이 아니다. '-이라는'과 잘 호응하는 말은 '생각', '태도', '인식', '자세', '입장'과 같은 것들이다. '대응'은 행동을 가리키기 때문에 생각이나 말을 전하는 '-이라는'과는 잘 어울리지 않는다.

'사건의 원인과 전개 과정, 대책 등에 대해 명확한 입장을 내놓는 방안도 검토해야 한다'는 중언부언의 느낌을 지울 수 없다. '사건의 원인과 전개 과정, 대책 등에 대해 명확한 입장을 내놓아야 한다'라고 해서 안 될 이유가 없어 보인다. 불필요한 말을 들어낼 때 뜻이 선명해진다.

>>> 옥시 측 영국 본사도 한국 법인에서 발생한 사건이라는 소극적 **태도**에서 벗어나 사건의 원인과 전개 과정, 대책 등에 대해 명확한 입장을 **내놓아야** 한다.

한국경영자총협회는 올 초 초봉 3,600만원 이상 신입사원의 임금을 깎아 그 재원으로 신규채용을 **확대하자고** 권고했다.   (0302, ㅎ일보)

'신규채용을 확대하자고 권고했다'에서 '확대하자고'와 '권고했다'는 서로 어울리는 말이 아니다. '권고하다'는 '~기를 권고하다', '~라고 권고하다', '~도록 권고하다', '~ㄹ 것을 권고하다' 등으로 쓰이는 말이지 '~자고 권고하다'로 쓰이는 말이 아니기 때문이다. 만일 '~자고'를 살리려면 '제안했다'나 '제의했다'가 와야 한다. 다음과 같이 고쳐 쓰는 것이 맞다.

>>> 한국경영자총협회는 올 초 초봉 3,600만 원 이상 신입사원의 임금을 깎아 그 재원으로 신규채용을 **확대하기를** 권고했다.
한국경영자총협회는 올 초 초봉 3,600만 원 이상 신입사원의 임금을 깎아 그 재원으로 신규채용을 **확대하라고** 권고했다.
한국경영자총협회는 올 초 초봉 3,600만 원 이상 신입사원의 임금을 깎아 그 재원으로 신규채용을 **확대하도록** 권고했다.
한국경영자총협회는 올 초 초봉 3,600만 원 이상 신입사원의 임금을 깎아 그 재원으로 신규채용을 **확대할 것을** 권고했다.

회사는 명예퇴직 거부에 면벽 대기발령을 내고, 사규를 바꿔 임금의 70%만 지급했으며 면벽 책상에서 10분 이상 자리를 뜨지 못하게 하고 다른 책을 **봐서도**

안 된다고 강요했다.   (0329, ㅈ일보)

　'강요하다'는 남에게 어떤 행동을 하기를 강제로 요구하는 것을 말한다. 그렇다면 '다른 책을 보지 말라고 강요했다'가 적절하지 '다른 책을 봐서도 안 된다고 강요했다'는 어색하다. '보지 말라고' 외에 '보지 말 것을', '보지 말기를', '보지 말도록'이라고 해도 된다. 그런데 '강요하다'는 일반적으로 어떤 행동을 하지 말 것을 요구하는 것보다는 어떤 행동을 할 것을 요구하는 데 쓰이는 것이 자연스럽기 때문에 아예 '다른 책을 보지 못하게 했다'나 '다른 책을 봐서도 안 된다고 했다'라고 하는 것도 좋다. 굳이 '강요했다'를 쓰지 않아도 된다.

>>> 　회사는 명예퇴직 거부에 면벽 대기발령을 내고, 사규를 바꿔 임금의 70%만 지급했으며 면벽 책상에서 10분 이상 자리를 뜨지 못하게 하고 다른 책을 **보지 말라고** 강요했다.

　회사는 명예퇴직 거부에 면벽 대기발령을 내고, 사규를 바꿔 임금의 70%만 지급했으며 면벽 책상에서 10분 이상 자리를 뜨지 못하게 하고 다른 책을 **보지 못하게 했다.**

　회사는 명예퇴직 거부에 면벽 대기발령을 내고, 사규를 바꿔 임금의 70%만 지급했으며 면벽 책상에서 10분 이상 자리를 뜨지 못하게 하고 다른 책을 **봐서도 안 된다고 했다.**

　멀쩡하게 직장을 다녀도 생활이 빠듯한 마당에 일자리를 잃거나 잃을 위기에 처한 이들이 얼마나 참담한 심정**인**지는 어렵잖게 짐작할 수 있다.

                                                              (0304, ㅎ일보)

　위 문장에서 '얼마나 참담한 심정인지는'과 '짐작할 수 있다'는 썩 잘 호응하지 않는다. 짐작은 확신이 아니다. 추측하는 것이다. 따라서 '얼마나 참담한 심정일지는'이 '짐작할 수 있다'와 잘 호응한다.

>>> 멀쩡하게 직장을 다녀도 생활이 빠듯한 마당에 일자리를 잃거나 잃을 위기에 처한 이들이 얼마나 참담한 심정**일**지는 어렵잖게 짐작할 수 **있**다.

....

국민들이 원하는 것은 이날 어렵게 첫발을 뗀 '협치'가 결국 '경제 회생'으로 **이어져야 한다는** 것이다. (0514, ㅈ일보)

'국민들이 원하는 것은'과 '이어져야 한다는 것이다'는 의미상 잘 호응하지 않는다. '국민들이 원하는 것은'은 '이어지는 것이다'와 호응한다. 굳이 서로 잘 안 맞는 것끼리 연결시킬 필요가 없다.

>>> 국민들이 원하는 것은 이날 어렵게 첫발을 뗀 '협치'가 결국 '경제 회생'으로 **이어지는** 것이다.

....

승객을 여객기에 태운 채 6시간 넘게 활주로에서 **대기한** 항공사나 승객들에게 결항 소식을 문자 서비스로 통보하는 기본 대응조차 제대로 하지 못한 일부 항공사의 서비스 실패도 낯 뜨거운 인재다. (0126, ㅈ일보)

'승객을 여객기에 태운 채 6시간 넘게 활주로에서 대기한 항공사'는 표현이 매끄럽지 못하다. '항공사가 승객을 여객기에 태운 채 6시간 넘게 활주로에서 대기했다'가 자연스러운 문장인가? 비문이다. 회사인 항공사가 활주로에서 대기할 수는 없다. 다음과 같이 고칠 때 자연스럽게 이해된다.

>>> 승객을 여객기에 태운 채 6시간 넘게 활주로에서 **대기하게 한** 항공사나 승객들에게 결항 소식을 문자 서비스로 통보하는 기본 대응조차 제대로 하지 못한 일부 항공사의 서비스 실패도 낯 뜨거운 인재다.

공당으로서 집안 싸움의 도를 넘었고, 과연 이러고도 민주정당인지 **국민의 눈을 의심스럽게 한다.** (0311, ㅎ일보)

'국민의 눈을 의심스럽게 한다'는 '국민의 눈이 의심스럽다'를 사동화한 구문이다. 그러나 '국민의 눈이 의심스럽다'가 자연스러운 말인가? 그렇지 않아 보인다. 그냥 '이러고도 민주정당인지 의심스럽다'라고 하면 될 일이다. '국민의 눈'을 굳이 쓴다면 오히려 '국민의 눈을 의심하게 한다'라고 해야 한다. 눈 앞에 벌어지고 있는 광경이 사실인지 보는 눈을 의심하게 한다는 뜻이다.

>>> 공당으로서 집안 싸움의 도를 넘었고, 과연 이러고도 민주정당인지 **의심스럽다.**
공당으로서 집안 싸움의 도를 넘었고, 과연 이러고도 민주정당인지 국민의 **눈을 의심하게 한다.**

이렇듯 천문학적인 혈세의 투입을 국민이 흔쾌히 받아들인다면 **믿음**이 있기 때문일 것이다. 그런데 우리 군이 지금 보여 주고 있는 모습은 신뢰와는 거리가 멀어도 한참 멀다. (0513, ㅅ신문)

'믿음'은 '어떤 사실이나 사람을 믿는 마음'이다. 덮어놓고 믿음일 수 없다. 무엇에 대한 믿음이다. 생략을 하더라도 생략된 것이 무엇인지 금세 드러날 때 생략할 수 있다. 위 예에서는 그렇지 않다. '믿음이 있기 때문일 것이다'가 아니라 '군에 대한 믿음이 있기 때문일 것이다'와 같이 써야 이해하기 쉽다.

>>> 이렇듯 천문학적인 혈세의 투입을 국민이 흔쾌히 받아들인다면 **군에 대한 믿음**이 있기 때문일 것이다.

....

지금껏 거짓말을 한 것이 실제 자금의 출처나 **경위**가 떳떳지 못하기 때문일 수 있다.   (0519, ㅎ신문)

'자금의 출처'는 뜻이 분명하지만 '자금의 경위'는 모호하다. '자금의 조달 경위', '자금의 조성 경위', '자금의 모집 경위' 등과 같이 써야 의미가 분명해진다. 경위란 '일이 진행되어 온 과정'을 뜻하기 때문에 어떤 일인지가 나타나야 한다. '자금' 자체가 일이 아니고 '자금의 조달'이나 '자금의 조성' 따위가 일이다.

>>> 지금껏 거짓말을 한 것이 실제 자금의 출처나 **조달 경위**가 떳떳지 못하기 때문일 수 있다.

....

무엇보다 대통령이 국가기념일에 참석해 그 정신과 역사적 의의를 기려야 할 책무를 외면하는 것은 중대한 결격 사유다.   (0519, ㄱ신문)

'결격 사유'는 어떤 무엇의 결격 사유지 그냥 결격 사유일 수는 없다. '대통령의 결격 사유'에서 '대통령의'를 생략한 것이겠지만 뜨악한 느낌을 준다. 생략을 함부로 해서는 안 될 일이다.

>>> 무엇보다 대통령이 국가기념일에 참석해 그 정신과 역사적 의의를 기려야
할 책무를 외면하는 것은 **대통령의** 중대한 결격 사유다.

그런데 총선을 앞두고도 고질을 고치지 않는 것은 야당 분열로 인해 '쉬운 승
리'가 **가능하다는** 오만의 극치다.   (0229, ㅁ일보)

"쉬운 승리'가 가능하다는 오만'은 생략이 지나쳤다. "쉬운 승리'가 가능하다
는 생각' 또는 "쉬운 승리'가 가능하다는 믿음', "쉬운 승리'가 가능하다는 판단'
은 문제가 없지만 "쉬운 승리'가 가능하다는 오만'은 자연스럽지 않다. 따라서
고치지 않으면 안 된다.

>>> 그런데 총선을 앞두고도 고질을 고치지 않는 것은 야당 분열로 인해 '쉬운
승리'가 가능하다**고 생각하는** 오만의 극치다.

그러다가 2012년 2심 판결 이후 네이버 등 포털 업체는 영장 없는 개인정보 **제
공에** 응하지 않아 왔다.'   (0312, ㅎ일보)

'응하는' 것은 요청이나 요구에 응하는 것이고 제공에 응할 수는 없다. '영장
없는 개인정보 제공에 응하지 않아 왔다'라고 말해도 무슨 말을 하는 것인지
이해야 되겠지만 글은 정확하게 해석되도록 쓰지 않으면 안 된다.

>>> 그러다가 2012년 2심 판결 이후 네이버 등 포털 업체는 영장 없는 개인정
보 제공 **요구에** 응하지 않아 왔다.

북한이 이런 위기 국면을 원하는 **것인지** 묻고 싶다.　　　　　　(0128, ㄱ신문)

'북한이 이런 위기 국면을 원하는 것인지 묻고 싶다'는 '북한이 이런 위기 국면을 원하는지 묻고 싶다'라고 하는 것이 더 간략하고 명확하다. '것이다'를 꼭 필요하지도 않은데도 썼다.

>>> 　북한이 이런 위기 국면을 원하는**지** 묻고 싶다.

'김종인 야권통합론'은 과거 문재인식 '묻지마 야권단일화'와 다르다는 점을 보여 주는 게 **관건이다.**　　　　　　(0303, ㅈ일보)

"김종인 야권통합론'은 과거 문재인식 '묻지마 야권단일화'와 다르다는 점을 보여 주는 게 관건이다'에서 '관건'이라는 말은 보통 '~의 관건'으로 쓰이는 말이다. 그냥 '관건'으로 쓰이지 않는다. 그냥 '관건'으로 쓰인다 해도 속에는 반드시 무엇의 관건이 들어 있다. 아마 위 글에서도 '무엇의 관건'에 해당하는 무엇이 생략되었을 것이다. 생략된 것이 무엇인지 쉽게 파악하는 사람에게는 문제가 안 되겠지만 그렇지 않은 사람들에겐 그냥 '관건이다'로 끝난 문장이 어색하게 느껴질 수 있다. '통합의 관건이다' 또는 '통합 성사의 관건이다'라고 하는 것이 좋겠다. 아니면 아예 '관건이다'라고 끝내지 않고 '중요하다' 또는 '무엇보다 중요하다'라고 하는 것도 한 방법이다. 뜻이 똑같지는 않지만 그렇다고 별로 다르지도 않다.

>>> 　'김종인 야권통합론'은 과거 문재인식 '묻지마 야권단일화'와 다르다는 점을 보여 주는 게 **통합의** 관건이다.

'김종인 야권통합론'은 과거 문재인식 '묻지마 야권단일화'와 다르다는 점을 보여 주는 게 **무엇보다 중요하다.**

다만 지난 3월 2일 선거구 획정안이 통과돼 선거가 치러진 점을 들어 청구를 각하했다. 이정미 재판관 등 4명은 "국민 주권을 기반으로 작동하는 민주주의의 기본 원리를 매우 위태롭게 하는 것"이라며 '중대한 헌법 위반'으로 규정했다. 이번 결정은 실질적으론 **위헌**에 가까운 것이다. **위헌** 결정이 빚을 파장을 감안한 것으로 볼 수밖에 없다.   (0429, ㅈ일보)

'이번 결정은 실질적으론 위헌에 가까운 것이다'는 '이번 결정은 실질적으론 위헌 결정에 가까운 것이다' 또는 '이번 결정은 실질적으론 위헌이라고 결정한 거나 마찬가지다'라고 해야 온전하다. 조금이라도 간결하고 압축적으로 표현하려다 보니 줄여서 그렇게 말한 것이다. 줄이고자 하는 의도는 이해할 수 있지만 줄이더라도 최소한의 장치는 할 필요가 있다. 방법이 있다. '위헌'에 강조를 나타내는 인용부호를 아래와 같이 얹는 것이다. 이렇게라도 해 주어야 오해를 막을 수 있다. 자칫하면 '결정'의 내용이 위헌이 아니라 결정하는 행위 자체가 위헌인 것으로 오해될 수 있는데 작은따옴표를 쓰면 그런 오해를 피할 수 있다.

>>>   이번 결정은 실질적으론 **'위헌'**에 가까운 것이다.

이날 나온 한국갤럽 여론조사에서 새누리당 지지율은 박근혜 정부 출범 이후 가장 낮은 수준으로 떨어졌다.   (0521, ㅈ일보)

'이날 나온 한국갤럽 여론조사에서'라고 해도 대부분의 사람들은 그냥 지나칠지 모른다. 무슨 뜻인지 파악을 할 것이다. 그렇다고 해서 이 문장을 좋은 문장이라 할 것인가? 그렇다고 하기는 어렵다. '이날 한국갤럽 여론조사가 나왔다'라는 문장이 반듯한 문장이라고 할 수 있나? 조사 결과가 나오는 것이지 조사가 나올 수는 없다. 군더더기 말을 줄이는 것과 꼭 필요한 말을 빼는 것은 전혀 다르다. 군더더기 말은 줄여야 마땅하지만 꼭 있어야 할 말을 생략하는 것은 바람직하지 않다.

>>> 이날 **결과가** 나온 한국갤럽 여론조사에서 새누리당 지지율은 박근혜 정부 출범 이후 가장 낮은 수준으로 떨어졌다.

검찰은 유무죄나 살인죄 적용 **등 결론**을 미리 내리지 말고 인과관계와 사전 **인지 등** 실체적 진실부터 규명할 필요가 있다. (0224, ㅈ일보)

위 예에서 '유무죄나 살인죄 적용 등 결론을 미리 내리지 말고'는 무슨 뜻인지 짐작은 가지만 문장만 놓고 보면 압축과 생략 때문에 정상적인 문장이라고 할 수 없다. '유무죄와 살인죄 적용 등에 관해 결론을 미리 내리지 말고'라고 했다면 문장이 무척 편안하게 읽혔을 텐데 '유무죄와 살인죄 적용 등 결론을 미리 내리지 말고'라고 함으로써 비록 문장이 압축된 맛은 있어도 지나치게 압축된 바람에 문장을 찬찬히 따져서 읽는 사람에게는 어색한 느낌을 주고 말았다. '인과관계와 사전 인지 등 실체적 진실'에서도 '사전 인지'가 아니라 '사전 인지 여부'가 돼야 맞다. '인과관계'는 실체적 진실일 수 있어도 '사전 인지'는 실체적 진실일 수 없다. '사전 인지 여부'가 실체적 진실이다. 위 예문은 다음과 같이 고쳐 쓸 때에 알기 쉽고 명료해진다.

>>> 검찰은 유무죄나 살인죄 적용 등**에 관해** 결론을 미리 내리지 말고 인과관계
와 사전 인지 **여부** 등 실체적 진실부터 규명할 필요가 있다.

....

이런 때일수록 거칠고 충동적인 데다 경험이 일천한 김정은이 어떤 일을 **저지
를지** 철저하게 **대비해야** 한다. (0213, ㅈ일보)

'이런 때일수록 거칠고 충동적인 데다 경험이 일천한 김정은이 어떤 일을 저
지를지 철저하게 대비해야 한다'가 무슨 뜻인지 이해하지 못할 사람은 없을
것이다. 그러나 문장의 문법성만 놓고 볼 때는 생략이 과했다. '김정은이 어떤
일을 저지를지'가 호응할 데가 없다. '대비해야'도 '~에' 또는 '~을'과 같은 말
이 필요한 동사인데 그것이 없다. 따라서 문법적으로 완전해지려면 '대비해야'
가 요구하는 말을 채워 넣어야 한다. 몇 가지 대안이 있다.

>>> 이런 때일수록 거칠고 충동적인 데다 경험이 일천한 김정은이 어떤 일을 저
지를지 **모르니 이에** 철저하게 대비해야 한다.
이런 때일수록 거칠고 충동적인 데다 경험이 일천한 김정은이 **저지를지 모
를 행동에** 철저하게 대비해야 한다.

....

이번 사태**로** 4·13총선에 **악영향을 우려하는** 야권의 반발은 이해할 수 있지만
북풍(北風) 논란을 확산시키는 것은 국민들의 눈에 전형적인 정치공세로 비치
고 있다. (0216, ㅅ신문)

'이번 사태로 4·13총선에 악영향을 우려하는'은 무슨 뜻인지 짐작은 가지만
문법적이지 않아서 뜻이 선명하게 드러나지 않는다. 당장 '4·13총선에'가 걸

릴 데가 없다. 글쓴이는 야권이 이번 사태가 4·13총선에 악영향을 미치지 않을까 우려함을 말하고 싶었을 것이다. 그 뜻을 압축해서 표현한 것이 '이번 사태로 4·13총선에 악영향을 우려하는 야권'이고 너무 압축한 바람에 문법적으로 어그러지고 말았다. 과도한 압축은 문법성을 파괴하고 그 결과 뜻을 모호하게 만들고 만다. 다음과 같이 고쳐 쓰면 뜻이 명료해진다.

>>> 이번 사태가 4·13총선에 악영향을 **미치지 않을까** 우려하는 야권의 반발은 이해할 수 있지만 북풍(北風) 논란을 확산시키는 것은 국민들의 눈에 전형적인 정치공세로 비치고 있다.
이번 사태가 4·13총선에 **미칠** 악영향을 우려하는 야권의 반발은 이해할 수 있지만 북풍(北風) 논란을 확산시키는 것은 국민들의 눈에 전형적인 정치공세로 비치고 있다.

한국노총으로 하여금 부담을 감수하면서 합의 파기라는 벼랑 직전까지 **내몬** 일차적 책임은 거듭 노동계의 불신을 자초하고 합의 정신을 심각하게 훼손한 정부에 있다.   (0112, ㅎ신문)

'~으로 하여금'에는 '하게 하다'나 '하게 만들다'가 이어질 것이 요구된다. 그런데 위 문장에는 '내몬'이 나온다. '내몬'이 나와서는 안 되고 '가게 만든'이 나와야 한다. 물론 '내몬'이 '가게 만든'의 뜻이기는 하다. 그러나 '~으로 하여금'이 나온 이상 '~'가 취할 동작이 명시적으로 나타나야 한다. '내몬'으로는 안 된다.

>>> 한국노총으로 하여금 부담을 감수하면서 합의 파기라는 벼랑 직전까지 **가게 만든** 일차적 책임은 거듭 노동계의 불신을 자초하고 합의 정신을 심각하

게 훼손한 정부에 있다.

또한 북의 도발에 즉각 대응한다지만, 과연 우리의 대북 정보 **수집력이** 어디에서 어떤 도발을 해올지 미리 파악하고 대비할 수 있을지 의문이다.

(0110, ㅈ일보)

위 문장은 '우리의 대북 정보 수집력이'가 주어다. 그런데 주어와 호응하는 서술어가 무엇인가? '파악하고 대비할'이 서술어다. 서술어는 '파악하다'와 '대비하다'인데 주어 '수집력'이 '파악할'과 호응할 수 있을지는 몰라도 '대비할'과 호응할 수는 없다. '대비하다'의 주어는 '수집력'이 될 수 없고 '우리'가 되거나 '한국'이 되어야 하는데 이는 생략할 수 있다. 대신 '수집력이'를 '수집력으로'로 바꾸지 않으면 안 된다.

>>> 또한 북의 도발에 즉각 대응한다지만, 과연 우리의 대북 정보 **수집력으로** 어디에서 어떤 도발을 해올지 미리 파악하고 대비할 수 있을지 의문이다.

좀 더 친절하게 보충한다면 다음과 같이 할 수도 있다.

>>> 또한 북의 도발에 즉각 대응한다지만, 과연 우리의 **빈약한** 대북 정보 수집력으로 북이 어디에서 어떤 도발을 해올지 미리 파악하고 대비할 수 있을지 의문이다.

아울러, 정부는 **우리 군이** 북한의 핵·미사일 위협에 대처하기 위한 만반의 대비태세를 갖추어 나가고 우리의 안보능력을 강화시키기 위하여 한미 동맹 차

원의 실질적인 조치를 추진해 나갈 것이다. (0207, y통신)

위 문장에서는 접속이 사용되었다. '갖추어 나가고'의 '-고'가 그것을 가리킨다. 그런데 무엇과 무엇이 '-고'에 의해 접속이 되었느냐가 문제가 된다.

'아울러, 정부는 [우리 군이 북한의 핵·미사일 위협에 대처하기 위한 만반의 대비태세를 **갖추어 나가고**] [우리의 안보능력을 강화시키기 위하여 한미 동맹 차원의 실질적인 조치를 **추진해 나갈**] 것이다'의 구조라면 앞부분 '갖추어 나가고'의 주어는 무엇이며, 뒷 부분 '추진해 나갈'의 주어는 무엇인가? 뒷부분 '추진해 나갈'의 주어는 당연히 '정부는'이 된다. 그럼 앞의 '갖추어 나가고'의 주어는 무엇인가? '정부는'이 '갖추어 나가고'의 주어라면 '우리 군이'는 무엇에 걸리는가? 걸릴 데가 없다. '우리 군이'가 주어라면 '정부는'은 무엇에 걸리는가? 호응할 말이 없다.

만일 위 문장이 '아울러, 정부는 [우리 군이 북한의 핵·미사일 위협에 대처하기 위한 만반의 대비태세를 갖추어 나가고] [우리의 안보능력을 강화시키]기 위하여 한미 동맹 차원의 실질적인 조치를 추진해 나갈 것이다'의 구조라면 문법적으로는 문제가 없다. 그러나 의미적으로 매우 어색하다.

'정부는 우리 군이 북한의 핵·미사일 위협에 대처하기 위한 만반의 대비태세를 갖추어 나가기 위하여 한미 동맹 차원의 실질적인 조치를 추진해 나갈 것이다'가 억지스럽기 때문이다. 군이 대비태세를 갖추는 것과 한미 동맹 차원의 실질적인 조치 추진이 서로 긴밀한 관계가 아니어서다.

따라서 첫 번째 구조가 맞다고 봐야 하는데 그 경우에는 '만반의 대비태세를 갖추어'의 주어가 '정부는', '우리 군이' 두 개여서 문법에 맞지 않다.

그러므로 다음 중 어느 것으로든 바꾸면 문제가 없다. '우리 군은'을 삭제하든지 '우리 군은'을 살리되 '정부는'을 뒷부분의 주어로만 한정하는 방법이다.

>>> 아울러, **정부는** 북한의 핵·미사일 위협에 대처하기 위한 만반의 대비태세를

품격 있는 글쓰기

갖추어 나가고 우리의 안보능력을 강화시키기 위하여 한미 동맹 차원의 실질적인 조치를 추진해 나갈 것이다.

아울러, **우리 군은** 북한의 핵·미사일 위협에 대처하기 위한 만반의 대비태세를 갖추어 나가고 **정부는** 우리의 안보능력을 강화시키기 위하여 한미 동맹 차원의 실질적인 조치를 추진해 나갈 것이다.

선거가 끝나면 거들떠보지도 않을 허황된 인기영합 공약 대신 지역의 위기를 타개할 현실적 대안을 내놓고 평가받으려는 후보는 **눈을 씻고 찾기 힘든** 현실이 안타깝다. (0329, ㅅ신문)

'눈을 씻고 찾기 힘든 현실'은 무언가가 빠진 느낌이 든다. 우선 '눈을 씻고'는 없어도 된다. 그냥 '찾기 힘든 현실'이라고 해도 뜻을 전하는 데 아무런 문제가 없다. 찾기 힘든 정도가 매우 심함을 강조하려면 '눈을 씻고 봐도 찾기 힘든'이라고 해야 한다. 아니면 최소한 '눈을 씻고도 찾기 힘든'이라고 해야 할 것이다.

>>> 선거가 끝나면 거들떠보지도 않을 허황된 인기영합 공약 대신 지역의 위기를 타개할 현실적 대안을 내놓고 평가받으려는 후보는 **눈을 씻고 봐도 찾기 힘든** 현실이 안타깝다.

새누리당의 혁신은 물론이고 총선 민의가 요구한 정당 **민주주의를 바로 세우기** 위해서도 정 신임 원내대표는 더욱 확고한 의지를 다지는 것은 물론 필요에 따라 단호한 조치에도 나설 수 있어야 한다. (0504, ㅎ일보)

총선 민의가 정당 민주주의를 요구했는가? 그렇게 보는 것도 불가능하지는 않을 것이다. 그러나 총선 민의가 요구한 것은 정당 민주주의 자체라기보다는 정당 민주주의 바로 세우기일 것이다. 그렇다면 표현을 '총선 민의가 요구한 정당 민주주의 바로세우기를 위해서도'라고 하는 것이 타당하다.

>>> 새누리당의 혁신은 물론이고 총선 민의가 요구한 정당 **민주주의 바로 세우기를** 위해서도 정 신임 원내대표는 더욱 확고한 의지를 다지는 것은 물론 필요에 따라 단호한 조치에도 나설 수 있어야 한다.

경영부실을 초래한 장본인이 부실 **책임은커녕** 아무런 일 없었다는 듯 활동하고, 마지막 남은 사익까지 챙겨가는 모습에 허탈감마저 든다.   (0425, ㄱ신문)

위 예에서 '부실 책임은커녕'은 마땅히 호응할 말이 없다. 이를 피하기 위해서는 '부실 책임을 지기는커녕'이라고 해야 한다. 그래야 '부실 책임을 지기는커녕'이 '아무런 일 없었다는 듯 활동하고'와 자연스럽게 호응한다.

>>> 경영부실을 초래한 장본인이 부실 **책임을 지기는커녕** 아무런 일 없었다는 듯 활동하고, 마지막 남은 사익까지 챙겨가는 모습에 허탈감마저 든다.

법조 비리가 판치는 **데는** 전관예우도 문제지만 학연·지연 등으로 이어지는 '친분(親分)예우'가 더 광범위하고 **심각하다는** 지적이 많다.   (0517, ㅈ일보)

위 예에서 '법조 비리가 판치는 데는'과 "친분 예우'가 더 광범위하고 심각하다'가 호응하는 것으로 되어 있으나 양자가 잘 호응한다고 보기 어렵다. 서로 잘 호응하게 해야 한다. '법조 비리가 판치는 것은'과 "친분 예우'가 더 광범위하고 심각하기 때문이라는'이라고 하면 더 분명하게 관계가 맺어진다.

>>> 법조 비리가 판치는 **것은** 전관예우도 문제지만 학연·지연 등으로 이어지는 '친분(親分)예우'가 더 광범위하고 **심각하기 때문이라는** 지적이 많다.

....

미국이 우크라이나와 시리아에서 하는 것을 보면 설혹 미국이 우리를 도와준다 해도 서울이 잿더미로 변한 뒤에나 겨우 행동에 나설 것이다. (0128, ㅈ일보)

'미국이 우크라이나와 시리아에서 하는 것을 보면 설혹 미국이 우리를 도와준다 해도 서울이 잿더미로 변한 뒤에나 겨우 행동에 나설 것이다'는 무슨 뜻인지는 알 수 있으나 앞 부분의 '~보면'과 뒤의 '~ㄹ 것이다'가 서로 매끄럽게 호응하지 않는다. 다음과 같이 바꾼다면 호응은 자연스럽다.

>>> 미국이 우크라이나와 시리아에서 하는 것을 보면 설혹 미국이 우리를 도와준다 해도 서울이 잿더미로 변한 뒤에나 겨우 행동에 나설 것이 **뻔하다.**

....

공기를 타고 전파될 수 있는 메르스와 달리 모기에게 물린 경우나 성관계, 수혈 등으로 전파 경로가 **제한적이기** 때문이다. (0323, ㅈ일보)

'모기에게 물린 경우나 성관계, 수혈 등으로 전파 경로가 제한적이기 때문이다'에서 조사 '으로'는 어디에 걸리는지 분명치 않다. 만일 '모기에게 물린 경우나 성관계, 수혈 등으로 전파 경로가 제한적이기 때문이다'가 아니라 '모기에게 물린 경우나 성관계, 수혈 등으로 전파 경로가 제한되어 있기 때문이다'라고 했다면 아무런 문제가 없다. '등으로'가 '제한되어'와 잘 호응하기 때문이다. 문제는 '등으로'와 '제한적이기'가 호응하느냐는 것이다. 자연스럽지 않다. 차라리 '으로' 없이 '등'으로 끝난다면 '등'이 '전파 경로'와 호응하므로 덜 부자연스럽다. 따라서 다음 둘 중 어느 하나로 바꾸어 쓰는 것이 낫다.

>>> 공기를 타고 전파될 수 있는 메르스와 달리 모기에게 물린 경우나 성관계, 수혈 등으로 전파 경로가 **제한되어 있기** 때문이다.
공기를 타고 전파될 수 있는 메르스와 달리 모기에게 물린 경우나 성관계, 수혈 **등** 전파 경로가 제한적이기 때문이다.

많은 세계인이 **새로** 제주 민군복합항의 탄생을 관심 어린 시선으로 지켜보고 있다. (0226, ㅈ일보)

'많은 세계인이 새로 제주 민군복합항의 탄생을 관심 어린 시선으로 지켜보고 있다'에서 부사 '새로'는 무엇을 꾸미는가? '새로 지켜보고 있다'인가? 그렇다면 전에도 지켜보고 있었는데 이번에 다시 지켜보고 있을 때에 '새로'가 가능하다. 그러나 그런 것 같지는 않다. 제주 민군복합항이 이번에 처음 생겼기 때문이다. 그렇다면 이 문장에서 '새로'는 왜 사용되었는가? '새로'는 '제주 민군복합항의 탄생'과 관련이 있어 보인다. '새로 생겨난 제주 민군복합항의 탄생'을 말하려고 했는데 '생겨난'을 생략한 것이 아닌가 한다. 그러나 '새로 생겨난'을 '새로'로 함부로 줄일 수도 없거니와 뒤에 '탄생'이란 말이 있기 때문에 '새로 생겨난'이란 말이 굳이 필요치 않다. 따라서 위 문장에서 '새로'는 필요 없는 군더더기에 지나지 않는다. 차라리 '새로운 탄생'이라 하는 것이 더 낫다. 그러나 그마저도 그냥 '탄생을'이라고 하는 것보다는 못하다.

>>> 많은 세계인이 제주 민군복합항의 탄생을 관심 어린 시선으로 지켜보고 있다.

....

오바마 행정부 임기가 8개월밖에 남지 않은 상태에서 지금의 강한 분위기가 언제까지 지속될 것**이라고 단언할** 수 없다.   (0401, ㅈ일보)

'지금의 강한 분위기가 언제까지 지속될 것이라고 단언할 수 없다'는 자연스럽지 않은 표현이다. 뜻도 모호하다. '언제'가 의문의 뜻으로 쓰였는지, 의문이 아니라 강한 긍정의 뜻인지 분명하지 않다. 의문이면 의문답게 '단언할 수 없다'라는 말 대신에 '알 수 없다'라고 해야 할 것이다. 의문과 단언은 서로 맞지 않는다. 그리고 의문의 뜻으로 썼다면 '언제까지 지속될 것이라고'가 아니라 '언제까지 지속될 것인지'라 해야 한다.

'언제까지'를 의문이 아니라 강한 긍정의 뜻으로 썼다면 '언제까지나'가 더 낫고 '단언할 수 없다'도 '장담할 수 없다'나 '안심할 수 없다'와 같이 하면 훨씬 뜻이 분명해진다. '언제까지 지속될 것이라고 단언할 수 없다'는 이도 저도 아닌, 모호한 표현이다.

>>> 오바마 행정부 임기가 8개월밖에 남지 않은 상태에서 지금의 강한 분위기가 언제까지 지속될 **것인지** 알 수 없다.
오바마 행정부 임기가 8개월밖에 남지 않은 상태에서 지금의 강한 분위기가 언제까지나 지속될 것이라고 **장담할** 수 없다.
오바마 행정부 임기가 8개월밖에 남지 않은 상태에서 지금의 강한 분위기가 언제까지나 지속될 것이라고 **안심할** 수 없다.

인재영입을 통한 사실상 전략공천의 여지를 열어두려는 게 친박계의 구상이지만 **김 대표가** 제18, 19대 총선에서 벌어졌던 '공천 학살'을 **막겠다는 명분에** 밀려 아직까지 친박계의 의지는 빛을 보지 못하고 있다.   (0124, y통신)

'김 대표가'는 반드시 호응하는 서술어를 필요로 한다. '막겠다는'이 '김 대표는'과 호응하는 동사로 보인다. 그런데 동사 '막겠다는'이 주어를 필요로 하는 것 못지않게 '명분'이라는 명사도 '누구의 명분'인지가 뚜렷해야 한다. '막겠다는'의 주어는 사실 꼭 특정인일 이유가 없으며 누가 막아도 상관이 없다. 굳이 '김 대표가'가 필요치 않다. 따라서 오히려 다음과 같이 말할 때 의미가 분명해진다.

>>> 인재영입을 통한 사실상 전략공천의 여지를 열어두려는 게 친박계의 구상이지만 제18, 19대 총선에서 벌어졌던 '공천 학살'을 막겠다는 **김 대표의** 명분에 밀려 아직까지 친박계의 의지는 빛을 보지 못하고 있다.

조사

조사는 문장 성분들 사이의 관계를 맺어 주는 기능을 한다. 조사가 제대로 사용되어야 문장 성분들의 관계가 잘 맺어진다. 조사가 잘못 사용되면 문장 성분들 사이의 관계가 어그러져 문장이 문법적이지 않게 된다.

조사 '의'는 잘 쓰지 않으면 안 된다. '총선 민심의 역행', '어버이연합의 의혹' 같은 말에서 '의'는 제대로 사용된 게 아니다. '총선 민심에 대한 역행', '어버이연합에 대한 의혹'이라고 해야 할 것을 잘못 썼다.

반대로 '의'를 넣어야 할 경우인데 '의'를 빠뜨려서 비문이 되는 경우도 있다.

'국회에서 최소한의 활동영역을 제공했다'와 같은 경우 '국회에서의 최소한의 활동영역을 제공했다'라고 해야 말이 된다.

'는', '도', '마저', '까지' 등과 같은 보조사는 특별한 의미를 덧붙이게 되므로 신중하게 사용해야 한다. 보조사를 남용하면 오히려 뜻을 파악하는 데 방해가 된다. 특히 문장의 주제를 나타내는 조사 '는'을 한 문장 안에 두 번 이상 쓰면 문장을 이해하기가 무척 힘들어진다. 다른 보조사도 마찬가지다.

따라서 이들의 리더십이 20대 국회의 생산성**이** 크게 좌우하고, 후임에게도 본 보기가 될 것이다.   (0503, ㅎ일보)

'이들의 리더십이 20대 국회의 생산성이 크게 좌우하고'는 주어가 둘이어서 말이 안 된다. '국회의 생산성이'를 '국회의 생산성을'로 바꾸면 문제가 해소된다.

>>> 따라서 이들의 리더십이 20대 국회의 생산성**을** 크게 좌우하고, 후임에게도 본보기가 될 것이다.

이번 통합은 호남**에서** 영향력 확대라는 선거 전략 차원에서 조급하게 추진된 듯한 인상이 없지 않다.   (0126, ㅈ일보)

'호남에서' 다음에는 동사가 이어져야 하고 '호남에서의' 다음에는 명사가 이어져야 한다. 위 문장에서는 '호남에서'와 호응할 동사가 없다. '영향력'이라는 명사와 호응하려면 '호남에서의'라고 해야 한다. 한 글자를 줄이려다가 문법성이 어그러지고 말았다.

>>> 이번 통합은 호남**에서의** 영향력 확대라는 선거 전략 차원에서 조급하게 추진된 듯한 인상이 없지 않다.

상식과 합리성을 기준으로 현안의 조속한 합의에 이를 수 있도록, 세 원내대표에게 폭넓은 자율성과 재량권**을** 주어져야만 한다. (0506, ㅎ일보)

'세 원내대표에게 폭넓은 자율성과 재량권을 주어져야만 한다'는 문법에 어긋난다. '자율성과 재량권이 주어져야만'이라고 하든지 '자율성과 재량권을 주어야만'이라고 해야 한다. '주어야만'이라고 할 때에는 주어가 필요한데 마땅한 주어를 내세우기 어렵다면 '자율성과 재량권을 주어야만'보다는 '자율성과 재량권이 주어져야만'이라고 하는 것이 낫다.

>>> 상식과 합리성을 기준으로 현안의 조속한 합의에 이를 수 있도록, 세 원내대표에게 폭넓은 자율성과 재량권**이** 주어져야만 한다.

좋은 게 좋다는 식의 어설픈 행보는 총선 민심**의 역행**이자 유권자에 대한 배신 행위일 뿐이다. (0420, ㅎ신문)

엄밀하게 보면 '총선 민심의 역행'은 '총선 민심이 역행하는' 것을 가리킨다. 그러나 위 글에서는 그런 뜻으로 말한 게 아니다. 민심이 역행하는 것이 아니라 민심에 반대되는 방향으로 가는 것을 '총선 민심의 역행'이라 표현한 것이다. 그렇다면 '총선 민심에 대한 역행'이라고 해야 옳다. '총선 민심을 거스르는 것'이라고 해도 좋을 것이다.

>>> 좋은 게 좋다는 식의 어설픈 행보는 총선 민심**에 대한 역행**이자 유권자에 대한 배신행위일 뿐이다.

좋은 게 좋다는 식의 어설픈 행보는 총선 민심**을 거스르는 것**이자 유권자에 대한 배신행위일 뿐이다.

세월호 진상규명, 노동개혁 등 사회적 문제가 불거질 때마다 보수를 자처하며 정부·여당의 입장을 대변해온 어버이연합의 의혹이 갈수록 커지고 있다.

(0425, ㄱ신문)

'어버이연합의 의혹'이 아니라 '어버이연합에 대한 의혹'이라 해야 의혹이 어떤 의혹인지 잘 드러난다.

>>> 세월호 진상규명, 노동개혁 등 사회적 문제가 불거질 때마다 보수를 자처하며 정부·여당의 입장을 대변해온 어버이연합**에 대한** 의혹이 갈수록 커지고 있다.

세간에는 정운호씨가 처음 300억원대 상습 도박 혐의에 대해 무혐의 처분을 받았고 검찰이 항소심에서 그에 대한 구형(求刑)량을 줄여준 것이 홍 변호사의 **전관으로서 영향력** 때문이었을 수 있다는 의혹이 있다. 이 의혹이 사실로 확인된다면 국가 사법제도**의 신뢰**를 허물어뜨린 또 한 차례의 사법 스캔들로 기록될 것이다.

(0512, ㅈ일보)

조사 '으로서'는 명사를 바로 꾸밀 수 없다. '전관으로서 영향력'이 말이 되지 않는다는 뜻이다. '전관으로서의 영향력'이라고 해야 한다. '국가 사법제도의 신뢰'도 어색하다. '국가 사법제도의 권위'는 말이 되지만 '국가 사법제도의 신뢰'는 자연스럽지 않다. '국가 사법제도에 대한 신뢰'라고 해야 한다.

>>> 세간에는 정운호씨가 처음 300억 원대 상습 도박 혐의에 대해 무혐의 처분을 받았고 검찰이 항소심에서 그에 대한 구형(求刑)량을 줄여준 것이 홍 변호사의 전관으로서의 영향력 때문이었을 수 있다는 의혹이 있다. 이 의혹이 사실로 확인된다면 국가 사법제도에 대한 신뢰를 허물어뜨린 또 한 차례의 사법 스캔들로 기록될 것이다.

새누리당 공천 작업의 신뢰는 이미 땅에 떨어져 버렸다.   (0312, ㅎ신문)

'~의 신뢰'라고 하면 '~이 하는 신뢰'가 보통이지 '~에 대한 신뢰'가 아니다. 따라서 '새누리당 공천 작업에 대한 신뢰'라고 해야 맞다.

>>> 새누리당 공천 작업에 대한 신뢰는 이미 땅에 떨어져 버렸다.

심상정 대표의 정의당엔 국회에서 최소한의 활동영역을 제공했다.

(0414, ㅈ일보)

'국회에서 최소한의 활동영역을 제공했다'에서 '국회에서'는 무엇과 호응할까. '국회에서 제공했다'는 뜻인가. '국회에서 최소한 활동을 한다'는 뜻인가? 선거 결과 분석이므로 '국회에서 제공했다'일 수는 없다. '국회에서 최소한 활동할' 수 있는 영역을 제공했다는 뜻이다. 그렇다면 '국회에서'가 아니라 '국회에서의'라고 해야 한다.

>>> 심상정 대표의 정의당엔 국회**에서의** 최소한의 활동영역을 제공했다.

청와대 참모나 정부 부처 장관들조차 대통령**과** 대면 보고가 어려울 정도로 소통 장애가 벌어지고 있다.   (0414, ㅈ일보)

'대통령과 대면 보고가 어려울 정도로'도 의미 파악에는 문제가 없겠지만 문장을 과도하게 줄여 써서 문법성에 문제가 있다. '대통령과 대면 보고'가 아니라 '대통령과의 대면 보고'라고 하든지 아니면 풀어서 '대통령에게 대면 보고하기'라고 해야 한다.

>>> 청와대 참모나 정부 부처 장관들조차 대통령**과의** 대면 보고가 어려울 정도로 소통 장애가 벌어지고 있다.
청와대 참모나 정부 부처 장관들조차 대통령**에게** 대면 보고**하기**가 어려울 정도로 소통 장애가 벌어지고 있다.

야당 지도자들이 전직 대통령의 **미망인들**을 번질나게 **찾으면서도** 오늘 이 시점 대한민국이 결판지어야 할 국정 현안들에 대해 그때그때 결정을 **내리는 것도** 아니다.   (0201, ㅈ일보)

'야당 지도자들이 전직 대통령의 미망인들을 번질나게 찾으면서도 오늘 이 시점 대한민국이 결판지어야 할 국정 현안들에 대해 그때그때 결정을 내리는 것도 아니다'에서는 보조사인 '도'가 연거푸 쓰였다. 그래서 무슨 말을 하려는 것인지 어리둥절하게 만든다. 다음과 같이 고친다면 의미가 선명해진다.

> >> 야당 지도자들이 전직 대통령의 **부인들은** 번질나게 찾으면서도 오늘 이 시점 대한민국이 결판지어야 할 국정 현안들에 대해서는 그때그때 결정을 **내리지 않는다.**
>
> 야당 지도자들이 전직 대통령의 **부인들은** 번질나게 찾으**면서** 오늘 이 시점 대한민국이 결판지어야 할 국정 현안들에 대해서는 그때그때 결정을 **내리지도 않는다.**

보조사 '도'는 한 번만 쓰이는 게 좋다. '도'가 전혀 안 쓰여도 물론 상관이 없다. 보조사는 남용하지 않도록 주의해야 한다. 의미 파악을 어렵게 하기 때문이다.

'미망인'이라는 단어는 점점 사용되지 않는 추세에 있다. 남편은 죽었는데 본인은 아직 죽지 않았다는 뜻이 들어 있으니 당사자에 대한 예의가 아니기 때문이다. '부인'이라고 하는 것이 바람직하다. '미망인'에는 남편이 세상을 떠났다는 의미가 더 있고 '부인'에는 그것이 없는 차이가 있지만 남편이 살아 있는지 여부는 문맥으로 알 수 있기 때문이다.

이래서는 구조조정**의 불안감**을 줄일 수 없고 협조도 이끌어낼 수 없다.

(0422, ㅎ신문)

'구조조정의 불안감'보다는 '구조조정에 대한 불안감'이라고 할 때에 좀 더 편안하게 읽힌다. '~의 불안감'이라고 하면 '~가 느끼는 불안감'의 뜻으로 쓰이는 경우가 많은데 '구조조정의 불안감'에서는 그렇게 해석될 수 없다. 따라서 다른 해석이 가능하지 않은 '구조조정에 대한 불안감'이 알기 쉽다.

> >> 이래서는 구조조정**에 대한 불안감**을 줄일 수 없고 협조도 이끌어낼 수 없다.

정 신임 원내대표는 기자 출신으로서 균형감각과 청와대 정무수석으로서 조정·협상력, 국회 사무총장을 경험한 시야에다 4선 경력의 중후함과 안정감 등 국회 리더로서 필요한 자질을 두루 갖추고 있다. (0504, ㅈ일보)

'기자 출신으로서 균형감각과 청와대 정무수석으로서 조정·협상력'은 '기자 출신으로서의 균형감각과 청와대 정무수석으로서의 조정·협상력'이라고 해야 문장의 구조가 잘 짜이게 된다. '으로서'가 나오면 동사가 나올 것이 기대되는데 동사가 나오지 않고 '균형감각', '조정·협상력'이 나왔다. 따라서 '으로서의'로 바꾸어야 한다.

>>> 정 신임 원내대표는 기자 출신으로서**의** 균형감각과 청와대 정무수석으로서**의** 조정·협상력, 국회 사무총장을 경험한 시야에다 4선 경력의 중후함과 안정감 등 국회 리더로서 필요한 자질을 두루 갖추고 있다.

그 민심은 대통령의 국정운영 방식에 진솔한 사과와 새로운 변화를 알리는 일대 인적 쇄신을 기대했다. (0418, ㅈ일보)

'국정운영 방식에 진솔한 사과를 기대했다'라고 해도 뜻은 통하겠지만 문법적으로는 완전하지 않다. '국정운영 방식에'가 걸릴 데가 없기 때문이다. 그것이 '사과'에 걸리도록 하려면 '국정운영 방식에 대한 진솔한 사과'라고 해야 한다.

>>> 그 민심은 대통령의 국정운영 방식**에 대한** 진솔한 사과와 새로운 변화를 알리는 일대 인적 쇄신을 기대했다.

그러나 4년 전에도 각 정당이 같은 기준을 내세웠지만 19대 국회는 막말과 욕설, 부패로 얼룩졌다. 23명의 의원이 각종 부패와 선거법 위반 등 의원직을 잃었다. 의원들의 '갑질'도 빈발했다. (0205, ㅁ일보)

조사는 입말에서는 흔히 생략된다. "너 학교 안 가니?" 하고 보통 말하지 굳이 "너는 학교에 안 가니?"라고 하지 않아도 된다. 그러나 글말에서는 다르다. 조사는 웬만해선 생략하지 않는 법이다. 위 예문에서 '각종 부패와 선거법 위반 등'에는 조사가 없다. '으로'가 있어야 한다. '등으로' 외에 '등의 이유로'라고 해도 된다.

>>> 23명의 의원이 각종 부패와 선거법 위반 등**으로** 의원직을 잃었다.
23명의 의원이 각종 부패와 선거법 위반 등**의 이유로** 의원직을 잃었다.

그러나 카카오나 셀트리온, 하림 내부에서는 대기업집단으로 지정되는 순간부터 계열사 간 상호출자, 신규 순환출자, 일감 몰아주기, 채무보증 **등** 각종 규제를 받게 돼 대기업 진입을 반기지만은 않는 분위기다. (0404, ㄷ일보)

'계열사 간 상호출자, 신규 순환출자, 일감 몰아주기, 채무보증 등 각종 규제를 받게 돼'는 마치 '계열사 간 상호출자, 신규 순환출자, 일감 몰아주기, 채무보증 등'이 곧 각종 규제인 것처럼 해석된다. 그러나 이것들이 곧 각종 규제는 아니다. 이런 일들을 하면서 각종 규제를 받게 된다는 뜻이다. 그렇다면 '등'이 아니라 '등에서' 또는 '등이'라고 해 줘야 마땅하다. 뜻이 분명하게 드러나게 해줄 필요가 있다.

> 그러나 카카오나 셀트리온, 하림 내부에서는 대기업집단으로 지정되는 순간부터 계열사 간 상호출자, 신규 순환출자, 일감 몰아주기, 채무보증 **등에서** 각종 규제를 받게 돼 대기업 진입을 반기지만은 않는 분위기다.

> 그러나 카카오나 셀트리온, 하림 내부에서는 대기업집단으로 지정되는 순간부터 계열사 간 상호출자, 신규 순환출자, 일감 몰아주기, 채무보증 **등이** 각종 규제를 받게 돼 대기업 진입을 반기지만은 않는 분위기다.

현재 지역에서는 안상수 의원은 서구·강화군**을**, 송 전 시장은 계양구갑 선거구 출마가 예상되고 있어 4번째 맞대결은 성사되지 않을 개연성이 있지만 선거구 획정이 변수이다.   (0209, y통신)

이 예문에서 '서구·강화군을'은 다음에 걸릴 말이 찾아지지 않는다. 따라서 조사 '을'은 잘못 사용되었다. 원래 이 문장은 '현재 지역에서는 안상수 의원은 서구·강화군 선거구 출마가 예상되고 있어'와 '현재 지역에서는 송 전 시장은 계양구갑 선거구 출마가 예상되고 있어'가 접속되었다. 공통된 요소가 '선거구 출마가 예상되고 있어'이기 때문에 이를 한 번만 쓰면 '현재 지역에서는 안상수 의원은 서구·강화군, 송 전 시장은 계양구갑 선거구 출마가 예상되고 있어'가 된다. 즉 다음과 같이 써야 한다.

> 현재 지역에서는 안상수 의원은 서구·강화군, 송 전 시장은 계양구갑 선거구 출마가 예상되고 있어 네 번째 맞대결은 성사되지 않을 개연성이 있지만 선거구 획정이 변수이다.

연결어미

동사나 형용사에 붙는 연결어미는 절과 절을 연결시킨다. 연결어미는 의미를 지닌다. 문맥에 맞는 연결어미를 써야 함은 물론이다. 문맥에 맞는 연결어미를 써야 나타내고자 하는 의미가 또렷하게 드러난다. 연결어미를 잘못 쓰면 말하고자 하는 바를 전달하지 못하고 엉뚱한 뜻이 돼 버린다. 독자가 글을 읽는 데 어려움을 느낄 수밖에 없다.

집권당의 공천 과정이 당내 민주주의, 정치문화의 모범이 **되지 못할망정** 온갖 밀실·사천(私薦)·불공정 논란과 질 낮은 블랙 코미디 같은 황당한 사건의 연속이었다. 유권자의 정치혐오와 냉소는 깊어졌다.　　　　(0326, ㅈ일보)

'모범이 되지 못할망정' 다음에는 '황당한 사건의 연속이었다'가 아니라 '황당한 사건의 연속이어서야 되겠는가' 같은 말이 와야 서로 호응이 잘 된다. 그렇게 하면 그다음 문장인 '유권자의 정치혐오와 냉소는 깊어졌다'와의 연결이 또 문제가 된다. 따라서 '못할망정'을 아예 다른 말로 바꾸는 것이 좋다. '모범이 되지 못할망정'이 아니라 '모범이 되기는커녕'이라고 하면 그다음 말과 자연스럽게 이어진다.

>>>　집권당의 공천 과정이 당내 민주주의, 정치문화의 모범이 **되기는커녕** 온갖 밀실·사천(私薦)·불공정 논란과 질 낮은 블랙 코미디 같은 황당한 사건의 연속이었다.

오해를 무릅쓰고 대구행을 강행한 것은 여당 공천에 영향을 미치겠다는 의지

로 보인다. 청와대는 어제 행사에 지역 의원을 초청하지 **않고** 정치적 의미가 없다고 강조했다. (0311, ㅅ일보)

'-고'는 접속의 의미를 지닌 연결어미이다. 여기서 시제가 문제가 된다. '어제 행사에'라는 말 뒤에 '초청하지 않고'가 나왔고 그다음에는 '정치적 의미가 없었다고'가 아니라 '정치적 의미가 없다고'가 이어졌다. 그렇다면 '초청하지 않고'의 시제는 무엇인가? '초청하지 않았다고 강조했다'라고 해석할 여지가 없어졌다. '초청하지 않았다고'가 아니라면 '초청하지 않는다고'일 수밖에 없는데 이는 '어제 행사에'와 맞지 않는다. 따라서 '어제 행사에 지역 의원을 초청하지 않았고'라고 해야 했다. 아니면 '어제 행사에 지역 의원을 초청하지 않았으니'나 '어제 행사에 지역 의원을 초청하지 않았으므로'와 같이 썼다면 더 의미가 분명해졌을 것이다.

>>> 청와대는 어제 행사에 지역 의원을 초청하지 **않았으니** 정치적 의미가 없다고 강조했다.
청와대는 어제 행사에 지역 의원을 초청하지 **않았으므로** 정치적 의미가 없다고 강조했다.

셋째는 사드(고고도미사일방어체계) 배치와 관련한 것인데, 케리 장관은 중국의 배치 반대 요구에 대해 "비핵화만 되면 배치할 이유가 없을 것"이라**면서도** "미국은 사드 배치에 급급하거나 초조해하지 않을 것"이라고 말했다. (0225, ㅎ신문)

위 예문에서 '"비핵화만 되면 배치할 이유가 없을 것"이라면서도'라고 했다. 여기서 '-면서도'의 '도'가 좀 문제가 된다. '그는 돈을 많이 가지고 있으면서도 더 가지려고 한다'와 같은 예문을 보면 앞과 뒤가 서로 충돌할 때에 '-면서도'를 씀을 알 수 있다. 돈을 많이 가지고 있으면 더 가지려고 해서는 안 되는데 더 가지려고 한다는 것이다. 그런데 위 예문에서 '-면서도' 앞뒤의 내용이 서로 충돌하는가? 그렇지 않아 보인다. 비핵화만 되면 사드 배치가 필요 없다는 게 앞의 내용이고 미국은 사드 배치에 급급하거나 초조해하지 않을 거라는 얘기는 사드 배치가 그리 중요하지 않다는 내용이니 서로 충돌하는 내용이 아니라 비슷한 내용이다. 그런데 '-면서도'로 연결하였다. 따라서 서로 비슷한 내용을 이어 줄 때에 사용되는 어미로 바꾸어 줄 필요가 있다. 그 방법은 '-면서도'의 '도'를 떼어 버리고 '-면서'로 쓰는 것이다. '도'의 있고 없고가 의미 차이를 뚜렷이 드러내 준다.

>>> 셋째는 사드(고고도미사일방어체계) 배치와 관련한 것인데, 케리 장관은 중국의 배치 반대 요구에 대해 "비핵화만 되면 배치할 이유가 없을 것"이라**면서** "미국은 사드 배치에 급급하거나 초조해하지 않을 것"이라고 말했다.

비록 해당 장소는 근무자가 없었다고 해도 철저한 환승객 통제가 필요한 중요 보안구역인 검역·입국·세관(CIQ) 지역의 인력 배치와 관리가 허술한 것 아니냐는 비판이 제기된다. (0129, y통신)

'비록 해당 장소는 근무자가 없었다고 해도'와 그다음에 이어지는 부분이 의미상 자연스럽게 연결되는가? 오히려 '해당 장소에 근무자가 없었다니'가 자연스럽지 않은가. 서로 전혀 어울리지 않은 내용이 연결되다 보니 여러 번 읽어도 무슨 뜻인지 알 수가 없다. 다음과 같이 고치면 의미가 선명히 드러난다.

>>> **해당 장소에 근무자가 없었다니** 철저한 환승객 통제가 필요한 중요 보안구역

품격 있는 글쓰기

인 검역·입국·세관(CIQ) 지역의 인력 배치와 관리가 허술한 것 아니냐는 비판이 제기된다.

하지만 한국 등 국제사회가 요구하고 있는 북한에 대한 원유 공급 중단은 고려 대상에 넣지 않은 것으로 알려졌다. 중국은 원유 공급 중단이 가져올 **결과에 우려하면서도** 자국의 반대에도 핵실험을 강행한 북한에 대한 내부적 불만을 표출하는 수단으로 이런 수준의 새로운 제재안을 검토하고 있는 것으로 전해졌다.

(0111, y통신)

이 글에서 중국은 '북한에 대한 원유 공급 중단'을 고려에 넣지 않았다고 하면서 '원유 공급 중단이 가져올 결과에 우려하면서도'라는 표현을 썼다. 북한에 대한 원유 공급 중단이 가져올 결과에 대해 중국이 우려하기 때문에 원유 공급 중단을 고려 대상에 넣지 않았다고 봐야 할 텐데, '중국은 원유 공급 중단이 가져올 결과에 우려하면서도'처럼 '-면서도'라는 어미를 사용한 것은 앞뒤가 맞지 않는다. 따라서 '우려하면서도'가 아니라 '우려하기에'나 '우려하여', '우려해서' 등과 같이 쓸 때에 앞뒤가 서로 맞는다.

>>> 중국은 원유 공급 중단이 가져올 **결과를 우려하여** 자국의 반대에도 핵실험을 강행한 북한에 대한 내부적 불만을 표출하는 수단으로 이런 수준의 새로운 제재안을 검토하고 있는 것으로 전해졌다.

고치는 김에 '결과에 우려하여'를 '결과를 우려하여'로 바꾸었는데 '결과에 대해' 우려할 수는 있어도 '결과에 우려할' 수는 없기 때문이다.

개성공단 포기는 남북한의 군사적 충돌을 막는 안전판을 정부 스스로 없앤 것이다. 한국 경제의 지정학적 리스크는 크게 높아졌다. 그간의 북한발 리스크가 시장심리나 경제에 끼치는 영향이 단기적이고 제한적이었**더라도**, 이번엔 대외 리스크와 복합적으로 맞물려 실물과 금융시장 불안을 증폭시킬 우려가 크다.

(0215, ㅎ신문)

연결어미 '-더라도'는 양보나 가정의 뜻을 나타낸다. 그런데 위 문맥에서는 북한발 리스크가 과거에는 어땠는데 지금은 과거와 다르다는 것을 강조하고자 한다. 단순히 비교를 하려는 맥락이다. 그런 자리에서는 '-더라도'가 가장 좋은 선택이 아니다. 오히려 '-지만'이나 '-ㄴ 데 비해'와 같은 표현이 딱 들어맞는다. 따라서 아래와 같이 바꾸어 쓰는 것이 더 뜻을 선명하게 드러낸다. '-더라도'는 단순한 비교가 아니라 어떤 일이 일어나도 그다음 일에 영향을 미치지 않음을 나타낼 때 주로 쓴다. 예컨대 '그가 오더라도 달라질 것은 아무것도 없다'와 같은 예문이 그러하다.

>>> 그간의 북한발 리스크가 시장심리나 경제에 끼치는 영향이 단기적이고 제한적이었**지만**, 이번엔 대외 리스크와 복합적으로 맞물려 실물과 금융시장 불안을 증폭시킬 우려가 크다.
그간의 북한발 리스크가 시장심리나 경제에 끼치는 영향이 단기적이고 제한적이었**던 데 비해**, 이번엔 대외 리스크와 복합적으로 맞물려 실물과 금융시장 불안을 증폭시킬 우려가 크다.

올해는 '통일은 **만남이다**'는 주제로 민족의 열망을 더욱 농축(濃縮)해갈 것을 다짐한다.

(0101, ㅈ일보)

품격 있는 글쓰기

이 글을 음성으로 읽는다고 생각해 보자. 읽을 때는 마침표가 있을 수 없다. 그냥 읽어 나갈 뿐이다. 당연히 '올해는 통일은 만남이다라는 주제로'라고 읽지 '올해는 통일은 만남이다는 주제로'라고 읽지는 않을 것이다. 글은 소리를 문자로 옮기는 것이다. 말이 먼저고 글은 말을 옮기는 것이다. 따라서 말에 있던 '라는'의 '라'가 글로 쓴다고 빠져서는 안 된다. '라'를 빼려면 아예 '올해는 통일은 만남이라는 주제로'라고 했어야 한다. 그리고 강조를 하려면 '올해는 '통일은 만남'이라는 주제로'라고 했어야 한다.

한 글자라도 줄이려다 보니 '올해는 '통일은 만남이다'라는 주제로'를 '올해는 '통일은 만남이다'는 주제로'라고 줄였겠지만 줄여서는 안 되었다. '올해는 '통일은 만남이다'라는 주제로'라고 하든지 '올해는 '통일은 만남'이라는 주제로'라고 했어야 한다.

>>>   올해는 '통일은 **만남이다'라는** 주제로 민족의 열망을 더욱 농축(濃縮)해갈 것을 다짐한다.

올해는 '통일은 **만남'이라는** 주제로 민족의 열망을 더욱 농축(濃縮)해갈 것을 다짐한다.

그런 해운업이 글로벌 경쟁에서 영영 뒤처질 판인데 구조조정안은 미봉책에 머물러 있다. 정부는 "해운사가 알아서 하라"**고** 책임지지 않겠다는 자세다.

(0425, ㅈ일보)

인용을 나타내는 어미 '-고'가 사용되면 그다음에 '하다', '말하다' 따위의 말이 나와야 한다. 그러나 위 예에서는 '-고' 다음에 '책임지지 않겠다는 자세다'가 나왔다. 서로 호응하지 않는다. 이를 피하려면 어미를 '-고'가 아니라 '-며'로 바꾸면 된다. 어미 '-며'는 이어서 '하다'나 '말하다' 같은 말이 나오지 않아도 된다. 뒤에 자유롭게 다른 말들이 나올 수 있다.

>>> 　정부는 "해운사가 알아서 하라"**며** 책임지지 않겠다는 자세다.

....

보건당국이 '암 예방의 날'(21일)을 맞아 개정된 암 예방 수칙을 내놓았다. 가장
눈에 띄는 항목은 하루 한 잔의 가벼운 음주도 **피해라는** 것이다. (0322, ㅎ일보)

'가장 눈에 띄는 항목은 하루 한 잔의 가벼운 음주도 피해라는 것이다'에서
는 인용된 문장이 있다. '하루 한 잔의 가벼운 음주도 피해라'이다. 그런데 직
접 인용을 하지 않고 간접 인용을 했다. 간접 인용을 할 때에는 '피해라는'이
아니라 '피하라는'이라야 맞다. 만일 직접 인용을 한다면 '가장 눈에 띄는 항목
은 "하루 한 잔의 가벼운 음주도 피해!"라는 것이다'라고 할 수 있다. 그런데 암
예방 수칙은 입말이 아니고 글말이며 불특정 다수를 상대로 하는 것이라서 수
칙 자체가 '하루 한 잔의 가벼운 음주도 피하라' 또는 '하루 한 잔의 가벼운 음
주도 피할 것' 또는 '하루 한 잔의 가벼운 음주도 피하는 것이 좋습니다' 따위와
같이 쓰였을 것이다. 암 예방 수칙에 '하루 한 잔의 가벼운 음주도 피해!'라고
쓰여 있을 가능성은 거의 없다. 따라서 직접 인용이든 간접 인용이든 상관 없
이 '가장 눈에 띄는 항목은 하루 한 잔의 가벼운 음주도 피해라는 것이다'는 옳
지 않다. '피하라는'이어야 한다.

>>> 　가장 눈에 띄는 항목은 하루 한 잔의 가벼운 음주도 **피하라는** 것이다.

시제

어떤 문장이든 시제가 사용된다. 시제는 보통 동사나 형용사에 어미가 붙어 실현된다. 시제를 나타내는 어미를 정확하게 사용해야 나타내고자 하는 의미가 분명히 드러난다. 시제를 잘못 사용하면 문장의 뜻이 모호해지기 쉽다. 미래의 일을 이야기하면서 현재나 과거 시제를 사용한다면 독자는 당황할 수밖에 없다. 과거를 나타내는 부사를 쓰면서 현재 시제를 사용해도 역시 서로 모순이 되기 때문에 문장의 의미가 모호해진다.

북한 미사일이 한국 영공을 침범한다 해도 우리 군이 요격할 수는 **없었을** 것이다. (0210, ㄷ일보)

'북한 미사일이 한국 영공을 침범한다 해도 우리 군이 요격할 수는 없었을 것이다'에서 앞 절에서는 '침범했다 해도'가 아닌 '침범한다 해도'이면서 뒤에 오는 절에서는 '없을 것이다'가 아닌, '없었을 것이다'여서 시제가 서로 다르다. 그래야 할 이유가 없다. 미래의 일에 대해 논하는 중이기 때문에 '없을 것이다'라고 해야 옳다.

>>> 북한 미사일이 한국 영공을 침범한다 해도 우리 군이 요격할 수는 **없을** 것이다.

그간 중국 등에서 "한국이 개성공단을 통해 북에 달러를 공급하면서 다른 나라에 강경 제재를 요구할 수 있느냐"는 지적이 **나오는** 것을 감안한 선제적 조치인 셈이다. (0211, ㅈ일보)

이 문장에서 '그간'과 '나오는'은 서로 잘 어울리지 않는다. '그간'이란 '그사이'란 뜻으로서 이미 과거에 있었던 일을 이야기할 때에 쓰는 말이다. 그런데 '지적이 나오는'은 과거의 일이 아니다. 지금 일어나는 것을 말한다. 그래서 서로 안 맞는다. 따라서 이를 바로잡으려면 '그간'을 없애든지 '그간'을 둔다면 '지적이 나오는'을 '지적이 나온'으로 고쳐야 한다.

>>> 중국 등에서 "한국이 개성공단을 통해 북에 달러를 공급하면서 다른 나라에 강경 제재를 요구할 수 있느냐"는 지적이 나오는 것을 감안한 선제적 조치인 셈이다.
그간 중국 등에서 "한국이 개성공단을 통해 북에 달러를 공급하면서 다른 나라에 강경 제재를 요구할 수 있느냐"는 지적이 **나온 것을** 감안한 선제적 조치인 셈이다.

그런 점에서 박근혜 대통령이 **어제** 김정은 정권에 대해 '폭정'이라고 비난한 것은 적절하지 **않다.**　　　　　　　　　　　　　　　　　　　　　　　(0304, ㄱ신문)

동사나 형용사는 시제 없이 쓰일 수 없다. '비난한 것은 적절하지 않다'고 했다. '비난한'에 시제가 사용됐고 '않다'에도 시제가 사용됐다. '비난한'과 '비난하는' 중에서 '비난한'이 선택되었고 '않다'와 '않았다' 중에서 '않다'가 선택되었다. 앞에서 '어제'라는 말이 쓰인 만큼 '비난하는'은 쓸 수가 없고 '비난한'이 나온 것은 맞다. 앞에서 '비난한 것은'이라고 한 만큼 '적절하지 않았다'가 어울린다.

>>> 그런 점에서 박근혜 대통령이 어제 김정은 정권에 대해 '폭정'이라고 비난한 것은 적절하지 **않았다.**

공무원 출신으로 부처 책임자가 됐다면 국가와 국민을 위해 전력을 기울이겠다는 자세로 일해야 옳다. 그게 아니라 책임자로 임명된 사람마다 다음 자리를 **곁눈질하고 있으니** 국민 건강을 수호하겠다는 애초 약속은 온데간데없어졌다.

(0315, ㅈ일보)

'책임자로 임명된 사람마다 다음 자리를 곁눈질하고 있으니'의 시제는 현재다. '곁눈질하고 있으니'가 그것을 가리킨다. 그런데 이어지는 문장은 '온데간데없어졌다'로 과거형이다. 서로 맞지 않는다. 일치시켜야 옳다. 이미 물러난 기관장의 과거 행태에 대해 말하는 중이므로 '곁눈질하고 있으니'라고 말할 일이 아니다. '곁눈질했으니' 또는 '곁눈질하고 있었으니'로 해야 마땅하다.

>>> 그게 아니라 책임자로 임명된 사람마다 다음 자리를 **곁눈질했으니** 국민 건강을 수호하겠다는 애초 약속은 온데간데없어졌다.
그게 아니라 책임자로 임명된 사람마다 다음 자리를 **곁눈질하고 있었으니** 국민 건강을 수호하겠다는 애초 약속은 온데간데없어졌다.

두 야당 역시 정부·여당의 협조 없이는 아무것도 이룰 수 없는 것이다. 두 야당이 국정의 공동 경영인으로서 주인 의식을 갖고 민생과 안보 현안에 제대로 된 처방을 **내놓는지는** 내년 대선에서 국민이 냉정하게 심판할 것이다.

(0416, ㅈ일보)

4·13 총선이 끝난 후 나온 어느 신문 사설의 마지막 문장이다. '내년 대선에서 국민이 냉정하게 심판할 것'이라고 했다. 심판이라고 하면 과거의 일에 대해서 하기 마련이다. '내년 대선'은 이 글이 쓰인 시점으로부터 1년 8개월 뒤에

있을 일이다. 그 시점에서의 심판은 이 글이 쓰인 시점부터 내년 12월 대선 때까지 있었던 일에 대한 심판일 수밖에 없다. 그런데 '제대로 된 처방을 내놓는지 심판할 것'이라고 했다. '제대로 된 처방을 내놓았는지 심판할 것'이라고 했다면 자연스러웠을 텐데 '처방을 내놓는지'라고 함으로써 문장의 의미가 흐려지고 말았다. '내놓는지는'은 '내년 대선에서 심판할 것이다'와 어울리지 않고 **앞으로** 지켜볼 것이다', '**지금부터** 지켜볼 것이다'와 같은 말과 어울린다.

>>> 　두 야당이 국정의 공동 경영인으로서 주인 의식을 갖고 민생과 안보 현안에 제대로 된 처방을 **내놓았는지는** 내년 대선에서 국민이 냉정하게 심판할 것이다.

　두 야당이 국정의 공동 경영인으로서 주인 의식을 갖고 민생과 안보 현안에 제대로 된 처방을 내놓는지는 **앞으로** 국민이 냉정하게 **지켜볼** 것이다.

설령 정부 발표대로 관련 법령을 고친다 해도 처벌 규정이 터무니없이 약해 현장에서는 **무시되고 있는 것**도 문제다. 학교에서 고카페인 제품 등을 팔더라도 과태료가 10만원밖에 되지 않아 과연 **판매업자들이나 학교가 적극적인 판매금지에 나설지** 불투명하다.　　　　　　　　　　　　　　(0426, ㅎ신문)

'관련 법령을 고친다 해도'와 '현장에서 무시되고 있는 것'이 의미상 서로 잘 어울리는지 의문이다. 상식적으로 '관련 법령을 고친다 해도'는 아직은 관련 법령이 고쳐지지 않았다는 뜻이다. 그런데 뒤이어 '현장에서는 무시되고 있는'이라고 해서 어떻게 이해해야 할지 당황스럽다. '관련 법령을 고친다 해도'라고 했으면 뒤에는 앞으로의 예상이나 전망이 나와야 마땅할 것이다. '현장에서는 무시될 것으로 보이는 것도' 정도가 좋다.

>>> 설령 정부 발표대로 관련 법령을 고친다 해도 처벌 규정이 터무니없이 약해 현장에서는 **무시될 것으로 보이는 것도** 문제다.

'판매업자들이나 학교가 적극적인 판매금지에 나설지'에서 '학교가 판매금지에 나설지'는 문제가 없는데 '판매업자들이 판매금지에 나설지'는 적절한 표현이 아니다. 금지는 남이 어떤 행위를 하지 못하도록 하는 것을 가리킨다. 판매업자는 판매금지에 나서는 것이 아니라 판매를 하지 않는 것이며 판매중지를 한다. 따라서 '과연 판매금지가 효과가 있을지' 정도로 표현하는 것이 알기 쉽다.

>>> 학교에서 고카페인 제품 등을 팔더라도 과태료가 10만 원밖에 되지 않아 과연 **판매금지가 효과가 있을지** 불투명하다.

정부가 **그동안** 감독의 책임을 있는 국책은행에 강도 높은 자구 노력을 **요구하고 있지만** 국책은행들은 해당 업체에는 고통 분담을 요구하면서도 자신들의 '밥그릇'은 악착같이 지키고 있다.   (0510, ㅅ신문)

'정부가 그동안 감독의 책임을 있는 국책은행에 강도 높은 자구 노력을 요구하고 있지만'은 혼란스럽다. '그동안'이 온 이상 '그동안'과 호응하는 말이 있어야 하는데 없다. 만일 '그동안'이 '요구하고'와 호응한다면 '요구하고 있지만'이 아니라 '요구해 왔지만'이나 '요구했지만'이라야 한다.

또 '감독의 책임을'이 온 이상 그것과 호응하는 동사가 있어야 하는데 보이지 않는다. '감독의 책임이'의 오타라고 봐야겠다. '감독의 책임이'라고 하면 말끔히 문제가 해소되기 때문이다.

>>> 정부가 그동안 감독의 책임**이** 있는 국책은행에 강도 높은 자구 노력을 요구
해 왔지만 국책은행들은 해당 업체에는 고통 분담을 요구하면서도 자신들의
'밥그릇'은 악착같이 지키고 있다.

하지만 젊은이가 결혼하지 **않은** 사회, 그래서 아이가 계속 줄어드는 국가에 미
래가 있겠는가.   (0407, y통신)

'하지만 젊은이가 결혼하지 않은 사회, 그래서 아이가 계속 줄어드는 국가
에 미래가 있겠는가'라고 했다. '결혼하지 않은'과 '줄어드는'의 시제가 다르다.
달라야 할 이유가 있는가. '결혼하지 않은'이 잘못됐다. '결혼하지 않는'이라야
맞다.

>>> 하지만 젊은이가 결혼하지 **않는** 사회, 그래서 아이가 계속 줄어드는 국가에
미래가 있겠는가.

정부는 국회 동의가 필요 없고 국가채무가 늘지 않는다며 한국형 양적완화 운
운했지만 **애초** 한은은 쉽게 돈을 빼 써도 되는 만만한 곳간이 **아니다.**

(0506, ㄷ일보)

'애초'는 '맨 처음'이라는 뜻이다. '애초'가 나온 이상 '만만한 곳간이 아니었
다'라고 하는 것이 자연스럽다. '애초'는 '지금'이 아니라 과거로 거슬러 올라가
처음 어느 때를 말하기 때문이다. 그러나 지금의 한은에 대해 말하는 중이므
로 '만만한 곳간이 아니었다'가 적절하지 않다. 따라서 '만만한 곳간이 아니다'
라 해야 하고 '애초' 대신 '원래', '본래' 같은 말을 사용해야 한다.

>>>　정부는 국회 동의가 필요 없고 국가채무가 늘지 않는다며 한국형 양적완화 운운했지만 **원래** 한은은 쉽게 돈을 빼 써도 되는 만만한 곳간이 **아니다.**

이제 모든 대북 정책은 김정은 정권의 굴복 또는 붕괴를 목표로 전개될 수밖에 없다. 대북정책 패러다임의 일대 변화이자, 가보지 않**는** 길이어서 국민 불안이 클 수밖에 없다.　　　　　　　　　　　　　　　　　　　　(0213, ㅎ일보)

　위 예문에서 '가보지 않은 길이어서'라면 쉽게 문맥이 이해가 되지만 '가보지 않는 길이어서'는 무슨 뜻인지 쉽사리 이해가 되지 않는다. '가보지 않은 길'은 '가본 길'과 반대되는 뜻으로서 이제부터의 대북 정책이 이제까지는 경험하지 않았던 길이라는 뜻이다. 그런데 '가보지 않는 길'은 '가보는 길'과 반대되는 뜻으로서 '가보는 길'이든 '가보지 않는 길'이든 그 말 자체가 무슨 뜻인지 알기 어렵다. '보다'는 어떤 일을 경험했음을 나타낼 때 흔히 쓰이는 보조동사로서 위 문맥에서도 경험의 의미로 쓰인 것으로 보인다. 그렇다면 '가보지 않은 길'이어야지 '가보지 않는 길'일 수는 없다.

>>>　대북정책 패러다임의 일대 변화이자, 가보지 않**은** 길이어서 국민 불안이 클 수밖에 없다.

김 대표와 서울대 동기인 진 본부장은 1998~1999년 미국 하버드대 로스쿨에서 공부할 때 김 대표 부부에게 자택을 숙소로 **내줄** 만큼 가깝다고 한다.

　　　　　　　　　　　　　　　　　　　　(0402, ㄷ일보)

　'1998~1999년'은 지금부터 17~18년 전 일이다. 그때의 일을 기술하는 것이라면 '내줄 만큼' 같은 시제가 모호한 표현이 아니라 '내주었을 만큼' 같은, 시점이 확실한 표현을 썼어야 독자가 읽는 데에 편안함을 느꼈을 것이다. '내줄 만큼'은 과거의 일을 잘 연상시키지 못한다.

>>> 김 대표와 서울대 동기인 진 본부장은 1998~1999년 미국 하버드대 로스쿨에서 공부할 때 김 대표 부부에게 자택을 숙소로 **내주었을** 만큼 가깝다고 한다.

어순, 구두점

사용된 말은 똑같은데 어순을 어떻게 하느냐에 따라 의미가 완전히 달라지는 경우가 있다. 어순이 중요한 이유다. 예를 들어 '현재 공동집행위원장 체제를 강수연 위원장 단독체제로 갈지, 아니면 이용관 후임 집행위원장을 선임할지 결정되지 않았다'에서 '이용관 후임 집행위원장을 선임할지'는 뜻이 선명하게 드러나지 않는다. '이용관'의 '후임 집행위원장'을 선임할지라는 뜻인지, '이용관'이 '후임 집행위원장'이라는 뜻인지 혼란스럽다. 그러나 '이용관 집행위원장 후임을 선임할지'라고 어순을 바꾸면 뜻이 아주 선명해진다. 달리 해석될 여지가 없다. 어순이 그만큼 중요하다. 구두점의 위치도 문장의 의미를 결정짓는 데 중요한 요소다. 구두점을 엉뚱한 곳에 찍으면 의도하고자 했던 의미가 드러나지 않아 독해를 방해한다.

지난달 28일 정 의장이 대표 발의한 개정안도, 앞서 지난달 11일 **대표 발의한 권성동 새누리당 의원** 개정안도 소관 운영위원회를 겉돌 뿐이다. (0224, ㅁ일보)

'지난달 28일 정 의장이 대표 발의한 개정안도, 앞서 지난달 11일 대표 발의한 권성동 새누리당 의원 개정안도'는 '지난달 28일 정 의장이 대표 발의한 개정안도'와 '앞서 지난달 11일 대표 발의한 권성동 새누리당 의원 개정안도'가 접속된 구조이다. 그런데 앞에서는 '정 의장이 대표 발의한 개정안도'라고 했다가 뒤에서는 '대표 발의한 권성동 새누리당 의원 개정안도'로 어순을 바꾸었다. 어순을 바꾸는 것은 단조로움을 피하기 위해서 흔히 사용되는 방법이기는 하지만 어순을 바꾸어도 의미 전달에 아무 문제가 없을 때에 가능하다. 그런데 '대표 발의'는 반드시 '누가' 대표 발의했는지가 나와야 하기 때문에 어순을 바꾸면 뜻이 통하지 않는다. 따라서 위 예에서는 어순을 바꿔서는 안 된다. 그러므로 다음과 같이 쓰는 것이 옳다.

>>> 지난달 28일 정 의장이 대표 발의한 개정안도, 앞서 지난달 11일 **권성동 새누리당 의원이 대표 발의한** 개정안도 소관 운영위원회를 겉돌 뿐이다.

현재 공동집행위원장 체제를 강수연 위원장 단독체제로 갈지, 아니면 이용관 **후임 집행위원장을** 선임할지 결정되지 않았다.　　　　　　(0219, ㅈ일보)

'강수연 위원장 단독체제로 갈지, 아니면 이용관 후임 집행위원장을 선임할지 결정되지 않았다'에서 '이용관 후임 집행위원장'은 '이용관'이 '후임 집행위원장'인 것으로 자칫 오해될 가능성이 크다. 그러나 속뜻은 그렇지 않고 '이용관 집행위원장의 후임'을 가리킨다. 정확하게 표현한다면 '이용관 집행위원장의 후임 집행위원장'이다. 이 말이 정확하기는 하지만 너무 길어서 줄이고자 할 때에 '이용관 후임 집행위원장'이라고 하는 것은 '이용관'이 '후임 집행위원장'인 것으로 오해할 여지도 큰 데다가 오해하지 않는다 해도 '이용관'이라는 인물에게 아무 직함도 붙이지 않는 것은 개인을 깎아내리는 느낌을 준다. 따라서 어순을 바꾸어 '이용관 집행위원장 후임을 선임할지'로 하면 문제가 깔끔히 해소된다.

>>> 현재 공동집행위원장 체제에서 강수연 위원장 단독체제로 갈지, 아니면 이용관 **집행위원장 후임을** 선임할지 결정되지 않았다.

....

박 대통령은 왜 국가경제가 이 모양이 되었는지, 국가경제를 되살리려면 무엇을 어떻게 해야 하는지 모르시는 것 같다. 젊은이들이 왜 힘들어하는지, 무엇이 우리 젊은이들을 포기하게 만드는지, 젊은이들을 위해 무엇을 해 주어야 하는지 모르시는 것 같다. **대다수 국민들이 왜** 우리 사회가 불평등하고 불공정하다고 생각하는지 모르시는 것 같다. (0116, ㅎ신문)

'대다수 국민들이 왜 우리 사회가 불평등하고 불공정하다고 생각하는지 모르시는 것 같다'라는 문장을 다음 문장과 비교해 보자.

>>> **왜 대다수 국민들이** 우리 사회가 불평등하고 불공정하다고 생각하는지 모르시는 것 같다.

두 문장을 비교해 보면 어떤 쪽이 이해하기 쉬운지 쉽게 드러난다. '왜'는 '대다수 국민들이 우리 사회가 불평등하고 불공정하다고 생각하는지' 전체에 걸린다. 그런데 원래 문장에서는 '왜'가 그 가운데에 위치하는 바람에 의미 해석을 방해했다. 굳이 그렇게 해야 할 이유가 없다. 어순이 뜻을 드러내는 데 매우 중요하다.

아예 다음과 같이 바꾸어 써도 매우 간명하게 이해가 된다. 물론 아래 두 문장 중에서 두 번째 문장은 의미가 아주 다르다.

>>> 대다수 국민들이 우리 사회가 불평등하고 불공정하다고 생각하는 **이유를** 모르시는 것 같다.

대다수 국민들이 우리 사회가 불평등하고 불공정하다고 **생각한다는 것을** 모르시는 것 같다.

....

언제까지 **우리 경제를** 극소수 대기업에 사회의 전체 자원을 '몰빵'하듯 쏟아붓고는 이들 기업의 실적에 따라 울고 웃는 '볼모' 상태로 내버려둬야 하나.

(0128, ㅎ신문)

위 문장은 비문법적이지는 않으나 여러 번 읽지 않으면 뜻이 잘 파악되지 않는다. 그 이유는 '우리 경제를'과 호응하는 말이 너무나 멀리 떨어져 있기 때문이다. '우리 경제를'은 "볼모' 상태로 내버려둬야 하나'와 호응한다. 그리고 그 사이에 '극소수 대기업에 사회의 전체 자원을 '몰빵'하듯 쏟아붓고는'이 자리하고 있다. 뜻이 쉽게 파악되도록 하기 위해서는 '우리 경제를'을 그와 호응하는 부분과 가까이 있도록 해야 한다. 즉 다음과 같이 쓰면 된다.

>>> 언제까지 극소수 대기업에 사회의 전체 자원을 '몰빵'하듯 쏟아붓고는 **우리 경제를** 이들 기업의 실적에 따라 울고 웃는 '볼모' 상태로 내버려둬야 하나.

그리고 '우리 경제를 이들 기업의 실적에 따라 울고 웃는 '볼모' 상태로 내버려둬야 하나'라고 하는 대신 '우리 경제를' 없이 다음과 같이 말해도 의미가 통한다고 본다.

>>> 언제까지 극소수 대기업에 사회의 전체 자원을 '몰빵'하듯 쏟아붓고는 이들 기업의 실적에 따라 울고 웃는 '볼모' 상태로 있어야 하나.

존 케리 미 국무장관은 7일 왕이 중국 외교부장과의 전화 통화에서 "중국의 방식은 작동하지 않았고 따라서 우리는 평소처럼 아무 일도 없었던 것처럼 대응할 수는 없다'는 뜻을 분명하게 전달했다"고 밝혔다.　　　　　(0109, ㅈ일보)

이 문장에서 '왕이 중국 외교부장과의 전화 통화에서'는 어디에 걸리는가? '전달했다'에 걸리는가, '밝혔다'에 걸리는가? 따옴표의 위치를 보면 '밝혔다'에 걸린다고 볼 수밖에 없다. 따옴표 안의 내용을 왕이 중국 외교부장과의 전화 통화에서 밝혔다는 것이다. 즉 왕이 중국외교부장에게 밝힌 것이 된다. 그렇게밖에 해석될 수 없다. 따옴표의 위치가 그것을 명백히 보여 준다.

　그러나 그렇게 해석하면 '뜻을 분명하게 전달했다'의 전달 대상은 누구인지가 보이지 않는다. 누구에게 뜻을 분명하게 전달한 것인가? 내용을 살펴보면 바로 왕이 중국 외교부장에게 뜻을 전달한 것이 분명하다. 따라서 케리 장관이 밝힌 것은 중국 외교부장과의 전화 통화에서가 아니다. 아마도 기자들에게 밝혔을 것이다. 뜻을 분명하게 전달한 것이 바로 중국 외교부장과의 전화 통화에서인 것이다. 결국 따옴표의 위치가 잘못됐다.

>>> 　존 케리 미 국무장관은 7일 "왕이 중국 외교부장과의 전화 통화에서 '중국의 방식은 작동하지 않았고 따라서 우리는 평소처럼 아무 일도 없었던 것처럼 대응할 수는 없다'는 뜻을 분명하게 전달했다"고 밝혔다.

위와 같이 고칠 때 뜻이 선명하게 해석된다. 그렇지 않으면 아래와 같이 아예 따옴표 없이 쓰더라도 문제가 없다.

>>> 　존 케리 미 국무장관은 7일 왕이 중국 외교부장과의 전화 통화에서 '중국의 방식은 작동하지 않았고 따라서 우리는 평소처럼 아무 일도 없었던 것처럼

대응할 수는 없다'는 뜻을 분명하게 전달했다고 밝혔다.

유 의원에게 친박 세력에 탄압받은 순교자가 아닌 당을 배신하고 탈당한 배교자의 이미지를 덧씌우려는 계산도 있었다.　　　　　　　　　　(0324, ㄱ신문)

글의 의미를 나타내는 데 문장부호가 중요한 구실을 하는 때가 적지 않다. 위 예에서도 '친박 세력에 탄압받은 순교자가 아닌 당을 배신하고 탈당한 배교자의 이미지를'은 만일 '아닌' 다음에 쉼표(,)만 찍어 줬더라도 매우 쉽게 문장이 이해될 수 있을 것이다. 그런데 '아닌' 다음에 쉼표가 없어서 한참을 읽고서야 비로소 무슨 뜻인지 이해하는 사람들이 많을 것이다. 따라서 쉼표 같은 문장부호는 필요할 때 꼭 사용해야 한다.

>>> 유 의원에게 친박 세력에 탄압받은 순교자가 아닌, 당을 배신하고 탈당한 배교자의 이미지를 덧씌우려는 계산도 있었다.

반복 피해야

문장에서 반복은 대체로 바람직하지 않다. 같은 단어를 반복해 쓰면 지루하게 느껴지는 게 보통이다. 그래서 비슷한 뜻의 다른 단어를 쓰는 것이 좋다. 같은 어미를 연거푸 써도 마찬가지다. 의존명사 '것'을 한 문장 안에 여러 번 써도 읽기에 거슬린다.

대선이 치러지는 11월 초까지 많은 변수가 있겠지만 트럼프 후보가 대통령이

될 경우까지 **상정한** 대비가 **필요한** 상황이 됐다. (0505, ㅎ신문)

위 문장은 문법적으로는 문제 삼기 어렵다. 그러나 문장은 문법만이 전부가 아니다. 문법에 문제가 없더라도 독해에 어려움을 느낀다면 바로잡아야 마땅하다. 위 문장은 '상정한', '필요한'과 같은 관형어가 연거푸 오는 바람에 의미 파악에 어려움이 느껴진다. 한눈에 쉽게 이해되지 않고 잔뜩 집중해야 겨우 이해할 수 있을 정도다. 그러나 문장을 단순화하면 이해하기가 훨씬 편하다. 다음 두 가지 중 어느 쪽도 좋을 것이다.

>>> 대선이 치러지는 11월 초까지 많은 변수가 있겠지만 트럼프 후보가 대통령이 될 경우까지 대비가 필요한 상황이 됐다.

대선이 치러지는 11월 초까지 많은 변수가 있겠지만 트럼프 후보가 대통령이 될 경우까지 상정한 대비가 필요하다.

서울대 법인화 **취지는** 인사와 재정에 자율성을 줄 테니 세계적 명문대로 도약할 수 있도록 경쟁력을 높이라는 **취지였다.** (0519, ㄷ일보)

'서울대 법인화 취지는'으로 시작해서 '경쟁력을 높이라는 취지였다'로 맺었다. 잘못된 문장이라 단정할 수는 없으나 '취지'가 반복이 되어 세련된 문장은 아니다. '취지는'으로 시작했으니 '것이었다'로 맺는 것이 깔끔하다. 그렇지 않으면 '서울대를 법인화한 것은 … 경쟁력을 높이라는 취지에서였다'라고 할 수도 있다.

>>> 서울대 법인화 취지는 인사와 재정에 자율성을 줄 테니 세계적 명문대로 도약할 수 있도록 경쟁력을 높이라는 **것이었다.**

서울대를 법인화**한 것은** 인사와 재정에 자율성을 줄 테니 세계적 명문대로 도약할 수 있도록 경쟁력을 높이라는 취지**에서였다.**

정부는 하루빨리 시대착오적인 '5년 한시법'을 **대체해** 면세점 산업의 파이를 키울 새 법안을 **마련해** 국회에 제출할 필요가 있다.　　　　　(0301, ㅈ일보)

위 예문은 문법적으로 문제가 없다. 그러나 같은 어미 '-어'가 연이어서 나오니 자연스러운 느낌이 들지 않는다. 같은 어미가 결합된 동사가 연이어 나오는 것을 피해야 읽는 사람이 읽기에 편하다. 그 방법으로 첫 번째 '-어'가 결합된 '대체해'를 '대체하는,'으로 바꾸어 주는 것이다. 여기에 쉼표(,)를 쳐 주는 것이 독해에 도움을 준다. '대체하는'이 '새 법안'을 꾸민다는 것을 알 수 있도록 하기 위해서다.

>>> 　정부는 하루빨리 시대착오적인 '5년 한시법'을 **대체하는**, 면세점 산업의 파이를 키울 새 법안을 마련해 국회에 제출할 필요가 있다.

기밀 유지가 필요한 군 특성을 악용해 군사 관련 비리를 저지르는 **것은** 자칫 군인의 목숨을 위협하고 국가 안보를 뒤흔들 수 있는 반역 행위인 **것**이다.

　　　　　　　　　　　　　　　　　　　　　　　　　　(0325, ㅈ일보)

위 예에서 '것'이 두 번 사용되었다. 앞의 '것'은 불가피하지만 뒤의 '것'은 꼭 필요하지 않다. '반역 행위인 것이다'가 아니라 '반역 행위이다'라고만 해도 충분하고 그게 더 간결하고 알기 쉽다. '것'은 필요한 경우에는 써야겠지만 굳이 쓸 필요가 없는데도 쓰는 것은 바람직하지 않다.

>>> 기밀 유지가 필요한 군 특성을 악용해 군사 관련 비리를 저지르는 것은 자칫 군인의 목숨을 위협하고 국가 안보를 뒤흔들 수 있는 반역 **행위이다.**

그런 북한을 국제사회가, 누구보다 먼저 한국이 두 손을 들어 환영할 **것**이라는 **것**을 조금도 의심할 필요가 없다.　　　　　　　　　　(0404, ㅈ일보)

'환영할 것이라는 것을'에 '것'이 연거푸 사용되어 자연스럽지 않다. '환영할 것임을'이든지 '환영할 것이라는 점을'처럼 '것'의 연속 사용을 피하는 것이 좋다.

>>> 그런 북한을 국제사회가, 누구보다 먼저 한국이 두 손을 들어 환영할 **것임을** 조금도 의심할 필요가 없다.

더민주 구성원들이 그의 사퇴 으름장에 무릎을 꿇은 것은 당장 총선을 코앞에 둔 시점에서 그의 사퇴가 가져올 치명적 **결과**를 우려한 **결과**일 뿐 그의 리더십 전체에 승복한 것은 아님을 알아야 한다.　　　　　　(0324, ㅎ신문)

'그의 사퇴가 가져올 치명적 결과를 우려한 결과일 뿐'에서 '결과'가 연이어 사용되었다. 문법적으로는 문제가 되지 않지만 어색한 느낌을 강하게 주어 독해를 방해할 정도다. 따라서 같은 말이 가까이에서 되풀이되지 않도록 할 필요가 있다.

>>> 더민주 구성원들이 그의 사퇴 으름장에 무릎을 꿇은 것은 당장 총선을 코앞에 둔 시점에서 그의 사퇴가 가져올 치명적 결과를 **우려해서였을** 뿐 그의 리

더십 전체에 승복한 것은 아님을 알아야 한다.

어느 일방의 독주(獨走)가 불가능한 '여소야대(與小野大) 3당 체제'의 출범을
앞두고 이뤄지는 이번 회동의 결과는 박 대통령의 남은 임기 동안 대통령과 야
당 관계가 어떻게 될지 **보여 줄 것으로 보인다.**　　　　　　　　(0511, ㅈ일보)

'이번 회동의 결과는 … 보여 줄 것으로 보인다'는 문법적으로는 문제될 게
없지만 '보여 줄'과 '보인다'가 연속으로 사용돼 거부감을 낳는다. 같은 말이 되
풀이되어 나타나는 것은 피할 필요가 있다. 비슷한 뜻의 말이 많기 때문에 이
들 중에서 골라 씀으로써 같은 말 반복을 얼마든지 피할 수 있다. '보여 줄 것
으로 보인다'를 '가능하게 해 줄 것이다'로 바꾸는 것도 한 방법이고 '보여 줄
것이다'로 끝내는 것도 좋다.

>>>　어느 일방의 독주(獨走)가 불가능한 '여소야대(與小野大) 3당 체제'의 출범
　　을 앞두고 이뤄지는 이번 회동의 결과는 박 대통령의 남은 임기 동안 대통
　　령과 야당 관계가 어떻게 될지 **가능하게 해 줄 것이다.**
　　어느 일방의 독주(獨走)가 불가능한 '여소야대(與小野大) 3당 체제'의 출범
　　을 앞두고 이뤄지는 이번 회동의 결과는 박 대통령의 남은 임기 동안 대통
　　령과 야당 관계가 어떻게 될지 **보여 줄 것이다.**

한편으론 북의 도발을 외교적·군사적으로 억제하면서 대화와 교류 속에 통일
을 **찾는** 길을 **찾지** 않을 수 없는 때이다.　　　　　　　　(0305, ㅈ일보)

'통일을 찾는 길을 찾지 않을 수 없는 때이다'에서 '찾는'과 '찾지'는 같은 단어다. 같은 단어를 되풀이해서 쓴 것은 우연일 수도 있고 의도적일 수도 있다. 우연한 것이라면 같은 단어를 되풀이해서 쓴 것이 바람직하지 않음은 물론 의도적이라 해도 그렇게 한 것이 어떤 효과를 얻었을까 의아하다. 같은 요소가 되풀이될 때에 보통 거부감을 느끼게 마련이기 때문이다. 그래서 조금이라도 달리 표현하는 것이 글이 편하게 읽히도록 하는 길이다. 위 예에서도 마찬가지다. 다음과 같이 하는 것이 그런 한 방안이다.

>>> 한편으론 북의 도발을 외교적·군사적으로 억제하면서 대화와 교류 속에 통일을 **모색하는** 길을 찾지 않을 수 없는 때이다.

북한은 한·미 군사훈련을 전쟁 연습으로 **비난하면서** 적대행위의 전면 중단을 **촉구하면서** 남북 간 군사 대화를 제의한 것이다. (0523, ㅅ신문)

'비난하면서'와 '촉구하면서'가 연거푸 나왔다. 그 결과 문장의 뜻을 헤아리기가 쉽지 않다. 굳이 그렇게 해야 할 이유가 없다. '비난하면서'를 '비난하고'라고 하면 다음에 '촉구하면서'에 '−면서'가 나오기 때문에 '비난하면서'의 의미를 띨 수 있다.

>>> 북한은 한·미 군사훈련을 전쟁 연습으로 **비난하고** 적대행위의 전면 중단을 촉구하면서 남북 간 군사 대화를 제의한 것이다.

접속 오류

접속은 문장을 쓸 때 자주 사용된다. 접속은 다양한 성분들끼리 이루어진다. 명사와 명사가 접속할 수도 있고 명사구와 명사구가 접속할 수도 있다. 동사와 동사, 동사구와 동사구가 접속할 수도 있다. 접속이 여러 번 계속되면 나열이 된다.

접속을 할 때 중요한 점은 동질적인 것끼리 접속이 되어야 한다는 것이다. 즉, 명사구와 명사구가 접속되어야지 명사구와 동사구가 접속되어서는 안 된다. 그런데 이 원칙을 어기는 경우가 빈번히 눈에 띈다. 이질적인 것들끼리 접속이 되면 의미가 잘 파악되지 않는다. 설령 의미가 파악은 될지라도 어색한 느낌을 피할 수 없다. 접속, 나열뿐 아니라 비교도 동질적인 것들끼리 이루어져야 한다.

명사구와 명사구, 동사구와 동사구가 접속이 되었다고 해서 접속이 다 잘 이루어지는 것은 아니다. 의미가 대등한 것끼리 접속이 되어야 한다. 예컨대 '유입과 예방에 만전을 기해야 한다'는 표현에서 '유입'도 명사고 '예방'도 명사이므로 명사끼리 접속은 되었지만 의미상 대등한 것끼리 접속되지 않았다.

즉, '만전을 기해야 한다'에 '예방'은 의미상 잘 호응하지만 '유입'은 잘 호응하지 않기 때문이다. '유입'이 아니라 '유입 방지'라고 하면 '만전을 기해야 한다'와 호응한다. 접속은 무엇과 무엇의 접속이다. 두 요소 모두가 그다음에 오는 말과 호응이 되는지를 살펴야 하는데 흔히 뒤에 오는 요소에만 초점을 맞출 뿐 앞에 오는 요소에 대해서는 소홀히 하다 보니 접속에 실패하는 경우가 빈번히 발생한다. 접속을 하는 이상은 접속되는 요소들이 뒤에 오는 말과 모두 호응하는지를 점검하는 일이 매우 중요하다. 그래야 비문이 되지 않고 뜻이 분명히 파악되기 때문이다.

'~은 물론이고'나 '~ 대신' 같은 말도 일종의 접속의 구실을 한다. 이런 경우에도 '물론이고'와 '대신' 앞에 오는 말과 그 뒤에 오는 말이 대등한 성분이어야 함은 물론이다.

....

법무부는 여행자 권리를 강화하고 **보증인 보호를** 위한 개정 민법이 4일 시행된다고 3일 밝혔다. (중략)

여행 내용에 하자가 있으면 여행사에 시정해달라**는 요구나** 요금 감면을 청구할 수도 있다.   (0203, y통신)

'여행자 권리를 강화하고 보증인 보호를 위한'은 접속 구문이다. '강화하고'는 동사이므로 뒤에 동사가 나와야 한다. 그런데 '보증인 보호'라는 명사구가 나왔다. 동사구와 명사구를 접속한 것이어서 문법이 어그러졌다. 따라서 다음과 같이 고쳐야 한다.

>>> 법무부는 여행자 권리를 강화하고 **보증인을 보호하기** 위한 개정 민법이 4일 시행된다고 3일 밝혔다.

'여행 내용에 하자가 있으면 여행사에 시정해달라는 요구나 요금 감면을 청구할 수도 있다'에서는 명사인 '요구'와 동사인 '청구할'이 접속되어 있다. 역시 문법에 어긋난다. 따라서 다음과 같이 고쳐야 한다.

>>> 여행 내용에 하자가 있으면 여행사에 시정해달라**고 요구하거나** 요금 감면을 청구할 수도 있다.

노동·경제 법안과 국회선진화법 등 쟁점마다 야당 **설득보다는** 김 대표와 정의화 국회의장을 압박하는 모습이었다.　　　　　　　　　　(0128, ㅈ일보)

조사 '보다'는 비교의 기능을 한다. '야당 설득'과 무엇을 비교하는가? '김 대표와 정의화 국회의장을 압박하는'이 비교 대상이다. 그런데 '야당 설득'은 명사구고 '김 대표와 정의화 국회의장을 압박하는'은 동사구다. 명사구와 동사구를 비교하였다. 바람직하지 않음은 물론이다. 이렇게 써도 무슨 뜻인지 모를 사람은 없겠으나 비문법적이다. 다음과 같이 고쳐야 할 것이다.

>>> 노동·경제 법안과 국회선진화법 등 쟁점마다 야당을 **설득하기보다는** 김 대표와 정의화 국회의장을 압박하는 모습이었다.

애초 취지대로 청년 취업 역량 **강화보다는** 불법 상품권 거래만 부추긴다면 한심한 노릇이다.

성남시는 복지부와 경기도 측 요구를 받아들여 올해 113억원 규모로 책정된 청년배당 예산을 청년 취업 관련 **교육과 제공** 등 실질적 도움이 되는 쪽으로 전환해 사용하는 것이 바람직하다.　　　　　　　　　　(0123, ㅁ경제)

'A보다 B'라고 하면 A와 B가 대등한 것이어야 함은 물론이다. '청년 취업 역
량 강화를 부추기기보다는'이 말이 된다면 위 문장은 문제가 안 된다. 그러나
'청년 취업 역량 강화를 부추긴다'는 말이 안 된다. 따라서 다음과 같이 고쳐야
한다.

>>>   애초 취지대로 청년 취업 역량을 **강화하기보다는** 불법 상품권 거래만 부추
      긴다면 한심한 노릇이다.

  '청년배당 예산을 청년 취업 관련 교육과 제공 등 실질적 도움이 되는 쪽으
로 전환해 사용하는'이 무슨 뜻인지 알 수가 없다. 따라서 '교육과 제공'을 '교
육 제공'으로 고치든지 그냥 '교육'이라고만 하든지 해야 할 것이다.

>>>   성남시는 복지부와 경기도 측 요구를 받아들여 올해 113억 원 규모로 책정
      된 청년배당 예산을 청년 취업 관련 **교육 제공** 등 실질적 도움이 되는 쪽으
      로 전환해 사용하는 것이 바람직하다.
      성남시는 복지부와 경기도 측 요구를 받아들여 올해 113억 원 규모로 책정
      된 청년배당 예산을 청년 취업 관련 **교육** 등 실질적 도움이 되는 쪽으로 전
      환해 사용하는 것이 바람직하다.

북한은 장거리 로켓 발사로 핵능력 고도화를 과시하면 **체제 보장과** 생존을 보
장받을 수 있다고 생각할지 모르지만 이는 오판이다.   (0128, ㄱ신문)

  '체제 보장을 보장받다'와 '생존을 보장받다'를 접속했을 때에 '체제 보장과
생존을 보장받을'이 나온다. 그런데 '체제 보장을 보장받다'가 말이 안 된다. 그
냥 '체제와 생존을 보장받을'이라고만 하면 된다.

>>> 북한은 장거리 로켓 발사로 핵능력 고도화를 과시하면 **체제와** 생존을 보장
받을 수 있다고 생각할지 모르지만 이는 오판이다.

미국 워싱턴 핵안보정상회의 **참석과** 멕시코 **순방을 다녀온** 박 대통령은 귀국하
자마자 곧바로 8일 충북 청주와 전북 전주를 전격 방문했다.　　(0409, ㅎ신문)

'핵안보정상회의 참석과 멕시코 순방을 다녀온'이 말이 되려면 '핵안보정상
회의 참석을 다녀오고 멕시코 순방을 다녀온'이 말이 돼야 한다. 그러나 '핵안
보정상회의 참석을 다녀오고'는 말이 안 된다. 따라서 '핵안보정상회의에 참석
하고 멕시코 순방을 다녀온'이라 해야 한다. 그러나 그렇게 해도 문제가 있다.
'멕시코 순방'이란 말이 어색하기 때문이다. 순방은 여러 도시나 국가를 방문
한 경우에 쓰는 말이어서다. 따라서 '순방' 대신 '방문'이라고 해야 한다. 적어
도 다음 중 어느 것으로 바꾸어야 한다.

>>> 미국 워싱턴 핵안보정상회의**에 참석하고** 멕시코**를 방문하고 온** 박 대통령은 귀
국하자마자 곧바로 8일 충북 청주와 전북 전주를 전격 방문했다.
미국 워싱턴 핵안보정상회의 참석과 멕시코 **방문을 하고 온** 박 대통령은 귀국
하자마자 곧바로 8일 충북 청주와 전북 전주를 전격 방문했다.

물론 모기가 매개체인 지카바이러스는 메르스처럼 공기로 전파되지 않아 과민
반응을 보일 필요는 없다. 하지만 태아 소두증(小頭症) 등을 유발하는 위험한
신종 병인 만큼 **유입과 예방에** 만전을 기해야 한다.　　(0429, ㅈ일보)

지카바이러스 감염병에 대한 대처를 강조하는 논설이다. '예방에 만전을 기

해야 한다'는 문제가 없지만 '유입에 만전을 기해야 한다'는 어색하다. 말 그대로라면 유입되도록 노력을 기울이라는 뜻이 되기 때문이다. '유입'이 아니라 '검역'이라 해야 한다. '유입 방지'라고 할 수도 있다.

>>> 하지만 태아 소두증(小頭症) 등을 유발하는 위험한 신종 병인 만큼 **검역**과 예방에 만전을 기해야 한다.

하지만 태아 소두증(小頭症) 등을 유발하는 위험한 신종 병인 만큼 **유입 방지**와 예방에 만전을 기해야 한다.

새 원내대표를 **경선 혹은 합의로 추대할지**, 비상대책위원장을 당내 혹은 외부 인사로 할지를 비롯한 지도체제 구성의 청사진부터 보여줘야 했다.

(0427, ㄷ일보)

'새 원내 대표를 경선 혹은 합의로 추대할지'는 접속이 잘못되었다. '새 원내 대표를 경선으로 추대할지 혹은 합의로 추대할지'가 줄어든 꼴인데 '경선으로 추대하는' 것이 어폐가 있다. '경선'은 선출이지 추대가 아니기 때문이다. 따라서 '경선 혹은 합의로 추대할지'는 '경선으로 뽑을지 혹은 합의로 추대할지'라고 해야 옳다.

>>> 새 원내대표를 **경선으로 뽑을지 혹은 합의로 추대할지**, 비상대책위원장을 당내 혹은 외부 인사로 할지를 비롯한 지도체제 구성의 청사진부터 보여줘야 했다.

새 원내대표들**에게 거는** 기대와 우려 (0505, ㅎ신문)

신문의 사설 제목이다. '새 원내대표들에게 거는 기대'는 말이 되지만 '새 원내대표들에게 거는 우려'는 말이 안 된다. 그럼에도 '새 원내대표들에게 거는 기대와 우려'와 같이 접속 기능을 하는 조사 '와'를 사용했다. '기대'와 '우려'에 모두 걸릴 수 있는 말을 써야 한다. '–에 대한'이 그것으로 '새 원내대표들에 대한 기대와 우려'라고 하면 된다.

>>> 　새 원내대표들**에 대한** 기대와 우려

아울러 각종 인맥을 활용한 법조비리의 근절을 위해 검사의 기소독점주의**와** 판사의 '원님재판식 선고'를 **방지할** 근본적 사법개혁도 필요하다.

(0503, ㄱ신문)

'검사의 기소독점주의와 판사의 '원님재판식 선고'를 방지할'에서 '검사의 기소독점주의'와 '판사의 '원님재판식 선고'가 '와'로 연결되었다. 그런데 '검사의 기소독점주의를 방지할'이 잘 어울리는 결합이 아니다. '검사의 기소독점주의'는 이미 있는 것이므로 방지할 것이 아니라 폐지하거나 개선할 것이라고 해야 한다. 따라서 문장이 조금 길어지더라도 정확하게 써야 한다.

>>> 　아울러 각종 인맥을 활용한 법조비리의 근절을 위해 검사의 기소독점주의**를 개선하고** 판사의 '원님재판식 선고'를 방지할 근본적 사법개혁도 필요하다.

현행 전기통신사업법 83조는 수사·정보기관이 재판, 수사, 형 집행, 국가안보에 대한 **위해를 방지하기 위해** 이름과 주민번호, 주소 등 인적 사항을 사업자로

부터 제공받을 수 있도록 하고 있다. (0330, ㅈ일보)

여러 요소가 나열되었다. 위 문장을 쓴 의도가 '재판, 수사, 형 집행에 대한 위해(危害)를 방지하기 위해'라는 뜻이면 문제가 없지만 '재판, 수사, 형 집행을 위하여'라는 뜻이면 위 문장은 그런 뜻을 나타내지 못한다. 그런데 '국가안보에 대한 위해를 방지하기 위해'는 뜻이 분명하지만 '재판, 수사, 형 집행에 대한 위해를 방지하기 위해'는 말이 안 된다. '재판, 수사, 형 집행을 위해'가 자연스럽다. 그렇다면 아래와 같이 바꾸어야 한다. '재판', '수사', '형 집행', '국가안보에 대한 위해 방지'가 각각 '~를 위해'에 걸린다.

>>> 현행 전기통신사업법 83조는 수사·정보기관이 재판, 수사, 형 집행, 국가안보에 대한 **위해 방지를 위해** 이름과 주민번호, 주소 등 인적 사항을 사업자로부터 제공받을 수 있도록 하고 있다.

....

우 대표의 방북이 6자회담 미국 측 대표인 성 김 국무부 동아태차관보와의 회담 후 핵실험에 대한 국제사회의 대북제재 **움직임과 추가 도발 자제**를 촉구하기 위한 목적으로 분석되기 때문이다. (0204, ㅈ일보)

명사구와 명사구를 연결하는 접속에는 조사 '과'가 사용된다. 위 문장에서 '국제사회의 대북제재 움직임'과 접속된 명사구는 무엇인가? '추가 도발'일 수도 있고 '추가 도발 자제'일 수도 있다. 접속된 명사구가 '추가 도발'이라면 '대북제재 움직임 자제'도 촉구하고 '추가 도발 자제'도 촉구한다는 뜻이다. 그러나 '추가 도발 자제'는 촉구할 수 있어도 '대북제재 움직임 자제'를 촉구하는 것은 문맥상 맞지 않다. 따라서 접속된 명사구는 '추가 도발 자제'일 수밖에 없다. 그렇게 되면 '국제사회의 대북제재 움직임을 촉구하기 위한 목적'으로 해석되는데 우 대표가 방북해서 국제사회의 대북제재 움직임을 촉구한다는 것이 말이 잘 안 된다. 우 대표가 방북하면 '국제사회의 대북제재 움직임'을 전달하면 전달했지 북한 당국자들에게 국제사회의 대북제재 움직임을 촉구할 수는 없을 것이기 때문이다. 따라서 위 문장은 의미가 불분명하다. 비록 추정이기는 하지만 다음과 같이 표현하는 것이 글쓴이의 원래의 의도를 반영하는 것이 아닌가 생각된다.

>>> 우 대표의 방북이 6자회담 미국 측 대표인 성 김 국무부 동아태차관보와의
     회담 후 핵실험에 대한 국제사회의 대북제재 **움직임을 전달하고** 추가 도발
     자제를 촉구하기 위한 목적으로 분석되기 때문이다.

이는 중소 사업자의 **몰락은 물론** 통신과 방송 이용요금에 영향을 미칠 수 있어
소비자 편익과도 직결된다.   (0314, ㄱ신문)

위 예에서 '이는'이 주어이고 '소비자 편익과도 직결된다'가 서술어이다. 문제는 '중소 사업자의 몰락은 물론'이 어디에 연결되느냐이다. '중소 사업자의 몰락에 영향을 미칠 수 있어'라고 해석할 여지가 있기는 하다. 그러나 '중소 사업자의 몰락에 영향을 미칠 수 있어'가 자연스러운 표현이 아니다. 속뜻은 '중소 사업자의 몰락을 가져올 수 있음은 물론'일 터이니 그렇게 표현해야 옳다. '가져올' 대신에 '유발할'을 써도 좋을 것이다.

>>> 이는 중소 사업자의 **몰락을 가져올 수 있음은** 물론 통신과 방송 이용요금에
     영향을 미칠 수 있어 소비자 편익과도 직결된다.

사외이사추천권 같은 요구도 인사권이나 **경영권 침해는** 물론 구조조정을 지연
시킬 수 있다.   (0409, ㅈ일보)

 '인사권이나 경영권 침해는 물론'이라고 했는데 '인사권이나 경영권 침해'가
그 뒤에 무엇과 호응하는가? '구조조정'과 호응한다면 마치 '인사권이나 경영
권 침해를 지연시킴은 물론 구조조정을 지킬 수 있다'가 되는데 그런 뜻으로
말하려고 하지는 않았을 것이다. '인사권이나 경영권 침해' 같은 명사구가 아
니라 동사구로 만들어주어야 한다.

>>> 사외이사추천권 같은 요구도 인사권이나 **경영권을 침해함은** 물론 구조조정
 을 지연시킬 수 있다.

10년 넘어 '북한 내정 간섭' 운운하며 법 제정의 발목을 잡아온 야당은 더 이상
'무력화' 시도로 비칠 수밖에 없는 행태를 중단하고 지난해 12월 17일 유엔총
회에서 채택된 결의안이라도 한번 읽어보기 바란다. 김정은 등 북한 정권**에 대
한** 국제형사재판소(ICC) 제소는 물론 안전보장이사회 **의제로까지 규정했다.**
                                                              (0125, ㅁ일보)

 '김정은 등 북한 정권에 대한 국제형사재판소(ICC) 제소는 물론 안전보장이
사회 의제로까지 규정했다'의 주어는 그 앞 문장의 '결의안'일 것이다. 그런데
'결의안은 김정은 등 북한 정권에 대한 국제형사재판소는 물론 안전보장이사
회 의제로까지 규정했다'가 어떤가? '의제로 규정했다'가 말이 되려면 무엇을
의제로 규정했는지가 나와야 하는데 그것이 보이지 않는다. 다음과 같이 고치
면 한결 나아진다.

>>> 김정은 등 북한 정권을 국제형사재판소(ICC)에 제소하기로 했음은 물론 북한 인권 문제를 안전보장이사회 의제로까지 규정했다.
김정은 등 북한 정권에 대한 국제형사재판소(ICC) 제소는 물론 안전보장이사회 의제 **채택까지 했다.**

....

박 시장은 그제 측근인 기동민, 천준호 후보의 **지역구 방문은** 물론이고 12일에도 현장 시찰 명목으로 더민주당 선거운동을 지원했다. (0413, ㄷ일보)

'기동민, 천준호 후보의 지역구 방문은 물론이고'가 호응할 말은 무엇인가? 그 뒤에는 '더민주당 선거운동을 지원했다'라는 동사구가 나오는 만큼 '물론이고' 앞에는 동사구가 있어야 옳다. 따라서 '기동민, 천준호 후보의 지역구를 방문했음은 물론이고'와 같이 동사구를 써주어야 호응이 무난히 이루어진다.

>>> 박 시장은 그제 측근인 기동민, 천준호 후보의 **지역구를 방문했음은** 물론이고 12일에도 현장 시찰 명목으로 더민주당 선거운동을 지원했다.

....

박 대통령 입장에서는 이런 상황을 방치하면 앞으로도 제대로 일하지 못할 것이란 절박감이 있을지 모른다. 그러나 진단도, 처방도 틀렸다. **'소통 확대' 대신** '진박(眞朴)당'을 만든다고 해결되지는 않는다. (0318, ㅁ일보)

"소통 확대' 대신 '진박당'을 만든다고 해결되지는 않는다'에서 "소통 확대' 대신'은 무엇과 호응하는가? '소통 확대'가 명사이기 때문에 '소통 확대'는 명사인 '진박당'과 호응한다고 봐야 한다. 그런데 "소통 확대'를 만든다고'가 말이 안 된다. '소통 확대'라고 할 것이 아니라 '소통을 확대하는 대신' 또는 '소통을 확대하지 않고'라고 해야 한다.

>>> **소통을 확대하는** 대신 '진박(眞朴)당'을 만든다고 해결되지는 않는다.
소통을 확대하지 않고 '진박(眞朴)당'을 만든다고 해결되지는 않는다.

반면 우리나라는 5년 이하 징역 또는 2,000만원 이하 벌금 외에 **과징금을 부과**
하거나 자진신고자 보상 규정 등이 전무하다.   (0223, ㅎ일보)

'반면 우리나라는 5년 이하 징역 또는 2,000만원 이하 벌금 외에 과징금을
부과하거나 자진신고자 보상 규정 등이 전무하다'에서 '부과하거나'는 동사인
데 접속 연결어미 '-거나'가 쓰인 이상 뒤에 동사가 나와야 한다. 그러나 동사
는 없고 '보상', '보상 규정' 같은 명사나 명사구만 나타나 있다. 따라서 접속이
잘못됐다. 동사나 동사구끼리 접속하든지 명사나 명사구끼리 접속해야 한다.
그러므로 문장을 다음과 같이 바꾸어 써야 한다. 명사끼리 접속할 때에는 조
사 '나'를 쓰고 동사끼리 접속할 때에는 연결어미 '-거나'를 쓴다.

>>> 반면 우리나라는 5년 이하 징역 또는 2,000만 원 이하 벌금 외에 과징금 부
과**나** 자진신고자 보상 규정 등이 전무하다.
반면 우리나라는 5년 이하 징역 또는 2,000만 원 이하 벌금 외에 과징금을
부과하거나 자진신고자**를 보상하는** 규정 등이 전무하다.

공기업 부채는 **방만하고 비효율적 경영** 등 공기업 내부 문제는 물론이고 정부의
우회적 재정투융자 사업의 결과이기도 하다. 국회의 예산안 심의 등 통제 밖에
있다는 점에서 정부가 즐겨 **활용했고**, 이명박 정부의 4대강 사업이 대표적 예

이다.   (0205, ㅎ일보)

　'공기업 부채는 방만하고 비효율적 경영 등 공기업 내부 문제는 물론이고 정부의 우회적 재정투융자 사업의 결과이기도 하다'에서 '방만하고 비효율적 경영'은 접속이 잘못되었다. '방만하다'는 형용사이고 연결어미 '-고'가 사용된 이상 이어서 형용사가 나와야 하는데 '비효율적'이라는 관형사가 왔다. 따라서 형용사인 '비효율적인'으로 바꾸어 연결해야 한다.

>>>　공기업 부채는 방만하고 **비효율적인** 경영 등 공기업 내부 문제는 물론이고
　　　정부의 우회적 재정투융자 사업의 결과이기도 하다.

　'국회의 예산안 심의 등 통제 밖에 있다는 점에서 정부가 즐겨 활용했고, 이명박 정부의 4대강 사업이 대표적 예이다'에서 연결어미 '-고'가 사용되었는데 앞은 '활용했고'라는 동사가 쓰였고 뒤는 '예이다'와 같이 명사에 계사 '이다'를 붙인 말이 와서 자연스럽지 않다. 따라서 이 문맥은 어미 '-고'가 쓰일 자리가 아니다. '-는데'가 쓰인다면 자연스러운 자리다.

>>>　국회의 예산안 심의 등 통제 밖에 있다는 점에서 정부가 즐겨 **활용했는데**,
　　　이명박 정부의 4대강 사업이 대표적 예이다.

....

　오랫동안 몸 담았던 당이 공천을 주지 않았다고 반발해 무소속 출마**나** 상대당에 들어가 정치생명 연장을 꾀하는 행태는 비난 받아 마땅하다. (0321, ㅎ일보)

　'무소속 출마나 상대당에 들어가'에서 '나'는 조사로서 체언과 체언을 연결해 준다. '나' 앞의 '무소속 출마'가 체언이거니와 그다음에 체언이 와야 하는데

'상대당에 들어가'라는 용언이 나왔다. 서로 다른 종류의 말이 조사 '나'로 연결된 것이다. 같은 종류의 말로 연결시켜야 마땅하다. 이 예에서는 '무소속 출마'를 용언으로 바꾸고 조사 '나'는 어미 '-거나'로 바꾸어야 할 것이다.

>>> 오랫동안 몸담았던 당이 공천을 주지 않았다고 반발해 **무소속으로 출마하거나** 상대당에 들어가 정치생명 연장을 꾀하는 행태는 비난 받아 마땅하다.

....

이런 공천 결과는 박 대통령의 **레임덕을 방지하고** 퇴임 후를 대비한 포석과 무관치 않을지 모른다.   (0317, ㅈ일보)

이 예문에서 '박 대통령의 레임덕을 방지하고'는 어디에 걸릴까? '이런 공천 결과는 박 대통령의 레임덕을 방지한 포석과 무관치 않을지 모른다'가 말이 될 때 위 문장은 문법적으로 문제가 없다. 그러나 '이런 공천 결과는 박 대통령의 레임덕을 방지한 포석'은 안 될 거야 없다고 할지 모르겠지만 어색하다. 왜냐하면 '포석'은 바둑에서 비롯된 용어인데 장차 있을 일에 대한 구상으로서 '퇴임 후를 대비한 포석'은 자연스러워도 '레임덕을 방지한 포석'은 당장 있을 일에 대한 것이기 때문이다. 따라서 위 문장은 다음과 같이 바꿀 때 더 자연스럽다.

>>> 이런 공천 결과는 박 대통령의 **레임덕 방지와** 퇴임 후 대비 포석과 무관치 않을지 모른다.

그런데 여기서 '포석'은 굳이 필요치 않아 보여 '포석'을 빼더라도 문제가 없다. 또, '무관치 않을지 모른다'보다 간명하게 '위한 것일지 모른다'가 더 알기 쉽다.

>>> 이런 공천 결과는 박 대통령의 레임덕 **방지**, 퇴임 후 **대비와** 무관치 않을지 모른다.

이런 공천 결과는 박 대통령의 레임덕 방지와 퇴임 후 대비**를 위한 것일지** 모른다.

경영을 잘못하거나 비리 탓에 기업이 망했는데도 자신만 호의호식하는 기업인들을 우리는 주변에서 너무 많이 봐왔다. (0422, ㅎ신문)

기업이 망한 이유로 '경영을 잘못하거나'와 '비리 탓에'를 들었다. 그런데 '경영을 잘못하거나'는 동사구이고 '비리 탓'은 명사구다. 동사구끼리 연결하거나 명사구끼리 연결하는 것이 좋다.

>>> 경영을 잘못하거나 **비리가 있어서** 기업이 망했는데도 자신만 호의호식하는 기업인들을 우리는 주변에서 너무 많이 봐왔다.

부실 경영이나 비리 탓에 기업이 망했는데도 자신만 호의호식하는 기업인들을 우리는 주변에서 너무 많이 봐왔다.

희생양을 만들거나 처벌용으로 진상을 밝히자는 것이 아니다. (0516, ㄱ신문)

'희생양을 만들거나'는 동사구이고 '처벌용으로'는 명사구이다. 동사구와 명사구가 접속이 된 꼴이다. 문법적으로 어그러진 문장이다. 동사구끼리 접속하거나 명사구끼리 접속해야 옳다.

>>> 희생양을 만들거나 **처벌하기 위해서** 진상을 밝히자는 것이 아니다.

희생양 만들기나 처벌용으로 진상을 밝히자는 것이 아니다.

이른바 '홍종학법'으로 불리는 5년 시한부 면세점 특허 제도는 여론의 호된 질타를 받았다. 관광산업의 경쟁력이 떨어지고 고용 불안을 불렀으며 **투자 위축까지** 폐해를 일일이 열거할 수 없을 정도였다. (0401, ㅈ일보)

'관광산업의 경쟁력이 떨어지고 고용 불안을 불렀으며 투자 위축까지 폐해를 일일이 열거할 수 없을 정도였다'에서 세 가지가 접속되었다. '관광산업의 경쟁력이 떨어지는 것', '고용 불안을 부른 것', '투자 위축'이 그것이다. 그런데 앞의 두 가지는 동사구, 세 번째는 명사구다. 접속은 동사구끼리만 하든지 명사구끼리만 해야 읽는 사람에게 편하게 읽힌다. 따라서 위 예에서 '투자 위축'은 '투자까지 위축되는 등'으로 표현할 때 문장이 반듯해지고 읽기에 부담이 없다.

>>> 관광산업의 경쟁력이 떨어지고 고용 불안을 불렀으며 **투자까지 위축되는 등** 폐해를 일일이 열거할 수 없을 정도였다.

김 대표가 스스로 비례대표 순위 2번에 **오르고** 당헌·당규상 위반소지가 있는 이른바 칸막이 **공천이** 비토의 명분이 됐다. (0323, ㅈ일보)

'오르고'는 동사인데 '-고'가 접속의 연결어미여서 다른 동사가 뒤에 와야 하는데 안 오고 '공천'이라는 명사가 왔다. 서로 동질적인 것이 접속되지 않아서 비문법적이다. 따라서 동질적인 것으로 맞추어야 한다.

품격 있는 글쓰기

>>> 김 대표가 스스로 비례대표 순위 2번에 **오른 것과** 당헌·당규상 위반소지가
있는 이른바 칸막이 공천이 비토의 명분이 됐다.

김 대표가 스스로 비례대표 순위 2번에 오르고 당헌·당규상 위반소지가 있
는 이른바 칸막이 **공천을 한 것이** 비토의 명분이 됐다.

....

성과연봉제의 확산과 경영평가의 공정성을 **높이고** 정피아 관피아 인사도 막아
야 한다.   (0502, ㄷ일보)

'성과연봉제의 확산과 경영평가의 공정성을 높이고'는 '성과연봉제의 확산
을 높이고 경영평가의 공정성을 높이고'가 줄어들 때 가능한 표현이다. 그런
데 '성과연봉제의 확산을 높이고'는 자연스러운 말이 아니다. '성과연봉제를
확산시키고'나 '성과연봉제가 확산되게 하고'가 자연스럽다. 이렇게 되면 '높
이고'는 '높이며'로 바꾸는 것이 좋다. 동사구를 나열할 때에 접속의 연결어미
'-고'가 되풀이되는 것보다는 '-며'로 바꾸어 변화를 주는 것이 좋다.

>>> **성과연봉제를 확산시키고** 경영평가의 공정성을 **높이며** 정피아 관피아 인사
도 막아야 한다.

....

정부는 기업의 에너지 과소비를 부추기는 산업용 전기에 대한 **특혜를 줄이거나**
저소득층을 위한 **전기요금 개편** 같은 과제에 대해선 논의조차 않고 있다.
                                                              (0509, ㅈ일보)

동사에 붙는 어미 '-거나'는 그다음에 동사가 나오지 않으면 안 된다. 그런
데 동사는 나오지 않고 '전기 요금 개편'이라는 명사구가 나왔다. '-거나'가 잘

못 사용된 것이다. 앞의 '특혜를 줄이거나'를 '특혜 축소' 같은 명사구로 바꾸거나 뒤의 '전기 요금 개편'을 '전기 요금을 개편하는'과 같은 동사구로 바꾸어야 한다.

>>> 정부는 기업의 에너지 과소비를 부추기는 산업용 전기에 대한 **특혜 축소**나 저소득층을 위한 전기요금 개편 같은 과제에 대해선 논의조차 않고 있다.
　　　정부는 기업의 에너지 과소비를 부추기는 산업용 전기에 대한 특혜를 줄이거나 저소득층을 위한 **전기요금을 개편하는 (것과 같은)** 과제에 대해선 논의조차 않고 있다.

....

특히 노무현 정부는 9.19 공동성명과 2.13 합의, 10.4 합의를 통해 북한이 핵 활동을 동결하고, **관련 시설의 가동 중지와 재사용이 불능토록** 했다.

(0214, ㅎ신문)

위 문장에서 필수적이지 않은 요소를 빼고 나면 '노무현 정부는 북한이 핵 활동을 동결하고, 관련 시설의 가동 중지와 재사용이 불능토록 했다'가 남는다. 이 문장은 문법적인가? 뜻이 분명히 드러나는가? 그렇지 않다고 생각된다. 이 문장에는 세 가지 내용이 접속되어 있다. 북한의 (1) 핵 활동 동결, (2) 관련 시설의 가동 중지, (3) 재사용 불능이다. 그런데 (1)은 '북한이 핵 활동을 동결하고'처럼 주어와 동사가 갖추어진 완전한 문장 형식이고 (2)는 '관련 시설의 가동 중지'로서 명사구이며 (3)은 '재사용이 불능토록'으로 문장이다. 문법적이지 않음은 물론이다.

위 문장은 다음 세 가지를 한 문장으로 접속한 것이라 볼 수 있다.

노무현 정부는 북한이 핵 활동을 동결하도록 했다.

노무현 정부는 북한이 관련 시설을 가동 중지하도록 했다.

노무현 정부는 북한의 핵 활동 관련 시설의 재사용이 불가능하도록 했다.

그렇다면 이 셋은 다음과 같이 접속해야 문법적으로 완전해지면서 뜻을 파악하기 쉽게 된다.

>>> 특히 노무현 정부는 9.19 공동성명과 2.13 합의, 10.4 합의를 통해 북한이 핵 활동을 동결하고 관련 시설을 가동 중지하며, **관련 시설의 재사용이 불가능하도록 했다.**

그래도 남한 지역 **총선거에 이은 건국**, 6·25전쟁의 와중에 한·미 안보조약을 관철한 덕분에 자유민주주의 대한민국의 존속과 성장·발전이 가능했다. (중략) 중국은 북한의 **존속, 즉** 통일을 지연시키면서 한·미 동맹 약화를 기다릴 것이다.　　　　　　　　　　　　　　　　　　　　　　　　　　(0217, ㅁ일보)

첫 문장에서 '남한 지역 총선거에 이은 건국' 다음에 쉼표(,)가 찍혔다. 무엇과 무엇을 나열하고 있는가? '남한 지역 총선거에 이은 건국의 와중에'로는 해석될 수 없다. 건국 와중에 '한·미 안보조약'을 관철한 바가 없기 때문이다. 따라서 '남한 지역 총선거에 이은 건국,'은 잘못되었다. 다음에 이어지는 '6·25전쟁의 와중에 한·미 안보조약을 관철한'과 연결되기 위해서는 '남한 지역 총선거에 이어 건국을 하고,'라고 해야 한다. 나열도 대등한 성분끼리 해야 한다.

>>> 그래도 남한 지역 총선거에 **이어 건국을 하고,** 6·25전쟁의 와중에 한·미 안보조약을 관철한 덕분에 자유민주주의 대한민국의 존속과 성장·발전이 가능했다.

두 번째 문장에서 '중국은 북한의 존속, 즉 통일을 지연시키면서'는 '북한의 존속'이 곧 '통일'로밖에 해석될 수 없다. 그러나 북한의 존속이 통일일 수는 없다. 원래 의도는 '북한을 존속시키면서'일 것이다. 그런 뜻을 살리기 위해서는 '북한의 존속으로' 또는 '북한을 존속시켜' 등으로 써야 한다. 다만 '존속시켜'를 쓰는 것은 이어서 '통일을 지연시키면서'가 나와 '-시키다'가 연이어 나타나는 단점이 있다.

>>> 중국은 북한의 **존속으로** 통일을 지연시키면서 한·미 동맹 약화를 기다릴 것이다.

핵 위협이 **얼마나** 심각한 안보 위험**이고,** 사드 배치 논의가 그 방어태세의 하나임을 굳이 설명할 필요도 없다.   (0225, ㅎ일보)

'핵 위협이 얼마나 심각한 안보 위험이고, 사드 배치 논의가 그 방어태세의 하나임을 굳이 설명할 필요도 없다'에서 두 가지가 연결어미 '-고'에 의해 접속됐다. 즉 '핵 위협이 얼마나 심각한 안보 위험임을 굳이 설명할 필요도 없다'와 '사드 배치 논의가 그 방어태세의 하나임을 굳이 설명할 필요도 없다'가 접속되었고 공통된 성분인 '-ㅁ을 굳이 설명할 필요도 없다'가 한 번만 사용되어 나타난 문장이다. 그런데 '핵 위협이 얼마나 심각한 안보 위험임을 굳이 설명할 필요도 없다'가 자연스러운가? '얼마나' 때문에 자연스럽지 않다. '얼마나'는 의문형 어미를 요구하지 '-ㅁ'과 같은 명사형 어미와 호응하지 않는다. '핵 위협이 얼마나 심각한 안보 위험인지를 굳이 설명할 필요도 없다'라고 해야 호응이 자연스럽다. 따라서 위 문장은 다음과 같이 고쳐 써야 한다. 즉, '얼마나 심각한 안보 위험이고' 대신에 '얼마나 심각한 안보 위험인지와'로 고치거나, 아예 의문사인 '얼마나'를 빼 버려야 한다.

>>> 핵 위협이 얼마나 심각한 안보 **위험인지와** 사드 배치 논의가 그 방어태세의 하나임을 굳이 설명할 필요도 없다.

핵 위협이 심각한 안보 위험이고, 사드 배치 논의가 그 방어태세의 하나임을 굳이 설명할 필요도 없다.

크게 보면 야당은 북이 **우리 기업과 국민의 재산을 뺏고 추방하는데도** 북을 비판하기보다는 남남(南南) 갈등을 유발하는 선동을 하고 있는 꼴이다.

(0212, ㅈ일보)

'북이 우리 기업과 국민의 재산을 뺏고 추방하는데도'라고 해도 무슨 말을 하는지 이해하지 못할 사람은 없을 것이다. 뺏는 것은 재산이요 추방하는 것은 국민이라는 것을 누구나 짐작은 한다. 하지만 한 자 한 자 따지고 읽어 보면 '우리 기업과 국민의 재산'을 뺏을 수는 있어도 '우리 기업과 국민의 재산'을 추방할 수는 없으니 말이 안 된다. 정확하게 표현하려면 아래와 같이 고쳐야 한다.

>>> 크게 보면 야당은 북이 **우리 기업의 재산을 뺏고 국민을 추방하는데도** 북을 비판하기보다는 남남(南南) 갈등을 유발하는 선동을 하고 있는 꼴이다.

그러나 상시 청문회의 도입에 따른 부작용과 우리 사회의 우려도 있는 게 현실이다. 이를 잠재우려면 청문회를 대하는 국회의원의 태도와 **정당의 접근 자세, 제도적 보완부터** 절실하다.

(0525, ㅈ일보)

'청문회를 대하는 국회의원의 태도와 정당의 접근 자세, 제도적 보완부터 절실하다'에서 접속이 매끄럽지 않다. 무엇과 무엇이 접속되었는지가 불분명하다. 특히 '국회의원의 태도와 정당의 접근 자세'와 '제도적 보완'의 관계가 무엇인지 알 수 없다. 그 관계를 명확히 하려면 '청문회를 대하는 국회의원의 태도와 정당의 접근 자세가 달라져야 하고 관련 제도의 보완이 절실하다'와 같이 바꾸어야 한다.

>>> 이를 잠재우려면 청문회를 대하는 국회의원의 태도와 **정당의 접근 자세가 달라져야** 하고 관련 **제도의 보완이** 절실하다.

하지만 **국가 안위와 국민 생명을 보호하기** 위해 불가피하다는 점을 들어 미국과도 논의를 시작할 필요가 있다. (0108, ㅈ일보)

'국가 안위와 국민 생명을 보호하기 위해'는 '국가 안위를 보호하기 위해'와 '국민 생명을 보호하기 위해'를 접속하여 공통된 성분인 '보호하기 위해'를 한 번만 사용한 구문이다. 그런데 '국민 생명'은 보호할 수 있어도 '국가 안위'를 보호한다는 것은 말이 안 된다. 안위란 편안함과 위태함을 아울러 이르는 말이어서 편안함은 보호할 수 있어도 위태함까지 보호할 수는 없기 때문이다. 따라서 '국가 안위와 국민 생명을 보호하기 위해'는 접속이 제대로 이루어지지 않았다.

제대로 접속을 하려면 '국가 안위를 보살피고 국민 생명을 보호하기 위해'라고 하는 것이 좋다. 혹은 '국가 안전 보장과 국민 생명 보호를 위해'라고 할 수도 있을 것이다.

>>> 하지만 **국가 안위를 보살피고** 국민 생명을 보호하기 위해 불가피하다는 점을 들어 미국과도 논의를 시작할 필요가 있다.

하지만 **국가 안전 보장과 국민 생명 보호를** 위해 불가피하다는 점을 들어 미국과도 논의를 시작할 필요가 있다.

....

이번 합의는 아까운 시간만 허비하며 불필요한 갈등과 비용만 **물어야 했던** 어리석음을 두 번 다시 되풀이해선 안 된다는 교훈을 던져주고 있다.

(0113, ㅎ신문)

'불필요한 갈등과 비용만 물어야 했던'은 접속 구문이다. '불필요한 갈등을 물어야 했던'과 '비용만 물어야 했던'이 접속하여 공통된 성분인 '물어야 했던'이 한 번만 사용된 것이다. 그런데 '불필요한 갈등을 물어야'가 말이 안 된다. 따라서 '불필요한 갈등과 비용만 물어야 했던'은 바른 접속이 아니다. 다음과 같이 고쳐야 할 것이다.

>>> 이번 합의는 아까운 시간만 허비하며 불필요한 갈등과 비용만 **유발했던** 어리석음을 두 번 다시 되풀이해선 안 된다는 교훈을 던져주고 있다.

즉 '유발했던'과 같이 '갈등'과도 호응하고 '비용'과도 호응할 수 있는 동사가 사용되어야 한다.

....

청년들의 **복지와 취업 역량을 높인다는** 명목으로 지급한 상품권이 '상품권 깡(불법 현금 할인)' 업체들의 배만 불리는 코미디 같은 일이 벌어진 것이다.

(0123, ㅈ일보)

'청년들의 취업 역량을 높인다'는 말이 돼도 '청년들의 복지를 높인다'는 자연스럽지 않다. 복지 수준을 높이는 것은 자연스럽지만 복지를 높이는 것은 어색하다. 따라서 다음과 같이 고쳐야 자연스러운 접속이 된다.

>>> 청년들의 **복지와 취업 역량을 향상시킨다는** 명목으로 지급한 상품권이 '상품권 깡(불법 현금 할인)' 업체들의 배만 불리는 코미디 같은 일이 벌어진 것이다.

청년들의 **복지 수준과 취업 역량을 높인다는** 명목으로 지급한 상품권이 '상품권 깡(불법 현금 할인)' 업체들의 배만 불리는 코미디 같은 일이 벌어진 것이다.

청년들의 **복지를 향상시키고 취업 역량을 높인다는** 명목으로 지급한 상품권이 '상품권 깡(불법 현금 할인)' 업체들의 배만 불리는 코미디 같은 일이 벌어진 것이다.

....

정부가 저성과자 **해고 절차와 취업규칙을 좀 더 쉽게 바꿀 수** 있게 하는 내용의 지침을 22일 발표했다. 25일부터 곧바로 시행한다고 한다.　　　(0123, ㅈ일보)

'저성과자 해고 절차를 좀 더 쉽게 바꿀 수 있게 하는'과 '취업규칙을 좀 더 쉽게 바꿀 수 있게 하는'을 접속하면 '저성과자 해고 절차와 취업규칙을 좀 더 쉽게 바꿀 수 있게 하는'이 된다. 그런데 '취업규칙을 좀 더 쉽게 바꿀 수 있게 하는'은 아무 문제가 없지만 '저성과자 해고 절차를 좀 더 쉽게 바꿀 수 있게 하는'은 무슨 뜻인지 아리송하다. 아마 '저성과자 해고 절차를 좀 더 쉽게 하는'이라고 말하려고 했을 것이다. 접속될 수 없는 것을 억지로 접속하다 보니 의미가 잘 파악되지 않는다. 따라서 다음과 같이 표현해야 바르게 뜻이 전달된다.

>>> 정부가 저성과자 **해고 절차를 좀 더 쉽게 하고** 취업규칙을 좀 더 쉽게 바꿀 수 있게 하는 내용의 지침을 22일 발표했다.

문장을 간략하게 쓰려고 하다가 위와 같은 무리가 빚어졌다. 간략하게 쓰는 것은 좋으나 문장의 뜻까지 왜곡해 가면서 간략하게 해서는 안 된다. 좀 길어지더라도 뜻이 분명하게 드러나야 함은 물론이다. 다음과 같이 하면 더욱 분명해진다.

>>> 정부가 저성과자 **해고 절차를 간소화하고** 취업규칙을 좀 더 쉽게 바꿀 수 있게 하는 내용의 지침을 22일 발표했다.

내일 출범 한 달을 맞는 유일호 경제팀은 국내외 흐름을 정확하고 신속하게 파악해 금융시장 안정과 수출 및 내수 **진작책을** 선제적으로 마련해야 한다.

(0212, ㄷ일보)

'금융시장 안정과 수출 및 내수 진작책을 선제적으로 마련해야'에서 조사 '과'에 의해 접속이 이루어졌다. '수출 및 내수 진작책을 선제적으로 마련해야'는 문제가 없는데 '과' 앞부분을 동사와 연결한 '금융시장 안정을 선제적으로 마련해야'는 자연스럽지 않다. 안정을 마련할 수는 없기 때문이다. 안정시키기 위한 대책이나 방안을 마련하지 안정 자체를 마련할 수는 없다. '금융시장 안정'이 '진작책'의 '책'에 연결된다고 주장할 수 있겠으나 무리하다. 따라서 다음과 같이 고쳐 쓸 필요가 있다.

>>> 내일 출범 한 달을 맞는 유일호 경제팀은 국내외 흐름을 정확하고 신속하게 파악해 금융시장 안정과 수출 및 내수 **진작을 위한 대책을** 선제적으로 마련

해야 한다.

북은 핵실험과 대륙간탄도미사일(ICBM)**만 발사하는** 것이 아니라 한반도 실전
(實戰)에 대비한 여러 무기 체계를 개발해왔다.　　　　　　　(0331, ㅈ일보)

'핵실험과 대륙간탄도미사일만 발사하는 것이 아니라'는 명백히 접속이 잘
못됐다. '핵실험을 발사하다'가 말이 안 된다. 핵실험은 '하는' 것일 뿐 '발사하
는' 게 아니다. 그런데 위 예문은 '핵실험과 대륙간탄도미사일만 발사하는 게
아니라'고 해서 핵실험을 발사한다고 했다. 오류를 바로잡기 위해서는 다음과
같이 고쳐야 한다.

>>>　북은 핵실험과 대륙간탄도미사일(ICBM) **발사만 하는** 것이 아니라 한반도 실
　　　전(實戰)에 대비한 여러 무기 체계를 개발해왔다.

정종섭 전 행정자치부 장관, 추경호 전 국무조정실장, 곽상도 전 민정수석, 윤
두현 전 홍보수석, 하춘수 전 대구은행장 등 대구의 '진박(眞朴·진실한 친박)
5인방'은 모두 **단수 추천이나** 경선을 치르게 됐다.　　　　(0316, ㄷ일보)

조사 '이나'는 그 앞과 뒤의 명사를 접속해 준다. 접속되는 앞뒤의 명사는 대
등해야 한다. 위 예에서 '단수 추천을 치르게 됐거나 경선을 치르게 됐다'가 말
이 돼야 하는데 '단수 추천을 치르게 됐다'는 말이 되지 않는다. 따라서 조사
'이나'가 적절하게 사용되지 못했다. 조사 '이나'를 쓸 게 아니라 앞의 '단수 추
천'을 명사에서 동사로 바꿔 '단수 추천되거나'로 써야 한다.

>>> 대구의 '진박 5인방'은 모두 **단수 추천되거나** 경선을 치르게 됐다.

....

북은 여기서 벗어나려고 5차 핵실험이나 장거리 미사일 발사, 서해나 휴전선
등지에서 국지적 도발을 해 올지도 모른다. (0409, ㅈ일보)

'여기'가 무엇을 가리키는지 선명히 떠오르지 않는데 그것은 접어 두자. 아
마 '제재'라고 보면 될 듯하다. 문제는 '5차 핵실험이나 장거리 미사일 발사'가
뒤에 무엇과 연결되느냐이다. '5차 핵실험', '장거리 미사일 발사'는 명사구인
데 뒤에는 명사구가 아니라 '서해나 휴전선 등지에서 국지적 도발을 해'라는
동사구가 나온다. 같은 성분들끼리 접속해야 한다는 원칙을 어기고 있다. 명
사구끼리 접속을 하든지, 아니면 '5차 핵실험이나 장거리 미사일 발사'를 동사
구로 바꾸어야 할 것이다. 전자의 경우 '서해나 휴전선 등지에서의 국지적 도
발'로 바꾸고 공통된 동사를 '감행할지도'라고 하면 된다.

>>> 북은 여기서 벗어나려고 5차 핵실험이나 장거리 미사일 발사, 서해나 휴전
선 등지에서**의** 국지적 도발을 **감행할지도** 모른다.
북은 여기서 벗어나려고 5차 핵실험이나 장거리 미사일 발사**를 하거나**, 서
해나 휴전선 등지에서 국지적 도발을 해 올지도 모른다.

....

경제 활성화가 시급한데도 차기 국회에서 정부와 새누리당이 추진한 경기 부
양을 비롯한 경제활성화 입법의 국회 통과는 **무산되거나 중단될** 가능성이 높다.
(0415, ㄷ일보)

'입법의 국회 통과는 무산될 가능성'은 아무 문제가 없지만 '입법의 국회 통

과는 중단될 가능성'은 자연스럽지 않다. '입법의 국회 통과'는 지속되는 일이
아니라 순간적으로 일어나는 일이다. 지속되는 일에 대해서 '중단'이라는 말
이 어울리지 순간적으로 일어나는 일에 대해서는 중단이라는 말이 안 어울린
다. '중단'은 '입법'이나 '심의', '절차' 따위에 대해 쓸 수 있는 말이다. 따라서 위
예에서는 그냥 '입법의 국회 통과는 무산될 가능성이 높다'라고만 하든지 '입
법의 국회 통과는 무산되거나 입법이 중단될 가능성이 높다'처럼 풀어서 써야
할 것이다.

>>> 경제 활성화가 시급한데도 차기 국회에서 정부와 새누리당이 추진한 경기
부양을 비롯한 경제활성화 입법의 국회 통과는 **무산될** 가능성이 높다.
경제 활성화가 시급한데도 차기 국회에서 정부와 새누리당이 추진한 경기
부양을 비롯한 경제활성화 입법의 국회 통과는 무산되거나 **입법이 중단될**
가능성이 높다.

대만 대선·총선이 16일 치러진다. 유력 후보인 차이잉원(蔡英文) 민진당(제1
야당) 후보가 당선되면 대만은 물론 중화권에서 최초의 여성 지도자가 나오게
된다.
하지만 이보다도 전세계 투자자들은 타이완과 밀접한 관련을 맺고 있는 **거대
경제권**, 중국과 미국에 미칠 영향에 주목하고 있다고 CNBC는 보도했다.

(0116, ㅈ일보)

'~에 미칠 영향'의 '~'에 해당하는 부분은 어디에서 어디까지인가? '타이완
과 밀접한 관련을 맺고 있는 거대 경제권'은 문장 속의 어느 부분과 호응하는
가? 여러 번 읽어 보아도 답이 잘 찾아지지 않는다. '타이완과 밀접한 관련을
맺고 있는 거대 경제권'이 곧 중국이라는 것인지, '타이완과 밀접한 관련을 맺

고 있는 거대 경제권'과 '중국'이 대등하게 나열된 것인지도 알 수 없다. 전자라면 '타이완과 밀접한 관련을 맺고 있는 거대 경제권인 중국'이라고 고쳐야 할 것이다. 차라리 '거대 경제권'을 없앤다면 모호성은 해소될 수 있다.

>>> 하지만 이보다도 전 세계 투자자들은 타이완과 밀접한 관련을 맺고 있는 중국과 미국에 미칠 영향에 주목하고 있다고 CNBC는 보도했다.

현재 이 나라는 청년·노년을 가리지 않는 일자리 부족, 심각한 소득 양극화, 4차 산업혁명이라고까지 불리는 새로운 시대에 대한 혜안 같은 것들이 보이지 않는다.   (0226, ㅈ일보)

이 문장은 '현재 이 나라는 ~이 보이지 않는다'의 구조이다. '~'에 해당하는 것이 무엇인가? '4차 산업혁명이라고까지 불리는 새로운 시대에 대한 혜안 같은 것들'은 분명히 '~'에 해당한다. 그러나 '청년·노년을 가리지 않는 일자리 부족, 심각한 소득 양극화'는 어디에 걸리는가? 그것들이 '보이지 않는다'는 것은 아닐 것이다. 아마도 '청년·노년을 가리지 않는 일자리 부족, 심각한 소득 양극화'는 '4차 산업혁명이라고까지 불리는 새로운 시대'와 동등한 자격일 것이다. 즉 '청년·노년을 가리지 않는 일자리 부족, 심각한 소득 양극화'에 대한 혜안 같은 것들이 보이지 않는다고 말하려는 것으로 보인다. 그럴 경우 '청년·노년을 가리지 않는 일자리 부족, 심각한 소득 양극화에 대한 혜안'은 그리 자연스러워 보이지 않는다. '청년·노년을 가리지 않는 일자리 부족, 심각한 소득 양극화에 대한 해결책'이 자연스럽다. '새로운 시대'에 대해서는 '혜안'이 잘 어울려도 '일자리 부족', '소득 양극화'에 대해서는 '혜안'보다는 '해결책'이 더 어울린다. 그렇다면 위 예문에서 '일자리 부족', '소득 양극화'와 '새로운 시대'를 나열한 것은 자연스럽지 않다. 앞의 두 가지는 해결해야 할 과제이고 세 번째의 '시대'는 과제라고 하기보다는 하나의 현상에 가깝다. 따라서 나란히 나열하기에는 적합해 보이지 않으며 좀 길어지더라도 다음과 같이 바꾸어 쓸 때 훨씬 이해하기 쉽다. 문장 첫머리의 '이 나라는'도 '이 나라에는'이 더 어울린다.

>>> 현재 이 나라에는 청년·노년을 가리지 않는 일자리 부족, 심각한 소득 양극화**에 대한 해결책**, 4차 산업혁명이라고까지 불리는 새로운 시대에 대한 혜안 같은 것들이 보이지 않는다.

....

이처럼 두 야당의 총선 공약 중에는 공통분모가 많다. 역사교과서 국정화, 테러방지법 독소조항 개정 등 훼손된 민주주의를 회복시키려는 조치들이 대표적이다.   (0418, ㄱ신문)

두 야당의 총선 공약 중에 '역사교과서 국정화, 테러방지법 독소조항 개정'이 있음을 말했다. 그런데 '역사교과서 국정화'가 야당의 총선 공약일 수는 없다. '역사교과서 국정화 백지화'나 '역사교과서 국정화 취소'가 야당의 총선 공약일 것이다. 뒤에 '개정'이 있으므로 '역사교과서 국정화 개정'이라고 할지 모르겠으나 '국정화 개정'이 자연스러운 연결이 아니다. '백지화'나 '취소' 같은 말이 적절하다.

>>> 역사교과서 국정화 **백지화**, 테러방지법 독소조항 개정 등 훼손된 민주주의를 회복시키려는 조치들이 대표적이다.

....

혐오범죄에 대한 강력한 처벌과 방지대책 등 사회적 해결도 당연히 따라야 한

다. (0520, ㅎ신문)

'강력한 처벌'과 '방지 대책'은 의미상 대등한 것끼리 접속되지 않았다. '처벌'은 행동인데 '방지 대책'은 행동이 아니기 때문이다. 따라서 '방지 대책 마련'과 같이 해 주어야 대등한 것끼리 접속이 된다. 또 '사회적 해결'에서 '해결'이 처벌과 방지 대책 마련을 가리키는 말로 적합하지 않다. '노력'이 더 가깝다.

>>> 혐오범죄에 대한 강력한 처벌과 방지 대책 **마련** 등 사회적 **노력**도 당연히 따라야 한다.

그러나 자신을 비례대표 2번에 넣은 김 대표의 도덕성과 당헌을 무시하고 비례대표 후보들을 A, B, C 3개 그룹으로 분류해 순위 투표를 무력화하려 했던 점은 언제든 살아날 수 있는 불씨다. (0323, ㅅ신문)

위 예에서 '김 대표의 도덕성'과 '순위 투표를 무력화하려 했던 점'은 의미상 동질적인 것이 아니다. '김 대표의 도덕성'은 긍정적인 면이고 '순위 투표를 무력화하려 했던 점'은 부정적인 면이다. 당연히 동질적인 것끼리 접속이 돼야 마땅하다. '자신을 비례대표 2번에 넣은 김 대표의 도덕성' 자체가 모순이다. '자신을 비례대표 2번에 넣은' 것이 '도덕성'이라고 했기 때문이다. 자신을 비례대표 2번에 넣은 것을 못마땅하게 보면서 '도덕성'이라고 표현했으니 문제다. '도덕성 문제'나 '부도덕성'이라고 하든지 아니면 '상식에 어긋난 처신'과 같이 부정적인 뜻이 담긴 표현으로 바꾸어야 할 것이다.

>>> 그러나 자신을 비례대표 2번에 넣은 김 대표의 도덕성 **문제와** 당헌을 무시하고 비례대표 후보들을 A, B, C 3개 그룹으로 분류해 순위 투표를 무력화

하려 했던 점은 언제든 살아날 수 있는 불씨다.

....

제창으로 바꿔야 한다는 쪽이나 합창을 유지해야 한다는 쪽이나 **타당성이 있고
반대하는 이유도 있다.** (0517, ㅈ일보)

'타당성이 있고 반대하는 이유도 있다'는 서로 짝이 잘 안 맞는다. '타당성이
있고'는 '자기가 하는 주장에 타당성이 있고'를 줄인 표현이고, '반대하는 이유
도 있다'는 '상대방의 주장에 반대하는 이유도 타당성이 있다'를 줄인 표현으
로 보인다. 줄이지 않고 쓰면 너무 길어서 대폭 줄인 것으로 보이는데 읽는 독
자로서는 매우 이상한 느낌을 받게 된다. 특히 '반대하는 이유도 있다'는 공허
하게까지 들린다. 반대하는 이유가 없이 반대할 수는 없기 때문이다. 내가 하
는 주장에 타당성이 있는 것이나 상대방의 주장에 반대하는 이유에 타당성이
있는 것이나 결국 같은 것이니 묶어서 '주장에 타당성이 있다'라고 하면 간명
하다.

>>> 제창으로 바꿔야 한다는 쪽이나 합창을 유지해야 한다는 쪽이나 **다 주장에
타당성이 있다.**

아니면 최소한 '반대하는 이유도 있다'를 '반대하는 이유도 일리 있다'라고
해야 할 것이다.

>>> 제창으로 바꿔야 한다는 쪽이나 합창을 유지해야 한다는 쪽이나 타당성이
있고 반대하는 이유도 **일리** 있다.

품격 있는 글쓰기

지금 새누리당 지도부 상당수가 정치적 문제로 탈당했다가 돌아온 **전력이 있고**, 당규에도 맞지 않는 발상이다. (0330, ㅎ일보)

'지금 새누리당 지도부 상당수가 정치적 문제로 탈당했다가 돌아온 전력이 있고, 당규에도 맞지 않는 발상이다'는 두 문장이 연결어미 '–고'로 접속되어 있는데 앞 문장은 '새누리당 지도부 상당수가'가 주어이고 뒤 문장은 주어가 다른데 생략되어 있다. 주어가 다른 문장이 접속되어 있다 보니 매우 어색하다. 이 문장 앞에서 탈당 무소속 인사들의 복당에 대한 언급이 있었는데 이와 연관시켜야 마땅하다. 따라서 '돌아온 전력이 있고'를 '돌아온 전력이 있어 자기모순이고'로 바꾸면 앞뒤 문장이 매끄럽게 연결된다.

>>> 지금 새누리당 지도부 상당수가 정치적 문제로 탈당했다가 돌아온 **전력이 있어 자기모순이고**, 당규에도 맞지 않는 발상이다.

미국은 작년 한미 정상회담에서 북핵 문제를 '최고의 시급성과 확고한 의지를 갖고 다루기로 합의'한 것**과** 7일 박 대통령과의 통화에서 밝힌 대로 **북에 대해** "가장 강력하고 포괄적인 제재"를 실행에 옮겨야 한다. (0114, ㄷ일보)

위 문장에서 조사 '과'가 사용되었다. '과'는 그 앞의 말과 뒤의 말을 대등하게 접속할 때 쓰인다. 그렇다면 '과' 앞의 말과 뒤의 말은 각각 무엇인가? 다시 말해 '과'가 무엇과 무엇을 접속하는가?

앞의 것은 '합의한 것'이다. 뒤의 것은 '가장 강력하고 포괄적인 제재'이다. 이 두 목적어는 '실행에 옮겨야'에 공통으로 걸린다. 합의한 것을 실행에 옮겨야 하고 가장 강력하고 포괄적인 제재를 실행에 옮겨야 한다는 뜻이다. 그런데 '가장 강력하고 포괄적인 제재'에 대한 수식으로서 '7일 박 대통령과의 통화에서 밝힌 대로 북에 대해'는 적절하지 않다. 특히 '북에 대해'는 '가장 강력하고 포괄적인 제재'에 걸리지 않고 '실행에 옮겨야'에 걸리고 만다. 이런 문제를 해소하려면 '밝힌 대로'를 '밝힌'으로, '북에 대해'를 '북에 대한'으로 고쳐 써야 한다.

>>> 미국은 작년 한미 정상회담에서 북핵 문제를 '최고의 시급성과 확고한 의지를 갖고 다루기로 합의'한 것과 7일 박 대통령과의 통화에서 밝힌 **북에 대한** '가장 강력하고 포괄적인 제재'를 실행에 옮겨야 한다.

그럼에도 올 1분기 경제성장률이 0.4%에 그치고 **'소비 절벽'을 맞아** 내수에 활력을 불어넣으려는 정부의 **고심**은 이해할 만하다. (0428, ㅈ일보)

'올 1분기 경제성장률이 0.4%에 그치고 '소비 절벽'을 맞아'는 접속이 자연스럽지 않다. '올 1분기 경제성장률이 0.4%에 그치고 '소비 절벽'이 닥친 상황에서'라고 하면 비록 말이 조금 길어지긴 했지만 뜻이 명료하게 드러난다. '내수에 활력을 불어넣으려는 정부의 고심'도 무슨 뜻인지야 누구나 알겠지만 '~려는'과 '고심'이 전형적인 결합이 아니라는 점에서 '내수에 활력을 불어넣으려는 정부의 고육지책'이라 하거나 '내수에 활력을 불어넣으려는 정부의 고심 어린 대책'이라고 하는 편이 더 낫다.

>>> 그럼에도 올 1분기 경제성장률이 0.4%에 그치고 '소비 절벽'**이 닥친 상황에서** 내수에 활력을 불어넣으려는 정부의 **고육지책**은 이해할 만하다.
그럼에도 올 1분기 경제성장률이 0.4%에 그치고 '소비 절벽'**이 닥친 상황에서** 내수에 활력을 불어넣으려는 정부의 **고심 어린 대책**은 이해할 만하다.

국민은 김씨를 이용해 최근 호남 민심 이반을 추슬러 보려는 더민주, 그런 정당에 기대 국회의원이라도 해 보려는 숨은 의도를 간파하고 있다. (0125, ㅁ일보)

'최근 호남 민심 이반을 추슬러 보려는 더민주'는 무엇과 호응하는가? 도무지 찾을 수가 없다. '더민주를 간파하고 있다'가 말이 되는가? 또, '국회의원이라도 해 보려는 숨은 의도'는 누구의 의도인가? 왜 '김씨의 숨은 의도'라고 하지 않나? 따라서 다음과 같이 바꾸어야만 말이 된다.

>>> 국민은 김씨를 이용해 최근 호남 민심 이반을 추슬러 보려는 더민주, 그런 정당에 기대 국회의원이라도 해 보려는 **김씨의** 숨은 의도를 간파하고 있다.

이렇게 해야 비로소 '더민주의 숨은 의도'와 '김씨의 숨은 의도'가 '간파하고'의 공통의 목적어가 된다. 접속은 대등한 성분끼리 이루어져야 한다.

종국적으론 유보(유치원 교육과 보육) 통합이 필요하다. 유치원은 교육부, 어린이집은 보건복지부 소관이다 보니 **인력·예산 낭비는 물론** 책임 주체도 모호하다. (0121, ㅈ일보)

'인력·예산 낭비는 물론 책임 주체도 모호하다'는 '인력·예산이 낭비됨은 물론 책임 주체도 모호하다'라고 해야 접속이 문법적이다. 원래대로 두어도 대부분의 독자는 무슨 뜻인지 이해하겠지만 문법적으로는 어긋났다.

>>> 유치원은 교육부, 어린이집은 보건복지부 소관이다 보니 **인력·예산이 낭비됨은 물론** 책임 주체도 모호하다.

이번 총선에서 여야가 약속한 복지수요나 구조조정 비용 등을 감안하면 앞으
로 **호전 보다** 악화될 가능성이 크다.   (0423, ㅈ일보)

위 문장은 입으로 읽는다면 아마 듣는 사람 귀에 자연스럽게 들릴지 모른
다. 그러나 글에서는 다르다. 글에서는 문법을 따지지 않을 수 없다. '호전 보
다 악화될 가능성'에서 우선 '호전 보다'를 띄어서 쓴 것이 당장 눈에 걸린다.
'보다'는 조사기 때문에 조사는 붙여써야 한다는 원칙에 따라 '호전보다'로 써
야 마땅하다. 그런데 '호전보다'로 붙여쓴다고 문제가 해소되는 게 아니다. 조
사인 '보다' 앞의 말인 '호전'은 명사인데 '보다' 뒤에는 명사가 아닌 '악화될'이
나오니 비교 대상이 서로 다르다. 명사와 동사를 비교했기 때문이다. 이런 문
제를 해소하려면 '호전보다'를 '호전되기보다'로 고치면 된다. '되기' 두 글자를
줄이려다가 문법이 어그러지고 말았다. 바로잡아야 한다.

>>> 이번 총선에서 여야가 약속한 복지수요나 구조조정 비용 등을 감안하면 앞
     으로 **호전되기보다** 악화될 가능성이 크다.

대북 제재 자체는 북한 비핵화의 목표가 아니라 수단일 뿐이다. 북한의 핵 도발
에 대한 응징은 **부차적인 목표**일 뿐이다. 국제사회는 **제재만이 아니라** 북한이 북
핵 해결의 대화 무대로 복귀하도록 노력해야 한다.   (0227, ㄱ신문)

위 예문에서 '대북 제재 자체는 북한 비핵화의 목표가 아니라 수단일 뿐'이
라고 했다. 그런데 바로 이어진 문장에서 '북한의 핵 도발에 대한 응징은 부차
적인 목표일 뿐'이라고 했다. '북한의 핵 도발에 대한 응징'이 대북 제재 아닌
가. 그런데 대북 제재는 목표가 아니라고 했다가 바로 이어서 부차적인 목표

품격 있는 글쓰기

라고 했으니 앞뒤가 맞아 보이지 않는다. 따라서 목표 운운은 없는 게 낫고 없어도 전혀 문제가 되지 않는다고 여겨진다.

이어지는 문장에서 '제재만이 아니라'와 호응하는 말이 찾아지지 않는다. 그 다음에 '제재'와 동등한 명사 내지 명사구는 안 보이고 '북한이 북핵 해결의 대화 무대로 복귀하도록 노력해야 한다'라는 동사구가 나왔다. '제재만이 아니라' 대신 '재재만 할 게 아니라'라든지 '제재만으로 끝낼 게 아니라' 등과 같이 바꾸어 줌으로써 문장이 반듯해진다.

>>> 대북 제재 자체는 북한 비핵화의 수단일 뿐이다. 국제사회는 **제재만 할 게 아니라** 북한이 북핵 해결의 대화 무대로 복귀하도록 노력해야 한다.

건설사가 '군피아'를 이용해 로비했는데도 군이 현역 심사위원만 교체하고 의혹을 묻어둔 채 아무 일도 없는 듯 로비 기업에 사업을 맡긴다니 이해하기 힘들다. 군은 로비 기업의 **제재도**, 입찰을 새로 할 법규도 없다고 설명한다.

(0330, ㄷ일보)

'군은 로비 기업의 제재도, 입찰을 새로 할 법규도 없다고 설명한다'에서 '로비 기업의 제재도'가 걸릴 곳은 어디인가? 마땅히 찾아지지가 않는다. 그렇다면 '군은 로비 기업을 제재할 법규도, 입찰을 새로 할 법규도 없다고 설명한다'라고 해야 문제가 없다. 아니면 '로비 기업의 제재도' 대신 '로비 기업을 제재하거나'라고 할 수도 있다.

>>> 군은 로비 기업을 **제재할 법규도**, 입찰을 새로 할 법규도 없다고 설명한다.
군은 로비 기업을 **제재하거나** 입찰을 새로 할 법규가 없다고 설명한다.

뜻을 알기 어려운 문장

　문법이 어그러지면, 다시 말해 문장이 비문법적이면 문장의 의미가 모호해지게 마련이다. 독자가 글쓴이의 의도를 짐작해서 문장을 이해할 수도 있지만 어떻든 비문법적인 문장은 독해에 방해가 된다. 그런데 아예 독자가 글쓴이의 의도를 짐작하기도 쉽지 않은 문장들이 간혹 눈에 띈다. 뜻을 헤아리기 어려운 문장들이다.

　뜻을 헤아리기 어려운 문장, 다시 말해 의미가 불투명한 문장이 되는 이유는 여러 가지다. 앞에서도 예를 많이 보았듯이 문장이 비문법적이면 의미가 불투명해지기 쉽다. 문법성이 어그러져서 의미가 불투명해지는 경우다.

　그런데 문장은 문법적인데도 의미가 불투명해서 글쓴이가 말하려고 하는 바를 알기 어려운 경우도 있다. 문장이 문법적이라고 해서 반드시 뜻이 또렷이 드러나는 것은 아니다. 문법적인 문장이기는 하지만 의미는 불투명하고 모호한 문장도 있을 수 있다.

　글쓰기에서 문법이 전부는 아니다. 궁극적으로 의미가 투명해야 한다. 말하고자 하는 뜻을 독자가 쉽게 헤아릴 수 있어야 한다. 그러기 위해서는 글을 쓸

　　　　　　　　　　　　　　　　　　　품격 있는 글쓰기

때 무엇보다도 말하고자 하는 바를 뚜렷이 해야 한다. 무엇을 말하고자 하는지가 뚜렷하지 않은데 뜻이 선명히 드러나는 문장을 쓸 수는 없다. 좋은 글을 쓰려면 생각부터 깔끔하게 정리해야 한다.

귀족노조로서 자신들의 **기득권에 영향을 받을 수 있는** 노동개혁에 뜻이 없다는 것이다. (0122, y통신)

위 문장이 문법적이라면 '노동개혁이 자신들의 기득권에 영향을 받을 수 있다'가 말이 돼야 한다. '노동개혁이 자신들의 기득권에 영향을 받을 수 있다'가 문법적인가? 노동개혁이 자신들의 기득권에 영향을 주는 것이지 자신들의 기득권에 영향을 받을 수는 없다. 따라서 위 문장은 비문이다.

문장이 비문이다 보니 뜻이 불투명하다. 무슨 말을 하려는 것인지 알쏭달쏭하다. 독자에 따라서는 글쓴이가 말하려는 바를 간파하고 문장을 바르게 고쳐서 이해하기도 한다. 그러나 나타난 문장 자체를 중시하는 독자는 무슨 말인지 이해할 수 없어서 혼란을 느낄 것이다. 비문을 쓰면 의미가 불투명해지기가 십상이다. 따라서 문장의 의미가 투명하게 드러나도록 문법에 맞게 글을 써야 한다. 다음 중 어느 것으로 쓰더라도 의미가 투명하게 드러난다.

>>> 귀족노조로서 자신들의 기득권에 영향을 **줄 수 있는** 노동개혁에 뜻이 없다는 것이다.
귀족노조로서 자신들의 기득권에 영향을 **미칠 수 있는** 노동개혁에 뜻이 없다는 것이다.
귀족노조로서 자신들의 기득권이 영향을 **받을 수 있는** 노동개혁에 뜻이 없다는 것이다.

특히 입법과정에서 국회의원이 지위를 이용해 자녀 특채를 청탁하는 **것 같은** '이익 충돌 방지' 조항이 누락된 것은 큰 문제다. (0510, ㄷ일보)

'국회의원이 지위를 이용해 자녀 특채를 청탁하는 것 같은'이 꾸미는 말이 무엇인가? "'이익 충돌 방지' 조항'인가? "'이익 충돌 방지' 조항이 누락된 것'인가? 어느 것도 아니다. 아마도 '이익 충돌'이겠지만 위 문장에서 그렇게 해석될 수가 없다. 따라서 '국회의원이 지위를 이용해 자녀 특채를 청탁하는 것을 막는 '이익 충돌 방지' 조항이 누락된 것'이라고 해야 한다. 이렇게 되면 '국회의원이 지위를 이용해 자녀 특채를 청탁하는 것을 막는'은 "'이익 충돌 방지' 조항'을 꾸미게 되어 문장이 반듯해지면서 뜻이 분명히 드러난다.

>>> 특히 입법과정에서 국회의원이 지위를 이용해 자녀 특채를 청탁하는 **것을 막는** '이익 충돌 방지' 조항이 누락된 것은 큰 문제다.

최은영(현 유수홀딩스 회장) 전 한진해운 회장 일가가 지난달 한진해운의 자율협약 신청 직전에 보유 주식 약 30억원어치를 **팔면서** 회사 내부 정보를 받았다는 증거가 금융 당국 조사에서 확보됐다고 한다. (0513, ㅈ일보)

논설이 문제 삼고 있는 것은 전 한진해운 회장 일가가 회사 내부 정보를 받고서 보유 주식을 팔았다는 사실이다. 회사 내부 정보를 받은 일과 보유 주식을 판 일은 분명히 선후 관계에 있다. 그런데도 '팔면서'라고 했다. '-면서'는 동시에 일어나는 일을 가리킬 때 쓰는 어미다. 따라서 선후 관계를 분명히 해서 표현해야 나타내고자 하는 의미가 또렷하게 드러난다.

> >>> 최은영(현 유수홀딩스 회장) 전 한진해운 회장 일가가 지난달 한진해운의 자율 협약 신청 직전에 회사 내부 정보를 **받고** 보유 주식 약 30억 원어치를 팔았다는 증거가 금융 당국 조사에서 확보됐다고 한다.
>
> 최은영(현 유수홀딩스 회장) 전 한진해운 회장 일가가 지난달 한진해운의 자율 협약 신청 직전에 보유 주식 약 30억 원어치를 **팔기 전에** 회사 내부 정보를 받았다는 증거가 금융 당국 조사에서 확보됐다고 한다.
>
> 최은영(현 유수홀딩스 회장) 전 한진해운 회장 일가가 지난달 한진해운의 자율 협약 신청 직전에 보유 주식 약 30억 원어치를 **팔 때** 회사 내부 정보를 받았다는 증거가 금융 당국 조사에서 확보됐다고 한다.

무슨 '보이지 않는 손'의 지침과 **작용을 의심할 정도로** 그는 강박적인 면까지 보이고 있다. (0312, ㅈ일보)

'무슨 '보이지 않는 손'의 지침과 작용을 의심할 정도로'는 의미가 모호하다. 누가 의심한다는 것인가? 이런 의문이 들지 않게 하려면 '의심할'이 아니라 '의심될'로 바꾸되 '무슨 '보이지 않는 손'의 지침과 작용이 있지 않나 의심될 정도로'로 표현해야 의미가 또렷해진다.

> >>> 무슨 '보이지 않는 손'의 지침과 **작용이 있지 않나 의심될 정도로** 그는 강박적인 면까지 보이고 있다.

이참에 누리과정 시스템의 전면 재설계를 서둘러야 한다. **정권마다 땜질식 돌려막기나 정파적 대립을 없애려면** 예산전달 체계와 책임 주체를 명확히 하는 게 중요하다. 우선 법률적 적합성부터 가려야 한다. (0121, ㅈ일보)

'정권마다 땜질식 돌려막기나 정파적 대립을 없애려면'은 뜻이 모호하다. '정권마다'가 걸릴 데가 마땅하지 않다. '정권마다 벌어지는 땜질식 돌려막기나 정파적 대립을 없애려면'이라고 하면 그래도 무슨 뜻인지 알 수 있다.

>>> 정권마다 **벌어지는** 땜질식 돌려막기나 정파적 대립을 없애려면 예산 전달 체계와 책임 주체를 명확히 하는 게 중요하다.

이 위원장은 공천관리위를 정상화시키고 청와대나 친박 사람들**에 대한** 언행을 주의시켜야 한다. (0312, ㅈ일보)

'청와대나 친박 사람들에 대한 언행을 주의시켜야 한다'는 어떤 다른 사람이 청와대나 친박 사람들에 대해 하는 언행을 주의시켜야 한다는 뜻이다. 그러나 앞뒤 문맥을 보면 그런 뜻이 아니다. 이 위원장이 청와대나 친박 사람들에게 언행을 주의시켜야 한다는 뜻이다. 따라서 고쳐 쓰지 않으면 안 된다. 여러 가지로 바꾸어 쓸 수 있다.

>>> 이 위원장은 공천관리위를 정상화시키고 청와대나 친박 사람들**에게** 언행을 주의시켜야 한다.
이 위원장은 공천관리위를 정상화시키고 청와대나 친박 사람들**의** 언행을 주의시켜야 한다.
이 위원장은 공천관리위를 정상화시키고 청와대나 친박 사람들**에 대해** 언행을 주의시켜야 한다.

공천 배제든 불공천이든 어느 쪽으로 **결정하는 것을** 보면 이번 공천의 성격이

품격 있는 글쓰기

좀 더 분명해질 것이다. (0323, ㅈ일보)

'공천 배제든 불공천이든 어느 쪽으로 결정하는 것을 보면'은 얼핏 별 문제가 없다고 볼 수도 있다. 그러나 좀 더 선명하게 뜻이 드러나도록 다듬을 필요가 있다. '공천 배제'로 결정하는지 '불공천'으로 결정하는지에 따라 이번 공천의 성격이 좀 더 분명해짐을 말하는 것이라면 '어느 쪽으로 결정하는 것을 보면'보다는 '어느 쪽으로 결정하는지 보면'이라고 해야 할 것이다.

>>> 공천 배제든 불공천이든 어느 쪽으로 **결정하는지** 보면 이번 공천의 성격이 좀 더 분명해질 것이다.

그런데 이 문장은 애초에 문제가 있다. '공천 배제든 불공천이든'이란 말은 어떻게 결정이 되든 이번 공천의 성격은 정해져 있음을 암시하는데 정작 끝에 가서는 어느 쪽으로 결정하는지에 따라 이번 공천의 성격이 좀 더 분명해질 것이라고 했기 때문이다. 따라서 다음과 같이 쓸 때 뜻이 선명해진다.

>>> 공천 배제와 불공천 **중에서** 어느 쪽으로 결정하는지 보면 이번 공천의 성격이 좀 더 분명해질 것이다.

중국처럼 반도체, 조선, 철강 등 주력산업**에 대한** 공급과잉 문제를 안고 있어서다. (0307, ㅅ신문)

'주력산업에 대한 공급 과잉'은 뜻이 모호하다. 주력산업이 필요한 정도보다 훨씬 많이 공급되고 있다는 의미라면 '주력산업에 대한 공급 과잉'이라 할 게 아니라 '주력산업의 공급 과잉'이라 표현하는 것이 명확하고 간명하다.

>>> 　중국처럼 반도체, 조선, 철강 등 주력산업의 공급과잉 문제를 안고 있어서
　　다.

．．．

　환경부는 지난 3일 **가습기 살균제와 같은 피해가** 재발하는 것을 막기 위해 살생
물제(바이오사이드) 허가제와 전수조사 등 살생물제 전반에 대한 관리 체계를
도입하기로 했다. 　　　　　　　　　　　　　　　　　　　　(0506, ㄱ신문)

　'가습기 살균제와 같은 피해'는 정확한 표현이라고 할 수 없다. '가습기 살균
제'가 곧 '피해'는 아니기 때문이다. 재발을 막아야 하는 것은 유해한 가습기 살
균제로 인한 피해 발생이다. 따라서 '가습기 살균제와 같은 피해'가 아니라 '가
습기 살균제로 인한 피해'라고 고칠 때 뜻이 분명하게 드러난다.

>>> 　환경부는 지난 3일 가습기 살균제**로 인한** 피해가 재발하는 것을 막기 위해
　　살생물제(바이오사이드) 허가제와 전수조사 등 살생물제 전반에 대한 관리
　　체계를 도입하기로 했다.

．．

　실체적 진실의 규명만이 피해자와 가족들의 억울함을 조금이나마 풀어 줄 수
있는 데다 엄정한 책임을 물을 수 있다. 뒤늦게 국민 생명·안전과 직결된 사건
이라며 수사에 착수한 검찰**의 반성이자** 과제다. 　　　　　(0405, ㅅ신문)

　'가습기 살균제 보고서 조작 의혹 진상 뭔가'라는 제목의 사설 마지막 부분
이다. '뒤늦게 국민 생명·안전과 직결된 사건이라며 수사에 착수한 검찰의 반
성이자 과제다'에는 주어가 없다. 주어를 생략하였다. 생략된 주어는 '보고서
가 작성된 경위를 밝혀내는 것'이거나 '실체적 진실의 규명'일 것이다. 어느 쪽

이든 좋다. 독자는 생략된 주어를 복원할 수 있을 것이다. 문제는 그 주어와 '검찰의 반성이자 과제다'가 호응하느냐이다. 그 주어와 '검찰의 과제다'와는 잘 호응한다. 그러나 '검찰의 반성이다'와는 호응한다고 볼 수 없다. 반성은 과거의 일에 대한 것일 수밖에 없고 따라서 '보고서가 작성된 경위를 밝혀내지 못한 것'이라든지 '실체적 진실을 규명하지 못한 것'이 반성이지 앞으로 할 '보고서가 작성된 경위를 밝혀내는 것'이나 '실체적 진실의 규명'이 반성이 될 수는 없다. 따라서 '뒤늦게 국민 생명·안전과 직결된 사건이라며 수사에 착수한 검찰의 반성이자 과제다'에서 '반성이자'는 빠져야 맞다. 그리고 이왕 고치는 김에 '검찰의 과제다'보다는 '검찰에 주어진 과제다'라고 하는 것이 더 쉽게 읽힌다.

>>> 뒤늦게 국민 생명·안전과 직결된 사건이라며 수사에 착수한 검찰**에 주어진 과제다.**

....

예측 불가능한 북한의 핵을 머리에 인 채 **언제까지** 살아갈 순 없다.

(0511, ㄷ일보)

'예측 불가능한 북한의 핵을 머리에 인 채 언제까지 살아갈 순 없다'에서 '언제까지'가 문제다. '언제'는 의문문에 쓰이는 게 보통이어서 예컨대 '언제까지 살 것인가'는 아주 자연스럽다. '언제까지 살아갈지 알 수 없다'도 좋다. 그러나 '살아갈 순 없다'와 같은 평서문에서 사용하려면 '언제까지나'를 써야 한다. 아예 '기약 없이' 같은 말로 바꾸어도 좋다.

>>> 예측 불가능한 북한의 핵을 머리에 인 채 **언제까지나** 살아갈 순 없다.
예측 불가능한 북한의 핵을 머리에 인 채 **기약 없이** 살아갈 순 없다.

우리만 **김정은의 피해**를 입고 있는 것이 아니다. (0507, ㅈ일보)

'김정은의 피해'는 중의적이다. 중의적이란 뜻이 여러 가지라는 것이다. '김정은이 입은 피해'라는 뜻과 '김정은 때문에 입은 피해'라는 뜻이 그것이다. 글쓴이는 후자의 뜻으로 썼고 독자가 그렇게 이해해 주길 기대했겠지만 독자에 따라서 전자의 뜻도 떠오를 수 있다. 그렇기 때문에 가능한 한 중의적인 표현은 피하는 것이 좋다.

사실 후자의 뜻으로 쓰기에도 '김정은의 피해'가 그리 자연스럽지 않다. 예를 들어 '태풍의 피해'는 '태풍 때문에 입은 피해'로 쉽게 해석된다. 그러나 '태풍의 피해'는 '태풍 피해'라고 할 수 있지만 '김정은의 피해'는 '김정은 피해'처럼 '의'를 생략하면 매우 어색하다.

따라서 '김정은으로부터 피해를 입고 있는'이라고 하거나 '김정은 때문에 피해를 입고 있는'이라고 하는 것이 알기 쉽다. 문장은 짧게 쓰는 것도 좋지만 뜻이 모호해지고 표현이 어색해져서는 안 된다.

>>> 우리만 **김정은으로부터** 피해를 입고 있는 것이 아니다.
우리만 김정은 **때문에** 피해를 입고 있는 것이 아니다.

종선에서 **제1당으로 승리한** 지 열흘여 만이다. (0426, ㅈ일보)

'총선에서 제1당으로 승리한'이 자연스러운 연결인가? 무슨 뜻인지 알 듯 말 듯하지 않은가? 무얼 말하려고 하는지 짐작은 가지만 뜻이 선명하게 다가오지 않는다. '제1당으로 승리한'이라는 말이 불완전한 연결이다.

'총선에서 승리하고', '총선에서 제1당이 된' 것을 한꺼번에 간략하게 표현하려다 보니 '총선에서 제1당으로 승리한'으로 썼다. 간략하게 쓰는 것도 좋지만 문장을 바르게 쓰면서 간략하게 표현해야 한다. '총선에서 승리하여 제1당이 된'이라고 하는 것이 옳다. 그래야 뜻이 또렷하게 드러난다.

>>> 　　총선에서 **승리하여 제1당이 된** 지 열흘여 만이다.

그 과정에서 **필요하다면** 서해 북방한계선(NLL)과 휴전선 인근에서 **언제** 국지 도발을 일으킬지 모른다.　　　　　　　　　　　　　　(0330, ㅈ일보)

'필요하다면'과 '언제 국지 도발을 일으킬지'는 서로 잘 호응하지 않는다. '필요하다면'에 이어지는 말은 의문문이 아니라 서술문이어야 한다. 그런데 '필요하다면'이라 해 놓고 뒤에서 '언제 국지 도발을 일으킬지 모른다'고 했다. '언제'가 문제다. '언제'가 의문문을 만들기 때문이다. '필요하다면'을 쓰려면 뒤에 '언제'를 빼야 하고 '언제'를 쓰려면 앞에서 '필요하다면'을 빼야 한다. '언제'가 아니라 '하시라도'나 '언제라도' 같은 말을 쓴다면 물론 아주 좋다. 그러나 '언제'는 아니다.

>>> 　　그 과정에서 필요하다면 서해 북방한계선(NLL)과 휴전선 인근에서 국지 도발을 일으킬지 모른다.
　　그 과정에서 필요하다면 서해 북방한계선(NLL)과 휴전선 인근에서 **언제라도** 국지 도발을 일으킬지 모른다.
　　그 과정에서 필요하다면 서해 북방한계선(NLL)과 휴전선 인근에서 **하시라도** 국지 도발을 일으킬지 모른다.
　　그 과정에서 서해 북방한계선(NLL)과 휴전선 인근에서 언제 국지 도발을 일으킬지 모른다.

일본 내 최대인 이마바리조선이 18년 만에 독 확장 공사를 재개한 까닭이 있
다. **일반 상선이면 무엇이든 대응할 수 있는** '선박 백화점' 구축을 목표로 선박용
프로펠러 1위 같은 중소업체와도 **손을 잡는 기술개발에 앞장서기 위해서다.**

(0321, ㄷ일보)

'선박용 프로펠러 1위 같은 중소업체와도 손을 잡는 기술개발에 앞장서기
위해서다'에서 '중소업체와도 손을 잡는 기술개발'이 말이 되는가. 아무리 이
해하려 해도 무엇을 뜻하는지 잘 와 닿지 않는다. 다음과 같이 썼다면 좀 나아
진다.

> >>> 일반 상선이면 무엇이든 대응할 수 있는 '선박 백화점' 구축을 목표로 선박
> 용 프로펠러 1위 같은 중소업체와도 손을 잡는 **것은** 기술개발에 앞장서기
> 위해서다.

　그뿐이 아니다. '일반 상선이면 무엇이든 대응할 수 있는 '선박 백화점"은 또
무슨 뜻인가. 좀체 글쓴이의 의도가 잡히지 않는다. '대응'은 무엇에 대한 대응
인데 그냥 대응이라고만 해서 어떤 대응인지도 알 수 없다. 어떤 주문에도 응
할 수 있다는 뜻으로 쓴 것이라면 '일반 상선이면 무엇이든 제작할 수 있는'이
더 나아 보인다. 글은 뜻을 전달하기 위해 쓴다. 뜻이 잘 전달되지 않으면 제대
로 된 글이라 할 수 없다.

　트럼프가 바라보는 한국은 도저히 우방이라고 믿기 어렵다. 그가 "북한이 한국·일
본과 전쟁을 한다면 그건 그들의 일이다"라고 말한 대목에 이르면 모골이 송연
해진다.　　　　　　　　　　　　　　　　　　　　　　　　　(0505, ㄱ신문)

'트럼프가 바라보는 한국은 도저히 우방이라고 믿기 어렵다'라는 짤막한 문장은 생략이 너무 심해 무슨 뜻인지 파악하기가 간단치 않다. '우방'은 '미국은 한국의 우방이다'처럼 누가 누구의 우방인지가 있어야 하는 말인데 이 문장에서는 어느 나라가 어느 나라의 우방이라는 것인지 전혀 드러나 있지 않다. '믿기'의 주어가 무엇인지도 나와 있지 않아서 '한국'이 '믿기'의 주어인지 생략된 '우리가'가 '믿기'의 주어인지도 알 수 없다. 적어도 아래와 같이 고쳐야만 뜻이 쉽게 이해될 것이다.

>>> 트럼프가 한국을 바라보는 시각은 미국이 한국의 우방이라는 것을 도저히 믿기 어렵게 한다.
트럼프의 말을 들으면 미국이 한국의 우방인지 도저히 믿기 어렵다.

더민주당은 김 대표를 2번에 배정해 **헌정사상 비례 5선**을 보장한 비례대표 공천안을 확정했다.   (0324, ㄷ일보)

위 예에서 '헌정사상'이란 말은 그다음 무슨 말과 연관이 있는지 알기 어렵다. '헌정사상'은 그다음에 이어지는 '비례5선을 보장한 비례대표 공천안을 확정했다'의 어떤 부분과도 관련지을 수 없어 보인다. 그러나 '헌정 사상 최초인 비례 5선'이라고 한다면 뜻이 이해된다. 비례 5선이 이 나라 헌정 사상 최초이기 때문이다. '최초의' 없이 그냥 '헌정 사상 비례 5선'은 말이 안 된다.

>>> 더민주당은 김 대표를 2번에 배정해 헌정 사상 **최초의** 비례 5선을 보장한 비례대표 공천안을 확정했다.

우리가 자랑할 만한 몇 안 되는 국제 축제 중 하나가 **운영 주체의 갈등으로** 파행되는 사태만은 막아야 한다. (0422, ㅈ일보)

'갈등'이란 말은 '개인이나 집단 사이에 목표나 이해관계가 달라 서로 적대시하거나 충돌함'을 뜻하는 말이다. '갈등'은 반드시 누구와 누구 사이에 벌어진다. 위 예에서 '운영 주체의 갈등으로'라고 했는데 갈등의 당사자들인 부산시와 영화계가 모두 운영 주체이기 때문에 그렇게 표현한다고 해서 틀리다고 할 수는 없겠으나 뜻이 명료하게 드러나지 않는 것은 사실이다. '운영 주체들 사이의 갈등으로' 또는 '운영 주체의 내부 갈등으로'라고 하면 뜻이 명료해진다.

>>> 우리가 자랑할 만한 몇 안 되는 국제 축제 중 하나가 운영 주체**들 사이의** 갈등으로 파행되는 사태만은 막아야 한다.
우리가 자랑할 만한 몇 안 되는 국제 축제 중 하나가 운영 주체의 **내부** 갈등으로 파행되는 사태만은 막아야 한다.

박 대통령은 지난 3년간 대구·경북 편중 및 수첩인사의 반복, **청와대·정부와 긴밀한 의사소통의 결핍**, 집권당과 국회에 대한 권위주의적 자세 등으로 대선 때 박 대통령을 찍은 많은 지지자조차 등을 돌렸다는 사실을 직시해야 한다. (0419, ㅈ일보)

'청와대·정부와 긴밀한 의사소통의 결핍'은 무슨 뜻인가? 박 대통령이 청와대·정부와 긴밀한 의사소통이 결핍됐다는 뜻인가. 박 대통령이 곧 청와대이므로 그런 뜻일 수는 없다. 그렇다면 '청와대·정부와 긴밀한 의사소통의 결핍'

품격 있는 글쓰기

은 '청와대와 정부 사이의 긴밀한 의사소통'이다. 그리고 그런 뜻이라면 '청와대와 정부의 긴밀한 의사소통 결핍'이라고 하는 것이 적절하다. '청와대와 정부 간의 긴밀한 의사소통 결핍'이라고 할 수도 있겠다.

>>> 박 대통령은 지난 3년간 대구·경북 편중 및 수첩인사의 반복, **청와대와 정부의** 긴밀한 의사소통 결핍, 집권당과 국회에 대한 권위주의적 자세 등으로 대선 때 박 대통령을 찍은 많은 지지자조차 등을 돌렸다는 사실을 직시해야 한다.

....

한·미·일 3국은 이미 북한이 5차 핵실험을 강행할 경우 **더욱 강력한 제재 방안**에 대해 논의했다.   (0425, ㅈ일보)

'북한이 5차 핵실험을 강행할 경우 더욱 강력한 제재 방안'에서 '북한이 5차 핵실험을 강행할 경우'가 이미 뒤이어 어떤 행동이 나올 것을 기대하게 한다. 그러나 '행동' 대신에 '제재 방안'이라는 명사가 나왔을 뿐이다. 따라서 '핵실험을 강행할 경우'와 '제재 방안'이 서로 호응하지 않는다. 호응을 맺어 주기 위해서는 '핵실험을 강행할 경우 시행할 더욱 강력한 제재 방안'처럼 '시행할' 또는 '취할' 같은 동사를 넣어 주어야 한다. 그렇게 하지 않는다면 최소한 '경우'에 조사 '의'를 넣어 주어 '북한이 5차 핵실험을 강행할 경우의 더욱 강력한 제재 방안'처럼 해야 문법적으로 반듯해진다.

>>> 한·미·일 3국은 이미 북한이 5차 핵실험을 강행할 경우 **시행할** 더욱 강력한 제재 방안에 대해 논의했다.
한·미·일 3국은 이미 북한이 5차 핵실험을 강행할 경우**의** 더욱 강력한 제재 방안에 대해 논의했다.

진씨의 부적절한 처신과 법무부의 소극적 대응 때문에 국민들은 **법치주의의 실종을 비난**하고 있다. (0405, ㅈ일보)

'비난하다'는 보통 비난 받을 행동을 한 사람이나 그 사람의 비난 받을 행동에 대해서 쓴다. '법치주의의 실종'은 비난 받을 행동이라고 하기는 어렵다. 따라서 '법치주의의 실종을 비난하고 있다'는 그리 매끄러운 표현이 아니다. 아래처럼 고치는 것이 좀 더 자연스럽다.

>>> 진씨의 부적절한 처신과 법무부의 소극적 대응 때문에 국민들은 법치주의**가 실종되었다며 법무부를 비난**하고 있다.

더불어 교사는 **학생과의 신뢰 회복**을 위해 더 노력해야 한다. (0516, ㅎ일보)

'학생', '신뢰', '회복'의 관계가 제대로 묶이지 않았다. 그렇다 보니 뜻이 모호해졌다. 우선 '학생과의 신뢰'가 아니라 '학생과의 신뢰 관계'라 해야 말이 된다. 아니면 '학생의 신뢰 회복'이나 '학생으로부터의 신뢰 회복'이라 해야 한다.

>>> 더불어 교사는 학생과의 신뢰 **관계** 회복을 위해 더 노력해야 한다.
더불어 교사는 학생**의** 신뢰 회복을 위해 더 노력해야 한다.
더불어 교사는 학생**으로부터의** 신뢰 회복을 위해 더 노력해야 한다.

미국 록히드마틴사에서 F-35A를 도입하면서 핵심 기술을 이전받아 한국형전투기(KF-X)를 개발하려던 정부의 구상은 미국의 거부로 우리가 독자개발을 해

야 할 판이다. (0330, ㄷ일보)

'한국형전투기를 개발하려던 정부의 구상은'이 '우리가 독자개발을 해야 할 판이다'로 이어졌는데 서로 호응하지 않는다. 그 결과 무슨 뜻인지 선뜻 이해되지 않는다. '한국형전투기를 개발하려던 정부의 구상은'을 살리려면 '실현되지 못하고', '깨지고' 등이 와야 한다. 그것은 생략할 수 있지 않다.

>>> 미국 록히드마틴사에서 F-35A를 도입하면서 핵심 기술을 이전 받아 한국형전투기(KF-X)를 개발하려던 정부의 구상은 미국의 거부로 **실현되지 못하고** 우리가 독자개발을 해야 할 판이다.

정부와 집권당은 어떤 상황에서도, 어떤 성향의 **국민이라도** 마지막으로 기댈 수 있는 언덕이라는 안정감만은 줘야 한다. (0322, ㅈ일보)

'정부와 집권당은 어떤 상황에서도, 어떤 성향의 국민이라도 마지막으로 기댈 수 있는 언덕이라는 안정감만은 줘야 한다'에서 '어떤 성향의 국민이라도'가 독해에 어려움을 준다. '어떤 성향의 국민이라도'가 어떤 말에 걸리는지가 금세 찾아지지 않는다. '안정감만은 줘야 한다'에 '줘야'가 나오니 누구에게 주는 것이고 '국민'에게 주는 것이 아닐까 하는 생각은 든다. 만일 국민에게 준다는 의미로 썼다면 확실하게 밝혀 주는 게 옳다. 그것을 굳이 감추고 그냥 '국민이라도'라고 하니 의미 파악에 어려움을 겪게 된다. '국민이라도'를 '국민에게도'로 바꾸면 훨씬 뜻이 선명해진다.

>>> 정부와 집권당은 어떤 상황에서도, 어떤 성향의 **국민에게도** 마지막으로 기댈 수 있는 언덕이라는 안정감만은 줘야 한다.

범정부 대책을 바탕으로 교육 당국과 지방자치단체가 뜻을 모은다면 아동학대 예방 효과가 있으리라 기대된다. 걱정인 것은 이런 대응이 보여 주기 반짝 행정으로 **끝날까 하는** 점이다. (0321, ㅅ신문)

'걱정인 것은 이런 대응이 보여 주기 반짝 행정으로 끝날까 하는 점이다'는 뭔가 잘못돼 보인다. '걱정인 것은 이런 대응이 보여 주기 반짝 행정으로 끝나지 않을까 하는 점이다'와 비교해 보면 이상한 점을 알 수 있을 것이다. 원래의 문장은 마치 이런 대응이 보여 주기 반짝 행정으로 끝나야 한다고 말하는 것처럼 비친다. 그러나 속뜻은 그게 아닐 것이다. 따라서 단순한 실수가 아닌가 여겨진다. '끝날까'를 '끝나지 않을까'로 고쳐야 할 것이다.

>>> 걱정인 것은 이런 대응이 보여 주기 반짝 행정으로 **끝나지 않을까 하는** 점이다.

북한은 틈만 나면 핵실험과 미사일 발사로 **도발하면서** 한반도 평화를 위한 대화를 요구하는 **상황에서** 북한의 진정성을 누가 믿을 수 있을까. (0523, ㅅ신문)

위 문장의 주절은 '북한의 진정성을 누가 믿을 수 있을까'이다. 그 앞부분은 종속절일 뿐이다. 종속절이 '북한은'으로 시작했는데 이것부터 문제다. '북한은'과 '요구하는 상황에서'가 잘 맞지 않는다. '북한은'을 '북한이'로 바꾸는 것이 좋다. '도발하면서'와 '요구하는 상황에서'는 어미 '–면서'의 '서'와 조사 '에서'의 '서'가 중복되면서 어색한 느낌을 주므로 '도발하면서'를 '도발하며'로 바꿀 필요가 있다. '상황에서'를 '상황에'라고 할 수도 있을 것이다. '북한은'을 그대로 두면서 '상황에서'를 '상황인데'라고 바꾸어도 괜찮다.

>>> 북한이 틈만 나면 핵실험과 미사일 발사로 **도발하며** 한반도 평화를 위한 대화를 요구하는 상황에서 북한의 진정성을 누가 믿을 수 있을까.

북한이 틈만 나면 핵실험과 미사일 발사로 도발하면서 한반도 평화를 위한 대화를 요구하는 **상황에** 북한의 진정성을 누가 믿을 수 있을까.

북한은 틈만 나면 핵실험과 미사일 발사로 도발하면서 한반도 평화를 위한 대화를 요구하는 **상황인데** 북한의 진정성을 누가 믿을 수 있을까.

검찰의 알맹이 없는 '축소 기소'도 **문제지만**, 그렇다고 법원의 면죄부 판결이 **정당화되지는 않는다.**

(0425, ㅎ신문)

위 문장에서 '검찰의 알맹이 없는 '축소 기소'도 문제지만'과 '그렇다고 법원의 면죄부 판결이 정당화되지는 않는다'가 연결되었다. 앞에서 '검찰의 알맹이 없는 '축소 기소'도 문제지만'이 나온 이상 뒤에서는 '법원의 면죄부 판결도 문제다' 또는 '법원의 면죄부 판결도 잘못이다' 같은 말이 나올 것이 기대되는데 '정당화되지는 않는다'와 같은 '약한' 말이 나와서 좀 엉뚱하다는 느낌을 준다. '정당화되지는 않는다'보다는 '잘된 것이 아니다'가 더 수긍이 가는 표현이다.

>>> 검찰의 알맹이 없는 '축소 기소'도 문제지만, 그렇다고 법원의 면죄부 판결 **도 잘된 것이 아니다.**

만일 '법원의 면죄부 판결이 정당화되지는 않는다'를 굳이 살리고자 한다면 전반부에서 '문제지만' 대신에 다음과 같이 바꿀 때 비로소 자연스럽게 연결이 된다.

>>> 검찰이 알맹이 없는 '축소 기소'를 **했다고 해서** 법원의 면죄부 판결이 **정당화**

되지는 않는다.

겉으로는 읍소(泣訴)하는 것 같지만 뒤집어보면 결국 '나 말고 누가 있느냐'고 유권자들을 **위협하는** 것이나 다름없다.   (0409, ㅈ일보)

"나 말고 누가 있느냐'고 유권자들을 위협하는 것'은 자연스러워 보이지 않는다. 그 이유는 위협의 내용이 기껏 '나 말고 누가 있느냐'는 질문이기 때문이다. 위협이라면 상대를 해치겠다거나 상대에 해가 생길 것이라는 내용이어야 한다. '나 말고 누가 있느냐'가 곧 위협이기는 어렵다. '나 말고 누가 있느냐'를 굳이 쓰겠다면 '위협'이 아니라 '압박'이나 '몰아세우기'쯤으로 느낌을 누그러뜨려야 할 것이다. '위협'을 살리려면 '나 말고 누가 있느냐'가 아니라 '나 말고 딴 데 찍으면 해를 입을 줄 알라'쯤은 돼야 한다.

>>>   겉으로는 읍소(泣訴)하는 것 같지만 뒤집어보면 결국 '나 말고 누가 있느냐'고 유권자들을 **압박하는** 것이나 다름없다.
겉으로는 읍소(泣訴)하는 것 같지만 뒤집어보면 결국 **나 말고 딴 데 찍으면 해를 입을 줄 알라**고 유권자들을 위협하는 것이나 다름없다.

성매매와의 전쟁이 단속과 처벌로만 가능하지 않다는 것은 법 제정 후 12년간의 경험으로 확인됐다.   (0401, ㅈ일보)

'성매매와의 전쟁이 단속과 처벌로만 가능하지 않다는'은 글쓴이가 말하려고 하는 바가 무엇인지 누구나 짐작하기에 문제 삼지 않고 넘어가는 것이 보통이겠지만 따지고 보면 정확한 표현이 아니다. 단속과 처벌로만 가능하지 않은 것은 성매매와의 전쟁 자체가 아니다. 성매매와의 전쟁에서 이기는 것이 단속과 처벌로만 가능하지 않은 것이다. 따라서 표현을 분명하게 할 필요가 있다. '성매매와의 전쟁이'가 아니라 '성매매를 막는 것이', '성매매를 뿌리 뽑는 것이' 등과 같이 해야 할 것이다.

>>> **성매매를 뿌리 뽑는 것이** 단속과 처벌로만 가능하지 않다는 것은 법 제정 후 12년간의 경험으로 확인됐다.

....

게임 업계도 게임 중독**의 조치**에 반대만 할 게 아니라 대안을 찾는 데 한층 노력을 기울여야 한다. (0301, ㅅ신문)

'게임 중독의 조치'는 '게임 중독'과 '조치' 사이에 조사 '의'를 두고 있다. 이 경우에 조사 '의'를 사용한 것은 타당한가? 그렇지 않아 보인다. '게임 중독의 조치'는 뜻이 명확하지 않기 때문이다. 뜻이 분명해지려면 다듬을 필요가 있다. 여러 가지 대안이 있을 수 있다. '게임 중독에 대한 조치', '게임 중독 예방 조치', '게임 중독 대책' 등이 그런 대안이다.

>>> 게임 업계도 게임 중독**에 대한 조치**에 반대만 할 게 아니라 대안을 찾는 데 한층 노력을 기울여야 한다.
게임 업계도 게임 중독 **예방 조치**에 반대만 할 게 아니라 대안을 찾는 데 한층 노력을 기울여야 한다.
게임 업계도 게임 중독 **대책**에 반대만 할 게 아니라 대안을 찾는 데 한층 노력을 기울여야 한다.

서울중앙지검 공안2부는 지난해 11월 유씨를 불구속 기소하면서 애초 국정원 댓글 특별수사팀이 발견한 유씨의 선거 개입 게시물 등 수백개의 글을 제외한 채 10개의 글**만** 기소한 것으로 드러났다. (0425, ㅎ신문)

'기소'는 '사람'에 대해서 하는 것이지 '글'을 기소할 수는 없다. '10개의 글만 기소한'이라 하더라도 무슨 말인지 뜻을 모를 사람이야 없겠지만 문장의 완성도를 놓고 볼 때는 완전하지 않다. '10개의 글에 대해서만 기소한'이라고 해야 나아진다.

>>> 서울중앙지검 공안2부는 지난해 11월 유씨를 불구속 기소하면서 애초 국정원 댓글 특별수사팀이 발견한 유씨의 선거 개입 게시물 등 수백개의 글을 제외한 채 10개의 글**에 대해서만** 기소한 것으로 드러났다.

낙하산 사장이 총선·도지사 출마를 위해 잠시 거쳐 가는 곳으로 전락한 **인천국제공항공사는** 수용능력 포화상태로 북새통을 이루고 있다. (0427, ㅈ일보)

'인천국제공항공사는 수용능력 포화상태로 북새통을 이루고 있다'고 했는데 '인천국제공항'이 수용 능력 포화 상태로 북새통을 이루고 있는 것이지 '인천국제공항공사'가 북새통을 이루고 있을 수는 없다. 문장을 간략하게 쓰는 것은 좋으나 생략이 지나쳐 논리적으로 도저히 연결될 수 없는 문장을 낳는다면 간략하게 쓴들 소용이 없다. 정확하게 써야 한다.

>>> **인천국제공항공사가** 낙하산 사장이 총선·도지사 출마를 위해 잠시 거쳐 가는 곳으로 **전락하는 바람에 인천국제공항은** 수용 능력 포화 상태로 북새통을

품격 있는 글쓰기

국정의 최우선 과제인 청년 일자리**를 만들고** 한국 경제 재도약의 디딤돌로 삼
자는 것인데 4년 넘게 법 처리가 안 되면서 자동 폐기를 눈앞에 뒀다.

(0420, ㅈ일보)

위 문장만 놓고 보면 '국정의 최우선 과제'가 '청년 일자리'라는 것인데 국정
의 최우선 과제는 청년 일자리가 아니라 청년 일자리 창출이거나 청년 일자
리 늘리기, 청년 일자리 확대다. '청년 일자리' 자체가 '과제'일 수는 없다. 따라
서 '국정의 최우선 과제인 청년 일자리를 만들고'가 아니라 '국정의 최우선 과
제인 청년 일자리 창출을 뒷받침하고'든지 '국정의 최우선 과제인 청년 일자리
확대를 촉진하고' 등과 같이 써야 하겠다.

>>> 국정의 최우선 과제인 청년 일자리 **창출을 뒷받침하고** 한국 경제 재도약의
디딤돌로 삼자는 것인데 4년 넘게 법 처리가 안 되면서 자동 폐기를 눈앞에
뒀다.

'인간의 감(感)'인 '두터움'까지 집으로 계산해버리고, 끝내기에서는 절대 실수
하지 않는 기계적 논리가 승한다면 인간 본연의 가치를 잃어버릴 수 있다.

(0310, ㄱ신문)

'기계적 논리가 승한다면 인간 본연의 가치를 잃어버릴 수 있다'에서는 무엇
이 인간 본연의 가치를 잃어버릴 수 있다는 것인지 모호하다. 일단 주어가 생
략되었으므로 주어가 무엇인지 추측할 수밖에 없는데 글쓴이가 무엇을 주어

로 생각했을지 상상하기 어렵다. '인간 본연의 가치를 잃어버릴 수 있는' 것이 인간인지 바둑인지 알파고인지 분명하지 않다. 무엇이라 해도 왜 그것이 인간 본연의 가치를 잃어버릴 수 있는지도 알기 어렵다.

....

한은이 올해 경제성장률 전망치를 3.0%에서 2.8%로 내릴 정도로 **성장의 천장에** 부딪혔지만 '돈맥'이 꽉 막힌 상황을 두고는 재정을 풀어봐야 소용없다.

(0420, ㄷ일보)

'성장의 천장에 부딪혔지만'에서 '부딪혔지만'의 주어는 나타나 있지 않다. 아마 글쓴이는 '우리나라가'를 주어로 상정했을 것으로 보인다. 그렇다고 해도 '(우리나라가) 성장의 천장에 부딪히다'라는 표현은 여전히 어색하고 낯설다. '우리나라가'와 같은 숨은 주어를 상정할 필요가 없이 '성장이 천장에 부딪혔지만' 또는 더 나아가 '성장이 벽에 부딪혔지만'이라고 하는 것이 훨씬 이해하기 쉽다. 나아가 '부딪혔지만'보다 '부딪혔으니', '부딪혔으므로', '부딪혔기에' 따위가 문맥에 비추어 볼 때 더 자연스러워 보인다.

>>> 한은이 올해 경제성장률 전망치를 3.0%에서 2.8%로 내릴 정도로 **성장이 벽에** 부딪혔지만 '돈맥'이 꽉 막힌 상황을 두고는 재정을 풀어봐야 소용없다.

....

야권 역시 수권정당**으로서 확신을** 주지 못하고 있다.   (0313, ㅅ신문)

'야권 역시 수권정당으로서 확신을 주지 못하고 있다'는 뜻이 모호하다. '확신'이 무엇에 대한 누구의 확신인지가 보이지 않는다. '수권정당으로서'라고 한 이상 야권을 수권정당으로 간주한다는 뜻이다. 앞으로 수권정당이 될 수 있다는 믿음을 주지 못한다는 뜻이 아니다. 그러나 글쓴이의 의도는 수권정당이 될 수 있다는 믿음을 주지 못한다는 뜻일 것이다. '확신'은 문맥에 어울리지 않는다. 다음과 같은 대안을 생각해 볼 수 있다.

>>> 야권 역시 수권정당으로서**의 믿음**을 주지 못하고 있다.
야권 역시 수권정당**에 대한 기대감을 만족시켜** 주지 못하고 있다.

구조조정은 진검 승부다. 피가 튀고 뼈가 부서지는 고통이 따른다. 노동자는 **해직의 숙명**을 강요받는다.   (0425, ㅈ일보)

'해직의 숙명을 강요받는다'라고 해도 무슨 말을 하려는지 대개 짐작은 할 수 있을 것이다. 그러나 곰곰 따져 보면 말이 되는지 의문이 들지 않을 수 없다. '해직을 강요받는다'라고만 하든지 '숙명처럼 해직을 강요받는다'라고 하면 더 명료하다. '해직의 숙명' 같은 모호한 말을 굳이 쓰지 않아도 된다.

>>> 노동자는 **해직**을 강요받는다.
노동자는 **숙명처럼 해직**을 강요받는다.

사실 통신사 처지에서 보면, 쿠폰 발행은 통신장비 트래픽이 **늘어나는 비용**밖에 들지 않는다.   (0321, ㅎ신문)

'통신장비 트래픽이 늘어나는 비용밖에 들지 않는다'는 정확한 표현일까? '통신장비 트래픽이 늘어나는 데 따른 비용밖에 들지 않는다'와 비교했을 때 어느 쪽이 뜻이 분명한가? '통신장비 트래픽이 늘어나는 비용'은 정확한 표현이 아니다.

>>> 사실 통신사 처지에서 보면, 쿠폰 발행은 통신장비 트래픽이 **늘어나는 데 따른 비용**밖에 들지 않는다.

아울러 융합과 창조를 외치면서도 기초과학과 인공지능이라는 응용과학 분야 **의 빈약한 투자에 대한** 우리의 현실을 직시하게 했다는 점이다. (0315, ㅅ신문)

'아울러 융합과 창조를 외치면서도 기초과학과 인공지능이라는 응용과학 분야의 빈약한 투자에 대한 우리의 현실을 직시하게 했다는 점이다'는 '점이다'의 주어도 없을 뿐 아니라 '아울러 융합과 창조를 외치면서도'에 호응하는 말이 무엇인지 잡히지 않는다. 아마도 융합과 창조를 외치기는 하지만 기초과학과 응용과학 분야에 투자가 빈약함을 말하려는 것으로 보인다. 그렇다면 '외치면서도'와 '빈약한 투자'를 연결시켜 주어야 하고 그러려면 '외치면서도 투자에 빈약한'처럼 써야 옳다. 다음과 같이 바꾸어 볼 수 있다. '~는 점이다'는 없애야 뜻이 명확해진다.

>>> 아울러 융합과 창조를 외치면서도 기초과학과 인공지능이라는 응용과학 분야**에는 투자가 빈약한** 우리의 현실을 직시하게 했다.

정당 민주주의의 요원한 현실만 거듭 확인했을 따름이다.   (0324, ㅎ일보)

'정당 민주주의의 요원한 현실'은 무슨 뜻인가? '정당 민주주의', '요원한', '현실'은 서로 어떤 관계에 있는가? 현실이 정당 민주주의가 요원하다는 뜻이 아닌가? 그렇다면 '정당 민주주의의 요원한 현실'은 그런 뜻을 보여 주지 못한다. '정당 민주주의가 요원한 현실'이 더 가깝다. 아니면 '정당 민주주의가 요원하다는 것만을'이라고 해도 좋을 것이다.

>>> 정당 민주주의**가** 요원한 현실만 거듭 확인했을 따름이다.
정당 민주주의**가** 요원**하다는 것만을** 거듭 확인했을 따름이다.

그러나 낙하산 기관장은 임기 중 지방선거나 총선에 나가겠다며 사표를 내는 경우가 많아 잠시 머무는 자리로 전락했다. 전문성과 경험이 부족한 기관장이 임기를 채우더라도 **'지금 이대로' 안주하고는 했다.** 그 때문에 상당수 공공기관은 부실·방만 경영에서 벗어나지 못하고 있다.   (0418, ㄱ신문)

'전문성과 경험이 부족한 기관장이 임기를 채우더라도 '지금 이대로' 안주하고는 했다'는 뜻이 모호하다. 뭘 말하려고 하는지 알 수가 없다. 한참 생각을 해도 답이 잘 떠오르지 않는다. 임기를 채우더라도 물러나지 않고 연임했음을 말하려는 것이라면 명료하게 그렇게 표현해야 옳다. "지금 이대로' 안주하고는 했다'를 '연임했다'의 뜻으로 이해해 달라고 하는 것은 지나친 기대다.

>>> 전문성과 경험이 부족한 기관장이 임기를 채우더라도 **(물러나지 않고) 연임하는 일이 흔했다.**

박 대통령과 새누리당은 그들의 의지와 관계없이 완전히 달라진 20대 국회, 3당 정치체제에 적응해야 한다.
지금까지 그들이 싫으면 안 해도 되는 게 제1당의 힘이었지만 그런 고집은 더

이상 통하지 않게 됐다. (0429, ㅈ일보)

'지금까지 그들이 싫으면 안 해도 되는 게 제1당의 힘이었지만'은 잘 이해가 되지 않아 여러 번 읽게 된다. 여러 번 읽고도 그리 뜻이 선명하게 떠오르지 않는다. '그들이 싫으면 안 해도 되는 게 제1당의 힘이었다'가 자연스러운가? 당장 무엇을 안 해도 되는지부터 드러나 있지 않아 어색하다. 아마 무슨 일이든 안 해도 된다는 뜻이리라. 그것은 그렇다 쳐도 '지금까지 그들이 싫으면 안 해도 되는 것'이 '제1당의 힘'이라는 등식이 매우 어색하다. 따라서 그냥 '지금까지는 그들이 싫으면 안 해도 되었지만'으로 바꾸어야 훨씬 쉽게 이해된다. '지금까지는 제1당이어서 그들이 싫으면 안 해도 되었지만'이라고 해도 좋을 것이다.

>>> 지금까지**는** 그들이 싫으면 안 해도 **되었지만** 그런 고집은 더 이상 통하지 않게 됐다.

지금까지**는 제1당이어서** 그들이 싫으면 안 해도 되었지만 그런 고집은 더 이상 통하지 않게 됐다.

현대중공업도 대주주와 경영진의 기업 부실화에 대한 **책임 없이** 노동자의 일방적 희생만 강요해선 안 된다. (0423, ㄱ신문)

'대주주와 경영진의 기업 부실화에 대한 책임 없이'는 완전하지 않다. 뭔가 빠진 느낌을 지울 수 없다. 노동자에게만 일방적 희생을 강요할 게 아니고 대주주와 경영진에게도 기업 부실화에 대한 책임을 물어야 한다는 뜻일 텐데 그런 뜻을 '대주주와 경영진의 기업 부실화에 대한 책임 없이'로 표현하는 것은 옳지 않다. 최소한 '추궁'이란 말을 '책임' 다음에 넣든지 아예 '대주주와 경영

414 품격 있는 글쓰기

진에게는 기업 부실화에 대한 책임을 묻지 않고'로 풀어서 쓰든지 해야 한다.

>>> 현대중공업도 대주주와 경영진의 기업 부실화에 대한 책임 **추궁** 없이 노동
자의 일방적 희생만 강요해선 안 된다.
현대중공업도 대주주와 경영진에게는 기업 부실화**에 대한 책임을 묻지 않고**
노동자의 일방적 희생만 강요해선 안 된다.

내용으로 승부할 자신이 없으니 5대 총선 공약을 1년 안에 이행하지 못할 경우
국회의원 세비 1년치를 **반납하겠다는 서명 운동** 같은 쇼나 벌이는 것이다.

(0328, ㅈ일보)

내용을 잘 모르는 사람이라면 '세비 1년치를 반납하겠다는 서명 운동'이 무
슨 뜻인지 이해할 수 없을 것이다. 서명 운동은 자기의 주장이나 의견에 대해
남들에게 찬성해 달라고 서명을 받는 운동을 말하는데 '반납하겠다'는 주장도
아니고 의견도 아니다. 다짐이요 약속이다. 그것은 실천하면 그뿐이지 서명 운
동을 할 일이 아니다. 요컨대 '반납하겠다는'과 '서명 운동'이 서로 안 맞는다.
내용인즉 이렇다. 여당 안에서 누군가가 의원들을 상대로 당선 후 1년 안에
선거 공약을 이행하지 못할 경우 국회의원 세비 1년치를 반납하자는 제안을
했고 여당 의원들이 제안에 동의하면서 더 많은 의원의 동참을 유도하기 위한
서명 운동을 하자고 했다. 그렇다면 '세비 1년치를 반납하겠다는 서명 운동'이
아니라 '세비 1년치를 반납하자는 서명 운동'이라야 쉽게 이해된다. 아니면 차
라리 과감하게 '서명 운동'을 빼 버리고 '세비 1년치를 반납하겠다는 쇼나'라고
하는 것이 간명하면서 이해하기 쉽다. 여기서 서명 운동이 중요한 게 아니기
때문이다.

>>> 내용으로 승부할 자신이 없으니 5대 총선 공약을 1년 안에 이행하지 못할 경우 국회의원 세비 1년치를 **반납하자는** 서명 운동 같은 쇼나 벌이는 것이다.

>>> 내용으로 승부할 자신이 없으니 5대 총선 공약을 1년 안에 이행하지 못할 경우 국회의원 세비 1년치를 **반납하겠다는** 쇼나 벌이는 것이다.

에너지 빈곤층에 대한 대책 등 **기후변화로 인한** 피해를 최소화하는 데도 소홀함이 없어야 한다. (0125, ㄱ신문)

'에너지 빈곤층'과 '기후변화로 인한 피해'가 무슨 상관인가? 에너지를 과용해서 기후변화로 인한 피해가 발생하는 것인데 에너지 빈곤층이 어떻게 해서 기후변화로 인해 피해를 입고 있고 그래서 그 피해를 최소화해야 한다는 말인지 알 수가 없다. 에너지 빈곤층이 기후변화로 인한 피해를 어떻게 해서 입는지에 대한 설명이 필요하다. 만일 기후변화에 대한 대응이 강화되다 보니 에너지 빈곤층이 피해를 입게 되고 그 피해를 최소화해야 한다고 주장하는 것이라면 다음과 같이 써야 할 것이다.

>>> 에너지 빈곤층에 대한 대책 등 **기후변화 대응 (강화)으로 인한** 피해를 최소화하는 데도 소홀함이 없어야 한다.

여야는 그동안 논의된 여러 방안보다 지역구 수를 훨씬 늘렸다. **합의대로라면** 여야의 텃밭인 영남과 호남에서 인구 미달로 통폐합되는 선거구는 **많이 줄어든다.** 대신 수도권 선거구가 늘어나고, 그만큼 비례대표가 줄었다. (0125, ㅎ신문)

세 문장으로 된 위 단락은 이해하기가 쉽지 않다. 우선 시제가 오락가락했다. '늘렸다'에서 '줄어든다'로 바뀌었다가 '줄었다'로 다시 바뀌었다. 혼란스럽다. 일치시켜야 함은 물론이다. 즉 '줄어든다'를 '줄어들었다'라고 하면 훨씬 읽기 수월하다. '합의대로라면'이라는 가정을 했기에 '줄어들었다'라고 하지 않고 '줄어든다'라고 했겠지만 그렇다면 그 앞 문장의 '지역구 수를 훨씬 늘렸다'에서는 왜 단정적으로 '늘렸다'라고 했는가? 갑자기 '합의대로라면'을 끼워넣음으로써 혼란을 불러일으켰다.

그다음 문장의 '수도권 선거구가 늘어나고'와 대조가 되게 하는 게 중요한데 그러기 위해서는 다음과 같이 갈라진 두 문장을 한 문장으로 합쳐야 알기 쉽다. 원래의 문장은 한참을 들여다보아야 겨우 이해할 수 있을 정도다.

>>> 여야는 그동안 논의된 여러 방안보다 지역구 수를 훨씬 늘렸다. 여야의 텃밭인 영남과 호남에서 인구 미달로 통폐합되는 선거구는 많지 않은 대신 수도권 선거구가 늘어나고, 그만큼 비례대표가 줄었다.

아니면 더욱 고쳐서 이렇게 할 수도 있을 것이다.

>>> 여야는 그동안 논의된 여러 방안보다 지역구 수를 훨씬 늘렸다. 여야의 텃밭인 영남과 호남의 선거구는 조금밖에 줄어들지 않는 대신 수도권 선거구가 많이 늘어나고, 그만큼 비례대표가 줄었다.

누가 보면 **민망하게** 화장실 안과 밖은 불투명 유리로 구분된다. (0111, ㅎ신문)

'누가 보면 민망하게'에서 '보면'은 무엇을 보는 걸까. 누가 화장실 안을 보는 것인지, 화장실 안과 밖이 불투명 유리로 구분된 것을 보는 것인지 금세 분별이 가지 않는다. 만일 화장실 안을 보는 것이 민망하다면 '누가 보면 민망하니까' 또는 '누가 보면 민망하므로'라고 해야 뜻이 분명히 파악된다. 더 명확하게 하려면 '누가 보지 않도록'이라고 하는 것이 좋다.

>>> 누가 보면 **민망하니까** 화장실 안과 밖은 불투명 유리로 구분된다.

누가 **보지 않도록** 화장실 안과 밖은 불투명 유리로 구분된다.

모호한 문장을 쓰면 읽는 사람이 독해에 어려움을 느낀다. 모호한 문장에 멈춰서 이게 무슨 뜻일까 하고 자꾸 생각하게 된다. 생각하고서 바른 답이 나오면 그나마 다행이지만 끝내 답을 알지 못하면 낭패가 아닐 수 없다. 읽는 독자를 생각해서 모호한 문장을 쓰지 않도록 해야 함은 물론이다.

자발적인 참여가 아니라 돈으로 사람을 사서 만든 집회는 **여론 조작의 명백한 폭력**이다.   (0421, ㅎ신문)

'여론 조작의 명백한 폭력'은 이해가 될 듯 말 듯한 모호한 표현이다. '여론 조작이 행하는 폭력'이란 뜻인데 여론 조작이 폭력을 행한다는 것이 그리 자연스럽지 않다. 폭력을 행하는 것은 사람이거나 집단이지 '여론 조작'이 폭력을 행하기는 어렵다. 이렇게 모호한 표현을 쓰기보다는 오히려 '여론 조작이며 명백한 폭력이다'라고 하는 것이 더 알기 쉽다. 그게 좀 어색하게 느껴진다면 차라리 '폭력'을 빼고 '명백한 여론 조작이다'라고 하는 것이 낫다.

>>> 자발적인 참여를 통해서가 아니라 돈으로 사람을 사서 만든 집회는 여론 조작**이며** 명백한 폭력이다.

자발적인 참여를 통해서가 아니라 돈으로 사람을 사서 만든 집회는 **명백한**

여론 조작이다.

이 같은 중국의 발전 전략은 우리에게 **도전**보다는 기회적 요인이 더 크다.

(0317, ㅈ일보)

'이 같은 중국의 발전 전략은 우리에게 도전보다는 기회적 요인이 더 크다' 가 무슨 뜻인가? 뜻이 선명한가? 중국의 새로운 발전 전략이 우리에게 '도전' 또는 '도전적 요인'이기보다는 '기회적 요인'이 더 우세하다는 말인데 '도전적 요인'과 '기회적 요인'은 대비되는 개념인가? 비교의 조사 '보다'를 쓴 이상 양 자가 선명하게 대비되는 개념이어야 한다. 그러나 도전과 기회는 대비되는 개 념이기보다는 오히려 공통점이 더 크다고 볼 여지가 있다. 따라서 선명하게 대비되는 개념으로 바꾸어 주지 않으면 안 된다. '도전'보다는 '장벽'이 적합해 보인다.

> >>>　이 같은 중국의 발전 전략은 우리에게 **장벽**이기보다는 기회적 요인이 더 크
> 　　다.

그런데도 아무리 **명퇴 거부라 해도** 거기에 매몰찬 인격 고문(拷問)을 가하는 걸 보면 과연 이 회사 직원들이 자신의 미래를 그려볼 수나 있는 회사인지 의문이 다.

(0322, ㅈ일보)

'아무리 명퇴 거부라 해도'의 '거부라'는 '거부이라'가 줄어든 말이고 '이다'가 있기 때문에 무엇이 거부라는 것인지가 있어야 한다. 그런데 없다. 더구나 바 로 이어서 '거기'가 나오기 때문에 '거기'가 무엇을 가리키는지도 분명해야 하

는데 '거기'가 무엇을 가리키는지도 모호하다. 이 문제를 해결하려면 '아무리 명퇴 거부라 해도' 대신에 '아무리 명퇴 거부를 했더라도' 또는 '아무리 명퇴 거부를 했다 해도'라고 고쳐야 한다. 그렇게 되면 '거기'는 '명퇴 거부를 한 것'이 된다.

>>> 그런데도 아무리 **명퇴 거부를 했더라도** 거기에 매몰찬 인격 고문(拷問)을 가하는 걸 보면 과연 이 회사 직원들이 자신의 미래를 그려볼 수나 있는 회사인지 의문이다.

국회의원을 배출한다는 이유로 헌법이 보호해 주는 고도의 정당 자율성을 과연 지켜줄 필요가 있는지 의심스러운 낯 뜨거운 모습이 아닐 수 없다.

(0308, ㅈ일보)

뜻이 분명하지 않은 문장만큼 글쓰기에서 피해야 할 것은 없다. '국회의원을 배출한다는 이유로 헌법이 보호해 주는 고도의 정당 자율성을 과연 지켜줄 필요가 있는지 의심스러운 낯 뜨거운 모습이 아닐 수 없다'는 뜻을 헤아리기가 여간 어렵지 않다. 우선 '국회의원을 배출한다는 이유로'에서 '국회의원을 배출하는' 것이 누구인지부터 궁금하지만 금방 찾아지지 않는다. '헌법이 보호해 주는' 것이 '고도의 정당 자율성'이겠지만 '고도의 정당 자율성'이 무엇인지, 헌법의 어떤 조항이 '고도의 정당 자율성'을 보호해 주는지도 정치에 밝지 않은 사람들에겐 어렵다. '고도의 정당 자율성을 과연 지켜줄 필요가 있는지'에서 누가 어떻게 고도의 정당 자율성을 지켜 준다는 것인지도 보이지 않는다. 위 문장은 뜻이 분명히 드러나지 않고 짐작하기도 어려워 고쳐 보기도 힘들다.

품격 있는 글쓰기

서울·경기·광주·전남 등 진보 교육감 지역에선 어제부터 유치원 **예산 지원이 시작됐지만 한 푼도 확보 안 돼** 교사 월급이 밀리고, 아이들 간식과 난방까지 걱정하고 있다. (0121, ㅈ일보)

'어제부터 유치원 예산 지원이 시작됐지만'과 '한 푼도 확보 안 돼' 사이의 관계가 모호하다. 예산 지원이 시작됐는데 한 푼도 확보 안 됐다니 무엇이 확보 안 됐다는 말인지 알 수 없다. 예산 지원이 시작됐다는 말은 몇 푼이든 확보되었기에 지원이 시작됐다는 것 아니겠는가. '예산 지원이 시작됐지만'이 아니라 '예산 집행이 시작됐지만'이라고 하면 조금 이해하기 쉬워질 것이다. 집행은 시작됐지만 집행할 예산이 확보 안 되어 실제적으로는 지원이 이루어지지 않고 있다는 뜻일 테니 말이다.

이로써 민진당은 2008년 이래 다시 정권을 탈환했으며 차이 주석은 중국을 비롯한 중화권에서 당나라의 무측천(武則天) **이래 처음으로** 한 나라의 최고 지도자 자리에 오르게 됐다. (0116, ㄴ통신)

'차이 주석은 무측천 이래 처음으로 한 나라의 최고 지도자 자리에 오르게 됐다'는 문장 그 자체만 놓고 보면 아무리 읽어도 무슨 뜻인지 알 수가 없다. '여성으로서는'이 빠졌기 때문이다. '무측천'이 여성이라는 것을 아는 사람은 '여성으로서는'이 생략되었음을 간파하고 문장을 이해할 것이겠지만 '무측천'이 여성임을 모르는 사람은 문장의 의미를 파악할 도리가 없다. 따라서 '무측천'이 여성임을 아는 사람이 있건 없건 상관없이 위 문장에서 '여성으로서는'은 생략해서는 안 된다.

>>> 이로써 민진당은 2008년 이래 다시 정권을 탈환했으며 차이 주석은 중국을 비롯한 중화권에서 당나라의 무측천(武則天) 이래 **여성으로서는** 처음으로 한 나라의 최고 지도자 자리에 오르게 됐다.

....

최경환 전 부총리를 비롯한 정부 관계자들은 그동안 은행의 영업시간이나 은행원의 고임금을 비판하며 개혁의 필요성을 주장해왔다.　　(0301, ㅈ일보)

'은행의 영업시간이나 은행원의 고임금을 비판하며'는 '은행의 영업시간을 비판하고'와 '은행원의 고임금을 비판하며'가 접속되면서 동일한 성분이 생략된 것인데 은행원의 고임금을 비판하는 것은 뜻이 선명하게 이해되지만 은행원의 영업시간을 비판하는 것은 그렇지 않다. 은행의 영업시간에 대한 문제점을 잘 아는 사람이야 이해할 수 있을지 몰라도 그렇지 않은 사람은 은행의 영업시간을 비판한다는 것이 무슨 뜻인지 이해하기 어렵다. 따라서 '은행의 짧은 영업시간'이라고 해야 뜻이 분명해진다.

>>> 최경환 전 부총리를 비롯한 정부 관계자들은 그동안 은행의 **짧은** 영업시간이나 은행원의 고임금을 비판하며 개혁의 필요성을 주장해왔다.

....

이런 난해한 상품에 '묻지마 투자'를 하면 손실을 책임질 수밖에 없다는 사실을 주지하도록 투자자들에 대한 금융교육도 확대해야 한다.　　(0122, ㅁ경제)

위 문장은 의미가 선명하지 않다. '투자를 하면'에 주어가 없고 '손실을 책임질'에도 주어가 없기 때문이다. 다음과 같이 주어를 보충할 때 의미가 선명해진다.

>>> 이런 난해한 상품에 '묻지마 투자'를 하면 손실을 **전적으로 자기가** 책임질 수밖에 없다는 사실을 주지하도록 투자자들에 대한 금융교육도 확대해야 한다.

이때에 '자기가' 대신에 '스스로', '본인이' 같은 말을 쓸 수도 있을 것이다. '전적으로'는 물론 생략할 수 있다. 어떻든 의미는 선명하게 드러나야 한다.

청년층의 '고용 절벽'에 대한 경각심을 다시 일깨워야 한다.　　(0317, ㅅ신문)

'청년층의 '고용 절벽'에 대한 경각심을 다시 일깨워야 한다'라고 했다. 매우 막연한 문장이 아닐 수 없다. 누가 누구에게 경각심을 일깨워야 한다는 것인지가 나타나 있지 않기 때문이다. 경각심을 가져야 할 사람들이 정부인지 우리 사회 전체인지 기업인지 알 수가 없다. 만일 정부가 그런 경각심을 가져야 한다면 정부에 대해 경각심을 일깨우는 주체는 누가 되어야 하나? 그것 역시 나타나 있지 않다. 주체를 밝히기가 쉽지 않다면 아예 '일깨우다'라는 말을 쓰지 말아야 한다. 따라서 다음과 같이 바꾸면 뜻이 명료해진다. '경각심을 일깨워야 한다'가 아니라 '경각심을 가져야 한다'로 바꾸는 것이다.

>>> 청년층의 '고용 절벽'에 **대해 정부는 물론이고 (기업을 비롯하여) 우리 사회 전체가** 경각심을 **가져야** 한다.

그럼에도 학교의 노동교육은 중요한 일이다. 노동에 대한 **왜곡과 부실을** 바로잡는 출발점이기 때문이다.　　(0502, ㄱ신문)

'노동에 대한 왜곡'은 참을 만하지만 '노동에 대한 부실'은 무슨 뜻인지 감조차 잡기 어렵다. 노동 조건의 부실을 말하려는 것인지 아니면 다른 무엇을 뜻하는 것인지 파악하기 어렵다. 글을 쓸 때 이렇게 뜻이 모호한 표현을 최대한 피해야 한다. 노동교육의 중요성을 강조하는 중이므로 '노동에 대한 왜곡된 의식을 바로잡는'이라고 하면 가장 뜻이 명료해진다.

>>> 노동에 대한 **왜곡된 의식을** 바로잡는 출발점이기 때문이다.

이제 공식 선거운동이 막 시작된 마당이고, **12일이나 남은 투표일에** 지금의 여론조사 판세가 실제 투표 결과로 이어질지 예단할 수 없는 일이다.

(0401, ㅎ일보)

'12일이나 남은 투표일에'는 나머지 어느 부분과 호응하는지 마땅히 찾아지지 않는다. 모호한 표현이 아닐 수 없다. 따라서 명료한 표현으로 바꾸어 줄 필요가 있는데 '투표일이 12일이나 남은'이라고 하거나 '투표일이 12일이나 남았으니'라고 하면 명료해진다.

>>> 이제 공식 선거운동이 막 시작된 마당이고, **투표일이 12일이나 남은** 지금의 여론조사 판세가 실제 투표 결과로 이어질지 예단할 수 없는 일이다.

여러 논란에도 불구하고 본질적 문제는 법원·검찰의 이런 고질이 **백년하청으로 비친다**는 점이다. (0121, ㅁ일보)

'백년하청'은 중국의 황허 강(黃河江)이 늘 흐려 맑을 때가 없다는 뜻으로,

424 품격 있는 글쓰기

아무리 오랜 시일이 지나도 어떤 일이 이루어지기 어려움을 이르는 말이다. 즉 잘 이루어지지 않는 '일'에 대해 답답한 뜻을 담아 '백년하청'이라고 한다. 그런데 '고질'이 일인가? 고질이 고쳐지는 것이 일이지 고질 그 자체가 일은 아니다. 따라서 생략이 지나쳤다. 다음과 같이 고쳐야 할 것이다.

> >>> 여러 논란에도 불구하고 본질적 문제는 법원·검찰의 이런 **고질이 고쳐지는 것은 백년하청**으로 비친다는 점이다.
> 여러 논란에도 불구하고 본질적 문제는 법원·검찰의 이런 **고질 개선은 백년하청**으로 비친다는 점이다.

모호하고 추상적인 현행 근로기준법 규정 탓에 일선 현장에선 분쟁이 잇따를 뿐더러 일일이 법원의 판단에 맡기는 등 사회 전체적으로 봤을 때 **불필요한** 에너지를 낭비한다는 지적에도 타당한 구석이 없지는 않다.   (0102, ㅎ신문)

고용노동부가 공개한 노동 개혁 지침에 관한 논설의 한 부분이다. '불필요한 에너지를 낭비한다'이 무슨 뜻인지 금세 와 닿지 않는다. '불필요한'은 '에너지'가 아니라 '에너지 낭비'에 걸려야 맞다.

대안으로 '에너지를 불필요하게 소모한다는' 정도가 가장 나아 보인다. 그렇지 않으면 아예 '불필요한'을 빼서 '에너지를 낭비한다는'이라고만 해도 좋을 것이다. 아니면 '불필요하게 에너지를 낭비한다는'이라고 하는 것도 한 방법일 것이다.

'불필요한 에너지를 낭비한다는 지적에도'라고 해도 무슨 말인지 이해한다고 할 것인가. 그것은 틀리게 말해도 바르게 알아들을 거라고 하는 것과 다를 바 없다. 더구나 신문 사설이라면 조금도 흠 없게 정확히 써야 함은 물론이다.

>>> 모호하고 추상적인 현행 근로기준법 규정 탓에 일선 현장에선 분쟁이 잇따를뿐더러 일일이 법원의 판단에 맡기는 등 사회 전체적으로 봤을 때 **에너지를 낭비한다는** 지적에도 타당한 구석이 없지는 않다.

하지만 야당이 지금처럼 법 처리 자체를 막으면 강경 지지 세력의 박수는 받겠지만 경제 위기 심화의 **책임을 지고** 유권자의 외면을 받을 뿐이다.

(0125, ㅈ일보)

'경제 위기 심화의 책임을 지고 유권자의 외면을 받을'을 생각해 보자. '책임을 지고'는 주체의 적극적 행동이다. '외면을 받을'은 그저 수동적인 행동일 뿐이다. 서로 잘 어울리지 않는다. 어울리게 접속해야 한다. 다음이 대안일 수 있다.

>>> 하지만 야당이 지금처럼 법 처리 자체를 막으면 강경 지지 세력의 박수는 받겠지만 경제 위기 심화의 **책임을 추궁 당해** 유권자의 외면을 받을 뿐이다.
하지만 야당이 지금처럼 법 처리 자체를 막으면 강경 지지 세력의 박수는 받겠지만 경제 위기 심화의 **장본인으로서** 유권자의 외면을 받을 뿐이다.

그런데도 산은과 수은 노조는 노동개혁의 핵심 과제인 성과연봉제 도입에 저항하고 있다. 일회성 임금 **반납과** 도입하면 돌이키기 어려운 성과연봉제를 **주고받는** 일종의 꼼수로 보인다. (0510, ㄷ일보)

'일회성 임금 반납과 성과연봉제를 주고받는'이라고 했다. 성과연봉제 도입에 저항하고 있다면서 이런 표현을 쓰니 앞뒤가 맞지 않는다. '일회성 임금 반납으로 도입하면 돌이키기 어려운 성과연봉제를 피하려는'이라고 해야 뜻이 명확해진다.

>>> 일회성 임금 반납**으로** 도입하면 돌이키기 어려운 성과연봉제**를** **피하려는** 일종의 꼼수로 보인다.

....

지난달 31일 인천국제공항공사 등에 따르면 공항 여객터미널 면세구역과 검색장 등 보안지대 경비와 보안은 공개입찰을 통해 선정된 업체 3곳이 나눠서 맡고 있다. 문제는 업체 3곳을 **통해** 보안경비 요원으로 근무하는 이들 대부분이 계약직으로 낮은 임금을 받는 등 고용 불안에 시달리고 있다는 것이다.

(0131, ㅁ경제)

인천국제공항 경비와 보안을 공개입찰을 통해 선정된 업체 3곳이 맡고 있다고 했다. 그런데 '업체 3곳을 통해 보안경비 요원으로 근무하는'이라고 했다. '업체 3곳'과 보안경비 요원의 관계는 무엇인가? 업체에서 보안경비 요원을 선발해서 고용하는 것이 아닌가. 보안경비 요원의 고용주는 업체 3곳이지 인천국제공항공사가 아닐 것이다. 그렇다면 '업체 3곳에서 보안경비 요원으로 근무하는'이라고 할 때 의미가 선명히 떠오르지 '업체 3곳을 통해 보안경비 요원으로 근무하는'은 고개를 갸우뚱하게 만든다. 더구나 그 앞 문장에서 '~을 통해'가 쓰여서 같은 표현이 연이어 나타나고 있기도 하다. 앞 문장의 '~을 통해'는 아주 자연스럽게 느껴지지만 '업체 3곳을 통해 보안경비 요원으로 근무하는'의 '~을 통해'는 자연스럽지 않다. 다음과 같은 대안이 있다.

>>> 문제는 업체 3곳**에서** 보안경비 요원으로 근무하는 이들 대부분이 계약직으로 낮은 임금을 받는 등 고용 불안에 시달리고 있다는 것이다.

문제는 업체 3곳에 소속되어 보안경비 요원으로 근무하는 이들 대부분이 계약직으로 낮은 임금을 받는 등 고용 불안에 시달리고 있다는 것이다.

....

한반도 안정을 중시하는 중국에는 '지금 북핵을 포기시키는 것이 **불안정한 김정은보다** 중국의 이익에 부합한다'고 한미일 공조를 통해 알려 북한 제재에 동참시켜야 한다. (0213, ㄷ일보)

'지금 북핵을 포기시키는 것이 불안정한 김정은보다 중국의 이익에 부합한다'는 무슨 말일까? 설마 '지금 북핵을 포기시키는 것이 불안정한 김정은의 이익보다 중국의 이익에 부합한다'는 뜻은 아닐 것이다. 중국이 김정은의 이익을 걱정할 때가 아닐 것이기 때문이다. 그렇다면 위 문장은 도대체 무엇을 말하려는 것일까? 비교의 뜻을 가진 조사 '보다'가 쓰였으므로 무엇과 무엇을 비교하려고 하는 것임은 틀림없다. 아마도 '불안정한 김정은의 편을 들기보다 북핵을 포기시키는 것이'쯤을 말하려고 했던 것으로 보인다. 그렇다면 다음과 같이 표현하는 것이 의도하는 바를 잘 드러낸다.

>>> 한반도 안정을 중시하는 중국에는 '지금 북핵을 포기시키는 것이 불안정한 **김정은을 감싸주기보다** 중국의 이익에 부합한다'고 한미일 공조를 통해 알려 북한 제재에 동참시켜야 한다.

이때 '김정은을 감싸주기보다' 외에도 '김정은의 편을 들기보다', '김정은을 두둔하기보다', '김정은을 도와주기보다', '김정은을 옹호하기보다' 따위와 같은 말을 쓸 수도 있을 것이다. 그리고 더 나은 것은 어순을 바꾸는 것이다.

>>> 한반도 안정을 중시하는 중국에는 '**불안정한 김정은을 감싸주기보다** 지금 북

핵을 포기시키는 것이 중국의 이익에 부합한다'고 한미일 공조를 통해 알려 북한 제재에 동참시켜야 한다.

정 전 대표는 **북핵 위협을 국제사회에** 설득해야 한다고 주장했다.

(0214, ㅈ일보)

'설득하다'라는 동사는 이야기를 통해서 남을 움직이는 행위를 가리킨다. 이때의 움직임은 행동도 물론 가리키지만 인식의 변화도 포함된다. 국어사전에는 '상대편이 이쪽 편의 이야기를 따르도록 여러 가지로 깨우쳐 말하다'라고 뜻풀이되어 있다. 내 말에 따르도록 남에게 말하는 게 설득이다. 그리고 '~할 것을', '~하기를', '~하도록', '~하라고' 등과 같이 쓰이는 것이 일반적이다. 그런데 위 예문에서는 그렇게 쓰이지 않았다. '북핵 위협을 설득해야'라고만 했다. 위협을 설득할 수는 없는 법이다. 아마 글쓴이의 속뜻은 '북핵 위협에 대해 경각심을 가지도록' 정도였을 것이다. 그런데 이것을 줄여서 그냥 '북핵 위협을 설득해야 한다고'라고 말했다. 그러다 보니 무슨 뜻인지 모호해졌다. 대충 말해도 이해하겠지 하는 안일한 생각으로 글을 써서 생긴 결과로 보인다. 그리고 '국제사회에 설득해야'가 아니라 '국제사회를 설득해야'라고 해야 자연스럽다.

>>> 정 전 대표는 **북핵 위협에 대해 경각심을 가지도록 국제사회를** 설득해야 한다고 주장했다.

이런 상황이 초래된 데 대한 책임은 **여야가 함께 져야 하지만** 여당이라고 책임이 가볍다고 할 수 없다.

(0205, ㅈ일보)

어미 '–지만'은 어떤 사실이나 내용을 시인하면서 그에 반대되는 내용을 말하거나 조건을 붙여 말할 때에 쓰는 연결어미다. 따라서 '–지만'이 나오면 그 다음에 그에 반대되는 내용이 나올 것이라고 예상된다. 그런데 위 예문에서 책임은 여야가 함께 져야 한다고 해 놓고 여당이라고 책임이 가볍다고 할 수 없다 했다. 책임은 여야가 함께 져야 하는 것과 여당이 책임이 가볍다 할 수 없다는 게 서로 반대되는 내용인가? '책임은 야당이 더 크지만' 정도가 미리 나왔을 때에 '여당이라고 책임이 가볍다고 할 수 없다'가 자연스럽다. 예컨대 다음과 같다면 '–지만'이 자연스럽게 사용되었다고 할 수 있다.

>>> 이런 상황이 초래된 데 대한 책임은 **근본적으로 야당에게 있지만** 여당이라고 책임이 가볍다고 할 수 없다.

⋯⋯⋯⋯⋯⋯⋯⋯⋯⋯⋯⋯⋯⋯⋯⋯⋯⋯⋯⋯⋯⋯⋯⋯⋯⋯⋯⋯⋯

가뜩이나 개성공단 중단·폐쇄, 고고도미사일방어(THAAD·사드) 체계 배치를 놓고 **국론이 갈리는** 반대의 목소리가 끊이지 않고 있다.　　　　　(0217, ㅈ일보)

'국론이 갈리는 반대의 목소리가'는 '국론이 갈리는 목소리가'와 '반대의 목소리가'가 결합된 꼴이다. 그런데 '국론이 갈리는 목소리'가 '반대의 목소리'와 같을 수 있는가? '국론이 갈리는 목소리'는 찬성과 반대의 목소리 전체를 아우르는 것이지 반대의 목소리만일 수는 없다. 따라서 '국론이 갈리는 반대의 목소리'는 적절한 결합이 아니다. 뜻이 무엇인지 분명하지 않다. 그러나 이를 '국론이 갈리게 하는 반대의 목소리가'라고 하면 그런 문제는 깨끗이 해소된다. 반대의 목소리 때문에 국론이 갈라지는 것이기 때문이다.

>>> 가뜩이나 개성공단 중단·폐쇄, 고고도미사일방어(THAAD·사드) 체계 배치를 놓고 **국론이 갈리게 하는** 반대의 목소리가 끊이지 않고 있다.

원래의 문장에서 어색함을 해소하려면 '국론이 갈리는'을 통째로 들어내도 된다. 국론이 갈라진다는 의미가 드러나지 않는 단점이 있기는 하지만 말이다. 그게 차라리 의미가 모호한 '국론이 갈리는 반대의 목소리가'보다 낫다고 여겨진다.

>>> 가뜩이나 개성공단 중단·폐쇄, 고고도미사일방어(THAAD·사드) 체계 배치를 놓고 반대의 목소리가 끊이지 않고 있다.

··

정부가 3월 24일 발표한 '2016년 미세먼지 전망 및 대응 방안'을 보면, 미세먼지의 3대 배출원으로 자동차와 **다량배출 사업장**, 그리고 생활 속의 건설공사장, 직화구이 음식점, 노천 소각 등을 꼽았다. (0402, ㅎ신문)

'다량배출 사업장'은 뜻이 막연하다. 무엇을 다량 배출하는 사업장이라는 것인지 알 수 없기 때문이다. 최소한 '오염물질 다량배출 사업장'이라고 해야 무엇을 다량배출하는 사업장인지 하는 의문을 떠올리지 않게 한다. '오염물질'이 아니라면 '분진' 같은 말도 후보가 될 수 있을 것이다.

>>> 정부가 3월 24일 발표한 '2016년 미세먼지 전망 및 대응 방안'을 보면, 미세먼지의 3대 배출원으로 자동차와 **오염물질** 다량배출 사업장, 그리고 생활 속의 건설공사장, 직화구이 음식점, 노천 소각 등을 꼽았다.

··

차기 전투기(FX)로 미국에서 도입하는 F-35A의 격납고 건설을 놓고 국내 대형 건설사들이 로비를 벌인 정황이 기무사령부에 포착돼 국방부 특별건설기술심의위원회 영관급 장교 40명이 전원 교체됐다. 대기업 계열사 A사와 대형 건설사 B사가 공병 병과 출신 예비역들을 영입해 작년 10월부터 경쟁적으로 로비했고, 이들의 상관에게도 로비를 했다고 한다. 청와대 지시에 따라 국방부는 **이들**과 민간인 심사위원 28명 등 **68명 중 20명**을 새로 심사위원으로 선정했다. 그러나 로비 의혹을 철저하게 수사해 진상을 가려내는 대신 당초 예정대로 1일 결과를 발표키로 한 것은 납득하기 어렵다.   (0330, ㄷ일보)

위 예에서 처음에는 영관급 장교 40명이 전원 교체됐다고 했다. 그러다 '이들과 민간인 심사위원 28명 등 68명 중 20명을 새로 심사위원으로 선정했다'고 했다. '이들'은 전원 교체된 40명을 가리킨다. 그렇다면 '이들과 민간인 심사위원 28명 등 68명 중 20명을 새로 심사위원으로 선정했다'는 무슨 뜻인가? 어차피 40명은 전원 교체됐으므로 민간인 심사위원 28명 중 20명을 새로 심사위원으로 선정했다고 하면 될 것 아닌가?

게다가 '20명을 새로 심사위원으로 선정했다'는 표현 자체가 모호하다. '새로 심사위원으로 선정했다'가 심사위원으로 계속 일하게끔 재선임했다는 뜻인지 28명 중에서 20명을 다른 새로운 사람으로 교체했다는 것인지 알 수가 없다.

28명 중에서 20명을 갈아치우고 8명만 연임하게 했다면 다음과 같이 표현해야 할 것이다.

>>> 청와대 지시에 따라 국방부는 민간인 심사위원 28명 중 20명을 **새로운 사람으로 교체하였다.**

28명 중에서 20명을 연임하고 8명을 새로운 사람으로 선임했다면 다음과 같이 표현해야 할 것이다.

>>> 청와대 지시에 따라 국방부는 민간인 심사위원 28명 중 20명을 **심사위원으**

로 재선정하였다.

글은 뜻이 선명하게 드러나도록 하는 것이 가장 중요하다. 독자가 읽고 나서도 글쓴이가 말하고자 한 바를 이해하지 못한다면 그 글은 당초의 목적을 이루지 못한 것이다.

북한이 앞서 기습적으로 제4차 핵실험을 실시하고 국제사회의 우려에도 32일 만에 장거리 미사일 발사를 **강행했다는 점에서** 북한의 속내를 들여다보기 쉽지 않다. (0209, y통신)

위 예문에서 '~는 점에서'와 그다음의 관계가 석연치 않다. '~는 점에서'는 그 앞과 뒤 사이에 인과관계가 있을 때에 쓰는 말이다. 예컨대 '그는 어려운 생활 형편에도 불구하고 주변에 아낌없이 베풀었다는 점에서 상 받을 자격이 충분하다'처럼 '아낌 없이 베풀었기 때문'에 '상 받을 자격이 있는' 것이다. 그런데 위 예문에서는 그렇지 않다. '핵실험을 실시하고 국제사회의 우려에도 장거리 미사일 발사를 강행했다'고 해 놓고는 '북한의 속내를 들여다보기 쉽지 않다'고 했다. 이럴 경우는 '~는 점에서'가 쓰일 자리가 전혀 아니다. 핵실험 실시, 미사일 발사 강행과 앞으로의 움직임에 대한 북한 속내 사이에 인과관계가 없는데 '~는 점에서'를 썼으니 어색해진 것이다. 따라서 다음과 같이 바꿀 필요가 있다. '~는데'는 앞과 뒤의 인과관계가 없을 때 쓸 수 있는 말이다.

>>> 북한은 앞서 기습적으로 제4차 핵실험을 실시하고 국제사회의 우려에도 32일 만에 장거리 미사일 발사를 **강행했는데 향후 북한의 행보에 대해서** 북한의 속내를 들여다보기 쉽지 않다.

이번 총선에서 새누리당은 과반 의석은 고사하고 원내 제2당으로 추락하는 사상 최악의 참패를 당했다. 바로 박 대통령의 오만과 독선, 국회와 야당을 경시하는 일방적인 국정운영이 이런 결과를 불러온 핵심 원인이다. 그래서 **야당 지지자는 물론이고** 새누리당 지지자마저 야당을 찍거나 아예 기권해버리는 대대적인 민심 이반을 일으킨 것이다. (0419, ㅎ신문)

'야당 지지자는 물론이고 새누리당 지지자마저 야당을 찍거나 아예 기권해버리는'은 전형적인 중의적인 문장이다. 중의적이라 함은 두 가지 뜻이 있다는 말이다. 왜 중의적이냐 하면, '기권해버리는'의 주어가 '새누리당 지지자'만인 의미와, '기권해버리는'의 주어가 '야당 지지자'와 '새누리당 지지자' 모두인 의미가 있기 때문이다. '새누리당 지지자'가 기권해버리는 것은 문제가 없지만 야당 지지자도 기권해버린다는 것은 그것이 과연 대대적인 민심 이반이라 할 수 있을까? 이런 중의성을 막으려면 '야당 지지자는 물론이고'를 없애야 한다. '야당 지지자는 물론이고'가 없더라도 의미를 전달하는 데는 아무 문제가 없으며 그래야 뜻이 명료해진다.

>>> 그래서 **새누리당 지지자마저** 야당을 찍거나 아예 기권해버리는 대대적인 민심 이반을 일으킨 것이다.

주민들의 삶은 피폐해지는데 핵과 미사일 개발에는 아낌없이 돈을 쏟아붓고 있으니 과연 나라 운영을 책임진 **집권자의 양심**을 갖고 있는지 묻지 않을 수 없다. (0411, ㅅ신문)

뭔가 어색하다. 여러 번 읽어 보아도 켕기는 데가 있다면 좋은 문장이라고 하기 어렵다. '나라 운영을 책임진 집권자의 양심'이 무슨 뜻인지 쉽게 와 닿지 않지 않는가. 그런데 '집권자의 양심'이라고 하지 않고 '집권자로서'라고 바꾸어 놓으면 금세 달라진다. '집권자'와 '양심'이 갈라지면서 집권자에게 양심이 있는지를 묻는 것이 되어 뜻이 선명히 드러난다.

>>> 주민들의 삶은 피폐해지는데 핵과 미사일 개발에는 아낌없이 돈을 쏟아붓고 있으니 과연 나라 운영을 책임진 집권자**로서** 양심을 갖고 있는지 묻지 않을 수 없다.

이번 사건은 대법원의 '성공보수 무효' 판례 이후, 수임료 선지급 뒤 실패하면 반환하는 방식으로 이를 피해 가는 편법이 판치고 있다는 **소문을 확인해 주기도** 한다. (0429, ㅎ신문)

'이번 사건은 … 이를 피해 가는 편법이 판치고 있다는 소문을 확인해 주기도 한다'라고 해도 무슨 뜻인지 알 수 있다. 그러나 이왕이면 좀 더 명확하게 표현하는 것이 좋겠다. '이번 사건은 … 이를 피해 가는 편법이 판치고 있다는 소문이 사실임을 확인해 주기도 한다'라고 하면 명확한 표현이 된다.

>>> 이번 사건은 대법원의 '성공보수 무효' 판례 이후, 수임료 선지급 뒤 실패하면 반환하는 방식으로 이를 피해 가는 편법이 판치고 있다는 소문이 **사실임을** 확인해 주기도 한다.

지금 나라는 경제 안보 등 모든 분야에서 위기를 맞고 있다. 이런 가운데 국민이 만든 3당 체제의 원활한 운영은 국가적 과제이기도 하다. 3당 갈등 속에 혼란과 마비에 빠지기 쉬운 반면, 3당의 경쟁과 협력이 잘만 이뤄지면 오히려 국가적 기회가 될 수도 있다. (0504, ㅎ일보)

위 예에서는 3당이 갈등하면 혼란과 마비에 빠지기 쉽지만, 3당의 경쟁과 협력이 잘 이뤄지면 국가적 기회가 될 수 있다고 대비해서 말하고 있다. 그렇다면 대비가 선명하게 이루어지도록 해야 하는데 '3당 갈등 속에 혼란과 마비에 빠지기 쉬운 반면'은 대비가 뚜렷이 드러나지 않는다. '갈등 속에'를 '갈등 속에서는'이라고만 해 주어도 대비가 선명해지고 따라서 뜻이 분명하게 드러난다.

>>> 3당 갈등 속에**서는** 혼란과 마비에 빠지기 쉬운 반면, 3당의 경쟁과 협력이 잘만 이뤄지면 오히려 국가적 기회가 될 수도 있다.

비공식적 논의라지만 북-미 간 논의가 오갔다는 것도 몰랐던 게 아니냐는 의혹에 정부는 터무니없다는 반응을 보였다. 그러나 정부가 미국의 대북 정책 변화를 감도 잡지 못했다면 **더** 위험하다. (0223, ㄷ일보)

'그러나 정부가 미국의 대북 정책 변화를 감도 잡지 못했다면 더 위험하다'에서 '더'는 무엇과 무엇을 비교할 때 쓰는 말이다. '한국이 북한보다 경제력이 더 우위에 있다'와 같은 예에서처럼 말이다. 그런데 위 예문에서 '더 위험하다'고 했는데 무엇이 무엇보다 더 위험하다는 것일까? 아마 글쓴이만 알지 모르겠다. 비교의 대상이 뚜렷하지 않다면 '더'를 쓸 일이 아니다. 위 예에서 '더'는 없어도 아무 문제가 없으니 '더'를 빼는 게 낫다. 그리고 단순히 '더'를 빼고 '위험하다'라고 하는 것보다는 오히려 '보통 일이 아니다', '여간 큰 문제가 아니다'와 같이 쓰는 것이 맥락에 더 어울려 보인다. 요컨대 '더'를 쓸 때에는 무엇과 무엇을 비교하는지가 분명히 드러나야 한다. 그렇지 않을 때에는 '더'를 쓸 이유가 없다.

>>> 그러나 정부가 미국의 대북 정책 변화를 감도 잡지 못했다면 **위험하다.**
그러나 정부가 미국의 대북 정책 변화를 감도 잡지 못했다면 **보통 일이 아니다.**

....

이란은 올해 60조원이 넘는 공사를 해외에 주고 앞으로 5년간 **투자를 늘릴** 것이라고 한다. (0125, ㅈ일보)

간명하게 쓰기 위해 한 글자라도 줄이려는 것은 이해할 수 있다. 그런데 그 줄임이 지나쳐서 뜻을 분명하지 않게 하는 데 이르러서는 곤란하다. '60조원이 넘는 공사'를 해외에 준다는 것은 자국에서 벌어지는 공사를 해외 업체에 맡긴다는 것을 의미할 것이다. 그것까지는 좋다. 그런데 앞으로 5년간 '투자를 늘릴 것'이라고 했다. 투자는 그냥 투자가 아니다. '누가 어디에' 투자하는 것이다. 막연하게 투자를 늘린다고 하면 누가 어디에 투자하겠다는 것인지 드러나지 않는다. 투자의 주체는 이란일 것이다. 이란이 앞으로 5년간 어디에 투자하겠다는 것인지가 없다. 읽는 사람 입장에서는 답답함마저 느껴진다. 물론 '5년간 투자를 늘릴'은 당연히 앞의 '올해 60조원이 넘는 공사를 해외에 주고'와 관련이 있을 것이니 막연한 투자가 아니고 국내 공사를 늘리겠다는 뜻으로 말했을 것이다. 그렇다면 다음과 같이 썼을 때 앞과의 관계가 분명해질 것이다.

>>> 이란은 올해 60조 원이 넘는 공사를 해외에 주고 앞으로 5년간 **그 규모를 확대할** 것이라고 한다.

기업 구조조정을 할 때는 기업 실패로 인한 경제·사회적 결과를 어떻게 감당할 것인가에 관한 논의**와 달리** 부실 책임도 명확히 따져봐야 한다.

(0422, ㄱ신문)

'논의와 달리'라고 했는데 '달리'라고 한 이상 앞의 말과 뒤의 말이 대비가 돼야 한다. 앞의 말을 부정하고 뒤의 말을 내세울 때에 '~와 달리'를 쓰기 때문이다. 그런데 위 예에서는 앞의 말을 긍정하면서 뒤의 말도 긍정하고 있다. '부실 책임도'의 '도'가 그것을 가리키고 있다. 이런 경우에는 '~와 달리'가 아니라 '~와 별도로' 또는 '~외에'가 와야 맞다.

>>> 기업 구조조정을 할 때는 기업 실패로 인한 경제·사회적 결과를 어떻게 감당할 것인가에 관한 논의**와 별도로** 부실 책임도 명확히 따져봐야 한다.

친박계가 선거운동 중에는 '계파 갈등을 않겠다'며 **비빔밥을 함께 먹다가** 선거가 끝나자마자 자리와 복당을 놓고 암투를 벌이는 모습은 가소롭기만 하다.

(0418, ㅈ일보)

문장 속의 말은 어떤 말이든 문맥 속에서 의미가 있어야 하고 기여하는 바가 있어야 한다. 만일 이 말을 왜 했지 하는 의문이 들게 한다면 그 말은 할 필요가 없었다는 얘기가 된다. 위 예에서 '비빔밥을 함께 먹다가'가 그런 경우이다. 우선 '함께 먹다가'라고 했는데 '누구와 함께 먹다가'인지가 나와 있지 않다. '친박계끼리 함께 먹다가'인지 '비박계와 함께 먹다가'인지부터 알 수가 없다. 문맥상 '비박계와 함께'일 수밖에 없는데 왜 '비박계와'를 생략하였는지 알 수 없다. 그러나 더 중요한 것은, 친박계와 함께 먹다가든 비박계와 함께 먹다가든 '비빔밥'이 이 대목에서 왜 나오는지를 알 수 없다는 점이다. 그냥 '밥을 함께 먹다가'라면 그래도 조금 이해할 여지가 있다. '밥을 함께 먹다가'는 '동고동락하다가'의 의미로 썼다고 볼 수 있기 때문이다. 그런데 하고 많은 음식 중에서 굳이 '비빔밥'까지 끌어들이는 이유가 무엇인가. 그래야 할 이유가 없어 보인다. '비빔밥을 함께 먹다가'가 아니라 '갈등을 덮고 지내다가' 또는 '사이 좋게 지내다가'와 같은 말을 썼어야 한다.

>>> 친박계가 선거운동 중에는 '계파 갈등을 않겠다'며 **갈등을 덮고 지내다가** 선거가 끝나자마자 자리와 복당을 놓고 암투를 벌이는 모습은 가소롭기만 하다.

검찰에도 **보이지 않는 구명 로비**가 이뤄진 것 아니냐는 의구심이 들지 않을 수 없다.   (0429, ㅎ일보)

구명 로비에 보이는 구명 로비가 있고 보이지 않는 구명 로비가 있는가? 그냥 구명 로비라 하면 충분하지 '보이지 않는 구명 로비'라고 할 까닭이 없다. 더구나 떳떳하지 않은 구명 로비라면 당연히 '보이지 않는' 것인데 굳이 불필요한 '보이지 않는'을 넣을 이유가 없다. 그냥 '구명 로비가 이뤄진 것 아니냐는'이라고 하는 것이 알기 쉽다.

>>> 검찰에도 **구명 로비가** 이뤄진 것 아니냐는 의구심이 들지 않을 수 없다.

원격의료는 의료와 IT를 접목한 신종 서비스다. 두 분야 모두 세계 최고 수준인 우리가 다른 어느 나라보다 잘할 수 있는 분야다. 세계 시장 규모도 2013년 4억

달러에서 2018년 45억 달러로 10배 이상 성장할 것이라는 전망이다. 세계 **각국이 저마다** 미래 성장 산업으로 키우는 경쟁에 돌입한 상태다. (0126, ㅈ일보)

'세계 각국이 저마다 미래 성장 산업으로 키우는 경쟁에 돌입한 상태다'에서 '저마다'는 무엇과 호응하는가? '저마다 키우는'인가 '저마다 경쟁에 돌입한'인가? '저마다 키우는'이라면 '저마다'는 '세계 각국이'의 '각국'과 중복인 셈이다. '각국'에 이미 '저마다'의 뜻이 들어 있기 때문이다. 강조를 할 뜻이 있었다면 '저마다'보다는 '빠짐 없이'가 차라리 낫다. '저마다 경쟁에 돌입한'이라면 '저마다 경쟁에 돌입한'은 그 자체가 어색하다. 경쟁은 '서로' 경쟁하는 것이지 '저마다' 경쟁하는 것은 아니기 때문이다.

'세계 각국이 저마다 미래 성장 산업으로 키우는 경쟁에 돌입한 상태다'는 '세계 각국이 원격의료를 미래 성장 산업으로 키우고 있어 서로 간의 (치열한) 경쟁이 시작됐다'는 뜻을 압축해서 표현하다 보니 생겨난 문장이다. 압축이 과도해서 문장이 어색해지고 말았다. 다음과 같이 바꾼다면 간결성을 유지하면서 드러내고자 하는 뜻을 모두 담았다고 할 수 있을 것이다.

>>> 세계 **각국이** 미래 성장 산업으로 키우기 위한 경쟁에 돌입한 상태다.

국가 신용등급 못지않게 중요한 것이 대통령에 대한 국민의 신뢰다. 구조개혁이 꼭 필요하다면 박 대통령은 **'수첩 인사' TK(대구경북) 편중 인사를 벗어나 경제 살리기에 힘써야** 한다. (0419, ㄷ일보)

'구조개혁이 꼭 필요하다면 박 대통령은 '수첩 인사' TK(대구경북) 편중 인사를 벗어나 경제 살리기에 힘써야 한다'는 문법적으로는 아무 문제가 없다. 완벽하다. 그러나 의미적으로는 생경하다. 무엇을 말하려는 것인지 잘 알 수

품격 있는 글쓰기

가 없다. '구조개혁'과 수첩 인사 TK 편중 인사가 무슨 관계인지 알 수 없고 구조 개혁이 필요하다면서 경제 살리기에 힘써야 한다니 엉뚱한 느낌을 준다. 차라리 '경제 살리기가 꼭 필요하다면 구조개혁에 힘써야 한다'라고 어순을 바꾸어 말했다면 덜 이상했을 것이다. 구조개혁은 경제 살리기를 위한 한 방편이기 때문이다. 구조개혁은 범위가 좁고 경제 살리기는 범위가 넓다. '구조개혁이 꼭 필요하다면'이 다음에 올 말로서 적당한 말은 '구조개혁의 당위성에 대해 광범위한 지지를 얻고자 노력해야 한다' 따위와 같은 말이다. 문장은 단지 문법만 지켜서는 되는 것은 아니며 의미가 분명하고 논리적이어야 한다. 그래야 읽는 사람으로부터 공감을 얻을 수 있다. 다음과 같이 말한다면 논리적으로 문제가 없다.

>>> 구조개혁이 꼭 필요하다면 박 대통령은 **구조개혁의 당위성에 대해 광범위한 지지를 얻고자 노력해야** 한다.

한마디로 중요 사안에 대한 중대한 방침 변경이 청와대에서 있었는데 집권당 대표는 야당도 **아는** 이런 사실을 까맣게 몰랐다는 얘기다. 친박의 원내대표는 **알면서도** 중요한 시기에 일주일이나 국회를 비우고 있다. 야당의 반응을 보고 받았을 대통령은 다음날 국민을 향해 깜짝 호소한 셈이다.
단 한 번의 회동으로 할 만큼 했다는 **주장이라면** 공감할 사람이 얼마나 되겠는가. (0116, ㅈ일보)

'알다'라는 말은 '무엇을 알다'처럼 목적어가 있어야 하는 동사다. 그런데 '알면서도 중요한 시기에 일주일이나 국회를 비우고 있다'에서 '알면서도'는 무엇을 알면서도인지 잘 이해할 수가 없다. 그 앞 문장의 '야당도 아는 이런 사실을'의 '아는'은 문맥상 무엇을 아는 것인지 쉽게 이해되는 것과 비교된다. 아마도 '시국의 중요성을' 정도가 아닐까 싶지만 그것은 추측일 뿐이다. '알면서도'의 목적어는 분명히 드러나야 한다. 마땅히 내세울 목적어가 없다면 '알면서도'를 빼는 게 차라리 낫다.

'단 한 번의 회동으로 할 만큼 했다는 주장이라면 공감할 사람이 얼마나 되겠는가'의 '주장이라면'도 무엇이 주장이라는 것인지 생략되어 있다. 물론 이렇게 써도 문장의 의미를 이해하지 못할 것은 아니므로 별로 문제 삼을 필요가 없을지 모른다. 그러나 이왕이면 문법적으로도 명료한 문장을 쓰는 것이 낫다. 즉, 다음과 같이 쓸 때 더 명료해진다.

>>> 친박의 원내대표는 중요한 시기에 일주일이나 국회를 비우고 있다. … 단 한 번의 회동으로 할 만큼 했다는 **주장에** 공감할 사람이 얼마나 되겠는가.

이와 별도로 국토교통부와 지방자치단체들이 아파트 입주민의 민원이 제기된 429개 단지를 대상으로 합동감사를 한 결과 무려 72%의 **비위(非違)나 부적절 사례를** 적발했다. (0311, ㄷ일보)

'무려 72%의 비위나 부적절 사례를 적발했다'에서 '72%'에 주목하게 된다. 퍼센트라고 하면 전체 무엇 중에서 무엇의 비율을 말한다. '72%의 비위나 부적절 사례'가 무슨 뜻인가? '72건의 비위나 부적절 사례'라고 하면 누구든지 쉽게 그 뜻을 알 수 있지만 '72%의 비위나 부적절 사례'는 그렇지 않다. 72%는 감사 대상이 된 429개 단지 중에서 72%일 텐데 그렇다면 '72%에 이르는 단지의 비위나 부적절 사례'이지 '72%의 비위나 부적절 사례'일 수는 없다. 생략이 지나친 것이다. 실제로 쓸 때는 '72%에 이르는 단지에서 비위나 부적절 사례를 적발했다'라고 하는 것이 가장 자연스럽다.

>>> 이와 별도로 국토교통부와 지방자치단체들이 아파트 입주민의 민원이 제기된 429개 단지를 대상으로 합동감사를 한 결과 무려 72%**에 이르는 단지에서** 비위(非違)나 부적절 사례를 적발했다.

20대 국회는 테러 방지를 빙자한 국정원의 초헌법적 권한 확대를 막아야 한다. 당장 할 일은 테러방지법 **폐지와 전면 개정**이다. (0418, ㅎ신문)

'와'와 '또는'은 의미가 전혀 다르다. '와'는 '와' 앞뒤의 말을 다 포함한다. 이에 반해 '또는'은 앞뒤의 말을 다 포함하는 것이 아니라 어느 하나만을 선택한다. '테러 방지법 폐지', '전면 개정'은 다 선택할 수 없다. 어느 하나만 선택할 수밖에 없다. 폐지를 한다면 전면 개정하고 말 게 없다. 전면 개정한다면 폐지하지 않는다는 것이다. 만일 테러방지법을 폐지한 후에 새로 법을 만든다면 그것은 개정이 아니라 제정이다. 따라서 '당장 할 일은 테러방지법 폐지와 전면 개정이다'가 아니라 '당장 할 일은 테러방지법 폐지 또는 전면 개정이다'라고 해야 한다.

>>> 당장 할 일은 테러방지법 폐지 **또는** 전면 개정이다.

안보 위기가 경제 위기로 번지는 막다른 골목에까지 내몰린 데는 우리 경제에 **끼칠 종합적인 판단**조차 없이 개성공단 폐쇄 결정을 내린 정부의 졸속도 한몫했다. 개성공단 폐쇄 결정이 내려진 10일 국가안전보장회의(NSC)는 물론 실무조정회의에서도 경제 부처는 완전 배제됐다. 국가적으로 중요한 **결정이** 국민의 실생활에 줄 영향을 종합적이고 균형있게 판단할 **기능**을 애초부터 배제한 것이다. (0219, ㅎ신문)

첫 문장에서 '우리 경제에 끼칠 종합적인 판단조차 없이'는 뜻이 모호하다. '우리 경제에 끼칠 영향에 대한 종합적인 판단조차 없이'라고 해야 뜻이 선명하게 드러난다.

>>> 안보 위기가 경제 위기로 번지는 막다른 골목에까지 내몰린 데는 우리 경제에 끼칠 **영향에 대한** 종합적인 판단조차 없이 개성공단 폐쇄 결정을 내린 정부의 졸속도 한몫했다.

마지막 문장은 여러 가지로 어색하다. '결정이 기능을 배제했다'부터가 쉽게 이해되지 않는 연결이다. '판단할 기능'은 또 무슨 뜻인지 역시 잘 이해되지 않는다. '판단할'의 주어가 누구인지도 드러나 있지 않다. 설마 '기능'이 '판단'하는 것은 아닐 것이다. 추상적인 명사인 '결정', '기능' 따위를 주어와 목적어로 삼다 보니 빚어진 일이다. 결국 뜻이 무엇인지 잘 알 수 없게 되었다. 이를 바로잡으려면 '기능'을 '부처'나 '부서' 같은 구체적인 명사로 바꾸는 것이 필요하다. 아래와 같이 바꾼다면 훨씬 뜻이 선명하게 드러날 것이다.

>>> 국가적으로 중요한 **결정을 내리면서** 국민의 실생활에 줄 영향을 종합적이고 균형 있게 판단할 **부처**를 애초부터 배제한 것이다.

느긋한 사업주는 **이미 발생한 임금 포기**를 기다릴 뿐이다.　　(0204, ㄱ일보)

'느긋한 사업주는 이미 발생한 임금 포기를 기다릴 뿐이다'에서 '이미 발생한 임금 포기'는 생경하다. 무슨 뜻인지 금세 파악되지 않는다. 포기는 누가 무엇을 포기한다는 것인지 드러나 있지 않다. '임금이 이미 발생했다'도 그리 자연스럽지 않다. 노동자가 임금을 포기하기를 기다릴 뿐이라는 뜻 같아 보이는

데 뜻이 모호하다. 단순 명료하게 아래와 같이 표현하는 것이 나았다.

>>> 느긋한 사업주는 **노동자가 임금을 포기하기를** 기다릴 뿐이다.

1차 투표에선 친노의 지지를 등에 업은 우원식 의원에게 졌으나 결선투표에서 86그룹에 비주류의 지지까지 얻어냄으로써 우 원내대표는 86그룹이 **당분간** 당내 주도세력으로 **발돋움하는** 계기를 마련했다.　　　　　　　　(0505, ㄷ일보)

'당분간'은 '발돋움하는'에 걸리는가, '마련했다'에 걸리는가. 아마 '발돋움하는'에 걸리도록 의도하고 글을 썼을 것이다. 그런데 '당분간'은 '발돋움하는'과 맞지 않는 말이다. 당분간은 일정 기간을 가리킨다. 순간이 아니라 일정 기간 지속됨을 나타낸다. 그런데 이에 반해 '발돋움하는'은 순간적으로 일어나는 것이고 지속하는 상태를 가리키지 않는다. '당분간 발돋움했다'가 말이 안 되는 데서 이를 알 수 있다.

따라서 '당분간'을 살리려면 지속을 나타내는 '차지하는'과 같은 말을 써야 한다. 만일에 '발돋움하는'을 살리고자 한다면 '당분간'은 빼야 한다.

>>> 1차 투표에선 친노의 지지를 등에 업은 우원식 의원에게 졌으나 결선투표에서 86그룹에 비주류의 지지까지 얻어냄으로써 우 원내대표는 86그룹이 **당분간** 당내 주도세력**을 차지하는** 계기를 마련했다.
1차 투표에선 친노의 지지를 등에 업은 우원식 의원에게 졌으나 결선투표에서 86그룹에 비주류의 지지까지 얻어냄으로써 우 원내대표는 86그룹이 당내 주도세력으로 발돋움하는 계기를 마련했다.

그런데 지금 새누리당의 행태는 권력의 자리를 **추구하고**, 제1당의 오만에 **취하고**, 야권 분열에 방심해 칼자루를 쥔 세력은 무슨 일을 해도 괜찮다는 패권의식에 **사로잡혀 있다.** (0312, ㅈ일보)

'-고'는 접속의 연결어미이다. '추구하고', '취하고'와 '사로잡혀 있다'가 접속이 되어 있는데 자연스럽지 않다. 차라리 '추구하고 있고', '취해 있고', '사로잡혀 있다'라고 하면 나아진다. 그런데 의미상으로는 '-고'가 아니라 '-서'가 더 적절하다. '권력의 자리를 추구하고'는 그 전체가 굳이 필요없어 보인다. 따라서 다음과 같이 고친다면 훨씬 간명하면서도 뜻이 분명하며 어색하지 않다. 또, 동사가 '패권의식에 사로잡혀 있다'인 만큼 주어는 사람이 와야지 '새누리당의 행태는'이 주어가 되는 것은 적절하지 않다. 굳이 '새누리당의 행태는'을 주어로 삼으려면 '사로잡혀 있음을 보여 준다' 또는 '사로잡혀 있다고 볼 수밖에 없다' 따위로 해야 한다.

>>> 그런데 지금 새누리당은 제1당의 오만에 **취해서**, 야권 분열에 방심해 칼자루를 쥔 세력은 무슨 일을 해도 괜찮다는 패권의식에 사로잡혀 있다.
그런데 지금 새누리당의 행태는 제1당의 오만에 **취해서**, 야권 분열에 방심해 칼자루를 쥔 세력은 무슨 일을 해도 괜찮다는 패권의식에 사로잡혀 **있음을 보여 준다.**

일본의 군사정보는 우리에게 필수적이고 한·미·일 3각 안보협력도 중요하지만 대중관계 등 고려해야 할 외교적 요소도 만만치 않다. 한·일 군사정보보호협정은 **신중해야 한다.** (0404, ㅅ신문)

'한·일 군사정보보호협정은 신중해야 한다'는 생략이 지나쳤다. '한·일 군사정보보호협정' 자체가 신중할 수는 없다. 아래에 여러 가지 대안이 있다. 지면을 아끼는 것도 좋지만 정도가 지나쳐서는 안 될 것이다.

>>> 한·일 군사정보보호협정 **체결은** 신중해야 한다.

한·일 군사정보보호협정 **문제에 대해서는** 신중해야 한다.

한·일 군사정보보호협정 **문제는 신중히 처리해야** 한다.

한·일 군사정보보호협정 **문제는 신중히 접근해야** 한다.

백혈병 발병 사실이 처음 알려지자 "겨우 몇 명이 백혈병에 걸린 건 우연"이라며 발뺌하던 **삼성의 태도가 오늘 합의에 이르기까지** 9년이라는 오랜 세월이 흘렀다.　　　　　　　　　　　　　　　　　　　　　　　(0112, ㅎ신문)

'삼성의 태도가 오늘 합의에 이르기까지 9년이라는 오랜 세월이 흘렀다'는 무슨 뜻인지 짐작이야 가지만 뜻이 그리 선명하지 않다. 다음과 같이 '태도가' 다음에 '바뀌어'를 넣어 주는 것이 좋다.

>>> 백혈병 발병 사실이 처음 알려지자 "겨우 몇 명이 백혈병에 걸린 건 우연"이라며 발뺌하던 삼성의 태도가 **바뀌어** 오늘 합의에 이르기까지 9년이라는 오랜 세월이 흘렀다.

과장, 논리 비약

    문장이 문법적으로도 문제가 없고 의미도 불투명하지 않고 선명하지만 과장이 심하거나 억지가 들어 있다면 수긍하기가 어렵다. 논설문 중에는 그런 경우가 간혹 있다. 문장의 의미는 명료하지만 주장하는 바를 독자가 전혀 수긍하지 못한다면 글을 쓴 보람이 없다. 따라서 글을 쓸 때에는 설득력이 있게 쓰는 것도 중요하다. 그렇게 하자면 과장이 심해서는 안 된다. 심한 과장이나 논리 비약은 독자가 동의하기 어렵게 만든다. 글쓰기를 할 때 과장이나 억지가 없도록 유의해야 하고 논리가 비약하지 않게 하는 것도 잊지 말아야 한다.

뒤늦은 선거구 획정으로 자신의 거주지가 어느 지역구에 속하는지 종잡을 수 없었던 유권자들은 이번엔 누가 후보로 나오는지도 **모른 채 깜깜이 총선을 치르게 됐다.**

(0314, ㅈ일보)

'유권자들은 이번엔 누가 후보로 나오는지도 모른 채 깜깜이 총선을 치르게 됐다'라고 썼다. 아직 선거가 한 달 가까이 남았는데 '누가 후보로 나오는지도 모른 채 깜깜이 총선을 치르게 됐다'라고 해도 문제가 없을까? 후보가 결정된 지역도 있고 아직까지도 결정되지 않은 지역도 있는 것은 맞다. 그러나 며칠 지나면 다 결정되게 돼 있다. 그런데 투표일을 한 달 가까이 남겨 놓고서 '이번 엔 누가 후보로 나오는지도 모른 채 깜깜이 총선을 치르게 됐다'가 적절한가? 누가 후보로 나오는지도 모른 채 깜깜이 총선을 치르게 됐다고 말하려면 정말 로 후보가 누구인지 알 수 없을 때라야 한다. 그런데 그렇게 될지 안 될지 알 수도 없고 그렇게 될 리도 없는데 너무 심하게 썼다. 지나친 과장은 글의 논지 를 수긍하기 어렵게 만든다. 더구나 추정도 아니고 단정적인 표현을 썼다. 글 은 공감을 얻고 설득하기 위해 쓴다. 이런 지나친 과장과 단호한 단정은 공감 도 못 얻고 설득력도 없다. 다음과 같이 누그러뜨려서 쓸 때 좀 더 수긍을 얻을 것이다.

>>> 뒤늦은 선거구 획정으로 자신의 거주지가 어느 지역구에 속하는지 종잡을 수 없었던 유권자들은 이번엔 누가 후보로 나오는지도 **잘 모르는 채 총선을 치를지도 모르게 되었다.**

새 국회가 진심으로 민생정치를 할 요량인지 아닌지 국민 **눈에는 훤히 다 보인 다.**   (0510, ㅅ신문)

'새 국회가 진심으로 민생정치를 할 요량인지 아닌지 국민 눈에는 훤히 다 보인다'는 지나쳤다. 아직 새 국회는 임기가 시작되지도 않은 마당이다. 그런 데 새 국회의 '요량'이 훤히 다 보인다고 했다. 국민 눈에는 민생정치를 할 요 량인가? 민생정치를 할 요량이 아닌가? 민생정치를 할 요량이라면 다행이지 만 민생정치를 할 요량이 아니라면 새 국회에 대해 미리 낙인을 찍고 비난을 한 셈이다.

더구나 국민은 한두 사람이 아니라 5천만이 넘는 사람을 총체적으로 가리키므로 쉽사리 '국민'의 생각을 단정할 일이 아니다. 따라서 결론이 설득력을 지니려면 단정할 게 아니라 예상으로 그쳐야 한다. 지나치면 모자람만 못하다. 다음과 같이 바꾼다면 훨씬 설득력이 높아질 것이다.

>>> 새 국회가 진심으로 민생정치를 할 요량인지 아닌지 국민은 **똑똑히 지켜보고 있다.**
새 국회가 진심으로 민생정치를 할 요량인지 아닌지 국민은 **똑똑히 지켜볼 것이다.**

박근혜 대통령 역시 위안부 문제 해결 없이는 한·일 **관계도 없다**는 원칙을 고집해 양국 관계를 얼어붙게 했다.　　　　　　　　　　　　(0420, ㅈ일보)

글을 쓰다 보면 과감하게 어떤 말을 생략할 때도 있고 과장이 섞인 표현을 할 때도 있다. 그러나 지나치지 않아야 한다. 특히 논리를 중시하는 논설문에서는 생략이나 과장을 함부로 할 게 아니다. '위안부 문제 해결 없이는 한·일 관계도 없다는 원칙'은 과장된 표현이다. 한·일 관계는 좋을 수도 있고 나쁠 수도 있는 것이지 관계 자체가 없을 수는 없다. 그러므로 '위안부 문제 해결 없이는 한·일 관계도 없다는 원칙'이 아니라 '위안부 문제 해결 없이는 한·일 관계 개선도 없다는 원칙'이라고 해야 옳다.

>>> 박근혜 대통령 역시 위안부 문제 해결 없이는 한·일 **관계 개선도** 없다는 원칙을 고집해 양국 관계를 얼어붙게 했다.

5차 핵실험은 북한에 돌아올 수 없는 다리가 될 가능성이 크다. 이미 **북한 체제**의 숨통을 조여오고 있는 제재의 칼날이 어느 순간 **자신**을 향할 수 있다는 점을 김정은은 잊지 말아야 한다.   (0430, ㅈ일보)

위 예에서 제재의 칼날이 이미 북한 체제의 숨통을 조여 오고 있는데 어느 순간 김정은을 향할 수 있음을 김정은은 잊지 말아야 한다고 말했다. 그럴 수 있겠다 싶은 생각이 들면서도 한편으로는 의아한 느낌을 피할 수 없다. 북한 체제와 김정은의 성격이 매우 다르면 모르겠으나 북한의 특성상 북한 체제와 김정은은 사실상 한몸인데 전혀 다른 것인 양 표현했으니 의아한 느낌이 들지 않을 수 없다. 논설문에서는 설득력이 생명이다. 설득력을 떨어뜨리는 일이 없도록 살피는 것이 중요하다.

20대 국회를 구성하는 4·13총선은 지역과 국가 발전을 위한 미래 비전과 정책으로 당당하게 경쟁해야 한다. 올바른 공천을 통해 국민들의 여망인 정치 개혁을 실현하고 국가 경제를 살리는 지혜가 도출돼야 한다. **공천 과정에서** 옥석을 제대로 구분하지 못하고 지금처럼 사탕발림식 재탕 삼탕식 공약으로 표심을 유혹해서는 안 될 일이다.   (0314, ㅅ신문)

총선을 열흘 앞두고 정치권을 향해 당부하는 내용을 담은 사설이다. 공천 과정이 투명하게 이루어져야 함과 아울러 총선 공약도 사탕발림식이어서는 안 됨을 말했다. 그런데 '공천 과정'과 '사탕발림식 재탕 삼탕식 공약으로 표심을 유혹해서는'은 별 상관이 없다. 공천 과정이란 각 정당이 선거에 내보낼 후보를 뽑는 과정이지 선거 공약을 내는 일이 아니기 때문이다. 그러나 위 예는 '공천 과정에서'로 시작했기 때문에 공천 과정에서 지금처럼 사탕발림식 재탕 삼탕식 공약으로 표심을 유혹해서는 안 될 일이라고 말했다고 볼 수밖에 없다. 그러나 공천과 공약은 별개다. 공천은 후보를 뽑는 일이고 공약은 정당의 정책을 내보이는 일이다. 논리적인 주장이 되려면 다음과 같이 고쳐 써야 한다.

>>> 공천 과정에서 옥석을 제대로 구분하지 **못해서는 안 되며** 사탕발림식 공약으로 표심을 유혹해서**도** 안 될 일이다.

....

존 케리 미국 국무장관이 어제 원자폭탄 피해의 상징인 일본 히로시마(廣島) 평화공원에 간 것은 나름 의미 있는 일이다. 케리 장관은 미 국무장관으로서는 처음으로 희생자 위령비에 **헌화해** 14만 명의 목숨을 앗아간 피폭의 참상을 **절감케 했다.**   (0412, ㅈ일보)

'케리 장관은 미 국무장관으로서는 처음으로 희생자 위령비에 헌화해 14만 명의 목숨을 앗아간 피폭의 참상을 절감케 했다'라는 문장은 의미 해석이 쉽지 않다. 케리 장관이 미 국무장관으로서는 처음으로 희생자 위령비에 헌화를 했다는데, 그것이 어떻게 해서 14만 명의 목숨을 앗아간 피폭의 참상을 절감케 했다는 것인지 인과관계를 이해하기 어렵기 때문이다. 미 국무장관이 헌화를 하면 참상을 절감케 된다는 말인가? 더욱이 의아한 것은 '절감했다'가 아니라 '절감케 했다'라고 함으로써 누군가가 절감하게 했다고 말했는데 '누가' 절감하게 했는지가 없다. 분명히 '절감하다'의 주어가 생략되었는데 주어가 생략되기 위해서는 독자가 그 생략된 주어가 무엇인지 이해할 수 있어야 하는데 그렇지 않아 보인다. 케리 장관의 헌화 모습을 지켜본 사람들이 피폭의 참상을 절감했다는 것인지 아니면 케리 장관의 헌화 소식을 들은 모든 사람들이 절감했다는 것인지 알 수 없다. 무엇보다도 '헌화'가 왜 '절감'을 낳았는지를 이해할 수 없다. 따라서 무리한 인과관계를 맺을 것이 아니라 '헌화하고'라고 함으로써 '헌화'와 그다음 부분을 단순히 나열하는 것이 옳다.

>>> 케리 장관은 미 국무장관으로서는 처음으로 희생자 위령비에 헌화**하고** 14
만 명의 목숨을 앗아간 피폭의 참상을 새삼 **일깨워 주었다.**

그동안 우리 사회는 법조 비리로 판사와 검사들이 옷을 벗거나 사법처리 되는
경우를 심심찮게 경험했다. 사법부와 검찰은 사건이 터질 때마다 재판과 수사
의 투명성과 공정성을 확보하기 위해 전관예우 폐지 등을 골자로 한 각종 대책
을 수없이 내놓았다. 그러나 국민들이 느끼고 체험하는 실상은 **법조인들의 주장**
과는 거리가 있다.   (0428, ㅈ일보)

위 예에서 '그러나'로 앞뒤 문장이 연결되어 있으나 왜 '그러나'가 사용되었
는지 잘 이해가 되지 않는다. 앞에서는 사법부와 검찰이 각종 대책을 수없이
내놓았다고 했고 '그러나' 뒤에서는 국민들이 느끼고 체험하는 실상은 법조인
들의 주장과는 거리가 있다고 했다. 법조인들의 주장과 거리가 있다고 했으면
앞에서 법조인들의 주장이 나와 있어야 하는데 법조인들의 주장은 어디에도
없다. 다만 사법부와 검찰이 각종 대책을 내놓았다는 말만 있을 뿐이다. 사법
부와 검찰이 각종 대책을 내놓은 것이 곧 법조인들의 주장이 될 수 있는가? 비
약이 아닐 수 없다. 주장이라고 한 이상은 무엇을 주장했는지가 나와 있어야
하는데 그것이 없으므로 '주장'이란 말을 쓸 자리가 아니다. 다음과 같이 고칠
때 수월하게 읽힌다.

>>> 그러나 국민들이 느끼고 체험하는 실상은 **쏟아져 나온 대책**과는 거리가 있
다.
그러나 국민들은 **쏟아져 나온 대책**을 느끼거나 체험하지 못하고 있다.

3부

담화 편

문장, 문단의 연결이 자연스러워야

글은 문장과 문장의 연결로 이루어진다. 속담이나 표어가 아닌 이상 한 문장만으로 된 글은 별로 없다. 보통은 두 문장 이상이 연결되어 글이 된다.

문장과 문장이 이어질 때 연결이 자연스러워야 한다. 왜 이 문장이 쓰였는지 이해되지 않는, 엉뚱한 문장이 와서는 안 된다. 모든 문장은 앞 문장과는 물론 그다음 문장과도 자연스럽게 연결돼야 한다. 건물의 계단이 차례대로 한 계단씩 높아져야 하듯이 문장과 문장이 연결될 때 엉뚱한 문장이 와서도 안 되고 뜻이 같은 말이 되풀이되어서도 안 된다. 앞뒤의 문장과 의미상 별 관련이 없는 문장이 끼어 있을 때 독자는 당황할 수밖에 없다. 따라서 글을 쓸 때에 각 문장 하나하나를 뜻이 또렷이 드러나도록 써야 함은 물론이고 문장과 문장의 연결에도 각별히 주의해야 한다.

문장과 문장의 연결이 자연스러워야 하듯이 문단과 문단의 연결도 마찬가지다. 앞 문단과 의미상 아무 관련을 찾을 수 없는 문단은 글을 이해하는 데 어려움을 준다. 무슨 말을 하려고 하는지 알 수가 없게 된다.

기승전결이 잘 갖추어진 글이라야 독자는 글쓴이가 말하려는 바를 잘 이해

품격 있는 글쓰기

할 수 있다. 우선 독자가 글을 이해할 수 있어야 그다음에 공감과 동의를 할 수 있다. 글을 이해해도 공감과 동의를 하느냐 마느냐는 독자의 몫인데 아예 글이 이해가 되지 않는다면 독자로부터 공감과 동의를 얻기는 불가능하다.

북은 방북한 영국 BBC방송 기자가 김정은을 '뚱뚱하고 예측할 수 없는 (김정일의) 아들'이라고 보도한 내용을 트집 잡아 추방했다. 예측 불가능한 북한의 핵을 머리에 인 채 언제까지 살아갈 순 없다. 박 대통령은 군의 태세를 다잡으면서 나라의 안보태세와 대북(對北) 전략을 근본에서부터 점검할 필요가 있다.

(0511, ㄷ일보)

'김정은 '노동당 위원장' 체제의 북핵을 어쩔 것인가'라는 제목의 사설 마지막 문단이다. 제7차 노동당 대회가 끝난 후 우리 정부에 당부하는 내용을 담았다. 그런데 이 단락 첫 번째 문장은 북이 영국의 방송 기자를 추방했다는 내용이다. 두 번째 문장은 우리가 북한의 핵을 둔 채 계속 살아갈 수 없다는 내용이다. 첫 번째 문장과 아무런 관련성을 찾을 수 없다. 무릇 문장과 문장은 의미적으로 연관이 있어야 한다. 그렇지 않으면 읽는 독자가 혼란을 느낄 수밖에 없다. 첫 번째 문장은 빠져야 마땅하다. 앞뒤 문장과 의미상 거리가 너무 멀기 때문이다.

일본처럼 플루토늄을 쌓아놓고 있다가 언제든지 핵폭탄을 만들 수 있게 하자는 논의도 있지만 일본이 플루토늄을 보유하게 된 오랜 역사적 과정을 우리가 지금부터 밟아간다는 것은 현실성이 떨어진다. **미국이 일본의 핵무장을 허용할 리도 없다.** 미국이나 중국이 우리 일각의 핵무장론을 심각하게 여기지 않는 것은 이런 한국의 현실적 한계를 잘 알고 있기 때문이다. (0216, ㅈ일보)

문장은 따로 하나만 존재하는 경우는 드물다. 보통 문장과 문장을 연이어 말함으로써 뜻하는 바를 나타내는 경우가 많다. 그래서 문단이나 단락이 있고 장(章)도 있다. 한 문단 안에 들어 있는 문장들은 서로 관계가 있다. 어떤 문장이든 앞 문장과 관계가 있고 그다음 문장과도 관계가 있다. 앞 문장과 아무 관계가 없는 엉뚱한 문장은 읽는 사람을 당황하게 만든다. 문장과 문장은 논리적 관계를 맺는다. 문장과 문장 사이에 논리적 관계를 찾을 수 없다면 독해는 벽에 부닥치게 된다. 혼란을 느끼게 된다.

위 문단에서 '미국이 일본의 핵무장을 허용할 리도 없다'는 앞뒤 문맥에서 떼 놓고 보면 하등 이상한 문장이 아니다. 그러나 문맥 속에서 보면 엉뚱하다. 위 문단은 한국의 핵무장론이 현실적이지 않음을 말하는 데 초점이 놓여 있다. 그걸 말하기 위해서 일본처럼 플루토늄을 쌓아 두고 있다가 필요하면 핵폭탄을 만드는 방안에 대해 언급하고 있다. 그런 가운데 '미국이 일본의 핵무장을 허용할 리도 없다'라는 문장이 끼어들었다. 지금 논의의 초점은 한국의 핵무장론인데 갑자기 미국이 일본의 핵무장을 허용할 리도 없다는, 맥락과 거리가 먼 내용이 들어갔다. 따라서 이 문장은 빼는 게 독해에 도움이 된다. 그냥 두면 주의를 분산시키고 혼란만 일으킬 뿐이다.

>>> 일본처럼 플루토늄을 쌓아놓고 있다가 언제든지 핵폭탄을 만들 수 있게 하자는 논의도 있지만 일본이 플루토늄을 보유하게 된 오랜 역사적 과정을 우리가 지금부터 밟아간다는 것은 현실성이 떨어진다. 미국이나 중국이 우리 일각의 핵무장론을 심각하게 여기지 않는 것은 이런 한국의 현실적 한계를 잘 알고 있기 때문이다.

북은 오판하지 말아야 한다. 북이 정상 국가는 아니라 해도 최고지도자가 선제적 핵공격을 공언하는 것은 국제사회에서 유례를 찾기 어려운 폭거다. 유엔의 대북 제재와 7일 시작하는 한미 연합 군사연습에 대한 불만을 거칠게 표출한 것이겠지만 단순한 허세로만 치부하는 '안보 불감증'으로 대응해선 안 될 일이다. '공포 통치'를 하는 북에선 핵 버튼을 누를 절대 권력을 지닌 김정은에게 "안 된다"고 말할 측근이 없다. 국제사회의 압박에 몰린 김정은이 체제 유지에 대한 불안감과 위기의식에 무모한 도발에 나설 개연성도 완전히 배제할 수 없다.

(0305, ㄷ일보)

한 문단이 '북은 오판하지 말아야 한다'로 시작했으면 '오판'과 관련된 내용이 나오는 것이 마땅하다. 독자는 '오판'과 관련한 내용이 나올 것으로 기대하기 마련이지만 그다음 문장부터 시작해서 어디에서도 왜 북이 오판하지 말아야 하는지에 대해 말하고 있지 않다. 그다음에는 북한이 어떤 도발을 해 올지 모르니 우리가 각별히 대응해야 함을 역설하고 있을 뿐이다. 따라서 '북은 오판하지 말아야 한다'는 위 문단에서 들어내더라도 아무 문제가 없고 오히려 들어내야만 자연스럽게 연결이 된다.

시민단체의 공천 부적격자 명단 발표에 대해 선거관리위원회가 제동을 걸고 나섰다. 부적격자로 지목된 최경환 전 경제부총리가 **이에** 반발해 신고하자 선관위는 곧바로 '2016 총선 시민네트워크'(총선넷) 실무자를 상대로 조사를 벌였다.

(0306, ㅎ신문)

위 예문에서 '이에'는 무엇을 가리키는가? '이'가 지시어이기 때문에 당연히 독자는 '이'가 무엇인지를 찾을 수밖에 없다. 그런데 글쓴이의 의도는 '시민단체의 공천 부적격자 명단 발표'겠지만 글만 놓고 보면 '선거관리위원회가 제동을 걸고 나섰다'도 될 수 있다. 독자는 '이'가 무엇을 가리키는 거지 하며 순간 의아함을 느낄 수밖에 없다. 이렇게 된 것은 문장과 문장의 연결이 논리적이지 않은 데서 비롯되었다. 사건이 일어난 순서대로 표현해야 무슨 뜻인지 알 수 있다. 원래의 글과 비교할 때에 훨씬 쉽게 이해됨을 알 수 있을 것이다.

>>> 시민단체가 공천 부적격자 명단을 발표했다. 부적격자로 지목된 최경환 전 경제부총리가 이에 반발해 신고하자 선거관리위원회가 제동을 걸고 나서 '2016 총선 시민네트워크'(총선넷) 실무자를 상대로 조사를 벌였다.

....

더민주와 국민의당이 갈라선다고 할 때 많은 사람이 '야권 표가 나뉘면 여당만 유리하다' '어차피 선거 때 합칠 텐데 쇼하지 말라'고 했다. 실제 여론조사에서 야권 후보들의 표 분산이 뚜렷한 것으로 **나타나고 있다**. 두 당은 그래도 갈라서 겠다고 했다. (0330, ㅈ일보)

위 예에서는 세 문장이 이어져 있다. 첫 문장은 '했다'로 끝나서 과거의 일임을 드러내고 있다. 둘째 문장은 '나타나고 있다'로 끝나서 현재의 일을 말하고 있다. 세 번째 문장은 '했다'로 끝나서 다시 과거의 일을 말했다. 문제는 가운데인 두 번째 문장과 세 번째 문장의 '그래도'이다. '그래도'는 무엇을 지시하는 가? 첫 문장의 내용인가? 둘째 문장인가? 상식적으로 '그래도'라고 하면 바로 앞 문장의 일을 지시하는 게 당연하다. 그런데 '그래도'는 두 번째 문장을 지시할 수가 없다. 왜냐하면 과거 시점에서는 미래인, 그래서 아직 생기지도 않은 일을 '그래도'라고 할 수가 없기 때문이다. 따라서 '그래서'는 첫 문장을 지시하는 것일 수밖에 없다. 그렇다면 둘째 문장이 독해에 방해가 된다. 즉, 세 번째 문장의 '그래도'는 '실제 여론조사에서 야권 후보들의 표 분산이 뚜렷한 것으로 나타나고 있어서'가 아니다. '그래도'는 '더민주와 국민의당이 갈라선다고 할 때 많은 사람이 '야권 표가 나뉘면 여당만 유리하다', '어차피 선거 때 합칠 텐데 쇼하지 말라'고 했어도'이다. 그렇다면 둘째 문장은 없는 게 맞다.

>>> 더민주와 국민의당이 갈라선다고 할 때 많은 사람이 '야권 표가 나뉘면 여당만 유리하다' '어차피 선거 때 합칠 텐데 쇼하지 말라'고 했다. 두 당은 그래도 갈라서겠다고 했다.

두 야당은 북의 4차 핵실험 이후 개성공단 폐쇄, 사드 배치 논의 등 정부가 단행한 일련의 대응에 대해 반대하고 제재보다는 대화를 강조했다. 테러방지법 수정도 주장하고 있다. 하지만 북은 **4차례** 핵실험을 **강행했고** 이 때문에 국제 제재를 받고 있다.   (0416, ㅈ일보)

위 예문은 세 문장으로 되어 있다. 앞 두 문장은 2016년 1월에 있었던 북의 4차 핵실험 이후 야당이 대화를 강조한 것과 현재 테러방지법 수정을 주장하고 있음을 말했다. 그런데 세 번째 문장은 '하지만'으로 시작하면서 '북은 4차례 핵실험을 강행했고'라고 했다. 북한이 4차 핵실험을 한 2016년 1월 이후의 일들을 거론하고 나서 '하지만'으로 시작한 뒤 그 이전에 있었던 일들인 '4차례 핵실험 강행'을 말했는데 과거로 거꾸로 거슬러 올라가는 바람에 전혀 논리적으로 연결이 되지 않는다. '4차례 핵실험을 강행했고 이 때문에'가 아니라 '4차 핵실험 때문에' 또는 '4차 핵실험을 강행했기 때문에'라고 해야 한다.

>>> 두 야당은 북의 4차 핵실험 이후 개성공단 폐쇄, 사드 배치 논의 등 정부가 단행한 일련의 대응에 대해 반대하고 제재보다는 대화를 강조했다. 테러방지법 수정도 주장하고 있다. 하지만 북은 **4차 핵실험 때문에** 국제 제재를 받고 있다.

한미일, 北 5차 핵실험땐 초강력 제재로 응징하라

유엔 안전보장이사회가 4차 핵실험 이후 채택한 대북 제재로는 충분치 않다. 김정은이 권좌에서 축출되거나 신변의 위협을 절박하게 느낄 정도가 아니면 어떻게든 핵을 손아귀에 쥔 채 악착같이 버티려 할 것이다. 대남 도발 으름장을 놓은 북을 견제했던 한미 연합 군사연습이 이달 말 종료된다. 미일은 물론 중국과도 긴밀히 협의해 핵보유국으로 인정받고 미국과 평화협정을 체결하려는 북의 망상이 실현 불가능함을 깨닫게 해야 한다.　　　　　(0420, ㄷ일보)

위 글은 북한이 5차 핵실험 움직임을 보이는 것과 관련해서 쓴 사설의 마지막 문단이다. 마지막 문단이 '유엔 안전보장이사회가 4차 핵실험 이후 채택한 대북 제재로는 충분치 않다'로 시작되었다. 그럼 무엇이 더 추가적으로 있어야 하는 것인지 독자는 궁금하게 여길 수밖에 없다. 그런 말이 나오리라 예상하기 마련이다. 그러나 '미일은 물론 중국과도 긴밀히 협의해 핵보유국으로 인정받고 미국과 평화협정을 체결하려는 북의 망상이 실현 불가능함을 깨닫게 해야 한다'가 전부다. 미일은 물론 중국과도 긴밀히 협의해 북의 망상이 실현 불가능함을 깨닫게 해야 한다고 했는데 어떤 방법으로 북의 망상이 실현 불가능함을 깨닫게 해야 한다는 것인지도 밝히지 않았다. 문단 머리에서 '4차 핵실험 이후 채택한 대북 제재로는 충분치 않다'고 했으면 의당 어떤 조치가 필요한 것인지가 뒤이어 나올 것으로 기대하게 되는데 그런 기대가 채워지지 않았다. 다만 '한미일, 북 5차 핵실험 땐 초강력 제재로 응징하라'라는 사설 제목이 결론을 대신하는 것으로 보인다. 그렇다면 결론에서 최소한 '더욱 강력한 제재를 해야 한다'와 같은 말이 나와야 마땅하다. 논설문의 생명은 논리다. 논리가 전개되다가 중단되고 마는 것은 글의 완성도를 크게 떨어뜨린다.

....

이는 국회가 세월호특별법을 개정해 특조위 활동기간을 보장하면 모르겠으나 정부가 앞장서 별다른 조치를 취하지 않겠다는 의미다. 국가가 시혜를 베풀었

　　　　　품격 있는 글쓰기

으니 그만 떼쓰라는 얘기와 같다. 대통령 눈에는 세월호 문제가 돈 문제로만 보이는 모양이다. 김영석 해양수산부 장관은 지난해 11월 인사청문회에서 특조위 예산 축소 논란이 제기되자 "기획재정부와 협의해 예비비를 편성할 수도 있다"고 말했다. 특조위 예산은 올해 6월까지만 배정돼 있으나 추가 배정은 얼마든지 가능할 것이다. **결국 대통령은 진상규명에 더 이상 관심이 없다는 얘기다.**

(0428, ㄱ신문)

　　신문 사설의 마지막 문단이다. 사설은 논설문이다. 논설문은 어떤 사안에 대해 주장을 하기 위해 쓰는 글이다. 따라서 논설문에서는 주장이 또렷이 드러나야 한다. 논설문의 마지막은 그 주장이 가장 선명하게 드러나야 마땅하다. 그러나 위 예에서는 마지막 문장이 마지막 문장 같은 느낌을 주지 않는다. 뭔가 말하려다가 중도에 그만둔 느낌을 준다. 어떤 글의 마지막 문장은 그 글의 마지막 문장다워야 한다. '결국 대통령은 진상 규명에 더 이상 관심이 없다는 얘기다'로 끝내기보다는 그다음에 일테면 '국정의 최고 책임자로서 국민적 관심이 집중된 사안에 대해 최소한의 조치는 취하는 것이 대통령의 도리이다' 따위와 같은 말로 맺는 것이 마지막 문장으로 잘 어울린다.

- -

　　도덕성 의혹보다 더 우려스러운 것은 장관으로서의 능력과 자질이다. 사회부총리는 교육·사회·문화 영역의 정책을 총괄하고 부처 간 업무를 조정하는 막중한 자리다. 이 후보자의 그동안 경력 등에 비춰볼 때 **산적한 교육계 현안 해결은 물론 부총리의 역할을 원활히 수행해 나갈 수 있으리라는 믿음이 별로 생기지 않는다.** 소신과 능력이 없는 장관일수록 청와대의 지시나 충실히 따르는 '무늬만 장관'에 그치게 돼 있다. **이 후보자는 도덕성과 능력 등 모든 면에서 아무리 봐도 교육부 장관 적격자가 아니다.**

(0108, ㅎ신문)

마지막 문장은 '이 후보자는 도덕성과 능력 등 모든 면에서 아무리 봐도 교육부 장관 적격자가 아니다'이다. 도덕성은 부동산 과다 보유와 딸의 국적 회복 등으로 문제가 있다고 쳐도 능력이 왜 문제가 있는지에 대해서는 별다른 언급이 없었다. '그동안 경력 등에 비춰볼 때'가 유일한 언급이라 할 수 있다. '그동안 경력 등'이 어떻기에 그렇게 판단하는지 최소한의 언급이라도 있어야 할 것이다. '부총리의 역할을 원활히 수행해 나갈 수 있으리라는 믿음이 별로 생기지 않는' 이유에 대해서도 별다른 논의가 없이 결론만 내렸다. 결론만 있고 그런 결론을 내리게 된 이유가 제시되지 않는다면 그 결론에 동의하기가 어렵다.

'산적한 교육계 현안 해결은 물론 부총리의 역할을 원활히 수행해 나갈 수 있으리라는 믿음이 별로 생기지 않는다'는 표현도 문법적으로 반듯하지 않다. 최소한 '산적한 교육계 현안 해결은 물론 부총리 역할의 원활한 수행을 할 수 있으리라는 믿음이 별로 생기지 않는다'라고 해야 '해결'도 '할 수 있으리라는'에 걸리고 '수행'도 '할 수 있으리라는'에 걸리는데 원래 문장은 '현안 해결'이 어디에 걸리는지 찾을 수 없다. '산적한 교육계 현안을 해결할 수 있음은 물론 부총리의 역할을 원활히 수행해 나갈 수 있으리라는 믿음이'라고 하는 것이 좋겠다.

....

경제 문제 외에 중국과의 양안(兩岸) 관계 이슈도 당선자에게 유리하게 작용했다. 선거 직전 불거진 '쯔위(한국 걸그룹 트와이스의 대만 멤버) 사태'가 상징적 역할을 했다. 두 달 전 쯔위가 한국 방송에서 대만기를 흔든 일을 중국에서 활동하는 대만 출신 가수가 문제 삼자 쯔위가 사과한 데서 비롯됐다. 분노한 2030세대들이 투표소로 몰려가 '역대 최대 표차(308만 표)를 내는 결정적 기여'(대만 렌허보)를 했다. **쯔위 사태는 양안 관계가 우리 문제로 번질 수도 있음을 보여 준다.** (0116, ㄷ일보)

품격 있는 글쓰기

'쯔위 사태는 양안 관계가 우리 문제로 번질 수도 있음을 보여 준다'라는 문장은 생뚱맞다. 이때의 '우리 문제'의 '우리'는 누구를 가리키는가? 당연히 한국과 한국민을 가리킨다. 그런데 그 앞이나 그 뒤의 어디에도 한국과 한국민에 관한 언급이 없다. 있다면 단지 '쯔위'가 한국 걸그룹의 멤버라는 점, 쯔위가 한국 방송에서 대만기를 흔들었다는 사실인데 이를 '우리 문제'라고 했다면 지나치다. 그게 왜 우리 문제에 대한 언급도 없다. 양안 관계가 한국 문제로 번질 수도 있다고 보는 근거 제시 없이 결론만 있다. 이는 논리 비약이다. 논설문은 논리가 생명인데 느닷없는 주장은 읽는 이를 당황하게 한다. 공감할 수도 없다.

특히 연말 미국 대선에서 대중 강경파가 당선될 경우 양안 간 파고는 더욱 높아질 전망이다. 미·중 갈등은 한반도 안정에 불안 요소다. 북핵과 더불어 동북아의 불안정 요인 하나가 추가된 셈이다.　　　　　　　　　　(0126, ㅈ일보)

연말 미국 대선에서 대중 강경파가 당선될 경우 미중 갈등이 심화될 거라고 했다. 이어서 '북핵과 더불어 동북아의 불안정 요인 하나가 추가된 셈'이라고 했다. 앞부분은 예상이고 뒤는 단정이다. 연말 미국 대선에서 대중 강경파가 당선될지 그렇지 않을지는 연말에 가 봐야 안다. 그런데 북핵과 더불어 동북아 불안정 요인 하나가 '추가된 셈'이라고 했다. 이것은 논리적으로 자연스러운 연결이 아니다. 비약을 하고 말았다. '대중 강경파가 당선될 경우 동북아의 불안정 요인 하나가 추가될 것'이라고 해야 그런 비약이 없다.

해직자를 노조원으로 인정 않는 교원노조법은 국제 규범에 맞지 않는다는 지적을 받아온 것도 사실이다. 국가인권위원회나 국제노동기구(ILO)는 법의 개정

을 권고해 왔다. 노조원의 자격은 법률이 아니라 노조가 자체적으로 결정토록 하는 게 선진국에서 따르는 국제 기준이다.

그렇더라도 **이 문제**와 사법의 판단은 별개다. 현행법은 있는 그대로 존중하되 적합성에 문제가 있다면 정당한 입법 과정을 거쳐 보완하는 게 순리다. 따라서 전교조는 전임자를 전원 학교로 돌려보내야 한다. 진보 교육감들도 감싸지만 말고 원칙대로 절차를 밟기 바란다. (0127, ㅈ일보)

'이 문제'는 무엇을 가리키는가? 그 앞을 보면 '해직자' 이야기다. 교원노조법은 해직자를 노조원으로 인정하지 않는데 전교조가 해직자를 노조원으로 인정했다가 법원으로부터 불법 단체로 판결 받은 것에 대해 말하고 있다. 그런데 '이 문제' 다음은 해직자에 관한 내용이 아니다. '따라서'라고 하면서 '해직자'가 아닌 '전임자' 이야기를 했다. '해직자'가 '전임자'인가? 글은 논리가 생명인데 논리적이지 않다. 독자가 이해할 수 있도록 전후 사정을 잘 설명하지 않으면 안 된다.

....

북한의 수출 가운데 중국에 대한 의존도가 90%에 이르는 상황에서 중국이 직접 북한을 압박하지 않는 한 무용지물이 될 수도 있다는 의미다. 대북 제재 효과를 높이려면 한국과 미국의 단단한 공조를 지렛대로 중국을 포함한 국제사회가 일관되고 지속적으로 유엔 안보리 결의안을 실천해 한반도 비핵화를 달성하는 것이 중요하다.

국제 질서를 좌우하는 미국과 중국이 북의 연이은 핵·미사일 도발 이후 한반도를 중심으로 펼쳤던 외교전은 우리에게 많은 과제를 남겼다. 북핵·미사일 문제의 당사자인 우리의 의지와 상관없이 강대국의 국가 전략에 따라 우리의 국익이 침해될 수 있다는 교훈이다. (0226, ㅅ신문)

'대북 제재 효과를 높이려면 한국과 미국의 단단한 공조를 지렛대로 중국을 포함한 국제사회가 일관되고 지속적으로 유엔 안보리 결의안을 실천해 한반도 비핵화를 달성하는 것이 중요하다'는 문법만 놓고 보면 조금도 문제가 없다. 완벽하게 문법적이다. 그런데 의미의 관점에서 보면 혼란스럽다. 대북 제재를 하는 이유는 한반도 비핵화, 특히 북한의 핵 개발 중지를 위해서다. 대북 제재 효과를 높이려면 국제 사회가 일관되고 지속적으로 유엔 안보리 결의안을 실천해야 한다. 거기서 끝나야 한다. 대북 제재 효과를 높이기 위해 한반도 비핵화를 달성하는 것이 중요하다고 하는 것은 본말이 전도되었다. 따라서 다음과 같이 고쳐야 의미상 연결이 자연스럽다.

>>> 대북 제재 효과를 높이려면 한국과 미국의 단단한 공조를 지렛대로 중국을 포함한 국제사회가 일관되고 지속적으로 유엔 안보리 결의안을 실천하는 것이 중요하다.

그다음 예문에서 '과제를 남겼다'고 해 놓고 이어지는 문장에서 '교훈이다'로 끝났다. '교훈이다'의 주어도 보이지 않는다. 과제를 남겼다면 어떤 과제를 남겼는지가 나와야 하는데 그것도 보이지 않는다. 따라서 어떻게 다듬어야 할지 난감한데 아래와 같이 '교훈을 남겼다'고 하는 것이 한 방법이 될 수 있다. 그다음 문장의 '교훈이다'는 앞에서 '교훈을 남겼다'가 나온 만큼 '것이다'라고 하면 된다.

>>> 국제 질서를 좌우하는 미국과 중국이 북의 연이은 핵·미사일 도발 이후 한반도를 중심으로 펼쳤던 외교전은 우리에게 교훈을 남겼다. 북핵·미사일 문제의 당사자인 우리의 의지와 상관없이 강대국의 국가 전략에 따라 우리의 국익이 침해될 수 있다는 것이다.

'기관장 선임이 지지부진한 이유가 낙선자나 공천 탈락자들에게 자리를 주기 위해 시간을 끌기 때문이라는 말이 나올 수밖에 없다'고 했는데 이런 말을 할 수 있는 것은 기관장 자리가 비어 있는 곳들 때문이다. 올 6월까지 추가로 21개 공공기관장 임기가 끝나는 것은 '기관장 선임이 지지부진한 이유가 낙선자나 공천 탈락자들에게 자리를 주기 위해 시간을 끌기 때문이라는 말이 나올 수밖에 없다'라는 말의 근거가 되지 못한다. 아직 두 달 이상 임기가 남아 있는데 기관장 선임이 지지부진하다고 말할 수 없기 때문이다. 따라서 위 글에서 '올 6월까지 추가로 21개 공공기관장 임기가 끝난다'는 그다음에 이어지는 '기관장 선임이 지지부진한 이유가 낙선자나 공천 탈락자들에게 자리를 주기 위해 시간을 끌기 때문이라는 말이 나올 수밖에 없다'와는 관련이 없다. '올 6월까지 추가로 21개 공공기관장 임기가 끝난다'를 그대로 둔다면 뒤에 이어지는 '기관장 선임이 지지부진한 이유가 낙선자나 공천 탈락자들에게 자리를 주기 위해 시간을 끌기 때문이라는 말이 나올 수밖에 없다'가 와서는 안 될 것이다. 뒤에 오는 말을 살리려면 '올 6월까지 추가로 21개 공공기관장 임기가 끝난다'는 말을 빼야 한다. 논설문에서는 논리가 생명이다. 위 예문 그대로로는 논리가 서지 않는다.

않았다는 것을 보여 준다. 입만 열면 북한 인권을 부르짖으면서 정작 탈북자들과 북한 가족의 안전은 고려하지 않는 이중성을 이해하기 어렵다. 국정원만 탓할 일은 아니다. 이 원장의 발언을 무분별하게 공개한 국회의원이나 보도한 언론도 변명의 여지가 없다. 정부는 탈북자 문제를 인권 친화적으로 다뤄야 한다. 그들은 피를 나눈 동포이자 헌법상 국민이다. 비단 인류 보편의 인도주의 정신이 아니라도 생명과 재산을 보호해야 할 의무가 있다. **다시는 체제 우월성의 산 증거로 선거에 활용하려 해선 안 된다. 누구도 그런 권리는 없다.** (0429, ㄱ신문)

국정원장이 국회 간담회에서 해외 북한식당 종업원의 집단 탈북 경위를 공개한 것에 대해 비판한 사설의 마지막 문단이다. '다시는 체제 우월성의 산 증거로 선거에 활용하려 해선 안 된다'는 두 가지 점에서 당혹스럽다. 첫째, '활용하려'의 목적어가 없다는 점에서 그렇다. 무엇을 체제 우월성의 산 증거로 선거에 활용하려 해선 안 된다는 것인지 보이지 않는다. 독자에게 부담을 지우고 있다. 문맥을 통해 추론할 수 있는 것은 '해외 식당에 근무하는 북한 사람들의 탈북을' 정도가 생략된 목적어라는 것이다. 두 번째로 당혹스러운 것은 '해외 식당에 근무하는 북한 사람들의 탈북을 체제 우월성의 산 증거로 선거에 활용하려 해서는 안 된다'라는 말이 맥락에 비추어 볼 때 난데없다는 것이다. 이 말 앞에서는 탈북자의 인권을 줄곧 강조하다가 갑자기 탈북 사건을 선거에 활용해서는 안 된다고 했으니까 말이다. 이런 논리적 비약은 논설문에서 가장 피해야 할 것이다. 공감을 얻을 수 없기 때문이다. 따라서 마지막 두 문장은 들어내는 것이 좋다.

....

해운은 국제 해운동맹 체제로 움직인다. 동맹에 끼지 못하면 항만·물류에 불이익을 받을 수 있다. **해운동맹의 4강 구도는 최근 3강 체제로 빠르게 재편되고 있다.** 기존 최대 해운 동맹 '2M'에 중국·프랑스 선사의 새 동맹 '오션'이 양강 체제를 구

축했다. 이 둘은 이미 회원 가입을 끝냈다. 한진해운·현대상선은 내부 부실 문제에 허덕이다 어느 쪽에도 끼이지 못했다. 지금으로선 독일 선사 하파그로이드가 이끄는 제3의 동맹에 줄을 댈 수밖에 없는 상황이다. 동맹이 완전히 짜이기 전에 구조조정과 경쟁력 강화 조치가 마무리돼야 한다. (0426, ㅈ일보)

'조선·해운 구조조정 원점에서 다시 검토하라'라는 제목의 사설 한 단락이다. 위 예에서 '최근 3강 체제로 빠르게 재편되고 있다'고 해 놓고 바로 이어서 "2M'에 '오션'이 양강 체제를 구축했다'라고 해서 무슨 말인지 의아한 느낌을 준다. 해운업계 동향에 대해 잘 아는 사람이라면 몰라도 그렇지 않은 사람은 혼란을 느낄 수밖에 없다. '최근에 3강 체제로 빠르게 재편되고 있는데', 어떻게 '양강 체제를 구축'할 수 있는가? 궁극적으로는 3강 체제로 가는 중인데 그 과정에서 먼저 양강 체제가 수립이 됐다는 뜻일 것이다. 그러나 위 글로 그것을 알기는 매우 어렵다. 따라서 오해를 피하고 혼란이 생기지 않도록 표현을 다듬을 필요가 있다. '구축했다'라는 말은 너무 강하다. '양강 체제를 구축했다' 보다는 '양강을 먼저 이루었다' 정도로 표현하는 것이 앞뒤와 자연스럽게 어울려 보인다. 어떤 표현을 선택할 때 그 문장만 생각할 게 아니라 앞뒤 문장과도 잘 어울리는지 살펴야 한다.

>>> 기존 최대 해운 동맹 '2M'에 중국·프랑스 선사의 새 동맹 '오션'이 양강을 먼저 이루었다.

친박 힘에 원내대표 무력화… 與혁신 물 건너가나

(1)

새누리당이 어제 4선 이상 중진과 원내지도부 간의 연석회의를 열어 비상대책위와 혁신위원회 출범 무산에 따른 위기 상황 타개 해법을 논의한 뒤 또다시 정진석 원내대표에게 최종 결정을 위임했다. 회의에서는 비대위와 혁신위를 합친 '혁신 비대위'를 구성하고 위원장도 외부에서 영입하는 방안이 유력하게 제시됐다. 사실 이 안은 비박(비박근혜)계가 처음부터 주장했던 것이지만 당선인 설문조사에서 70% 이상이 관리형 비대위와 혁신위를 따로 설치하길 원해 채택되지 못했다. 친박(친박근혜)계는 처음엔 이 안이 마뜩잖았지만 비박계 인사 위주로 짜인 현 비대위 구성을 무력화하려는 의도에서 찬성으로 돌아선 것 같다.

(2)

혁신 비대위는 최고위원회를 대신해 다음 전당대회를 준비하는 임무를 맡는 비대위와 당헌 당규를 바꾸고 수평적 당청관계를 구축해야 할 혁신위를 하나로 묶자는 구상이다. 관리와 혁신 업무를 동시에 추진하게 되니 당연히 훨씬 더 많은 권한과 더욱 강력한 리더십을 발휘할 수 있다. 문제는 혁신 비대위를 구성한다 해도 과연 '친박'의 눈치를 보지 않고 전권을 행사할 수 있는지 여부이다.

(3)

정 원내대표는 이달 11일 중진 연석회의 결정에 따라 자신이 비대위원장을 겸임하게 됐지만 혁신위원장은 외부에서 영입하려다가 인물난으로 김용태 의원을 혁신위원장으로 세웠다고 밝혔다. 하지만 친박은 정 원내대표와 비박을 상대로 비대위와 혁신위 출범을 무산시켜 자신들의 힘을 십분 과시했다.

(4)

기울어진 당청관계가 재정립되지 않는다면 설사 위원장과 위원을 외부 인사로 구성해 혁신 비대위를 출범시키더라도 친박이 마음에 들지 않을 경우 또다시 비토를 놓지 않는다는 보장도 없다. 예를 들어 혁신 비대위가 무소속 유승민 의원의 복당을 결정할 경우 친박은 이의를 제기하지 않고 흔쾌히 수용할 것인가. 새누리당이 아무리 혁신을 얘기해도 계파 싸움 때문에 시늉만 하다 그친다면 국정 책임이 있는 여권의 표류는 결국 국민에게 피해로 돌아갈 수밖에 없다.

(5)

어제 발표된 한국갤럽 여론조사(17~19일 조사)에서 새누리당 지지율은 4년여 만에 가장 낮은 29%를 기록했다. 한때 더블스코어 차이를 보였던 더불어민주당(26%)에 비해 불과 3%포인트 높았다. 총선에 참패하고도 정신을 못 차리는 여당의 현주소다. (0521, ㄷ일보)

위 글은 다섯 개의 단락으로 구성되어 있다. 과연 다섯 개의 단락은 잘 짜여 있고 논리 전개가 정연하며 그 결과 결론은 분명하게 드러나 있는가? 그렇지 않다는 느낌이다.

단락 (1)에서는 5월 20일 회의의 결과를 정리했다. 새누리당이 20일 회의에서 혁신 비대위를 구성하기로 했다는 것이다. 단락 (2)에서는 혁신 비대위에 대해 부연 설명하고 과연 잘 될 것인지 문제를 제기했다.

그런데 (2)와 (3)의 관계가 뜨악하다. (2)는 20일 회의 결과에 대한 것이지만 (3)은 시간을 거슬러 올라가 5월 11일 회의와 그 결과에 대한 내용이다. 왜 갑자기 과거로 거슬러 올라갔는지 이해할 수 없다.

그러다가 (4)에서 다시 20일 회의의 결론인 혁신 비대위로 돌아왔다. 기울어진 당청관계가 재정립되지 않으면 혁신 비대위가 출범하더라도 성공할 수 없다는 얘기를 하고 있다.

가장 의아한 것은 (5)다. 기울어진 당청관계가 재정립되지 않으면 안 되고 혁신을 시늉만 해서는 안 된다는 것이 (4)인데 (5)는 20일 발표된 여론조사에서 새누리당 지지율이 4년여 만에 가장 낮은 29%를 기록했음을 말하면서 총선에 참패하고도 정신을 못 차리고 있다고 했다. (5)는 (4)와 아무런 연관이 없다. 연관을 맺어 주기 위한 최소한의 언급이라도 있어야 했는데 없었다. 그럴 바에는 차라리 (5)는 없는 것이 낫다. (4)로 끝맺어도 아무런 문제가 없다.

요컨대 이 글이 무엇을 주장하고자 함인지 선명하지 않다. 제목이 '친박 힘에 원내 대표 무력화… 輿 혁신 물 건너가나'인데 그런 제목은 (3)과 (4)의 일부와만 관련 있을 뿐이다. 논설문에서 가장 중요한 것은 뚜렷한 논지다. 논지가 뚜렷하게 드러나야 글을 쓴 의의가 있다. 그리고 그 논지가 논리적으로 전개

품격 있는 글쓰기

되어야 한다. 위 글은 논지도 뚜렷하지 않고 논리적으로 전개되지도 않았다. 마지막 단락 (5)는 그 앞과는 도무지 연관성을 찾을 수 없게 씌어 있다. 특히 결론은 글의 요지가 뚜렷이 드러나야 한다.

> 가장이 일자리를 잃을 때 가족에게 몰아닥치는 불행과 고통이 얼마나 눈물겨운 것인지는 IMF 사태 때 겪은 적 있다. **더구나** 조선·철강·석유화학 등 과잉 투자 업종들은 울산·거제·여수·광양·당진에 주로 몰려 있다. 지역 경제 전체가 충격을 받을 수밖에 없다. (0422, ㅈ일보)

'더구나'와 같은 부사를 사용할 때에는 그럴 만한 이유가 있어야 한다. '더구나' 앞에 오는 말과 '더구나' 다음에 오는 말이 서로 연관이 있어야 한다. '더구나'가 '이미 있는 사실에 더하여'라는 뜻이기 때문에 그렇다. 그런데 위 예에서는 '더구나' 앞의 말과 '더구나' 뒤의 말이 아무런 연관이 없다. 앞의 말은 가장이 실직하면 가족의 불행과 고통이 심각함을 IMF 사태 때 겪었다는 얘기고 뒤의 말은 조선을 비롯한 과잉 투자 업종들은 울산, 거제, 여수, 광양, 당진에 주로 몰려 있다는 얘기니 '더구나'로 연결될 맥락이 아니다. 읽는 사람으로서는 뜨악하지 않을 수 없다. '더구나'가 왜 쓰였는지 알 길이 없다. 위 예에서 '더구나'만 빠지면 문제가 없다.

>>> 가장이 일자리를 잃을 때 가족에게 몰아닥치는 불행과 고통이 얼마나 눈물겨운 것인지는 IMF 사태 때 겪은 적 있다. 조선·철강·석유화학 등 과잉 투자 업종들은 울산·거제·여수·광양·당진에 주로 몰려 있다.

사실 박물관에서 어떤 전시회를 할지 여부를 놓고 의견이 갈리면 토론으로 방향을 잡으면 된다. 대중적 관심이 큰 브랜드 제품을 전시하자거나, 반대로 세금으로 운영되는 공공 기관인 만큼 상업화는 경계해야 한다는 생각 모두 일리가 있다. 전문가 사이에는 상업화를 피해야 한다는 의견이 많지만 그렇다고 다른 생각을 봉쇄할 이유도 없다. **게다가** 중국국가박물관도 2011년 루이비통 전시회를 개최했다가 진통을 겪은 적이 있다. (0326, ㅎ일보)

'게다가'라는 말로 앞뒤 문장을 연결했는데 자연스러운 연결인가? '게다가'를 쓴 이상 앞 문장에 동조하고 그것을 더 강화하는 내용이 나와야 마땅하다. 그런데 위 예에서는 앞 문장과 반대되는 내용이 나왔다. 앞 문장에서는 상업화에 대해서도 개방적인 생각을 가져야 한다고 말했는데 다음에는 중국에서도 상업화로 인한 진통을 겪은 적이 있다고 해서 앞뒤가 잘 맞지 않는다. 따라서 '게다가' 이하는 다른 내용으로 바꿔어야 한다. 중국의 사례가 내용 전개에 도움이 되지 않는다면 '게다가' 이하는 아예 빼는 것이 낫다.

....

이해할 수 없는 일은 그 이전부터 있었다. 옥시의 가습기 살균제에 쓰인 폴리헥사메틸렌구아니딘(PHMG)은 "2003년 무렵에는 유독물질에 해당할 정도의 강한 독성을 가진 물질이란 게 널리 알려져 있었다"고 정부 스스로 인정했던 위험 물질이었다. **그런데도** 1996년 이 물질이 처음 생산됐을 당시 정부는 유해물질이 아니라고 분류했다. (0506, ㅎ신문)

'그런데도'라는 말이 사용되었다. '그런데도'는 지시어다. '그러한데도'가 줄어든 말이다. '폴리헥사메틸렌구아니딘은 정부 스스로 인정했던 위험물질이었는데도'를 '그런데도'로 받았다고 봐야 할 것이다. 문제는 '그런데도' 앞과 뒤가 논리적으로 연결이 되지 않는다는 사실이다. 왜냐하면 정부 스스로 폴리헥사메틸렌구아니딘을 위험물질로 인정한 것은 2003년 이후라고 해 놓고 '1996

년에 정부는 유해물질이 아니라고 분류했다'고 했기 때문이다. 이는 앞뒤가 '그런데도'로 연결될 수 없음을 보여 준다. '그런데도'를 '그런데'로 바꾸면 문제는 해소된다. '그런데도'는 '그랬음에도 불구하고'의 뜻을 갖지만 '그런데'는 그런 뜻이 없다.

>>> **그런데** 1996년 이 물질이 처음 생산됐을 당시 정부는 유해물질이 아니라고 분류했다.

이런 시민 불안을 해소하려면 서울시가 내부순환도로 전체 구간을 정밀 조사해 안전을 확인해야 한다. 철제가 들어간 구조물은 온도에 따라 부피나 형태가 변화할 수 있으며, 해빙 과정에서 균열 등 다양한 문제가 생길 수 있다. **이에 따라** 내부순환로는 물론이고 주요 교량과 터널 등 많은 시민이 이용하는 교통시설물에 대한 해빙기 안전 점검을 꼼꼼하게 진행해야 한다.   (0223, ㅈ일보)

문장과 문장이 연결될 때에 연결 고리가 필요한 경우가 있다. '이에 따라'도 그런 고리 중의 하나이다. 그런데 고리로 사용되는 말도 여러 가지고 각각이 조금씩 용도가 다르다. '이에 따라'가 위 맥락에서 가장 적당한 고리일까? 아니라고 생각된다. 더 나은 고리가 있다. 결론부터 말하면 '이에 따라'보다 '따라서'나 '그러므로'가 더 맥락에 어울린다. 물론 '이에 따라'라고 해도 의미를 파악하는 데 별로 지장은 없다. 그러나 어떤 말이 가장 맥락에 잘 어울리냐를 따진다면 '이에 따라'는 '따라서'나 '그러므로'보다는 못하다. 왜 그런가?

'이에 따라'와 '따라서'의 차이가 무엇일까? '이에 따라'에서는 '이'라는 지시 대명사가 사용되었다. '따라서'는 그게 없다. '이'라는 지시 대명사는 반드시 '이'가 무엇을 가리키는지 살피지 않을 수 없다. 위 맥락에서 '이에 따라'의 '이'는 무엇을 가리키는가? '철제가 들어간 구조물은 겨울철에 다양한 문제가 있을 수 있다'는 사실 또는 주장을 가리킨다. 그러나 '이에 따라'의 '이'는 이렇게 추상적이고 막연한 문제를 가리킬 때보다는 분명하고 구체적인 일을 가리킬 때 더 어울리는 말이다. 그렇기 때문에 위 맥락에서 '이에 따라'는 썩 어울리는 말이 아니다. '이'라는 말이 사용되지 않은 '따라서'나 '그러므로' 또는 '그렇기 때문에'가 더 낫다는 것이다.

>>> 철제가 들어간 구조물은 온도에 따라 부피나 형태가 변화할 수 있으며, 해빙과정에서 균열 등 다양한 문제가 생길 수 있다. **따라서** 내부순환로는 물론이고 주요 교량과 터널 등 많은 시민이 이용하는 교통시설물에 대한 해빙기 안전 점검을 꼼꼼하게 진행해야 한다.

....

야당은 지금껏 임금피크제를 반대하고 노동법 통과를 거부했다. 그래놓고 청년 고용만 강제로 할당한다면 버틸 수 있는 기업이 얼마나 될지 의문이다. **가뜩이나** 올해부터 정년이 연장되고 통상임금 부담이 커졌다. 그러니 기업여건은 생각하지 않고 총선 때 청년 표만 생각하는 것 아니냐는 지적이 나온다.

(0202, ㅈ일보)

'가뜩이나'는 '그러지 않아도 매우'라는 뜻의 부사다. 부사는 보통 형용사나 동사를 수식하게 된다. '가뜩이나'의 경우는 형용사를 수식하는 것이 보통이다. '가뜩이나 야위었는데', '가뜩이나 사정이 어려운데' 등과 같이 쓰인다. 위 예문에서는 '가뜩이나'가 쓰였지만 '가뜩이나'가 수식할 형용사는 보이지 않는다. '가뜩이나' 대신에 '게다가'나 '더욱이' 같은 말이 왔으면 적당할 자리였다.

>>> **게다가** 올해부터 정년이 연장되고 통상임금 부담이 커졌다.
더욱이 올해부터 정년이 연장되고 통상임금 부담이 커졌다.

지시어 오·남용하지 말아야

'이런', '그렇다면', '그런'과 같은 말은 앞에 나오는 어떤 말을 되받는 지시어다. 문장에서 지시어는 지시 대상이 무엇인지 명확할 때 써야 한다. 문제는 지시 대상이 명확하지 않은데 지시어를 사용하는 경우다. 금방 지시어를 찾을 수 있을 때는 문제가 안 된다. 지시어를 씀으로써 앞의 말을 되풀이하지 않아도 되는 이점이 있다.

그런데 지시어를 찾을 수 있기는 하지만 한참 앞으로 거슬러 올라가 힘들게 찾아야 한다면 그런 지시어 사용은 바람직하지 않다. 지시어를 사용하지 않고 필요한 부분을 되풀이하는 것이 낫다. 그래야 독자에게 지시어가 무엇을 가리키는지 찾아야 하는 수고를 끼치지 않는다.

어떤 경우에는 아무리 읽어도 지시 대상이 찾아지지 않기도 한다. 그런 경우는 지시어 사용이 명백히 잘못된 경우다. 지시어를 사용하지 말아야 하는데 사용한 경우다. 지시어 사용은 지시 대상이 쉽게 찾아질 경우에 한정해야 한다. 그렇지 않으면 독자가 글을 이해하는 데 불편을 준다.

케리 장관 말처럼 북한 비핵화가 이뤄지면 사드를 배치할 필요가 없다. 그러나 최근 상황을 보면 한국은 지난 16일 중국 환추스바오의 비아냥처럼 '바둑 위의 돌' 신세란 느낌을 갖지 않을 수 없다. 이런데도 박 정부는 현재 상황을 미국과 중국으로부터 동시에 '러브콜' 받는 축복으로 여기는 건지, **이런** 외교 전략과 전술을 계속할 건지 묻지 않을 수 없다.   (0224, ㅁ일보)

한 편의 논설문 중 마지막 단락이다. 마지막 단락 중에서도 마지막 문장은 '이런 외교 전략과 전술을 계속할 건지 묻지 않을 수 없다'로 끝을 맺고 있다. 두 가지 의문점이 떠오른다. '이런'이 가리키는 것은 무엇인가가 그 하나이고, '외교 전략과 전술을 계속할 건지'가 자연스러운 말이냐가 다른 하나다. '이런'이 가리키는 바가 무엇인지를 찾아보려고 논설문의 앞부분을 읽어 내려가 보지만 케리 미국 국무장관, 왕이 중국 외교부장, 추궈훙 주한 중국 대사의 말만 소개되었을 뿐 한국의 외교 전략과 전술에 대해서는 언급이 없다. 그저 한국은 중국과 미국의 논의와 결정에 소외되어 있다는 점만 지적되어 있을 뿐이지 한국의 외교 전략과 전술에 대해서는 찾아볼 수가 없다. 그런 마당에 '이런 외교 전략과 전술'은 타당한가? 따라서 '이런 외교 전략과 전술' 대신에 '현재의 외교 전략과 전술' 또는 '기존의 외교 전략과 전술'이라고 하는 것이 어색함을 덜 수 있어 보인다. '이런'이라고 하면 '이런'이 가리키는 것이 무엇인지 찾도록 만들지만 '현재의'나 '기존의'라고 하면 문맥을 통해 스스로 운명을 결정짓지 못해 온 그간의 한국의 상황을 짐작할 수 있기 때문이다.

그리고 '외교 전략과 전술을 계속할 건지'는 자연스러운 연결이 아니다. '전략'이나 '전술'은 '계속하는' 것이 아니기 때문이다. '전략과 전술을'을 살리려면 '계속 유지할 건지'라고 해야 자연스럽다.

>>> 이런데도 박 정부는 현재 상황을 미국과 중국으로부터 동시에 '러브콜' 받는

축복으로 여기는 건지, **현재의** 외교 전략과 전술을 계속 유지할 건지 묻지 않을 수 없다.

김정은 체제는 안정성과 취약성이라는 양면을 가진다. **그렇다고** 심각한 경제·외교적 도전에 무난하게 대처할 정도로 안정돼 있지는 않다. 외부 압력으로 쉽게 무너질 정도로 취약하지도 않다.   (0511, ㅎ신문)

위 세 문장을 보자. 첫 문장과 둘째 문장을 이어 주는 말이 '그렇다고'인데 '그렇다고'로 이어지는 것이 타당한가? '그렇다고'는 '그렇다고 해서'에서 '해서'를 줄인 것이라고 볼 수 있다. '그렇다고 해서'는 앞 문장을 부정하거나 반박하거나 아니면 토를 다는 내용이 올 때 쓰는 말이다. 그러나 둘째 문장이나 셋째 문장은 첫 문장에 대해 부정, 반박을 하거나 토를 다는 내용이 아니라 첫 문장을 부연 설명하는 내용이다. 이런 때에는 '그렇다고'가 맞지 않다. 아무 말도 하지 않는 편이 낫다.

>>> 김정은 체제는 안정성과 취약성이라는 양면을 가진다. 심각한 경제·외교적 도전에 무난하게 대처할 정도로 안정돼 있지는 않다. 외부 압력으로 쉽게 무너질 정도로 취약하지도 않다.

부질없는 계파놀음의 꿈에서 깨어날 때가 됐다. **아니면** 당심(黨心)을 왜곡하는 불장난을 국민이 매섭게 심판할 것이다.   (0502, ㄷ일보)

'아니면'은 지시어는 아니다. 그러나 지시와 관련이 있다. '아니면'은 '무엇이 아니면'이 줄어든 꼴이다. 그런데 생략된 '무엇이'는 무엇인가? 만일 '꿈에서 깨어날 때'라고 하면 말이 되는가? '계파놀음의 꿈에서 깨어날 때가 아니면 당심을 왜곡하는 불장난을 국민이 매섭게 심판할 것이다'가 말이 안 되기 때문에 생략된 것은 '꿈에서 깨어날 때가'가 아니다. 요컨대 '아니면'이 올 자리가 아니다.

앞에서 '부질없는 계파놀음의 꿈에서 깨어날 때가 됐다'라고 한 것은 '부질없는 계파놀음의 꿈에서 깨어나야 한다'고 말한 것이나 마찬가지다. 따라서 '꿈에서 깨어나야 한다'를 부정하는 말이 와야 한다. 그것은 '그렇지 않으면', '그렇게 하지 않으면' 또는 '그러지 않으면'이다.

>>> **그렇지 않으면** 당심(黨心)을 왜곡하는 불장난을 국민이 매섭게 심판할 것이다.

그러지 않으면 당심(黨心)을 왜곡하는 불장난을 국민이 매섭게 심판할 것이다.

....

그럼에도 적잖은 국민이 의구심을 완전히 떨쳐버리지는 못하고 있다. 과거 정치 사찰에 관여한 국정원의 원죄(原罪) 때문이다. 김대중 정부 시절 국정원은 정치인·공직자·기업인·탈북자 등에 대해 광범위한 불법 도청과 사찰 활동을 했다. 2012년 대선 때도 국정원 직원들이 인터넷·SNS 댓글 작성에 관여했다. **이런** 우려를 털어내려면 누구보다 국정원이 감청, 계좌 추적 등 정보 수집·조사 활동 과정에서 합법성과 투명성을 최대한 높여야 한다.   (0303, ㅈ일보)

지시어인 '이런'이 들어간 '이런 우려'라는 표현이 쓰였는데 독자는 '이런 우려'가 가리키는 것이 무엇인지 당연히 되돌아보게 된다. 그런데 그 앞에는 어떤 우려도 나와 있지 않다. 사실은 그 앞 문단에서 사용된 '의구심'도 어떤 의구심인지 나타나 있지 않다. 물론 문맥을 통해 '인권 침해가 일어나지 않을까 하는 의구심'이라는 것은 누구나 짐작할 것이다. '의구심'은 그렇다 쳐도 '이런 우려'는 지나치다. 더구나 지시어 '이런'까지 사용되었다는 것은 반드시 '이런'에 해당하는 문구가 있을 것을 요구하는데 그런 말은 찾아지지 않는다. 따라서 '이런'을 쓰는 것은 맞지 않다. '이런 우려'가 아니라 '인권 침해가 일어나지 않을까 하는 우려'라 해야 마땅하다. 줄여서 '인권 침해 우려를 털어내려면'이라고 할 수도 있을 것이다.

>>> 인권 침해가 일어나지 않을까 하는 우려를 털어내려면 누구보다 국정원이 감청, 계좌 추적 등 정보 수집·조사 활동 과정에서 합법성과 투명성을 최대한 높여야 한다.

자신이 사준 살균제 때문에 하늘나라로 떠난 손녀를 못 잊어 지금도 밤잠을 못 이루는 할머니의 비통함을 생각한다면, **그런데도** 수년간 발뺌으로 일관한 제조업체와 싸우느라 지칠 대로 지친 가족의 마음을 헤아린다면 아무리 변호인이라도 이런 식으로 진실 은폐에 나서진 못했을 것이다.　　　　(0509, ㅎ신문)

'그런데도'는 지시어이다. 지시어는 무엇인가를 지시한다. 읽는 사람은 지시어가 무엇을 가리키는지 살피게 된다. '그런데도'가 무엇을 가리키는지 살펴보게 되지만 '살균제 때문에 손녀가 하늘나라로 떠났는데도'인지 '비통한 할머니가 손녀를 못 잊어 밤잠을 못 이루는데도'인지 잘 알 수가 없다. 위 예에서는 '그런데도'가 없어도 아무런 문제가 없다. 그렇다면 '그런데도'를 없애야 마땅하다.

>>> 자신이 사준 살균제 때문에 하늘나라로 떠난 손녀를 못 잊어 지금도 밤잠을 못 이루는 할머니의 비통함을 생각한다면, 수년간 발뺌으로 일관한 제조업

체와 싸우느라 지칠 대로 지친 가족의 마음을 헤아린다면 아무리 변호인이
라도 이런 식으로 진실 은폐에 나서진 못했을 것이다.

이번 당대회는 북한이 마주한 변화와 고립의 기로다. "핵 포기 없이는 대화 없
다"는 국제사회의 입장은 확고하다. 북한은 궁극적인 핵 포기를 선언하고 외
교·경제적 활로를 찾길 바란다. 핵의 선제적 불사용 주장 같은 꼼수로 반전을
모색할 생각은 버리는 게 낫다. **그렇다면** 철저한 고립 속에서 체제 존속의 시험
대에 오르는 수밖에 없을 것이다.   (0506, ㅈ일보)

'그렇다면'과 같은 지시어는 신중하게 써야 한다. 읽는 이가 지시어가 가리
키는 것이 무엇인지를 확실히 알 수 있을 때에 써야 한다. 그런데 위 예에서
'그렇다면'은 무엇을 가리키는지 금세 떠오르지 않는다. 한참을 생각해야만 이
런 뜻으로 썼겠구나 하고 추측할 수 있을 정도다. 그럴 바에는 지시어를 쓰지
않는 게 낫고 대신에 '변화를 택하지 않는다면'이라고 하는 것이 훨씬 이해하
기 쉽다. '꼼수로 반전을 노린다면'처럼 앞에 나오는 말을 받아서 표현할 수도
있겠다.

>>> 변화를 택하지 않는다면 철저한 고립 속에서 체제 존속의 시험대에 오르는
수밖에 없을 것이다.

여론을 가감 없이 전달하고 직언할 수 있는 국무총리와 장관들을 탕평 인사를
통해 발탁하고 대통령비서실장을 비롯한 참모진도 대폭 교체해야 한다. 야당이
거국내각 구성을 요구했던 세월호 참사 직후에는 여당이 과반수여서 **그럴** 필요
가 없었다. 이젠 여당만으로는 국정 운영이 힘들어진 만큼 야권 혹은 야당 인사

까지 중용하는 것을 검토해 볼 필요가 있다.   (0420, ㄷ일보)

'그럴'과 같은 지시어는 무엇을 지시하는지 독자가 쉽게 찾아낼 수 있을 때 써야 마땅하다. 그런데 위 예에서 '그럴'은 무엇을 가리키는가? 쉽게 찾아진다고 보기 어렵다. 아마도 '그럴'은 '거국내각을 구성할'을 가리킬 것이다. 그렇다면 독자에게 추론을 부담 지울 게 아니라 글에서 밝혀 주는 것이 옳다. '거국내각을 구성할'이든지 '야당의 요구에 따를'이라고 하면 된다.

>>>   야당이 거국내각 구성을 요구했던 세월호 참사 직후에는 여당이 과반수여서 거국내각을 구성할 필요가 없었다.
       야당이 거국내각 구성을 요구했던 세월호 참사 직후에는 여당이 과반수여서 야당의 요구에 따를 필요가 없었다.

북한은 국제사회의 제재가 과거처럼 유명무실하게 흐지부지될 것이라는 헛된 희망을 서둘러 깨는 게 좋다. 정부도 국제공조를 더욱 긴밀히 해 빈틈없는 대북 제재를 이끌어야 한다. 중국과의 긴밀한 협조는 필수적이다.

아울러 핵 포기, 국제사회와의 공존만이 살길이라는 메시지를 끊임없이 북한에 보내야 한다. 이란과 쿠바와의 관계 진전에서 보듯, 핵을 포기한 북한에 대해 미국이 결코 적대적일 이유가 없음을 납득시켜야 한다. 그래서 대화 테이블로 북한을 끌어내야 한다. **그것**이 북한의 핵 도발에 대한 가장 크고 효과적인 무기다.   (0425, ㅈ일보)

위 예에서 '그것'은 무엇을 지시하는가? 매우 복잡한 추론을 독자에게 부담 지운다. '그것'이 '북한의 핵 도발에 대한 가장 크고 효과적인 무기'라고 했는데 '그것'은 '핵 포기만이 살길이라는 메시지를 북한에 보내는 것'인가? '그것'은

'북한을 대화 테이블로 끌어내는 것'을 말하는가? 둘 다인가? 아니면 제3의 다른 것인가?

'그것'이 무엇인지도 잘 찾아지지 않지만 설령 '그것'이 '북한에 핵 포기만이 살길이라는 메시지를 보내는 것'이라 하더라도 그것이 과연 북한의 핵 도발에 대한 가장 크고 효과적인 무기인지도 의아하다. 그동안 정부 성명이나 언론 사설 등에서 북한에 대해 핵 포기만이 살길이라는 메시지를 무수히 보내지 않았는가. 그랬음에도 북한이 핵을 포기하지 않고 오히려 더욱 핵능력을 키워 온 것이 지난 역사인데 북이 핵을 포기하면 미국이 북에 대해 적대적일 이유가 없음을 납득시키는 것이 북의 핵 도발에 대한 무기라니 설득력이 떨어진다. 위 예에서는 마지막 문장인 '그것이 북한의 핵 도발에 대한 가장 크고 효과적인 무기다' 전체를 들어내는 것이 오히려 나아 보인다.

문맥에 맞는 문체 사용

어떤 글이든 그 글에 적합한 문체가 있기 마련이다. 일기는 일기에 맞는 문체가 있고 소설은 소설에 맞는 문체가 있다. 신문의 글도 사실을 전달하는 보도 기사냐 논설문이냐에 따라 각각에 해당하는 문체가 있다. 한 기사 안에서도 문체가 일관성이 있어야 함은 물론이다. 어떤 글에 맞지 않는 문체를 사용했을 때 독자는 혼란을 느낄 수밖에 없다. 글을 쓸 때에 문체를 적절히 잘 구사하는 것도 중요한 고려 사항이다.

4개 계열사 임직원들이 "부당 지원은 우리가 결정한 것"이라고 주장해 총수 일가는 처벌 대상에서 일단 제외됐다. 실무 임직원만 책임지고 '도마뱀 꼬리'를 자른 듯한 의혹을 지울 수 없다. 검찰이 철저히 수사해 진상을 가려야 한다. 총수 일가의 친족 회사를 총수 몰래 지원하는 것이 가능한지, 그렇다면 언제부터 이런 과잉충성 풍토가 기업에 만연한 것인지 **참 알다가도 모르겠다**.

(0516, ㄷ일보)

논설문은 논설문다워야 한다. 논설문이 논설문답다는 것은 주장을 논리적으로 설득력 있게 펴서 읽는 사람으로 하여금 논리에 수긍하게 해야 한다는 뜻이다. 그런데 '언제부터 이런 과잉 충성 풍토가 기업에 만연한 것인지 참 알다가도 모르겠다'는 근거가 뒷받침된 주장이 아니라 일종의 푸념 또는 탄식에 가깝다. 이런 투의 글은 논설문에서 바람직하지 않다. 논설문에서는 주관적인 느낌을 말하기보다 객관적인 주장을 말해야 한다. '이해하기 어렵다'라고 하는 것이 낫다.

>>> 총수 일가의 친족 회사를 총수 몰래 지원하는 것이 가능한지, 그렇다면 언제부터 이런 과잉충성 풍토가 기업에 만연한 것인지 이해하기 어렵다.

....

이 집에 사는 주부가 유독 가정 방문을 꺼리고 밖에서만 만나려고 고집했기 때문이다.

'이상하다'는 느낌을 받은 사회복지사는 여러차례 설득한 끝에 지난해 12월 7일 집안을 들여다 볼 수 있었다.

사회복지사는 순간 눈앞의 광경이 믿기지 않았다.

방과 부엌은 페트병과 종이 박스, 비닐 등 온갖 생활 쓰레기로 꽉차 있었고, 방은 도시가스 공급이 중단돼 차디찬 냉골이었다.

다행히 음식을 해 먹지 않은 데다 겨울철이어서 악취는 나지 않았다.

(0111, y통신)

글에는 문체가 있기 마련이다. 그 문체는 일관성이 있어야 한다. 신문의 보도 기사는 객관적으로 사실을 기술해야 함이 기본이다. 위 기사는 경기도 부천시에 사는 모녀가 쓰레기 더미 속에서 살고 있음을 보도하고 있다. 육하원칙에 따라 있는 대로 기술하면 그뿐이다. '사회복지사는 순간 눈앞의 광경이 믿기지 않았다'는 그런 기술과 거리가 먼 표현이다. 사회복지사가 느꼈을 느낌을 기자가 어떻게 알 수 있겠는가. 이 문장을 고스란히 빼더라도 전달에 아무 문제가 없다. 그 뒤에 나오는 '다행히' 같은 부사도 불필요하다.

[사설] 초유의 無法선거운동 사태, 정의화 의장 **책임져라**　　　　(1231, ㄷ일보)

신문 사설의 제목이다. 신문 사설은 말하는 이와 듣는 이가 매우 멀리 떨어져 있다. 사람과 사람이 얼굴을 맞대고 하는 언어행위가 아니다. 말하는 이는 글을 써서 신문에 실었고 그 한참 뒤에 수많은 사람이 그 글을 읽는다. 음성언어로 하는 언어행위도 아니고 글로써 주고받는 언어행위다. 이렇게 사람과 사람이 직접 대면해서 음성으로 하는 언어행위와 신문이라는 매체를 통해서 하는 언어행위는 성격이 너무나 다르다.

'밥을 먹어라'와 '밥을 먹으라'는 어감이 너무나 다르다. 대면해서 '밥을 먹으라'라고 말하는 사람은 없다. 그렇게는 쓰지 않는다. 거꾸로 사설이나 현수막, 격문 같은 데서 '밥을 먹어라'는 전혀 어울리지 않는다. 신문 사설에서 '정의화 의장 책임져라'는 마땅히 '정의화 의장 책임지라'라고 해야 한다. 더구나 '책임져라'는 정의화 의장에게 직접 할 때 쓰는 말이고 신문 사설에서는 정의화 의장에게 직접 말하기보다는 독자에게 신문사의 입장을 알리고 호소하는 성격이 더 크기 때문에 '책임지라'라고 하는 것이 옳다.

사실관계 틀리지 않아야

설명문이든 논설문이든 글에서는 정확한 사실관계가 기본이다. 사실관계가 어그러지면 아무리 문장이 문법적이고 의미가 뚜렷해도 소용이 없다. 사실관계가 잘못된 것을 아는 이상 독자는 그 글을 신뢰하지 않게 된다. 따라서 글을 쓸 때는 정확한 사실관계를 바탕으로 해야 한다. 일부러 사실관계를 틀리게 글을 쓰는 사람은 없겠지만 실수로 사실관계가 어긋난 글을 쓰더라도 용인되지 않는다.

예컨대 어느 신문 사설의 '2010년 3월 26일 밤 연평도 인근 해상에서 경계 근무 중이던 천안함이 침몰해…'는 사실관계가 어그러진 글의 전형적인 사례다. 2010년에 있었던 천안함 침몰은 백령도 앞 바다에서 있었는데 엉뚱하게 연평도 인근 해상에서 침몰했다고 쓴 것이다. '다여다야(多與多野) 정국에서 나라의 위기를 극복하려면'도 마찬가지다. 2016년 4월의 총선 결과를 '다여다야 정국'이라고 했는데 '다여'는 사실과 다르다. 여당의 내분을 '다여'라고 표현했다면 명백한 오류다. 사실관계가 잘못된 글은 나머지 다른 부분이 정확하고 명료하더라도 글의 신뢰도가 떨어진다.

품격 있는 글쓰기

2010년 3월 26일 밤 **연평도** 인근 해상에서 경계 근무 중이던 천안함이 침몰해 승조원 46명이 사망하거나 실종됐던 이 사건은 대한민국 국민을 큰 혼란에 빠지게 했다. (0126, ㅈ일보)

2010년 3월 26일 밤 천안함은 백령도 서남쪽 앞바다에서 침몰했다. 침몰 지점과 연평도는 엄청나게 떨어져 있다. 천안함은 연평도와 무관하다. 따라서 '연평도'가 아니라 '백령도'라 썼어야 한다.

일본의 인구 증발은 저출산 고령화가 근본 요인이다. **고령으로 인한 사망이 불어난** 반면 신생아 출산은 정체되면서 생긴 현상이다. (0227, ㅅ일보)

일본의 인구 감소를 알리면서 우리나라도 시급히 대책을 세워야 함을 주장하는 사설의 한 부분이다. '저출산 고령화'가 인구 증발의 근본 요인이라고 했다. 저출산이란 출산율이 낮다는 것이다. 출산율이 낮으면 인구가 증가할 리가 없다. 고령화는 오래 산다는 것이니 인구 증발과 사실 관련이 없다. 고령화에도 불구하고 인구가 감소한다는 것은 출산율이 워낙 낮음을 뜻한다. 일본의 인구 증발은 저출산 고령화 중에서 저출산에 기인하는 것이다. 요컨대 '고령화'와 '고령으로 인한 사망이 불어난'은 서로 맞지 않는다. '고령화' 자체가 '고령으로 인한 사망이 불어난'이 아니라 '줄어든'을 뜻하기 때문이다. '고령으로 인한 사망보다 신생아 출산이 적기' 때문에 생긴 현상이 인구 감소이다. 따라서 다음과 같이 고쳐야 모순이 사라진다.

>>> 일본의 인구 증발은 저출산 고령화가 근본 요인이다. 고령으로 인한 사망이 **조금밖에 불어나지 않은** 반면 신생아 출산은 심하게 정체되면서 생긴 현상이

다.

아니면 이렇게 할 수도 있을 것이다.

>>> 일본의 인구 증발은 저출산 고령화가 근본 요인이다. 고령으로 인한 사망이 줄어들었지만 신생아 출산이 더 심하게 정체되면서 생긴 현상이다.

3NO(No Request, No Consultation, No Decision)는 지난해 3월 **주한미군의 고고도미사일 방어체계**인 사드의 한반도 배치 문제가 일각에서 제기되고 중국이 반대 입장을 표명하던 시점에 나온 것으로, '미국의 요청이 없었기 때문에 협의도 없었고 결정된 것도 없다'는 것을 뜻한다.   (0129, y통신)

'주한미군의 고고도미사일 방어체계인 사드'와 '사드의 한반도 배치'는 양립할 수 있는가? '사드'는 미국이 추진하는 '고고도미사일 방어체계'를 가리킨다. 그리고 사드는 아직 한반도에 배치되어 있지 않다. 사드가 한반도에 없기 때문에 배치 문제를 논의하는 것이다. 그런데 '주한미군의 고고도미사일 방어체계인 사드'라고 했다. 사드가 '주한미군의 고고도미사일 방어체계'라는 것이다. '주한미군의 고고도미사일 방어체계'라면 한국에 있는 미군이 이미 그것을 가지고 있음을 뜻한다. 앞뒤가 맞지 않는다. 따라서 '주한미군의 고고도미사일 방어체계인 사드'가 아니라 '미군의 고고도미사일 방어체계'라고 해야 맞다. '주한'이 빠져야 한다.

여야의 인위적인 물갈이는 제도와 원칙에 어긋나는 점이 적지 않다. 그러나 **공천제도가 확립되지 않은** 한국 정치의 현실에서 이는 불가피한 개혁 수단이다.

한국 정치에는 공천제도가 확립되지 않았다고 했다. 무언가 부족하다. 공천 문제에 대해 논하면서 공천제도가 확립되지 않았다니 모순되지 않는가. 공천 제도가 확립되지 않은 게 아니라 합리적인 공천제도 또는 안정적인 공천제도 등이 확립되지 않은 것이지 공천제도 자체가 확립되지 않은 게 아니다. 공천 제도를 수식하는 말이 있어야 한다. 그게 '합리적인'이 될 수도 있고 '안정적인'이 될 수도 있고 아니면 더 나은 다른 말이 있을 수도 있다. 지금 행해지고 있는 공천 절차가 공천제도가 아니라고 보는지 모르지만 그것은 지나치다.

>>> 그러나 **합리적인** 공천제도가 확립되지 않은 한국 정치의 현실에서 이는 불가피한 개혁 수단이다.

다여다야(多與多野) 정국에서 나라의 위기를 극복하려면 여야 협치나 연정을 염두에 둬야 할 듯하다. 대대적인 국정 쇄신도 필요하다. 헌정 사상 최대 참패라면 내각과 청와대 참모가 총사퇴하는 게 책임지는 모습이다. 정치권에서 여당을 탈당한 대통령의 거국 내각, 야당까지 아우르는 대탕평 인사를 거론하는 것을 주목한다.   (0415, ㅈ일보)

'다여다야(多與多野) 정국'은 의아하다. 야당이 더불어민주당과 국민의당, 정의당 등으로 나뉘었으니 다야인 것은 분명하지만 여당은 새누리당뿐인데 어떻게 해서 '다여'인지 알 수 없다. 그냥 '다야 정국'이라고 하는 것이 맞다. 내용의 정확성은 매우 중요하다.